Peter Oliver

Der Kosmos-Muschelführer

Meeresschnecken – Meeresmuscheln
1030 Farbbilder

Kosmos · Gesellschaft der Naturfreunde
Franckh'sche Verlagshandlung · Stuttgart

Umschlag von Edgar Dambacher unter Verwendung eines Dias von Uwe Höcn
Abgebildet sind je eine Stachelschnecke, Kegelschnecke,
Rundmundschnecke und eine Kammuschel. Alle vier Sammlungsstücke
sind Eigentum des Staatlichen Museums für Naturkunde in Stuttgart.
149 Farbbilder mit 1030 Objekten
sowie drei Zeichnungen und vier Verbreitungskarten von James Nicholls
Berechtigte Übertragung aus dem Englischen von Dr. Hans-Heinrich Vogt
Titel der Originalausgabe ,,The Hamlyn Guide to Shells
of the World'', erschienen bei The Hamlyn Publishing Group Limited,
1975 unter ISBN 0600343979
© 1975, The Hamlyn Publishing Group, Limited, Feltham

Franckh'sche Verlagshandlung, W. Keller & Co., Stuttgart 1975
Für die deutschsprachige Ausgabe:
© 1975, Franckh'sche Verlagshandlung, W. Keller & Co., Stuttgart
Printed in Italy, Imprimé en Italie
LH 14 Ste / ISBN 3-440-04250-2
Satz: IBV Lichtsatz KG, Berlin / Reproduktion und Druck:
Officine Grafiche A. Mondadori, Verona
Buchbinder: Konrad Thiltsch, Graph. Großbetrieb, Würzburg

Der Kosmos-Muschelführer

Einführung

Dieses Bestimmungsbuch will vor allem den Liebhaber schöner Schneckenhäuser und Muschelschalen ansprechen. Kein leichtes Unterfangen – denn eine sachgemäße Auswahl zu treffen, wird immer schwierig und von subjektiven Vorstellungen begleitet sein. Ich entschloß mich daher, einfach die Formen herauszugreifen, die mir selbst am besten zusagten. In der Annahme, daß mein Geschmack etwa dem des Durchschnittssammlers entspricht, rechne ich mit der Zustimmung der meisten Leser. Bewußt nehme ich dabei Fragen wie „Mußte diese Schale aufgenommen werden, warum fehlt gerade jene?" in Kauf.

Den größten Teil des Buches habe ich den Schnecken (Gastropoden) gewidmet, da sie im allgemeinen als die eindrucksvollste Gruppe gelten. Auch interessante Muscheln (Bivalvien) werden in Wort und Bild vorgestellt, die anderen Klassen der Weichtiere – Cephalopoden, Scaphopoden, Polyplacophoren und Monoplacophoren – habe ich nur kurz gestreift. Den bekanntesten Familien – Cypraeidae, Conidae, Volutidae, Strombidae – räumte ich mehr Platz ein als den anderen. Bei den Arten beschränkte ich mich vor allem auf die bekannten Formen – was aber nicht ausschließt, daß gelegentlich auch Raritäten, oder besser, sehr ungewöhnliche Stücke darunter sein können; denn weil sie bekannt und bei vielen Sammlern wegen ihrer Schönheit oder aus besonderer Liebhaberei sehr begehrt sind. Von jeder beschriebenen Art wurde ein typischer Vertreter abgebildet – und wo es angebracht schien, auch eine besondere Varietät.

Nach Möglichkeit wurden die Objekte in natürlicher Größe wiedergegeben, oft allerdings auch in verändertem Maßstab. Die durchschnittlichen Größenangaben sind im Text zu finden. Über die Verbreitungsgebiete lassen sich nur ungefähre Angaben machen, da fast jeden Monat von mindestens einer Art neue Fundstellen bekannt werden.

Klassifizierung

Die verwandtschaftliche Beziehung zwischen den Lebewesen drückt sich in ihrer systematischen Stellung aus. Schon LINNE ordnete Tiere und Pflanzen nach gemeinsamen oder abweichenden Merkmalen. Auch heute noch trennt man die Lebewesen in ein Tier- und ein Pflanzenreich. Das Tierreich umfaßt mehrere Stämme – einen davon bilden die Weichtiere (Mollusken), und mit ihnen wollen wir uns in diesem Buch befassen. Die Stämme gliedern sich in einzelne Klassen – bei den Weichtieren sind es sechs: die Schnecken (Gastropoda), Muscheln (Bivalvia), Kopffüßer (Cephalopoda), Kahnfüßer (Scaphopoda), Käferschnecken (Polyplacophora) und die Urschnecken (Monoplacophora). Die Vertreter dieser sechs Klassen unterscheiden sich vor allem im Bau ihrer Schalen und Gehäuse und ihres Fußes. Jede Klasse wird in Ordnungen aufgeteilt, ebenfalls nach anatomischen, aber äußerlich weniger auffallenden Merkmalen. Eine Ordnung setzt sich aus einzelnen Familien und diese wiederum aus mehreren Gattungen zusammen. Manchmal werden Begriffe wie Unterklasse, Unterordnung, Überfamilie, Unterfamilie und Untergattung als Zwischenstufen eingeschaltet. Eine Gattung umfaßt mehrere Arten. Und nur die Vertreter in ein und derselben Art lassen sich untereinander kreuzen und bringen wiederum fortpflanzungsfähige Nachkommen hervor. Die Weichtiere weisen einen so großen Artenreichtum auf, daß nur die Gliederfüßler sie an Zahl übertreffen.

Die wissenschaftliche Bezeichnung einer jeden Art setzt sich aus dem Gattungs- und Artnamen zusammen. In streng wissenschaftlichen Veröffentlichungen folgt darauf der Name des Autors (oft abgekürzt), der die betreffende Art entdeckt, zum erstenmal benannt und beschrieben hat, sowie die Jahreszahl seiner Erstbeschreibung.

Die Art-Bestimmung von Muscheln und Schnecken kann manchmal, trotz der zahlreich vorhandenen Literatur über dieses Gebiet, recht schwierig sein – selbst, wenn man sich auf die gut betreute Sammlung eines Museums stützen kann. Die Systematiker spüren nämlich mit Akribie immer wieder ältere Autoren auf, die eine uns geläufige Art schon früher, oft mit anderer Bezeichnung beschrieben hatten. Da der jeweils ältere Name gültig ist, ändert sich die Nomenklatur laufend. Beim genaueren Studium von Schalen und Gehäusen muß man daher oft feststellen, daß zwei vermeintlich getrennte Arten nur Varietäten ein und derselben Art sind und umgekehrt.

Ein anschauliches Beispiel für die Schwierigkeiten, die beim Bestimmen auftreten können, gibt uns die auf Seite 175 abgebildete Schnecke. Sie wird dort als *Murex spec.* bezeichnet, weil es mir bis heute nicht gelungen ist, sie genau zu identifizieren. Ich erwarb sie als *Murex radiatus*. Angeblicher Fundort: westliches Mittelamerika. Dort aber gibt es keine Schnecke unter diesem Namen. Für eine *Murexiella radicata* dagegen stimmen die Merkmale nicht überein: Als solche müßte sie 5 Warzenwülste haben, tatsächlich hat sie aber nur drei. Überdies gleicht sie einer Art aus der Gattung *Chicoreus*. Dr. MYRA KEEN, eine Expertin für das westliche Mittelamerika, gibt jedoch für dieses Gebiet keine einzige *Chicoreus*-Art an. Dagegen wird in dem Werk von MAXWELL SMITH „An illustrated Catalog of the Recent Species of the Rock Shells" ein Gehäuse abgebildet, das dem meinigen gleicht und das er *Murex (Chicoreus) palmarosae mexicanus* nennt mit dem Golf von Kalifornien als Fundort. Dr. E. H. VOKES, eine Spezialistin für Muriciden, hat den Namen in ihren „Catalogue of the Genus *Murex* LINNÉ: Muricidae and Ocenebridae 1971" gar nicht aufgenommen. Im Britischen Museum wiederum werden die Exemplare, die meinem Gehäuse am ehesten gleichen, als *M. (Chicoreus) corrugatus* bezeichnet; sie stammen vom Indischen Ozean.

Die Weichtiere (Mollusken)

Vorkommen
Der Stamm der Weichtiere umfaßt über 100000 Arten, von denen etwa die eine Hälfte im Salzwasser des Meeres, die andere im Süßwasser oder auf dem Lande lebt. In diesem Buch befassen wir uns nur mit den Bewohnern des Salzwassers. Sie kommen in polaren und tropischen Meeren – im seichten wie im tiefen Wasser vor. Meistens sind die Warmwasserformen lebhafter gefärbt als die Kaltwasserformen. Die letzteren finden sich übrigens nicht nur in der kalten Arktis und Antarktis, sondern auch in den Tiefen warmer und tropischer Meere. Die Mehrzahl der hier abgebildeten Schalen und Gehäuse stammt aus warmen Gewässern, und jeder Hinweis etwa auf den Indischen Ozean schließt den äußersten Süden des Indischen und Pazifischen Ozeans aus, ebenso den Norden des Pazifiks.

Körperbau
Die Weichtiere gehören zu den Wirbellosen und haben im Gegensatz zu den Gliedertieren einen unsegmentierten, plumpen, beinlosen Körper mit einer drüsenreichen, weichen Haut. Schnecken, Muscheln und Kopffüßer weisen manche Merkmale auf, die allen Weichtieren zukommen und daher typisch für diesen Stamm sind. Danach besteht die Grundform ihres Körpers aus Kopf, Fuß, Eingeweidesack und Mantel.
Der *Kopf* ist bei Muscheln und Käferschnecken völlig reduziert, sonst aber Träger der wichtigsten Sinnesorgane; außerdem besitzt er eine Mundöffnung.
Der *Fuß* dient der Fortbewegung (z. B. Kriechen, Schwimmen) und besteht aus einem muskulösen, unpaarigen Lappen.
Der *Eingeweidesack*, eine dünnwandige Vorwölbung auf dem Rücken, enthält die Eingeweide (Verdauungstrakt, Herz, Leber, Nieren, Keimdrüsen). Er kann spiralig gewunden sein wie bei den Schnecken und hebt dann die ursprüngliche Symmetrie des Körpers auf.
Der *Mantel* wölbt sich am Übergang Fuß/Eingeweidesack faltenartig vor und bildet die Mantelhöhle, in die der Darm, Nieren und Keimdrüsen einmünden.
Die *Schale* schützt den weichen Körper dieser Tiere vor Feinden, aber auch vor dem Austrocknen. Sie bildet sich an der Grenze von Eingeweidesack und Mantel und wächst jahresringähnlich am Mantelrand weiter. Im allgemeinen besteht sie aus zwei kalkhaltigen Schichten: einer äußeren Prismenschicht, die von einer chitinähnlichen Substanz, dem Periostracum, bedeckt wird, und einer inneren Perlmutterschicht. Die Schnecken bauen sich im allgemeinen ein meist spiralig gewundenes Gehäuse; die Muscheln dagegen leben zwischen zwei mehr oder weniger gewölbten Schalen, die durch Schließmuskeln und ein elastisches Schloßband verschlossen und geöffnet werden. An der leeren Schale sind die Muskelansatzstellen als flache Gruben oder deutlich abgegrenzte Felder zu erkennen.
In einigen Familien, etwa den Muriciden, wächst die Schale nicht gleichmäßig, sondern in periodischen Abständen. Wenn die Windung ein Stück weit gediehen ist, wird ein mehr oder weniger verdickter Wulst gebildet, dann erst wird die Windung fortgesetzt, wobei die zuletzt gebildeten Wülste auf dem Gehäuse als Warzenwülste dick hervortreten. Die meisten Muriciden besitzen drei Wülste pro Umgang, einige bis zu acht, während die Bursiden nur zwei haben. Einige Schnecken, wie die Vertreter der Gattung *Lambis*, bilden erst, wenn sie ausgewachsen sind, kräftige Wülste aus, die dann mit langen, kräftigen Dornen bestückt werden. Auch die Porzellanschnecken legen erst im erwachsenen Zustand den Wulst an. Er wird nach innen gedreht, verdickt und dann entwickeln sich „Zähne" auf ihm. Die Coniden dagegen ändern ihren Wulst nicht und geben so keinerlei Anhaltspunkte, wann sie ihre maximale Größe erreicht haben.
Bei vielen Weichtieren ist die Schale außen mit dem hautähnlich anliegenden Periostra-

cum bedeckt, das oft pelzig wirkt. Durch Austrocknen reißt es meistens und blättert ab. Ein lebendes Tier mit unversehrtem Periostracum unterscheidet sich deutlich von einem Sammlungsstück. Den Porzellan- und Olivenschnecken fehlt ein Periostracum; bei ihnen sind daher die Gehäuse glänzend.

Viele Schnecken haben eine Art „Falltür", das Operculum, mit dem sie die Mündung ihrer Schalen verschließen können, um sich zu schützen. Es kann kräftig und schwer sein wie das „Katzenauge" der Turbiniden und Neritiden, oder geschmeidig und verhornt wie bei den Trochiden und Muriciden. Manchmal ist es sehr klein und sicher nicht groß genug, um die Mündung zu verschließen. Die meisten Sammler bewahren das Operculum mit dem Gehäuse zusammen auf – sie stecken es entweder hinein oder kleben es auf einen Wattebausch, damit es die richtige Lage einnimmt, falls es zu klein ist.

Bei den höherstehenden Kopffüßern ist die Schale zurückgebildet; nur ein Rest findet sich noch als Schulp (Tintenfisch) unter der Haut.

Der *Blutkreislauf* ist bei den Weichtieren offen. Vom Herzen wird das Blut in die Aorta gepumpt und ergießt sich dann frei in die Leibeshöhle, wo es in Lakunen gesammelt und über die Atmungsorgane dem Herzen wieder zugeführt wird.

Die *Atmungsorgane* sind Kiemen, die als reich durchblutete Hautfalten in die Mantelhöhle hineinragen. (Nur bei luftatmenden Formen bilden sie sich zurück, und dann wird die stark durchblutete Innenwand der Mantelhöhle zum Atmungsorgan.)

Das *Nervensystem* besteht aus paarigen, durch Querstränge miteinander verbundenen Nervenknoten (Ganglien), von denen aus Fuß, Mantelrand, Körperwände und Eingeweide innerviert werden. Bei den höher entwickelten Kopffüßern verschmelzen die einzelnen Knotenpaare zu einer größeren Gehirnmasse, die hier bereits von einer knorpeligen Schädelkapsel geschützt wird.

Die *Radula* ist ein für die meisten Weichtiere (außer Muscheln) charakteristisches Organ. Sie befindet sich als eine Platte mit hornigen Zähnchen am Schlundanfang und ermöglicht durch Vorwärts- und Rückwärtsbewegungen ein Abraspeln von Nahrungsteilchen.

Die Weichtiere sind teils Pflanzenfresser, teils Fleischfresser, einige auch Allesfresser. Die Kegelschnecken, Bohrerschnecken und Schlitz-Turmschnecken töten ihre Beute durch ein Gift, das sie mit einem harpunenförmigen Stachel oder Zahn einspritzen. Bohrerschnecken und Schlitz-Turmschnecken sind für den Menschen ungefährlich, einige Kegelschnecken-Arten verursachen jedoch erhebliche Schmerzen, manche wirken sogar tödlich. Mit lebenden Exemplaren muß man daher beim Sammeln besonders vorsichtig umgehen! Der Giftstachel dieser Schnecken kann sich tief in die Haut einbohren; man sollte daher diese Tiere nicht lebend in einer Tasche oder einem Beutel in Körpernähe tragen.

Fast alle Weichtiere sind eierlegend. Die marinen Arten durchlaufen ein freischwimmendes Larvenstadium, bevor sie, zwar noch recht klein, ihre endgültige Gestalt annehmen.

Hinweise für den Sammler

Jeder Sammler sollte daran denken, daß er – besonders in den Tropen – beim Umherbummeln auf dem Riff oder beim Schnorcheln im Meer sich leicht einen schlimmen Sonnenbrand holen kann! Man sollte daher stets eine Schutzkleidung tragen – schon ein altes Hemd und eine dünne Hose reichen aus als Schutz vor zu starker Sonnenstrahlung, aber auch vor Verletzungen an Felsen und Korallen, ja selbst vor den unangenehmen Stichen einiger Korallen und Quallen, die unter Umständen nicht nur sehr schmerzhaft, sondern manchmal auch gefährlich sein können. Man laufe daher nie barfuß auf dem rauhen Riff und trage stets Handschuhe. Abgesehen von den giftigen Kegelschnecken, die sehr gefährlich sein können, gibt es noch andere, nicht gerade harmlose Lebewesen im Meer: etwa der träge und gut getarnte Steinfisch, Muränen, einige Rochen-Arten, Seeschlangen und Seewespen – ganz zu schweigen von den Haien! Aus der Fülle von Berichten, die über Haie schon geschrieben worden sind, sollte man sich wenigstens eines merken: Die Haie sind unberechenbar. Trifft man unter Wasser mit ihnen zusammen, so entferne man sich schleunigst, jedoch so unauffällig wie möglich. Da Haie vermutlich durch helle Farben (weiße Haut) angelockt werden, trägt man zum Tauchen besser dunkle Anzüge.

Der Sammler vergißt oft in seiner Begeisterung, daß die Zahl der Gehäuse einer jeden Art begrenzt ist. Wir nehmen daher nicht m e h r Schalen und Gehäuse mit als wir brauchen. Die beim Suchen umgedrehten Steine oder Korallenstöcke sollten wir wieder in ihre ursprüngliche Lage bringen, denn viele Lebewesen legen ihre Eier im Schutz von Steinen und Korallen ab, wo sie sich ungestört entwickeln. Überläßt man sie aufgedeckt ihrem Schicksal, so setzen wir sie leicht dem Fraß anderer Tiere aus, oder sie gehen einfach durch die exponierte Lage zugrunde. In jüngster Zeit ist das Schalensammeln zu einer weit verbreiteten Liebhaberei geworden, so daß viele der zugänglichen Riffe ihrer Molluskenfauna buchstäblich beraubt worden sind. Für jedes Fundstück, das man behalten will, lege man eine Karteikarte oder eine Liste an und nehme darin möglichst viel Information auf: Name, Fundort, Tiefe des Fundorts, Funddatum und was einem sonst wichtig erscheint.

Präparation

Das Säubern der Schalen und Gehäuse ist oft umständlich. Viele Arten können unbedenklich mit kochendem Wasser übergossen werden, ohne daß ihre Schalen beeinträchtigt werden – man muß nur den Absud langsam abkühlen lassen. Den gebrühten Tierkörper zieht man dann einfach heraus. Anders verhält es sich bei Porzellan- und Olivenschnecken. Ihre Gehäuse verlieren beim Abkochen leicht an Glanz. Hier ist oft ein Stück gebogenen Drahtes die letzte Rettung, und versteckte Reste lassen sich mit Hilfe einer ausgedienten medizinischen Spritze vollends herausspülen. – In den Tropen kann man Ameisen brauchbar einsetzen: Man gräbt die Gehäuse, nicht zu dicht, in sauberen, trockenen Sand ein – den Rest besorgen die Ameisen.

Nie sollte man Säure zum Entfernen von Kalk- und Korallenablagerungen verwenden, da das Gehäuse selbst auch aus Kalk besteht. Vor allem die Muriciden, auf denen sich gerne Ablagerungen bilden, leiden mit ihren feinen Riefen und Oberflächenstrukturen unter solchen Behandlungsmethoden. Wenn die Gehäuse später ihren Glanz verlieren und matt werden, sollten wir sie auf keinen Fall lackieren oder gar polieren! Das von Natur in der Schale enthaltene Öl trocknet im Laufe der Zeit aus und kann leicht ersetzt werden durch einen Tropfen feinen Öls, den man vorsichtig auf der Oberfläche verteilt. Auf diese Weise lassen sich die Originalfarben und der ursprüngliche Glanz weitgehend wiederherstellen.

Aufbewahrung

Intensives Sonnenlicht bleicht die Gehäuse bald aus. Wir bewahren daher unsere Fundstücke besser im Dunkeln auf und holen sie nur zum Anschauen hervor. In den verglasten Schaukästen der Museen bekommt man häufig solche matten, verblaßten Gehäuse zu sehen. Nur die Hauptsammlungen werden auch dort in dunklen Sammlungsschränken aufbewahrt.

Für viele Sammler, die ein ganz bestimmtes Stück schon vergeblich gesucht, oder gar keine Gelegenheit haben, es zu suchen, bieten sich zwei Möglichkeiten, in den Besitz einer solchen Schale zu kommen: Tausch oder Kauf. Anschriften von Lieferanten sind den auf Seite 8 angeführten Zeitschriften zu entnehmen oder über eine Muschelgesellschaft zu erfahren. Der Anfänger sollte sich frühzeitig für ein Spezialgebiet entscheiden; denn der Stamm der Weichtiere ist so groß, daß man mehr Befriedigung findet, wenn man sich auf einem kleinen Sektor fundierte Kenntnisse aneignet als nur ein fragmenthaftes Wissen auf einem großen Gebiet. Man beschränke sich daher besser auf einige spezielle Familien oder auf die Formen eines bestimmten Landes oder Gebietes. Abgesehen davon, läßt sich eine so begrenzte Sammlung leichter zustandebringen.

Bibliographie

Allgemeines
Dance, S. P., *Shell Collecting – An Illustrated History*, Faber & Faber Ltd, London, 1966.
Dance, S. P., *Rare Shells*, Faber & Faber Ltd, London, 1969.
Melvin, A. G., *Sea Shells of the World*, Charles E. Tuttle Co., Tokyo, 1966.
Saul, M., *Shells*, Country Life, London, 1974.
Wagner, R. J. L., & Abbott, R. T., *Van Nostrand's Standard Catalog of Shells*, Van Nostrand Reinhold Co. Ltd, New York, 1967.

Familien
Burgess, C. M., *The Living Cowries*, Thomas Yoseloff Ltd, London, 1970.
Clover, P. W., *A Catalog of Popular Marginella Species*, P. W. Clover, New York, 1968.
Marsh, J. A., & Rippingale, O. H., *Cone Shells of the World*, The Jacaranda Press, Australia, 1968.
Weaver, C. S., & du Pont, J. E., *Living Volutes*, Delaware Museum of Natural History, 1970.
Zeigler, R. F., & Porreca, H. C., *Olive Shells of the World*, Privatveröffentlichung, 1969.

Verbreitungsgebiete
Abbott, R. T., *American Seashells*, Van Nostrand Reinhold Co. Ltd, New York, 1955.
Abbott, R. T. (ed.), *Indo-Pacific Mollusca*, Delaware Museum of Natural History, 1959 – fortlaufend.
Abbott, R. T., *Seashells of the World*, Golden Press, New York, 1962.
Boss, K. J. (ed.), *Johnsonia* Monographs of the marine Mollusca of the Western Atlantic, Museum of Comparative Zoology, Harvard University, Massachusetts, 1941 – fortl.
Habe, T., *Shells of the Western Pacific in Color* Vol II, Hoikusha Osaka, 1964.
Hinton, A. G., *Shells of New Guinea and the Central Indo-Pacific*, Robert Brown & Associates Pty Ltd, Port Moresby, New Guinea and The Jacaranda Press, Australia, 1972.
Keen, A. M. & McLean, J. H., *Marine Shells of Tropical West America*, Stanford University Press, California, 1971.
Kennelly, D. H., *Marine Shells of Southern Africa*, Thomas Nelson & Son (Africa) Pty Ltd, Johannesburg, 1964.
Kensley, B., *Seashells of Southern Africa – Gastropods*, South African Museum Publication, Maskew Miller Ltd, Cape Town, 1973.
Kira T., *Shells of the Western Pacific in Color* Vol. I, Hoikusha, Osaka, 1962.
McMillan, N. F., *British Shells*, Frederick Warne & Co. Ltd, London, 1968.
Nicklès, M., *Mollusques Testacés Marins de la Côte Occidentale d'Afrique*, Paul Lechevalier, Paris, 1950.
Nordsiek, Dr. F., *Die Europäischen Meeres-Gehäuseschnecken vom Eismeer bis Kapverden und Mittelmeer*, (Prosobranchia), Gustav Fischer Verlag, Stuttgart, 1968.
Nordsiek, Dr. F., *Die Europäischen Meeresmuscheln vom Eismeer bis Kapverden, Mittelmeer und Schwarzes Meer*, (Bivalvia), Gustav Fischer Verlag, Stuttgart, 1969.
Powell, A. W. B., *Shells of New Zealand*, Whitcombe & Tombs Ltd, Wellington, 1957, 1961.
Rios, E. C., *Coastal Brazilian Seashells*, Fundação Cidade do Rio Grande, Museu Oceánografico de Rio Grande, Brazil, 1970.
Tebble, N., *British Bivalve Seashells*, Trustees of the British Museum (Natural History), London, 1966.
Warmke, G. L., & Abbott, R. T., *Caribbean Seashells*, Livingston Publishing Co., Pennsylvania, 1961.
Wilson, B. R., & Gillett, K., *Australian Shells*, A. H. & A. W. Reed, Sydney, 1971.

Zeitschriften
Hawaiian Shell News Hawaiian Malacological Society, P. O. Box 10391, Honolulu, Hawaii.
Journal of Conchology Conchological Society of Great Britain and Ireland, London, England.
The Veliger North Californian Malacozoological Club, Berkeley, California.

Die im Text verwendeten Bezeichnungen für Gehäuse und Schalen von Schnecken und Muscheln

Schneckengehäuse

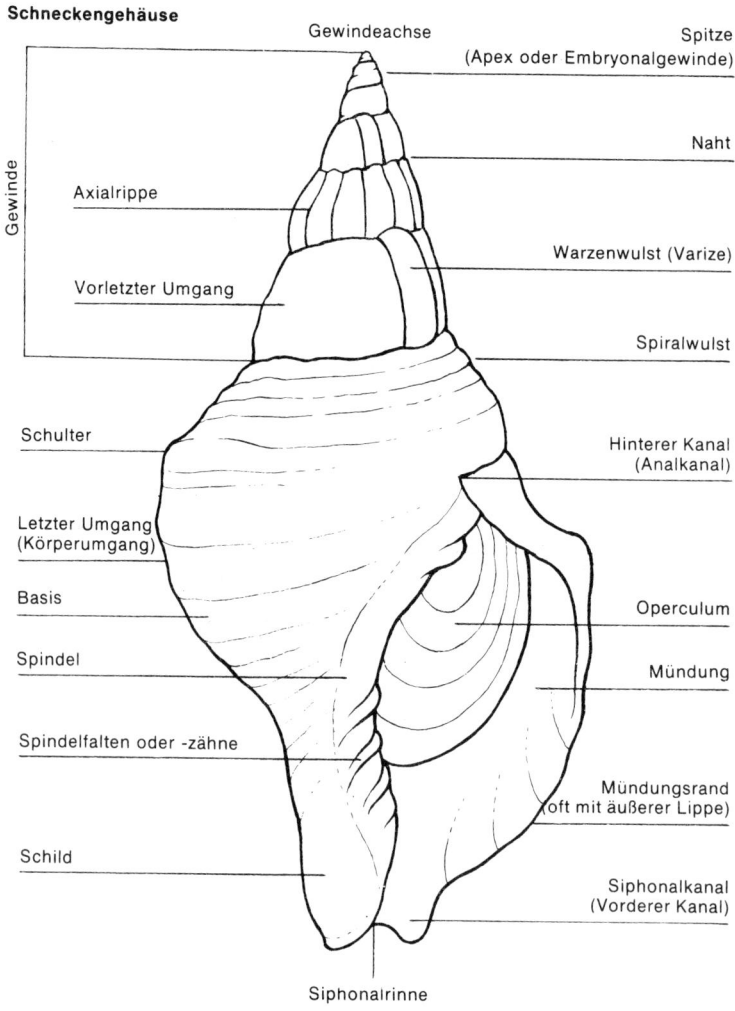

Gewindeachse

Spitze (Apex oder Embryonalgewinde)

Naht

Gewinde

Axialrippe

Warzenwulst (Varize)

Vorletzter Umgang

Spiralwulst

Schulter

Hinterer Kanal (Analkanal)

Letzter Umgang (Körperumgang)

Basis

Operculum

Spindel

Mündung

Spindelfalten oder -zähne

Mündungsrand (oft mit äußerer Lippe)

Schild

Siphonalkanal (Vorderer Kanal)

Siphonalrinne

Muschelschale

(linke Klappe, innen)

(Neben-)Zähne   Schloßband   Wirbel

(Haupt-)Zähne
(Neben-)Zahn

Hinterer Schließmuskeleindruck   Mantellinie   Vorderer Schließmuskeleindruck

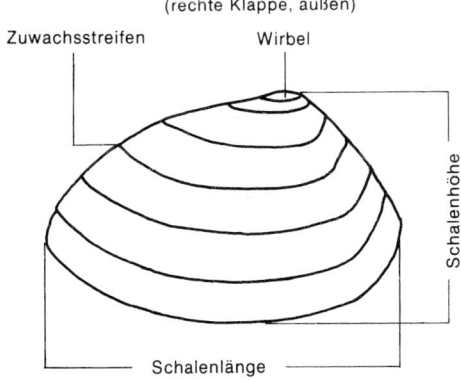

(rechte Klappe, außen)

Zuwachsstreifen   Wirbel

Schalenhöhe

Schalenlänge

Auf den folgenden Karten sind die meisten in diesem Buch erwähnten Fundorte von Muscheln und Schnecken angegeben.

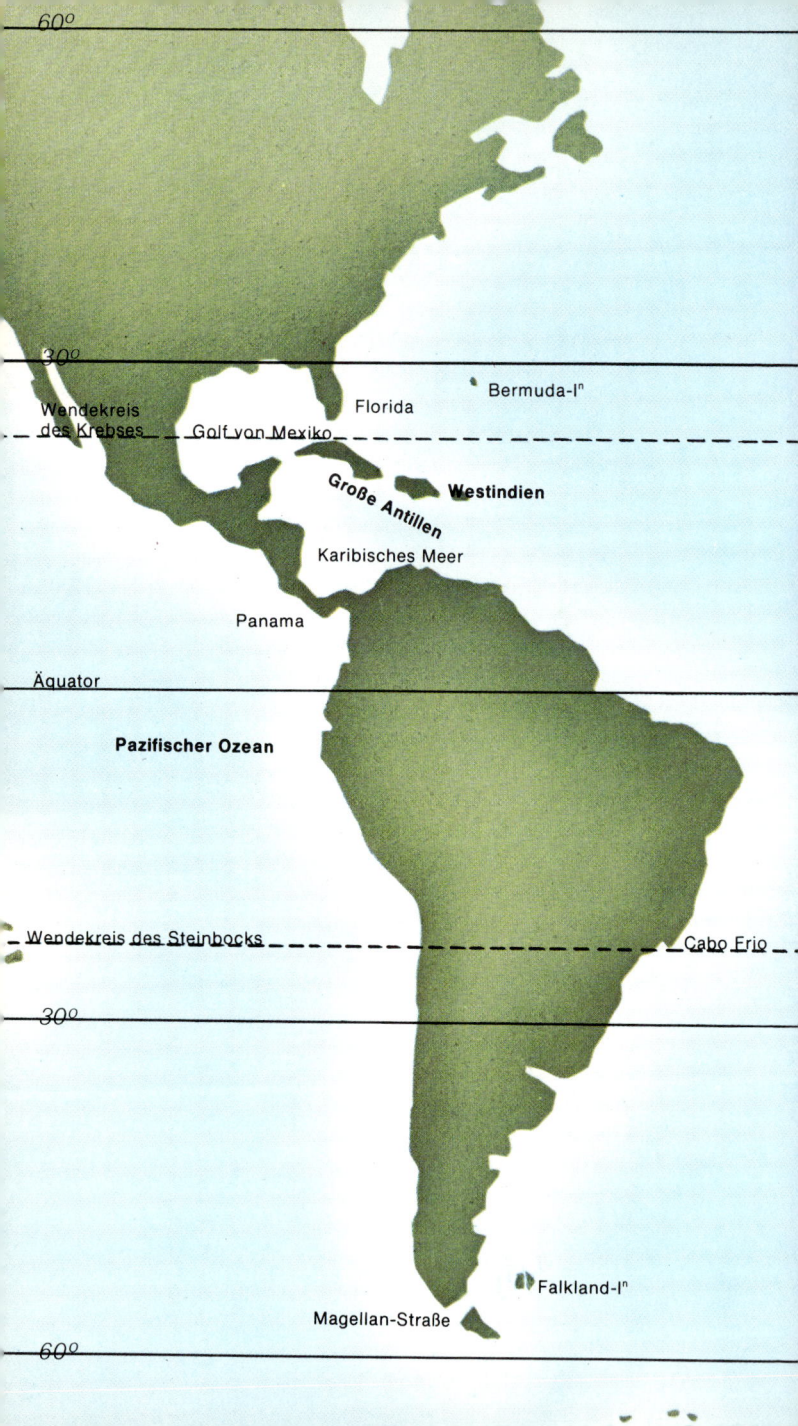

60°

30°

Bermuda-I^n

Florida

Wendekreis
des Krebses   Golf von Mexiko

Große Antillen   **Westindien**

Karibisches Meer

Panama

Äquator

Pazifischer Ozean

Wendekreis des Steinbocks   Cabo Frio

30°

Falkland-I^n

Magellan-Straße

60°

Azoren

Gibraltar

Mittelländisches Meer

Kanaren

Persischer Golf

Golf von Oman

verdische I.

Rotes Meer

Golf von Aden

Arabisches Meer

Golf von Guinea

Atlantischer Ozean

Seychellen

Komoren

St. Helena

Madagaskar

Mauritius
Réunion

Straße von Mozambique

Kap der Guten Hoffnung

60°

Japanisches
Meer

Japan

30°

Ostchinesisches Meer

Riukiu-I[n]

Wendekreis des Krebses

Taiwan

Golf von
Bengalen

Süd
chinesisches
Meer

Philippinen

Guam

Andamanen

Karolinen

Sri Lanka

Straße von Malakka

Malaya

Sulu See

Malediven

Singapur

Celebes See

Äquator

Borneo

Ostindische Inseln

Sumatra

Java See

Neu Guinea

Neu Britannien

Indischer Ozean

Java

Indonesien

Papua

Salomon-I[n]

Torres Str.

Timor See

Neue Hebride

Großes Barriergriff

Wendekreis des Steinbocks

Neu-
Kaledon.

30°

Tasman See

Tasmanien

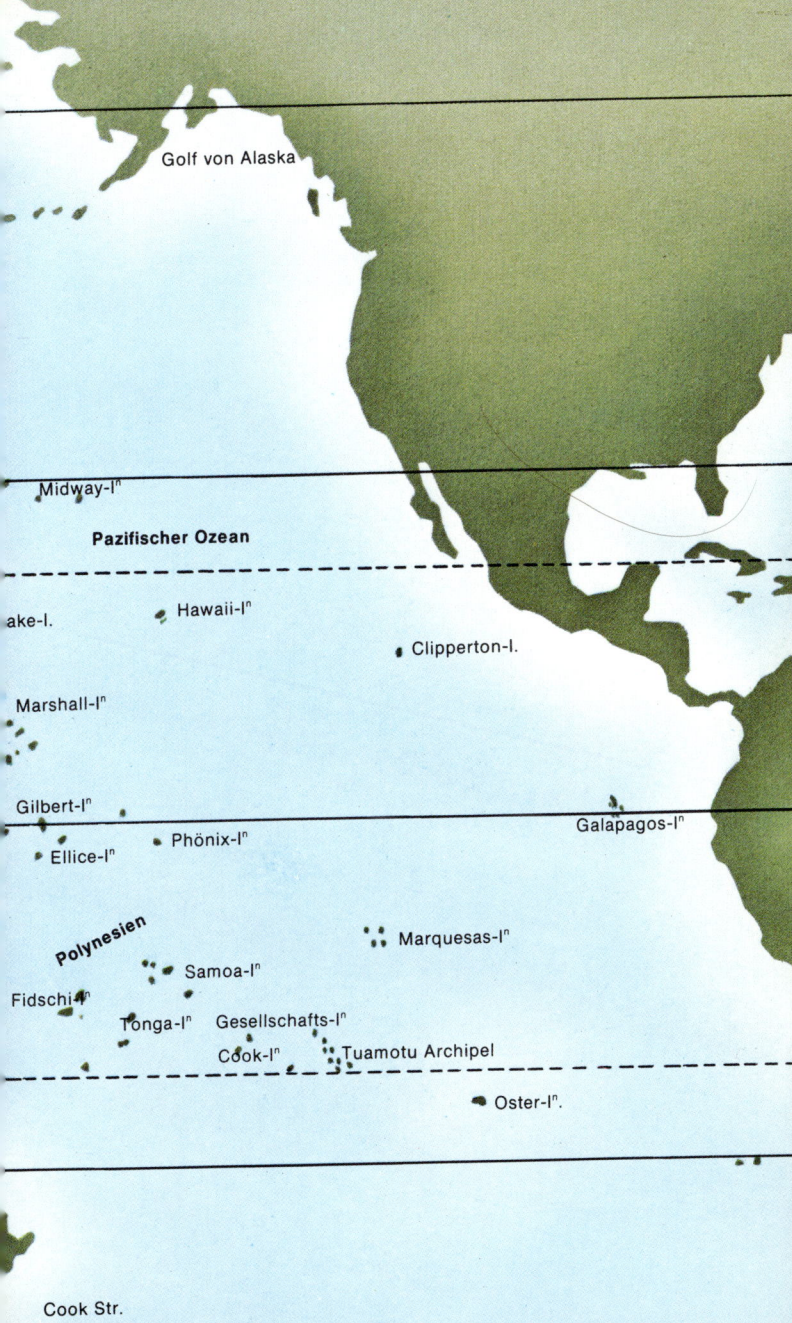

Golf von Alaska

Midway-I^n

Pazifischer Ozean

ake-I.   Hawaii-I^n

Clipperton-I.

Marshall-I^n

Gilbert-I^n

Galapagos-I^n

Ellice-I^n Phönix-I^n

Polynesien

Marquesas-I^n

Samoa-I^n

Fidschi

Tonga-I^n Gesellschafts-I^n

Cook-I^n Tuamotu Archipel

Oster-I^n.

Cook Str.

Neuseeland

Klasse: Gastropoda – Schnecken
Unterklasse: Prosobranchia – Vorderkiemer-schnecken
Ordnung: Archaeogastropoda – Altschnecken
Überfamilie: Pleurotomariacea
Familie: Pleurotomariidae – Schlitz-Kreiselschnecken

Die Schlitz-Kreiselschnecken tragen ihren Namen nach dem Gehäuse-Schlitz, durch den sie Wasser und Abfallstoffe nach außen ableiten. Man kannte sie nur als Fossilien und hielt sie für ausgestorben, bis 1856 in der Karibik die erste rezente Art gefunden wurde. Sie verdienen besonderes Interesse, da sie wahrscheinlich die primitivsten aller heute lebenden Gastropoden sind. Alle Pleurotomariiden kommen im tiefen Wasser vor und sind daher selten. Es gibt etwa 17 bekannte Arten, die sich auf drei Gattungen verteilen, *Entemnotrochus*, *Perotrochus* und *Mikadotrochus*. Sieben Arten findet man in der Karibik, zwei vor dem östlichen Südamerika, sieben in den Gewässern von Japan und Taiwan und eine an der Ostküste Südafrikas. Die meisten sind 5,0 bis 12,5 cm breit, doch *Entemnotrochus rumphii* erreicht eine Breite von 25,0 cm. Einige sind genabelt, und alle haben einen hornigen Gehäusedeckel (Operculum).

Perotrochus africanus zuerst 1931 vor der Küste von Natal in 360 Meter Tiefe gefunden. Etwa 12,5 cm breit und 10,0 cm hoch. Ein leichtes, dünnes Gehäuse, doch wie alle Vertreter der Familie konisch und mit dem charakteristischen Schlitz. Orangegelb gestreift mit Weiß. Man hat bis heute nur etwa ein Dutzend Exemplare gefunden.

P. hirasei aus Tiefen von mindestens 90 Metern an den Küsten Südwestjapans. Breite 10,0 cm. Im Verhältnis schwerer als die übrigen Vertreter der Gattung. Schlanker und gröber geformt als *P. africanus*. Das Gehäuse ist cremefarben-weiß, dicht überzogen von diagonalen Streifen, die zwischen zartem Lachsrot und tiefem Orangerot variieren. Wo der Schlitz beim Wachsen der Schnecke zugebaut wurde, liegt ein Streifen, der als nach hinten gezogene Linie wirkt. Ähnliches kann man bei *P. africanus* beobachten. *P. hirasei* ist der häufigste Vertreter der Familie.

P. quoyanus (nicht abgebildet), Karibik, 50 cm breit. Der erste Vertreter der Familie, der gefunden wurde. Hellbraun mit gelblichen Streifen.
Weitere Arten der Gattung *Perotrochus* sind *P. teramachii* (sehr variabel, möglicherweise zu trennen in zwei verschiedene Arten, Japan und Taiwan), *P. amabilis*, *P. gemma*, *P. lucaya*, *P. midas*, *P. pyramus*, alle aus dem karibischen Gebiet; ferner *P. atlanticus* aus Brasilien.

Entemnotrochus rumphii (nicht abgebildet), Japan und Taiwan, größter Vertreter der Familie, bis zu 25,0 cm breit. Die einzige andere Art dieser Gattung ist *E. adansonianus* aus Westindien und der Karibik. Sie ist die zweitgrößte der Familie. Beide sind schwer und kompakt und weisen längere Schlitze auf als die Vertreter der übrigen Gattungen. Auch haben sie einen breiten, offenen Nabel.

Mikadotrochus beyerichi (nicht abgebildet), Japan. Die Angehörigen dieser Gattung sind mäßig groß und schwer und haben einen kürzeren Schlitz als die Vertreter von *Entemnotrochus*, doch einen längeren als die von *Perotrochus*. Andere Vertreter der Gattung sind *M. schmalzi* und *M. salmianus*, beide aus Japan, und *M. notialis* von der Küste Südbrasiliens.

Perotrochus africanus

Perotrochus hirasei

17

Familie: Haliotidae – Meerohrschnecken

Die Gehäuse ähneln in gewisser Weise einer einzelnen Schalenklappe von Muscheln. Ziemlich flach, schmiegen sie sich mit ihrem muskulösen Fuß wie eine Napfschnecke an Felsen an. Sie haben nur ein kleines spiraliges Gewinde, das exzentrisch liegt, weil der letzte Umgang sehr groß ist und weit auslädt. Das ist der Gehäuseteil, der den Körper enthält; dort weist das Gehäuse eine Reihe von Löchern auf, je nach Art vier bis zehn. Durch diese werden in ähnlicher Weise wie durch den Schlitz der Pleurotomariiden Wasser und Abfallstoffe ausgeleitet. Die Innenschicht des Gehäuses ist perlmuttern, irisierend und wird zu Schmuck, vor allem Knöpfen, verarbeitet. In China, Japan, Amerika, Neuseeland und auf den Kanalinseln gilt der Fuß als Delikatesse. Die Haliotiden nennt man in Amerika ,,abalones", auf den Kanalinseln ,,ormers", in Neuseeland ,,paua" und in Japan ,,awabi". Die Familie umfaßt etwa 100 Arten.

Haliotis asinina, Westpazifik, 12,0 cm lang und halb so breit. Die Form verlieh der Schnecke den Namen Eselsohr. Sieben offene Löcher. Eine der wenigen Arten mit glänzender Gehäuse-Außenseite. Cremefarbig dicht überzogen mit grünbraunen Dreiecken und unregelmäßigen Flecken; Innenseite silbrig irisierend.

H. iris, Neuseeland, 15,0 cm lang, 11,5 cm breit. Äußere Oberfläche häufig dicht mit kalkigen Ablagerungen bedeckt; Innenseite prächtig silbern, blau und grün irisierend, goldstichig. Muskelansatzstelle zentral.

H. discus, Japan und Ostasien, 10,0 cm lang, 6,5 cm breit. Rauhe, ziemlich unebene Oberfläche mit Erhebungen und Einsenkungen. Die Umgebung der Löcher ist aufgewulstet; drei bis fünf Öffnungen. Grünbraun, Innenseite silbrig. Bevorzugt flaches Wasser.

H. ovina, Westpazifik, 6,0 cm lang, 4,5 cm breit. Runder als *H. discus.* Vom Gewinde zum Gehäuserand ziehen Rippen. Fünf bis sechs Löcher sind offen. Dunkelgrün, sechs cremefarbene Streifen ziehen ausstrahlend von der Gewindespitze zu den Löchern, 20 schmalere Streifen von den Löchern zum linken Rand; Innenseite silbrig.

H. corrugata, Kalifornien und Niederkalifornien, 18,0 cm lang. Stärker gewölbt als die meisten der Familie. Fast rund, mit kräftiger Rippung in beiden Richtungen und gewelltem Rand; drei bis vier Löcher offen und röhrenförmig ausgezogen. Grün oder rotbraun, oft – wie abgebildet – stark mit Ablagerungen bedeckt. Innenseite in Silber, Gold, Rosa, Grün und Blau. Mit Muskelansatzstelle. Allgemein als Nahrungsmittel verwendet.

H. sieboldi (nicht abgebildet), Japan, 15,0 cm lang. Oval im Umriß, Gewindespitze dicht am Rand. Starke radiale Erhebungen von unterschiedlicher Breite. Löcher groß, etwas höckerig, vier oder fünf offen. Braun oder rotbraun. Innenseite silbrig.

H. ruber (nicht abgebildet), Süd- und Südostaustralien und Tasmanien, 16,0 cm lang, 12,5 cm breit. Feine, perlschnurartige Spiralbänder und unebene radiale Einsenkungen. Sechs oder sieben Löcher offen, etwas höckerig; Gebiet zwischen den Löchern und dem Rand konkav. Dunkel rotbraun, schmale grüne Strahlen.

H. jacnensis (nicht abgebildet), Philippinen, Süd- und Südwestpazifik, 1,2 cm. Sehr rauhe, unregelmäßige Spiralwülste. Ziemlich schuppig. Löcher ein wenig erhöht und ziemlich weit voneinander entfernt, zwei oder drei offen. Orangerot; Innenseite silbrig.

Haliotis asinina

Haliotis iris

Haliotis ovina

Haliotis discus

Haliotis corrugata

19

H. rufescens, Nord- und Niederkalifornien, bis zu 30,0 cm. Großes, ovales und relativ flaches Gehäuse im Vergleich zu *H. corrugata*. Die rauhe Außenseite weist unebene Spiralwülste sowie rauhe radiale Zuwachsstreifen auf. Drei oder vier Löcher sind offen. Ziegelrot. Das Innere ist silbrig und goldbraun mit einem zentralen Muskelansatz. Als Nahrungsmittel weit verbreitet, obwohl nur Tiere über 17,5 cm in Frage kommen.

H. varia, Westpazifik, bis zu 6,0 cm. Eine häufige Schnecke. Die unebenen Spiralwülste sind rauh und knötchenreich. Kräftige Zuwachsstreifen und einige Radialfalten. Die Löcher, von denen gewöhnlich fünf bis sechs offen sind, sitzen auf Erhebungen. Die Schale kann olivgrün sein, aber auch rotbraun oder gesprenkelt weiß und/oder schwarz. Wie schon der Name sagt, variiert die Art stark. Das Innere ist silbrig mit irisierendem Blau und Grün.

H. lamellosa, wird aus Gibraltar gemeldet. 5,0 cm. Das abgebildete Exemplar stammt jedoch von den griechischen Inseln. Es hat eine ziemlich geradlinige Lippe und unebene radiale Furchungen, die wie Falten oder Runzeln aussehen, sowie feine spiralige Streifen. Vier Löcher sind offen. Die Farbe ist blaugrün, fast türkis, die Innenseite silbrig, blau, grün und stark irisierend. Möglicherweise handelt es sich um eine Form von *H. tuberculata* (siehe nächste Seite).

H. diversicolor, Westpazifik, bis zu 7,5 cm. Im Verhältnis zu den meisten Arten der Familie schmaler und flacher. Ziemlich gleichmäßig ausgebildete Wülste ziehen vom Gewinde zur Lippe. Etwa neun Löcher sind offen. Dunkel olivgrün, gesprenkelt mit Dunkelrot, Braun und hellerem Grün.

H. fulgens, Kalifornien und Niederkalifornien, bis etwa 20,0 cm. Oval, mit rauhen, abgeplatteten Radialwülsten. Fünf oder sechs offene Löcher und zentrale Muskelansatzstelle. Die Außenseite ist hübsch mattbraun, das Innere schön in Blaugrün, Gold und Dunkelbraun auf silbrigem Grund irisierend. *H. fulgens* wird kommerziell gefischt ab einer Größe von 16 cm.

H. spadicea (nicht abgebildet), Ostküste von Südafrika, 7,5 cm. Vielleicht besser bekannt unter dem Synonym *H. sanguinea*. Ziemlich langgestrecktes Gehäuse, im Äußeren verhältnismäßig glatt, doch mit ungleichmäßigen, radiär verlaufenden Rippen. Rauhe Spiralwülste, feine Zuwachsstreifen und etwa neun Löcher offen. Rotbraun; innen silbrig mit braunen Flecken nahe dem Gewinde.

H. emmae (nicht abgebildet), Südaustralien und Tasmanien, 10,0 cm. Rauhe Spiralrippen, ungleichmäßige Radialfalten und sechs oder sieben offene Löcher auf Erhebungen, mit einem schmalen Kanal daneben. Orangebraun mit etwa sechs ungleichmäßigen, radialen, cremefarbenen Strahlen. Innenseite irisierend.

Haliotis rufescens

Haliotis varia

Haliotis lamellosa

Haliotis diversicolor

Haliotis fulgens

21

H. gigantea, Japan, über 20,0 cm. Obgleich die größte japanische Haliotis, ist die Art doch nicht so groß wie manche andere. Ihre Löcher sind stärker als bei allen anderen aufgewölbt und erscheinen knotenartig; etwa vier sind offen. Die Spiralfurchen sind ungleichmäßig und kreuzen massige Wülste im Winkel von 90 Grad. Farbe mattbraun oder rotbraun. Wird gern gegessen. Die beiden Abbildungen zeigen die Farbvariationen und auch die Tatsache, daß das Gehäuse runder im Umriß wird, wenn die Schnecke heranwächst.

H. tuberculata, Mittelmeer und Nordostatlantik, etwa 9,0 cm lang und 6,0 cm breit. Auf den Kanalinseln als Nahrungsmittel geschätzt. Dort kennt man sie als „ormer"; wird aber nördlich vom Ärmelkanal sehr selten gefunden. Das Gewinde ragt auf, und die Zuwachsstreifen sind deutlich zu sehen. Das Gehäuse ist tief spiralig gestreift. Etwa neun Löcher sind offen. Variabel in der Farbe von mattem Braun, Rotbraun bis zu Mischungen von Braun, Rot und Grün mit hellem Grün, Zickzacklinien. Die Innenseite ist silbrig, mit schwachroten Tönungen.

H. midae, Südafrika, bis zu 14,0 cm lang und 11,5 cm breit. Sie ist die größte der südafrikanischen Arten und wird bedeckt von tiefen unregelmäßigen Falten, die von der Gewindespitze ausgehen. Scharfer Abfall von der Lochreihe zum linken Schalenrand. Zahlreiche kleine Löcher, von denen etwa neun offen sind. Farbe mattweiß mit roten Tönungen; auf der Innenseite ein zentraler Muskelansatz, silbrig mit sehr hellen Grün-, Blau- und Rosafärbungen.

H. australis, Neuseeland, wo man die Art als „Silber-Paua" kennt, bis zu 10,0 cm. Ziemlich gleichmäßige Radialfalten über niedrigen Spiralwülsten und Zuwachsstreifen. Sieben Löcher sind offen. Zart olivgrün, gelegentlich schwach ausgebildete rote Strahlen; innen silbrig. Dient als Nahrungsmittel.

H. cracherodi, westliche USA und Niederkalifornien, bis zu 15,0 cm. Trotz klar gezogener Zuwachsstreifen eine glattere Oberfläche als bei den meisten anderen. Etwa sechs Löcher sind offen. Die Außenseite erscheint sehr dunkel rotbraun, fast schwarz, die Innenseite silbrig mit einem goldenen Glanz und zentraler Muskelansatzstelle.

H. kamtschatkana (nicht abgebildet), Nordpazifik von Japan über Südalaska bis Kalifornien, 15,0 cm. Langgestreckt, ziemlich gefurcht, gelegentlich schwache Spiralbänder. Etwa vier Löcher sind offen. Graubraun.

H. elegans (nicht abgebildet), Westaustralien, 10,0 cm. Langgestreckt, mit einem kleinen Gewinde am hinteren Rand der Schale, ein wenig aufgeblasen, starke Spiralrippen. Die Zahl der geöffneten Löcher schwankt und liegt bei Gehäusen von Jungtieren etwa bei acht. Orangebraun, mit cremefarbenen Strahlen; Innenseite silbrig.

H. coccinea (nicht abgebildet), Kapverdische und Kanarische Inseln, 5,0 cm. Die Art hat enganliegende Spiralwülste – manchmal ungleichmäßig – mit feinen Streifen. Die Löcher sind nahe beieinander; fünf oder sechs offen. Scharlachrot, mit cremefarbenen Flecken oder Strahlen, Innenseite silbrig.

Haliotis tuberculata

Haliotis gigantea

Haliotis midae

Haliotis australis

Haliotis cracherodi

Haliotis gigantea juvenile

23

Überfamilie: Fissurellacea
Familie: Fissurellidae – Schlitzschnecken

Die Schlitzschnecken sind flach und rund, oval oder schildförmig wie Napfschnecken, haben aber im allgemeinen ein Loch in der Gegend des höchsten Gehäuseteils, manche Arten mit randständigem Schlitz. Ein Gewinde fehlt. Es gibt viele kleine Vertreter der Familie, die rund 500 Arten umfaßt. Sie pressen sich an Felsen und Korallen an, meist in wärmeren Meeren, und leben von Pflanzen.

Scutus antipodes, Ostaustralien von Queensland bis Tasmanien, 10,0 cm lang und etwa halb so breit. Wie die ganze Gattung, hat *Scutus antipodes* die Form eines römischen Schildes, wovon sich auch der Name ableitet. Das Gehäuse ist flach und hat feine konzentrische Zuwachsstreifen. Die Gehäusespitze liegt nicht in der Mitte und zeigt mehr nach vorn als nach oben. Eine Öffnung fehlt. Cremefarben-weiße Außenseite, innen rein weiß.

Glyphis elizabethae, östliches Südafrika, bis zu 4,5 cm lang und 3,0 cm breit. Die Öffnung liegt im letzten hinteren Drittel. Das Gehäuse trägt acht hervorstehende Wülste, dazwischen zahlreiche kleinere. Grau; innen weiß.

Fissurella radiata, Karibik, 4,0 cm lang. Die Art weist elf unregelmäßige, radiär verlaufende Rippen mit feineren Rippen dazwischen auf. Öffnung annähernd rund. Grau; radiäre Rippen heller; Innenseite weiß, mit schwach gelber Tönung.

F. picta, Südamerika, einschließlich der Magellanstraße, 5,0 cm lang und 3,0 cm breit. Die ovale Öffnung liegt vor der Mitte, und die Zuwachsstreifen verleihen dem Gehäuse eine rauhe Beschaffenheit. Zwölf dunkelbraune Strahlen wechseln mit hell gelbbraunen Strahlen etwa gleicher Größe ab. Innenseite rein weiß, wobei man die Enden der Strahlen am Rand sehen kann.

F. grandis, westliches Südamerika, 6,0 cm lang und 4,0 cm breit. Im Umriß ähnlich *Megathura crenulata*, doch gegen das Vorderende zu schmaler und viel glatter. Sehr dunkle braune, fast schwarze Farbe, die auch ein schmales Band am Rand der Innenschale bildet. Die übrige Innenseite ist rein weiß, ebenso wie die unmittelbare Umgebung der Öffnung.

F. nodosa, Florida Keys und Westindien, 4,0 cm lang, 3,0 cm breit und mit 2,0 cm recht hoch für diese Gattung. 22 Rippen, die gegen den Rand hin immer knötchenreicher werden. Die Öffnung bildet den Umriß einer Acht. Innen und außen weiß, gewöhnlich mit beträchtlichen Kalkablagerungen bedeckt.

F. producta, Antillen, 4,0 cm lang, 2,0 cm breit. Ähnlicher Umriß wie *Scutus antipodes*, aber im Verhältnis höher, mit langer, schmaler, dreieckiger Öffnung, die von der Spitze bis einige Millimeter vor den hinteren Gehäuserand läuft. Innen und außen weiß.

Megathura crenulata, Kalifornien und Pazifikküste Mexikos, 12,5 cm lang und 8,0 cm breit. Ein großer Vertreter der Gattung. Große ovale Öffnung dicht neben dem Zentrum; weißer Rand, von dem zahlreiche feine Wülste zu dem leicht gekerbten Gehäuserand laufen, wobei sie die konzentrischen Zuwachsstreifen kreuzen. Graubraun, gegen den Gehäuserand heller. Innenseite rein weiß.

Diodora graeca, Mittelmeer bis Südengland, 2,5 cm lang und 1,8 cm breit. Synonym *D. apertura*. Radiale Wülste, jeweils in der Größe wechselnd, und sehr feine konzentrische Linien, die einen gewissen Netzeffekt bewirken. Rosabraun, Linien weiß.

Glyphis elizabethae

Diodora graeca

Fissurella radiata

Fissurella picta

Fissurella nodosa

Scutus antipodes

Fissurella producta

Megathura crenulata

Fissurella grandis

Überfamilie: Patellacea

Etwa 400 Arten. Die Napfschnecken i.w.S. umfassen zwei Hauptfamilien, Acmaeidae und Patellidae, sowie eine dritte Familie mit wenigen Vertretern, Lepetidae. Der Unterschied zwischen den erstgenannten Familien liegt vorwiegend im anatomischen Bau der Tiere begründet. Zum Beispiel haben die Acmaeiden Kiemen und die Patelliden Falten am Mantelrand, die als sekundäre Kiemen funktionieren. Das Gehäuseinnere der Acmaeiden erscheint porzellanartig, während das der Patelliden irisiert. Die Tiere weiden Algenrasen ab.

Familie: Acmaeidae – Schildkrötenschnecken

Acmaea patina, westliches Nordamerika, im Norden häufiger als im Süden, 5,0 cm lang und etwas weniger breit. Abgesehen von den feinen Zuwachsstreifen glatt. Graugrün, mit einem blaugrauen Fleck an der Spitze, die dicht neben der Gehäusemitte liegt. An einer Stelle bildet eine blaugraue Färbung ein Netzwerk über der Grundfärbung. Im äußeren Drittel des Gehäuses treten ebenfalls blaugraue Netzzeichnungen auf. Innenseite blauweiß mit dunkelbraunem Fleck an der Spitze und purpurbraunen Tupfen am Rand, die mit den Enden der blaugrauen Strahlen der Oberseite korrespondieren. *A. testudinalis* im Osten ist kleiner, ovaler und hat einen dunkler braunen Fleck auf der Innenseite.

A. borneensis, Nordküste von Borneo, 4,0 cm lang und etwas weniger breit. Ziemlich flach. Radial fein gestreift. Die Spitze, fast an der Gehäusemitte, ist kastanienfarben. Die übrige Außenseite ist schwarz, mit unregelmäßigen Strahlen unterbrochener, weißer, kurzer Striche. Die Muskelansatzstelle ist wolkig blau, braun und weiß; ihre Umgebung weiß, mit blauer Tönung und dunkel blauschwarzem Rand.

A. pileopsis, nördliches Neuseeland, Cook-Straße, 2,5 cm. Zahlreiche kleine Rippen, Gehäusespitze nach vorn geneigt. Rotbraun gesprenkelt mit Weiß. Das Innere mit dunkelbrauner Muskelansatzstelle, umgeben von Blauweiß, in den dunklen Rand übergehend, der rot gestreift ist.

Familie: Patellidae – Napfschnecken

Patella longicosta, östliches Südafrika, 7,0 cm. In Südafrika gibt es besonders viele große und farbenprächtige Napfschnecken. Rauhe Oberfläche. Zehn kräftige, sternförmig ausstrahlende Rippen, dazwischen schwächere, kürzere Rippen. Dunkel oder heller braun; Innenseite wolkig braun, begrenzt von purpur, dann gelbbraun und schließlich weiß. Der innere Rand weist ein schmales dunkelblaues Band auf.

P. saccharina, Japan, 4,0 cm. Wirkt wie eine kleine Ausgabe der vorigen Art. Sieben große Rippen und kleine Zwischenrippen. Außen dunkelbraun, innen weiß, mit dunkelbraunem Rand und dunklem Mittelpunkt.

P. oculus, auch östliches Südafrika, 8,0 cm lang, 7,0 cm breit. Ziemlich dünn und flach. Etwa 18 Rippen, nicht annähernd so betont wie bei *P. longicosta.* Dunkelbraune und grüne Ringstreifen. Muskelansatzstelle schwach rosabraun, begrenzt von einem breiten, weißen Band. Äußeres Drittel dunkelbraun mit kleiner, fahler Wolkenzeichnung.

P. caerulea, Mittelmeer, Nordwestafrika, 4,2 cm. Ziemlich flach und dünn. Unregelmäßig geformt, ziemlich flache Rippen. Grüngrau; weiße Muskelansatzstelle, umgeben von einem durch Weiß hindurchschimmerndem Blaugrau. Die Rippen sehen wie dunkelblaue Strahlen aus.

P. testudinaria, Philippinen, 9,0 cm. Oval, ziemlich glatt, fest. Sehr dunkel, fast schwarz, mit strahlenförmig angeordneten rotbraunen Flecken. Weiße Muskelansatzstelle. Durchscheinend; auf der Innenseite schimmern die äußeren Farben durch eine silbrige Perlmuttschicht hindurch.

Patella longicosta

Patella saccharina

Patella caerulea

Acmaea pileopsis

Patella oculus

Acmaea borneensis

Patella testudinaria

Acmaea patina

P. granatina, westliche Küste Südafrikas, 8,5 cm lang und 3,0 cm hoch. Das Gehäuse weist etwa 30, nicht besonders gut entwickelte Rippen auf und ist grau mit dunkelbraunen Flecken und Zickzacklinien. Die Innenseite zeigt eine sehr kräftige, dunkelbraune Muskelansatzstelle, umgeben von einem fleischfarbenen Ring, der seinerseits von einem orangebraunen oder blauweißen Bereich umschlossen wird. Hierum liegt ein fahl purpurbraun geflecktes Band.

P. compressa, ebenfalls von der atlantischen Küste Südafrikas, 11,0 cm lang, 5,0 cm breit und 5,0 cm hoch. Seitlich zusammengedrückt; die hochaufragende Spitze liegt weit vor der Gehäusemitte und ist nach vorn gerichtet. Auf flacher Unterlage heben sich die Ränder deutlich vom Grund ab. Fein gerippt und an der Spitze glatt. Blaß braungrau oder graurosa, zum Rand hin dunkler. Innenseite weiß oder perlgrau, eingefaßt von einem breiten rosafarbenen Band.

P. vulgata, die gewöhnliche Napfschnecke, Westeuropa, bis zu 6,0 cm. Das grob gerippte Äußere variiert von Grau bis Hellbraun. Auf der Innenseite wird die weiße oder blaue Muskelansatzstelle umgeben von dunkelblauen oder weißen Strahlen, die von einer durchscheinenden orangefarbenen Perlmuttschicht überlagert sind. Diese kann die darunterliegenden Farben völlig abdecken.

P. miniata, Südafrika, 6,0 cm. Viele Rippen verschiedener Größe, im allgemeinen große und kleine abwechselnd. Grauweiß mit radialen blaugrauen Streifen. Diese Farben sind durch die opake Perlmuttschicht hindurch zu sehen, die die Innenseite mit Ausnahme der weißen Muskelansatzstelle überzieht.

P. barbara, Ost- und Westküste von Südafrika, 9,5 cm. Variabel; einige flach, andere hoch; einige mit starken Rippen, andere mit einigen kräftigen, aber zahlreichen flachen Rippen. Außen weiß oder grauweiß; braune oder rote Muskelansatzstelle.

P. cochlear, Ost- und Westküsten Südafrikas, 6,5 cm. Birnenförmiger Umriß, außen fein radial gestreift. Weiß bis blaß gelbbraun. Das Innere weist eine hell kastanienbraune Muskelansatzstelle mit dunkelblauer Umrandung auf. Daran schließt sich eine fahlblaue und eine mittelblaue Begrenzung. Weißer Rand.

P. nigrolineata, Japan, 8,0 cm lang und 5,0 cm breit. Kann flach oder hoch ausgebildet sein, Spitze üblicherweise beträchtlich vor der Gehäusemitte. Zahlreiche, wenig hervortretende, schmale, radiale Rippen und schwache, konzentrische Zuwachsstreifen. Blaugrün; Rippen und Zuwachsstreifen dunkel rotbraun. Innenseite silberblau mit durchscheinenden Rippen. Muskelansatzstelle weiß, kann aber rot oder dunkelbraun gefleckt sein.

Patella granatina

Patella vulgata

Patella compressa

Patella miniata

Patella nigrolineata

Patella barbara

Patella cochlear

Patella vulgata

29

Überfamilie: Trochacea
Familie: Trochidae – Kreiselschnecken

Die Trochiden oder Kreiselschnecken haben eine abgeflachte Basis und ein konisches Gewinde und kommen in tropischen und gemäßigten Breiten vor. Sie haben ein horniges Operculum und im Inneren eine Perlmuttschicht. Sie bewohnen die Gezeitenzonen und Flachwassergebiete und leben vegetarisch. Einige Arten werden gegessen, bei anderen wird das Gehäuse wegen der Perlmuttschicht kommerziell verwertet.

Trochus maculatus, Indopazifik, bis zu 6,5 cm hoch und etwa genauso breit. Wie ein Kreisel geformt, mit Reihen feiner Körnchen versehen, an der Basis rund oder gewinkelt. Basis feiner strukturiert als die Seiten. Nabel perlmuttartig und begrenzt von fünf stumpfen Knötchen. Grau oder weiß marmoriert mit Blau, Grün oder Braun. Sehr variabel in Form und Farbe, wie die beiden Abbildungen zeigen.

T. niloticus, Indopazifik, bis zu 15,0 cm hoch. Die Art ist die größte der Gattung, fast glatt an den letzten Umgängen, mit Ausnahme feiner radialer Streifungen. Oben sind die Nähte gewinkelt, tubuläre Knötchen finden sich auf einem hervorstehenden Band bei den ersten Umgängen; beides verschwindet bei den späteren Umgängen. Bei großen ausgewachsenen Exemplaren wirkt der letzte Umgang mitunter sehr geschwollen, wodurch die normalerweise ebene Seitenfläche gegen die Basis zu konkav wird. Die Basis zeigt feine Zuwachsstreifen und axiale Streifen. Genabelt, mit glatter Spindel. Weiß mit rotbraunen Axialstreifen. Eine häufige Schnecke, die kommerziell genutzt wurde, um Perlmuttknöpfe und ähnliches daraus zu fertigen.

Cardinalia conus, Indopazifik, 7,0 cm hoch. Eine schwere, kompakte Schnecke; die unteren Umgänge sind leicht konvex, der Rand zur Basis hin gerundet. Spiralige Knötchenreihen auf den ersten Umgängen, auf den älteren fehlen sie, dafür treten kräftige, radiale Zuwachsstreifen auf. Weiß mit roter Marmorierung, die zur Basis hin ausläuft.

Tectus dentatus, nordwestlicher Indischer Ozean, 8,0 cm hoch. Radial fein gestreift, gesprenkelt. Mit hervorstehenden, stumpfen, festen „Zähnchen" an den Nähten, bis zu zehn auf dem letzten Umgang. Die Basis ist flach und weitgehend glatt mit schwach angedeuteten konzentrischen Streifen nahe dem Zentrum. Die Basis ist weiß, mit einem blaugrünen Bereich in der Nähe der Spindel, die nach vorn gedreht erscheint. Der Rest des Gehäuses trägt eine mattgraue Färbung.

T. pyramis, Indopazifik, bis zu 12,0 cm hoch. Das Gehäuse dieser Art ist im Verhältnis zur Höhe nicht sehr breit, wenn man sie mit den vorigen Vertretern vergleicht. Die ersten Umgänge zeigen radiale Streifen von kleinen Knötchen, die sich gegen die Basis hin verlieren. Die Basis ist flach und spiralig gestreift, mit einer nach vorn gedrehten Spindel. Farbe schmutzig graubraun, marmoriert mit lila, im allgemeinen axial gestreift.

Trochus maculatus

Trochus niloticus

Cardinalia conus

Tectus dentatus

Tectus pyramis

31

Maurea punctulata, Neuseeland, 4,0 cm. Turbanartig mit spiraligen Reihen winziger Knötchen, runder Basis und glatter Spindel. Abgebildet ist die Unterart *M. p. stewartiana,* die gelbbraun gefärbt ist.

M. cunninghami, Neuseeland, 5,0 cm. Die Art hat einen etwas gewinkelten Rand und spiralig verlaufende Streifen, auf denen winzige Knötchen sitzen. Die ersten Umgänge sind etwas konkav, die späteren konvex. Die leicht konvexe Basis hat spiralige Furchen, die nahe dem Zentrum mit kleinsten Knötchen besetzt sind. Glatte Spindel. Cremefarbener Untergrund mit hellbraunen Streifen; Basis weiß.

Tristichotrochus formosensis, Taiwan, 4,0 cm. Leicht konkave Seiten und Spiralreihen von winzigen Knötchen, von denen die der Naht am nächsten gelegenen größer sind. Die Basis ist stark gewinkelt und spiralig gestreift, wobei die Streifen in der Nähe der Spindel granuliert erscheinen. Fleischfarben, rotbraun gewolkt, mit Flecken auf den Nahtperlen. Basis ebenso gefärbt, mit rotbrauner wolkiger Zeichnung in der Nähe der Spindel und Flecken am Rand.

Monodonta canalifera, Westpazifik, 3,0 cm. Turbanartig mit flachen Spirallinien und gebogenem Zahn, der aus dem Grund der Spindel aufragt. Innerhalb der Lippe weiß und gefurcht; der Mündungsrand zeigt die Farben der Außenseite, dunkles Grün, grüne und cremefarbene Flecken.

Tegula regina, Südkalifornien, 4,5 cm. Sechs oder sieben Umgänge, axial ungleichmäßig gewulstet, mit dem unteren Drittel nach außen gewinkelt. Dunkel purpurbraun; Basis konkav mit dichten, schmalen, schwarzen Radialrippen, cremefarben in den Zwischenräumen. Innenseite und Spindelbereich golden; Spindel selbst und das Gebiet zwischen dem goldfarbenen Bereich und der äußeren Lippe silberweiß.

Calliostoma monile, Australien, 2,5 cm. Abgerundeter Kiel, flache Seiten und spitzes Gewinde. Die Umgänge sind fein gestreift und über den Nähten gewulstet. Konvexe Basis; glatte Spindel mit einem rückgebildeten Zahn am unteren Ende. Durchscheinend cremefarben weiß; die Nahtwülste rein weiß mit lilafarbenen Flecken, die fast ebenso groß sind wie die weißen Flächen zwischen ihnen.

Clanculus cruciatus, Mittelmeer bis Kapverdische Inseln, 1,0 cm breit. Glatt mit unauffälligen Spiralrippen, letzter Umgang aufgewulstet. Tief genabelt; die Spindel hat zwei Zähne, wovon der obere größer ist. Die Lippe ist stark aufgeworfen. Farbe dunkel rotbraun mit Ausnahme der Basis rund um den Nabel, wo die Rippen kräftiger werden und abwechselnd rosa und dunkelrotbraune Flecke tragen.

C. pharaonius, die Erdbeer-Kreiselschnecke, Indischer Ozean, 2,5 cm. Die Spindel endet in einem Zahn und hat eine große und zwei kleine Falten. Der Zahn an der Spitze der Lippe ragt über den Nabel hinaus. Lippe fein gezähnt. Spiralreihen kleiner gerundeter Knötchen, meist schön rosarot, mitunter perlfarbig; zwei Reihen dunkler Purpurflecke auf jedem Umgang. Basis ähnlich, aber im Gebiet rund um die Spindel und innerhalb der Lippe weiß und gerippt.

Oxystele sinensis, Südafrika, 3,0 cm. Ziemlich abgeflacht mit großem, aufgewölbtem letztem Umgang und deutlich rauher Oberfläche. Kein Nabel. Letzter Umgang tief blauschwarz, Gewinde grüngelb; Basis grau; am glatten Rand der Spindel von rosig in weiß übergehend.

Chrysostoma paradoxum, Indopazifik, 2,5 cm. Niedriges Gewinde und großer letzter Umgang. Glatt, mit einer flachen Rinne unter der Naht. Die Spindel und ihre Schwiele, die übrige Mündung und das Innere prächtig orangegold; rosigbraun unregelmäßig gefleckt mit cremefarben.

Calliostoma monile

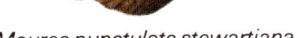

Maurea punctulata stewartiana

Clanculus cruciatus

Monodonta canalifera

Tegula regina

Maurea cunninghami

Tristichotrochus formosensis

Clanculus pharaonius

Oxystele sinensis

Chrysostoma paradoxum

Monodonta lineata, Großbritannien bis Nordwestafrika, 2,5 cm hoch und etwas schmaler. Schwer und grob, mit grob gekörnter Oberfläche. Letzter Umgang stärker geschwollen als der vorletzte. Gerundeter Kiel; Nabel mit einer Schwiele verschlossen. Spitze bei ausgewachsenen Exemplaren oft abgetragen, so daß man die innere Perlmuttschicht sehen kann. Die Spindel weist einen stumpfen Zahn auf. Dunkelbraun mit sehr kleinen gelbbraunen Flecken; Innenfläche der Lippe dunkelbraun mit Weiß abgesetzt; Inneres perlmuttartig.

Umbonium giganteum, Japan, 4,5 cm im Durchmesser. Flach, mit gerundetem Kiel und glatten schwachen Streifen nahe dem Grund der letzten beiden Umgänge. Die konvexe Basis hat keinen Nabel, doch eine Nabelschwiele. Blaß blaugrün mit einer Reihe purpurner Striemen unter der Naht, die auf dem letzten Umgang fahler werden. Kiel weiß mit schiefwinkligen radialen Purpurstreifen, die sich am Grund jedes Umgangs als weißes und purpurfarbenes Band zeigen.

U. moniliferum, Japan, 2,0 cm. Form wie die vorigen Arten. Cremefarben, kräftig gemustert mit rotbraunen Punkten und Flecken. Basis und Spindelschwiele braun. Die Abbildung zeigt einen Blick auf die Basis.

U. vestiarium, Indischer Ozean und Ostindien, 1,2 cm. Form wie die vorigen Arten. Muster und Färbung sehr variabel – grün, braun, grau, purpurn, punktiert, mit Spirallinien, winzigen axialen Farbstrichen usw.

Cittarium pica, Westindien, 10,0 cm hoch und breit. Fest, schwer, mit rauher, ungleichmäßiger Oberfläche. Flacher Kanal unter der Naht, gerundeter Kiel, tief genabelt. Glatte Spindel mit kräftiger Schwiele, die den Nabel halb umgibt. Tiefe Kerbe in der Mitte. Schwarz mit weißer Marmorierung. Basis rund um den Nabel weiß; Inneres silbrig-weiß.

Familie: Angariidae – Delphinschnecken
Angaria delphinula, Indopazifik, 7,0 cm breit. Die Gattung *Angaria* hat das dünne, hornige Operculum der Kreiselschnecken, wird aber mitunter zu den Turbanschnecken gerechnet. Fest, schwer, mit niedergedrücktem Gewinde. Die rauhen Spiralbänder auf der Schulter der Umgänge tragen hohle Stacheln, zwei Reihen von kleinen Stacheln an der Peripherie und auf der Basis rundum und im Inneren des tiefen Nabels. Grau; Stacheln manchmal dunkler; Mündung perlmufarben.

A. distorta, Südchinesisches Meer, 6,5 cm, 5,0 cm hoch. Schwer, fest, mit großem letzten Umgang. Umgänge an den Schultern gewinkelt, mit fast flachem Abschnitt zwischen Naht und Schulter, mit stumpfen Knoten besetzt. Grobe, ungleichmäßige Spiralrippen auf dem letzten Umgang, einige mit Knötchen. Tiefer Nabel, dessen Öffnung rauh, fast stachelig ist. Variable Grauschattierungen von weiß bis schwarz, über einer blaßrosa Basisfärbung.

A. melanacantha, Philippinen, 4,0 cm hoch, 7,5 cm breit, einschließlich der Stacheln. Eingesenktes Gewinde; Naht verschwindet nahe der Mündung, wenn der letzte Umgang die früheren Umgänge nicht mehr berührt. Kleine, knötchenbesetzte Spiralrippen und eine Reihe langer, nach oben und einwärts schwingender Stacheln auf der Schulter. Sechs andere Stachelreihen variieren in der Länge von Reihe zu Reihe und umziehen den Nabel. Verschiedene Braunschattierungen; um die Mündung perlmuttartig.

Familie: Stomatellidae – Weitmundschnecken
Meist klein. Sie erinnern mitunter an die Haliotidae, da sie ein niedergedrücktes Gewinde und einen großen letzten Umgang mit weiter Mündung aufweisen. Löcher fehlen jedoch. Innenseite perlmuttartig. Es gibt etwa 50 Arten.

Pseudostomatella decolorata, Philippinen, 3,5 cm breit, 3,0 cm hoch. Vier Umgänge, davon der letzte weit ausladend, sehr feine Rippen, die besonders auf dem vorletzten Umgang hervortreten. Weite Mündung und glatte Spindel. Mattbraun bis grün; die Rippen tragen kleine pfeilspitzenartig geformte weiße Markierungen; abwechselnd dunkle und helle Flecken unter der Naht; weißer halbmondförmiger Schwielenbezirk neben der Spitze.

Angaria delphinula

Pseudostomatella decolorata

Umbonium giganteum

Monodonta lineata

Cittarium pica

Angaria melanacantha

Umbonium vestiarium

Umbonium moniliferum

Angaria distorta

35

Familie: Turbinidae – Turban- oder Rundmundschnecken

Meist ziemlich große und mittelgroße Schnecken, turbanartig geformt, wie schon der Name sagt. Man kann sie von den Kreiselschnecken, denen sie ähnlich sehen, dadurch unterscheiden, daß sie ein kalkiges Operculum besitzen, das auf der dem Tier zugewendeten Seite flach ist und außen gewöhnlich kugelig; manchmal mit Skulpturen auf der Außenseite.

Turbo marmoratus, Ostindien und Australien, bis zu 20,0 cm. Die größte Art der Familie, fest und schwer. Der letzte Umgang ist sehr groß und weist drei knötchentragende Rippen auf; die der Spitze am nächsten liegende Rippe sehr gewinkelt und herausgehoben, eine kleine in der Mitte des Umgangs und eine nahe der Basis, ebenfalls gewinkelt. Die Spindel ist glatt. Grün oder braungrün mit Spiralbändern von hellem Grün oder Gelbbraun. Die ersten Umgänge mit Linien von dunkelgrünen und weißen Flecken unterschiedlicher Größe; ein Band gleicher Farbe unter der Naht. Das Innere ist perlmuttartig.

T. cornutus, Japan, 9,0 cm hoch. Auf jedem Umgang vier große und etwa drei kleine Rippen, die auf dem letzten Umgang verschwinden, auf dem die beiden äußeren der großen Rippen hohle hornförmige Strukturen entwickeln. Diese sind nahe der Mündung besonders groß. Grobe Zuwachsstreifen, eine breite, einfache Mündung und eine glatte Spindel. Das Gehäuse ist grün und braun, die Farbe wechselt entlang den Zuwachsstreifen. Inneres und Spindel perlmuttartig, mit einem weißen Bereich als Begrenzung der Spindel.

T. rugosus, Mittelmeer, Portugal, Azoren und Kanarische Inseln, 5,0 cm hoch, 5,5 cm breit. Trägt knötchenreiche Spiralrippen und eine Reihe rechteckiger Verdickungen unter der Naht, radial angeordnet. Hellbraun. Die einfache Spindel, die wie das Innere silbrig erscheint, wird von einem scharlachroten, schwieligen Bereich umgeben.

T. sarmaticus, Südafrika, 10,0 cm hoch, 13,0 cm breit. Die größte südafrikanische Turbanschnecke. Großer letzter Umgang, zwei Spiralreihen von Knötchen auf der Schulter und weitere unregelmäßige Wülste. Mattbraun, bedeckt von einer grünen Außenhaut, mit einem blauen Band über der Naht und einem weiteren auf der Innenseite der äußeren Lippe. Ein drittes Band begrenzt die Spitze der Spindelregion und trennt das perlmuttbesetzte Innere von der cremeartigen Färbung der glänzenden Spindel. Diese wird begrenzt von einer prächtig roten Schwielenzone. Das mit Pusteln bedeckte Operculum (Abbildung) ist cremefarben weiß.

T. torquatus, Australien, 11,0 cm breit, 7,0 cm hoch. Festes, schweres Gehäuse. Die Umgänge tragen an ihrer breitesten Stelle einen Kamm, der bei Exemplaren von Ostaustralien auf dem letzten Umgang verschwindet. Er weist weitere undeutliche Rippen auf, trägt eine Reihe von Knötchen auf der Schulter und ist mit feinen, dichten Axiallamellen besetzt. Der Nabel ist tief, das Operculum (Abbildung) trägt Wülste, von der Form eines Ohres. Blaß rotbraun und weiß, mit einigen grünen Flecken; Spindel, Nabel und Operculum weiß; Innenseite perlmuttartig.

Turbo rugosus

Turbo cornutus

Turbo marmoratus

Turbo torquatus

Turbo sarmaticus

37

T. cidaris, Ostküste von Südafrika, 4,0 cm hoch, 4,5 cm breit. Ziemlich abgeflacht, glatt, mit feinen Zuwachsstreifen. Glatte Spindel; Operculum mit weißen Knötchen ähnlich wie bei *T. sarmaticus.* In der Farbe sehr variabel, grün und braun mit weißen Flecken, vor allem unter der Naht; Spiralbänder und gepunktete Linien.

T. petholatus, Philippinen, 7,5 cm. Stark glänzend, variabel in der Form, in den Mustern und in der Farbe. Gewinde mehr oder weniger hoch; glatte Spindel. Verschiedene Schattierungen von Grün, Braun, Rehfarben, Cremefarben und Weiß, gewöhnlich mit hellen, flammenartigen Markierungen unter der Naht. Spiralreihen von dunklen Flecken und weißen pfeilspitzenartigen Zeichen, besonders auffällig an der unteren Hälfte des letzten Umgangs. Inneres perlmuttartig. Das Operculum ist im Schmuckhandel gut bekannt als ,,Katzenauge''. Zwei Farbvarietäten sind abgebildet. Die orangefarbene Form zeigt das Operculum.

T. cinereus, Indopazifik, 3,0 cm hoch, 4,0 cm breit. Stark niedergedrücktes Gewinde; feine Spiralstreifen, die auf dem letzten Umgang blasser werden; feine Zuwachsstreifen. Tiefer Nabel und etwas hervorstehender Siphonalkanal, etwa in der Form eines Kreisels. Cremefarben, stark dunkelbraun gefleckt mit grüner Tönung, weniger gefleckt an der Peripherie; Mündung und Spindel perlmuttartig; Operculum fein granuliert, am äußeren Rand von weiß in dunklere Färbung übergehend.

T. bruneus, Indopazifik, 5,0 cm lang, etwa 4,7 cm breit. Schuppige Spirallinien von ungleichmäßiger Größe, die größten auf der Schulter. Sehr enger Nabel. Cremefarben mit fast schwarzer, leicht gewellter axialer Flammenzeichnung; Spindel und Innenseite der Lippe perlmuttartig, begrenzt von Weiß. Inneres weiß. Fein granuliertes Operculum, dunkel purpurn auf der Seite der Spindel, dagegen verblassend, fast weiß, auf der äußeren Seite.

T. chrysostomus, Indopazifik, 8,0 cm hoch, 6,0 cm breit. Besetzt mit grobschuppigen Spiralbändern, die auf der gewinkelten Schulter kurze, breite, offene Stacheln tragen; ein Band an der Peripherie und ein anderes etwas tiefer liegendes haben viel kleinere offene Stacheln. Nahezu runde Mündung; sehr enger Nabel. Creme- bis rehfarben mit dunklen grünbraunen Flammenzeichnungen von der Naht zur Schulter, darunter Tupfen und Flecke. Innenseite und Spindel prächtig goldorange, begrenzt von gelb und dann weiß; an der Lippe blaß rehfarben. Operculum fast glatt im Zentrum, gegen den Außenrand zu granuliert und dann streifig; in der Mitte dunkelbraun, gegen die Spindel hin goldorange mit weißem Rand, gegen die äußere Begrenzung hin fleischfarben mit einem goldorangefarbenen Saum.

T. argyrostomus, Indopazifik, 9,0 cm lang, 8,0 cm breit. Trägt ungleichmäßige, schuppige Spiralbänder, von denen eines auf der Schulter besonders groß ist. Ein etwas kleineres liegt etwa so weit unter der Peripherie, wie das große darüber liegt. Dadurch erscheinen die Seiten eben. Nabel vorhanden oder fehlend. Blaß grün-cremefarben mit dunkel rotbraunen axialen Flammenzeichnungen; Mündung am Rand schön grün abgesetzt; Spindel und Lippe perlmuttartig, silbrig, begrenzt von weiß. Innen weiß. Operculum grün und weiß, granuliert.

Astraea tuber, Florida und Westindien, 5,0 cm hoch und breit. Niedriges, zugespitztes Gewinde mit platten, gerundeten Axialrippen, die auf jedem Umgang von der Naht zur Schulter laufen. Knoten an der Peripherie. Überall diagonale Reihen kleiner Knötchen. Die Spindel hat eine flache Rinne und außen eine Falte. Ein Nabel fehlt. Das Operculum trägt einen dicken kommaförmigen Wulst. Grünbraun; Knötchen weiß; Inneres perlmuttartig; Spindel weiß. (Abbildung Seite 41)

Phasianella australis. Erläuterung auf Seite 40.

Turbo cidaris

Turbo petholatus

Turbo bruneus

Turbo cinereus

Phasianella australis

Turbo petholatus

Phasianella australis

Turbo chrysostomus

Turbo argyrostomus

39

A. kesteveni, westliches Australien, 3,0 cm hoch und breit. Sehr feine Spiralstreifen und Zuwachsstreifen. Die Basis jedes Umgangs überlappt die Naht unregelmäßig. Die Basis selbst trägt feine konzentrische Wülste. Weiß; silberweiße Innenfläche und Spindel, die letztere umgeben von einem blassen Blau; glattes, unebenes Operculum, das farblich von Purpur in ein Grünweiß übergeht.

A. phoebia, Westindien und Florida, 5,5 cm breit, 3,0 cm hoch. Spiralreihen von kleinen Knötchen, die der Mündung zu hohl und stachelartig werden. Die Kante jedes Umgangs trägt sägezahnartige, leicht nach oben gekrümmte Stacheln. Basis mit Spiralreihen von Knötchen, Nabel vorhanden oder fehlend. Weiß; Inneres silbrig; blaßgrüne Tönung im Nabelbereich.

A. calcar, Philippinen und Malaysia, 5,0 cm breit, 2,0 cm hoch. Abgeflachtes Gewinde, niedrige, stumpfe Axialrippen. Die Peripherie jedes Umgangs trägt lange, stumpfe, dunkel getupfte Stacheln; die Naht des letzten Umgangs kann tief eingekerbt sein. Basis mit feinen, spiraligen, schuppigen Wülsten, Nabel fehlt. Weiß; weiße Spindel mit gelbgrüner Umgebung. Inneres gelbgrün. Die Mündung hat eine orangefarbene Tönung; dazwischen ein weißes Band.

A. tuberosa, Indonesien und Malaysia, 2,5 cm hoch und breit. Niedrige Axialrippen; etwas unterhalb der Naht eingeschnürt. Die Peripherie trägt zwei Reihen kleiner Stacheln. Basis mit Spiralreihen feiner Lamellen. Kein Nabel. Weiß; Inneres und Spindel perlmuttartig, um die Spindel eine blaß lavendelfarbene Zone; Operculum schwach mit Pusteln besetzt, matt purpurn mit weißer Tönung am Rand.

A. stellaris, Australien, 5,0 cm hoch, 6,5 cm breit. Feine Spiralwülste; niedrige, kleine Axialrippen. Am Grund jedes Umgangs sind stumpfe Hohlstacheln, die nach unten hin geöffnet sind. Die Basis hat Spiralwülste. Weiß; Inneres und Spindel silberweiß, die letztere umgeben von einer opaleszenten blauen Zone.

A. heliotropium, Neuseeland in tiefem Wasser, 7,0 cm hoch, 12,0 cm breit. Konvexe Umgänge mit kleinen, unregelmäßigen, welligen, schuppigen Spiralwülsten; die Kante jedes Umgangs mit flachen, hohlen, dreieckigen Stacheln, die an der Spitze aufgebogen sind. Die Basis trägt fünf Spiralreihen kleiner, lamellierter Stacheln, in denen Axiallamellen liegen, die wiederum auf den tiefen, offenen Nabel zulaufen. Grau; Basis hell gelbbraun; Inneres silbrig; Spindel weiß; Operculum ohrenförmig, weiß mit gelbgrüner Tönung am breiten Ende.

Cookia aureola, Queensland, Australien, 7,5 cm breit, 5,0 cm hoch. Die konvexen Umgänge tragen schiefe Reihen kleiner Knötchen und kurze, axiale, niedrige, stumpfe Rippen unter der Naht. Der letzte Umgang ist mitunter auch der vorletzte sind mit kurzen, dreieckigen, hohlen Stacheln besetzt. Die Basis hat spiralige, schuppige Wülste. Matt ziegelrot; Spindel weiß, umgeben von einem prächtigen Goldorange; Inneres perlmuttartig.

Guildfordia yoka, Japan, 13,0 cm breit einschließlich der Stacheln, 4,0 cm hoch. Leicht gepustelt; Zuwachsstreifen; oberer Rand der Lippe S-förmig. Die Peripherie des letzten Umgangs trägt neun lange, nach hinten gebogene, hohle Stacheln. Konvexe Basis; flacher Nabel; weiße Schwiele. Hellbraun; Basis blasser; Spindel und Inneres perlmuttartig. Operculum ohrförmig, weiß, von einer exzentrisch liegenden Wachstumszone aus fein gestreift.

Familie: Phasianellidae – Fasanenschnecken

Phasianella australis, südliches Australien. Es gibt etwa 40 Arten von Fasanenschnekken. Die meisten sind klein; und alle zart und prächtig gefärbt. *P. australis* ist die größte, 9,0 cm. Langgestreckt, mit spitzem Gewinde, konvexen Umgängen und ohne Nabel. Glatt, stark glänzend und ziemlich zerbrechlich. Das Operculum ist glänzend, weiß und an einem Ende zugespitzt. In Farbe und Musterung fast unbegrenzt variabel, doch im allgemeinen spiralig mit Bändern von einheitlicher Farbe versehen, ferner mit pfeilspitzenartigen Zeichen, Wellenlinien, Flecken und Tupfen in grün, braun, rot, rosa, gelb und weiß. Die zwei Abbildungen zeigen eine gebänderte Varietät und eine junge Schnecke mit einem subaxialen Flammenmuster. (Abbildung Seite 39).

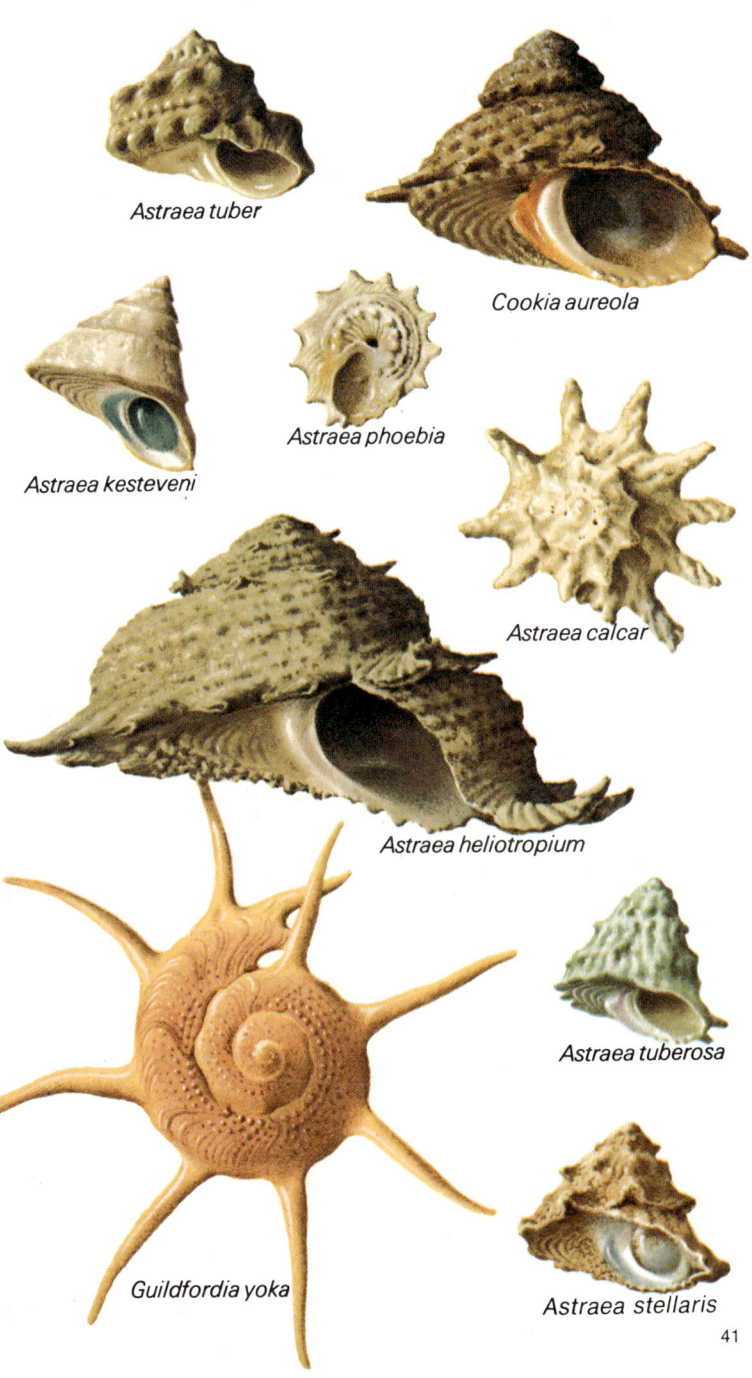

Astraea tuber

Cookia aureola

Astraea kesteveni

Astraea phoebia

Astraea calcar

Astraea heliotropium

Astraea tuberosa

Guildfordia yoka

Astraea stellaris

41

Überfamilie: Neritacea
Familie: Neritidae – Nixenschnecken
Im allgemeinen klein, mit großem letztem Umgang, abgeflachtem Gewinde und halb-kreisförmiger Mündung. Die Spindel hat zwei oder mehr Zähne. Das Operculum schließt dicht bei kleiner Projektionsfläche und rastet hinter der Spindel ein, wodurch es festge-halten wird. Die Neritiden leben in tropischen und subtropischen Gebieten, in tiefem oder in brackigem Wasser, in Mangrovedickicht, in Flüssen und Seen, auf Felsen, Koral-len und Tang. Mehrere hundert Arten. Vegetarisch.

Smaragdia souverbiana, Südafrika und Mauritius, 2,2 cm. Glatte Spindel mit neun Zäh-nen, davon sind die zwei äußeren groß. Fein gestreift. Weiß oder gelb; dunkle Zickzack-muster; Inneres weiß.

Nerita tessellata, Westindien, Florida, 2,0 cm. Breite Spirallinien; zwei Zähne an der Spindel. Schwarz, dunkelblau und weiß gefleckt; Operculum schwarz.

N. lineata, Indopazifik, 4,0 cm. Niedergedrückt; Spirallinien. Die gekerbte Spindel hat vier Zähne. Die Lippe hat zwanzig feine Zähne. Spirallinien schwarz, Zwischenfurchen mattrosa; Inneres cremefarben; Operculum fein granuliert, purpurgrün.

N. undata, Indopazifik, 4,0 cm. Flach, Spirallinien; enge Zwischenfurchen. Spindel mit drei Zähnen, Lippe mit zwanzig kurzen Wülsten. Färbung variabel, gewöhnlich creme-farben, dunkelgrün oder braun, Flammenzeichnung oder Spiralreihen von Flecken; mitunter einfarbig dunkel purpurschwarz; Spindel, Lippe, Inneres weiß.

N. textilis, Ostafrika, 4,0 cm. Flaches Gewinde; rauhe Spirallinien; Zuwachsstreifen. Zwei Spindelzähne; 18 lange Zähne an der Lippe. Weiß; dunkelblaue Striche an den Li-nien; blauschwarzes, gepusteltes Operculum.

N. exuvia, Indopazifik, 2,5 cm. Fünfzehn flache, breitkämmige Wülste überlappen tiefe Rinnen. Drei Spindelzähne; 20 lange Zähne an der Lippe. Wülste beigefarben; Rinnen schwarz; wellenförmige cremefarbene Axiallinien; Inneres und Lippe matt cremebeige-farben.

N. albicilla, Indopazifik, 3,0 cm. Langgestreckt; rauhe Zuwachsstreifen; flache Spiral-rippen. Vier Spindelzähne; Lippe eingekerbt. Cremefarben oder grün marmoriert mit Dunkelbraun, Schwarz oder Orange; Lippe blaßgrün; Spindel und Inneres weiß. Gepu-steltes, grünes Operculum.

N. planospira, Indopazifik, 3,5 cm. Flaches Gewinde; geschultert mit Spirallinien; tiefe Zwischenfurchen. Vier Spindelzähne. Grauschwarz gefleckt mit Rotbraun; Lippe, Inne-res und Spindel weiß.

N. polita, Indopazifik, 4,0 cm. Langgestreckt; feine Zuwachsstreifen und vier oder fünf Spindelzähne. Cremefarben, weiß, grün, marmoriert oder liniert mit Braun, Grün oder Orange; glattes, grünes Operculum.

Neritina parallela, Japan, China, 2,0 cm. Dünn, aufgetrieben; feine Zuwachsstreifen; zehn Spindelzähne; glatte Lippe. Variabel, im allgemeinen schwarz. Axiale Wellenlinien über Olivbraun. Glattes, graues Operculum.

N. communis, Philippinen, 2,0 cm. Ähnelt den vorigen Arten, hat aber ein kürzeres Ge-winde. Farbe und Zeichnung fast unbegrenzt variabel.

Neritina communis

Nerita tessellata

Neritina parallela

Nerita lineata

Nerita undata

Nerita textilis

Nerita exuvia

Nerita albicilla

Smaragdia souverbiana

Nerita polita

Nerita planospira

43

Ordnung: Mesogastropoda – Mittelschnecken
Überfamilie: Littorinacea
Familie: Littorinidae – Strandschnecken

Die Strandschnecken sind klein bis mittelgroß, gewöhnlich mit Nabel. Sie haben eine glatte Spindel und ein horniges Operculum. Ihr Lebensraum sind die Felsen, die Mangrovedickichte und die Tangwälder in der Gezeitenzone. Tropische bis gemäßigte Breiten. Vegetarisch.

Littorina neritoides, Mittelmeer, Großbritannien bis Madeira, 0,7 cm. Zugespitztes Gewinde. Im allgemeinen olivgrün; purpurbraunes Spiralband; dunkle Mündung.

L. obtusata, Nordatlantik, vom Mittelmeer bis Neuengland, 1,5 cm. Feine Zuwachsstreifen. In der Farbe variabel, gelb, rot, braun und grün; einfarbig, gebändert oder schattiert; Spindel weiß; Inneres und Lippe braun.

L. littorea, gleiches Gebiet wie die vorige Art, 2,5 cm. Feine Spiralstreifen und mehr oder weniger rauhe Zuwachsstreifen. Im allgemeinen dunkelbraun oder schwarz, aber auch grün, dunkelgelb oder rot, gewöhnlich in den Spiralbändern; Spindel weiß; Inneres schokoladenbraun. Die Gemeine Europäische Strandschnecke, die sich über den Atlantik hinweg ausgebreitet hat.

L. melanostoma, Indischer Ozean bis Südchinesisches Meer, 3,0 cm. Dünn; Spiralbänder. Fahlgelb; braun gestrichelt; purpurbraun gebändert; Lippe und Inneres fahlgelb; oberer Spindelbereich dunkel purpurbraun.

L. scabra, Indopazifik und weiter bis Westafrika, 3,5 cm. Spiralbänder; kammartiger Kiel auf dem Gewinde. Cremefarben, blaßgrau oder braun, gefleckt mit dunkler brauner Flammenzeichnung auf hellerem Untergrund unter der Naht; Spindel weiß; Innenseite wie Außenseite, doch weißes Band in der Lippe.

L. intermedia, nördlicher Indopazifik, 1,5 cm. Spiralige, gewürfelte Linien und winklig gekielt. Die Würfelzeichnung ist blauweiß auf blassem Kastanienbraun. Purpurbraunes Gewinde; mitunter dunklere Linien entlang einiger Zuwachsstreifen.

L. saxatilis, Nordeuropa und Nordostamerika, 1,8 cm. Grobe Zuwachsstreifen, vorn schwache Spirallinien. Gelb, Rot, Braun bis zu Purpurschwarz; einfarbig, gewürfelt oder gebändert; Spindel und Lippeninnenseite fleischfarben.

L. undulata, nördlicher Indischer Ozean bis Japan, 2,5 cm. Spirallinien. Dunkel- oder hellbraune Striche auf cremefarbenem Grund; die Striche können axiale Flammenzeichnungen bilden; violette Spindel.

Tectarius pyramidalis, Japan und China, 1,8 cm. Die Gattung Tectarius hat keinen Nabel. Spirallinien; auf der Gewindeschulter eine Reihe von Knötchen, desgleichen auf der Peripherie des letzten Umgangs. Blaugrau mit weißen Knötchen und schokoladenbrauner Mündung.

T. pagodus, Indischer Ozean, 6,5 cm. Grobe, unregelmäßige, flache Spirallinien; schiefe Axiallinien, die in einer Reihe stumpfer Stacheln enden; eine Reihe kleinerer Stacheln auf dem letzten Umgang. Konvexe Basis, mit Spiralreihen stumpfer Knötchen und Wülste; glatte Spindel; spiralig gewulstete innere Lippe. Cremefarben weiß mit braungrauer Schattierung; Spindel und Inneres cremefarben, mit einer Reihe brauner Striche in Höhe der großen Stacheln.

T. rugosus, Philippinen, 2,5 cm. Vier knötchenreiche Spirallinien je Umgang; Spiralreihen von Knötchen an der Basis; Innenseite gewulstet. Spitze farblos; die unteren drei Reihen von Knötchen gehen von Weiß über Strohgelb an der Lippe in Orange über; untere Reihe von Blaßrosa bis Dunkelpurpur; Basis und Mündung weiß; Spindel blaßbraun.

Echininus cumingii, Pazifik, 2,5 cm. Diese Gattung hat einen Nabel und knötchenbesetzte Spirallinien mit kurzen Stacheln. Blaugrau; Nabelregion weiß; Inneres braun.

44

Littorina neritoides

Littorina intermedia

Tectarius pyramidalis

Littorina obtusata

Littorina littorea

Littorina melanostoma

Tectarius pagodus

Tectarius rugosus

Littorina saxatilis

Littorina scabra

Littorina undulata

Echininus cumingii

Überfamilie: Cerithiacea
Familie: Turritellidae – Turmschnecken

Es gibt in dieser Familie über 50 Arten, die in den Tropen in flachem, trübem Wasser leben. Sie haben ein langes, zugespitztes Gewinde mit vielen Umgängen, keinen Nabel und ein horniges Operculum.

Mesalia brevialis, Portugal bis Senegal und atlantische Inseln, 6,5 cm. Fest, mit nur leicht konvexen Umgängen und bis zu fünf Wülsten unter der Naht, den stärksten vorn, den schwächsten hinten. Zierlich spiralig gestreift mit einer gebogenen und glatten Spindel und einer ovalen Mündung. Cremefarben oder weiß, mit hellbrauner axialer Flammenzeichnung, im allgemeinen unter der Naht dunkler.

Turritella crocea, chinesische Meere, 9,0 cm. 20 oder mehr schwach konvexe Umgänge und etwa sieben Spiralwülste mit feinen Fäden dazwischen. Umgänge braun, mit einem fahlen Bereich unter der gekerbten Naht.

T. communis, Europa, 5,2 cm. Mit 18–19 konvexen Umgängen und etwa 10 Spiralrippen unterschiedlicher Größe; konvexe Basis. Hellbraun bis fast weiß.

T. rosea, Neuseeland, 5,0 cm. Flachseitige Umgänge und überall feine Spiralwülste; zwei Wülste nahe der Basis jedes Umgangs sind doppelt so groß wie die übrigen. Scharf gewinkelter Kiel; Basis fein gewulstet. Braun; unter der Naht heller.

T. bicingulata, Kanarische und Kapverdische Inseln und Westafrika. 7,8 cm. 18 feingestreifte Umgänge. An der Naht eingeschnürt, dann sich verbreiternd zu zwei abgeflachten Wülsten, mit einer dazwischen liegenden kleinen Rinne. Cremefarben, mit feinen, axialen, fahlrotbraunen Linien an allen Stellen, doch im Bereich der Rinne fast verschwindend. Dunkel purpurbraune Flammenzeichnung von der Naht bis zum ersten Wulst, ferner auf der Basis, die drei oder vier flache Wülste aufweist.

T. duplicata, Indopazifik, 15,0 cm. Etwa 18 Umgänge, die ersten konvex, mit vielen feinen Spiralwülsten. Nach den ersten sechs Umgängen steigt der Zentralwulst zu einem kräftigen Kamm auf, während die übrigen meist zum Verschwinden neigen. Nach etwa zehn Umgängen erscheint ein zweiter herausgehobener Wulst, jedoch weniger deutlich. Bei den letzten zwei oder drei Umgängen werden beide allmählich unauffälliger. Demzufolge sind die Umgänge an jedem Ende des Gehäuses gerundet, während die in der Mitte doppelt gekielt erscheinen. Die obere Hälfte jedes Umgangs ist in einem mäßig dunklen Braun gehalten, die untere in einem blassen Cremebraun.

T. terebra, Indopazifik, 12,5 cm. Etwa 25 gerundete Umgänge, mit einem sehr schlanken, spitzen Gewindeanfang. Sechs gut ausgebildete Spiralwülste und feine Streifen in den Zwischenfurchen. Tiefe Nähte; vier Spiralwülste auf der Basis. Dunkel- oder hellbraun.

T. leucostoma, Golf von Kalifornien, 11,5 cm. Etwa 20 abgeflachte Umgänge, jede mit fünf Spiralwülsten, die sich von der zusammengezogenen Naht bis zum untersten Wulst erstrecken. Cremefarben, mit vielen axialen rotbraunen Flammenzeichnungen; die ersten Umgänge dunkelbraun.

T. gonostoma, Golf von Kalifornien, 11,5 cm. Etwa 16 Umgänge, flachseitig, doch an jeder Seite zu einer einschnürenden Naht verjüngt. Die Umgänge können feine Spirallinien aufweisen oder fast glatt erscheinen. Cremefarben, mit kräftiger dunkelpurpurbrauner Fleckung; bei den ersten Umgängen zeigt sich die Cremefärbung nur an der Naht.

Turritella crocea

Mesalia brevialis

Turritella communis

Turritella rosea

Turritella bicingulata

Turritella gonostoma

Turritella leucostoma

Turritella terebra

Turritella duplicata

47

Familie: Architectonicidae – Sonnenuhrschnecken

Diese Schnecken, etwa 40 Arten, leben in tropischen und subtropischen, meist flachen Gewässern. Abgeplattet und fast kreisrund, mit einer flachen oder nur schwach konvexen Basis. Tiefer, offener, gewöhnlich fein gekerbter Nabel; kleine Mündung und horniges Operculum.

Architectonica maxima, Indischer Ozean und Westpazifik, 6,0 cm breit. Leicht erhabenes Gewinde und schmale, eingeschnittene Naht, unter der sich ein flacher Wulst, eine kleine Rinne, ein zweiter Wulst und eine etwas breitere Rinne befinden. Beide Wülste tragen zahlreiche Axialstreifen, die auf den ersten Umgängen tiefer sind – ein Würfelmuster bildend – und rehfarben oder fleischfarben erscheinen; unter der Naht rotbraune Zeichnungen. Ihnen folgend zwei Wülste, die von einem breiten Kanal getrennt werden; sie tragen abwechselnd dunkel rotbraune und weiße Flecken. Bei der Basis folgen von außen nach innen: Wulst, Kanal, kleinerer Wulst, ein etwas faltiger, breiter Abschnitt, Kanal, eine mit feinen Knötchen besetzte Linie und schließlich ein gezähnter Wulst, der an den Nabel grenzt. Spitze lilafarben; Basis rehfarben, mit brauner radialer Fleckung.

A. perspectiva, Indopazifik, 6,0 cm. Von der tiefen, sehr schmalen Naht nach außen: schmaler Wulst mit brauner Linie, weißes Band, tiefe, sehr enge Rinne, breiter konvexer Bereich mit rotbraunem Band, breites graubraunes Band, das auf dem letzten Umgang rehfarben wird, schmales geflecktes braunes und weißes Band, tiefe Rinne, in der tiefere Umgänge eine Naht bilden, kleiner weißer Wulst mit blaßbraunen Tupfen, mit Ausnahme des letzten Umgangs nicht sichtbar. Überall feine axiale Zuwachsstreifen. Basis flach oder schwach konvex. Von der Peripherie her: Wulst, Kanal, Linie, Faltenbereich, Kanal, Knötchenreihe, Rinne, gezähnter Wulst bis zum Nabel. Basis rehfarben, mit braunen Flecken auf dem äußeren Wulst und dem inneren Rand der Faltenzone; Knötchen weiß und Zähnchen braun gefleckt.

A. nobilis, Mittelamerika, 5,0 cm. Wie *A. maxima*, mit Ausnahme der Tatsache, daß die ersten beiden Wülste unter der Naht nicht von einer Rinne getrennt sind. Während *A. maxima* rehfarben ist, hat *A. nobilis* eine rosa Tönung.

A. perdix, Nordaustralien bis Malaysia und Sri Lanka, 3,0 cm. Von der Naht nach außen: winziges, spiralig gestreiftes Band, schmale Rinne, breites konvexes Streifenband, schmale Rinne, breiter Wulst, Kanal, schmaler Wulst, der mit Ausnahme des letzten Umgangs unter der Naht verborgen ist. Überall feine Zuwachsstreifen. Breites Band rosafleischfarben; übrige Bänder und Wülste weiß mit kastanienbraunen Flecken; Spitze lilafarben. Die Basis trägt zwei Wülste, die durch einen Kanal getrennt sind, an der Peripherie, eine breite, glatte (Zuwachsstreifen ausgenommen) Zone, eine Rinne, eine Reihe mit Knötchen, wieder eine Rinne, dann bis zum Nabel einen gezähnten Wulst. Äußere Wülste gefleckt mit Braun; opakes, blauweißes, breites Band; weißer Nabelwulst.

A. laevigatum, Indien, 3,0 cm. Fünf annähernd gleiche, flache Wülste und axiale Zuwachsstreifen überall. Das obere Band ist rehfarben, mit einigen braunen Flecken; die zweiten und mittleren Bänder werden gegen die Mündung hin lilafarben und blaßblau wie die Spitze, unbestimmt mattbraune Flecken. Die unteren Bänder sind rehfarben mit großen hellbraunen Zeichnungen. Basis wie bei *A. perdix* geformt, rehfarben mit einer blauen Tönung im braunen Zentralbereich, braune radiale Zeichnungen nahe der Peripherie.

Philippia radiata, Indopazifik, 2,3 cm. Verhältnismäßig hoch und glatt, mit verblassenden radialen Streifungen und zwei sehr kleinen Wülsten über der Naht. Ein braunes Band unter der Naht zeigt mitunter schief verlaufende axiale Strahlen, die sich von dort über den weißen Untergrund hin ausbreiten. Ziemlich konvexe Basis mit Rinne an der Peripherie und weißer Nabelregion. Reh- bis fleischfarben, mit braunen Flecken am Rand.

Heliacus stramineus, Indien, Philippinen, Neuguinea, 2,5 cm. Die Umgänge runden sich zu einer fast kreisförmigen Öffnung; feine Spiralrinnen zwischen der tiefen, schmalen Naht und der Peripherie; drei Wülste zwischen Peripherie und Basis; schmales Band zwischen den unteren beiden Wülsten; spiralig gewulstete Basis; ziemlich enger, fein gezähnter Nabel; überall schief verlaufende Zuwachsstreifen. Farbe gelbbraun, an der Spitze dunkler.

Architectonica maxima

Architectonica perspectiva

Architectonica nobilis

Architectonica perdix

Philippia radiata

Architectonica laevigatum

Heliacus stramineus

Familie: Planaxidae – Flachspindelschnecken

Kleine, feste, konische Schnecken, die an die Littorinidae erinnern und auch im gleichen Lebensraum vorkommen. Es gibt Vertreter der Familie im Meer und im Süßwasser. In warmen Gewässern findet man sie weltweit.

Planaxis sulcatus, Indopazifik, 3,0 cm. Fest, schwer, mit hohem Gewinde und Spiralbändern, von denen sich etwa zehn auf dem letzten Umgang befinden. Fein gezähnte oder glatte Spindel. Ein enger Nabel kann auftreten. Purpur bis braun, mit hellgrauen oder cremefarbenen Flecken auf den Spiralbändern. Die Innenseite der Lippe weist eine braune Fleckung auf.

Familie: Modulidae

In der Form eine gewisse Ähnlichkeit mit der Familie der Delphinschnecken. Sie tragen einen einzelnen Zahn nahe der Spindelbasis und haben einen engen Nabel. Ihre Lebensräume sind sandige, pflanzenreiche Gebiete.

Modulus tectum, Indopazifik, 2,5 cm. Kompakt mit niedergedrücktem Gewinde, gewinkelte Schulter, kräftige axiale Rippen. Der letzte Umgang erweitert sich rasch zu einer ausgedehnten Mündung und trägt unregelmäßige Spiralwülste, die etwas knotig sind. Die Spindel ist mit Ausnahme des hervorstehenden Zahnes glatt. Der Zahn weist nach unten. Schmutzigweiß, einige Wülste mit schwarzen Flecken. Der äußere Rand der Spindelbasis und der Zahn sind tief purpurbraun, und eine Linie gleicher Farbe läuft an der Spindel spiralig ins Innere. Die purpurbraune Farbe kann fehlen.

Familie: Vermetidae – Wurmschnecken

Ungewöhnliche Schneckengehäuse, die aus langen Röhren bestehen, an der Spitze normal spiralig aufgewunden, dann aber nur noch locker und irregulär gedreht. Die Gattung *Siliquaria* zeigt eine schmale Öffnung entlang der Oberseite der Röhre.

Lemintina arenaria, Mittelmeer. 1,4 cm Durchmesser. Im allgemeinen ziemlich gleichmäßige Spiralspindel. Etwas abgeflachte Röhre, mit schwachem Wulst an der oberen Außenfläche; grob gesprenkelt. Grauschattierungen.

Vermetus tulipa, Panama, westliches Mittelamerika. Erste Umgänge klein, 0,2 bis 0,3 cm Durchmesser, die aber (gestreckt gedacht) zu einer Länge von 6,0 cm heranwachsen. Die Umgänge sind scharf gewinkelt, wo sie dem Substrat anliegen. Die Oberfläche der Röhre ist gesprenkelt. Cremefarben oder braun, mit grauer oder brauner Schattierung.

V. cereus, Philippinen. Ziemlich abgeplattete Röhre. Abgesehen von den Zuwachsstreifen glatt und eng aufgewunden. Hellbraun. Die abgebildete Form sieht bemerkenswerterweise wie ein Trilobit aus.

V. tokyoense, Japan. Leicht abgeflachte Röhre, deren Ende sich vom Substrat löst und nach oben dreht. Rauhe Oberfläche. Hellbraun. Die Abbildung zeigt die Schnecke an einem toten Korallenstock angeheftet.

V. fargoi, Florida bis Texas. Die ersten Umgänge sind auf 1,5–2,5 cm fest miteinander verbunden. Dann öffnet sich die Spindel und wächst unregelmäßig aus. Drei Bänder auf der Röhre, gut sichtbar am ersten, aufgewundenen Abschnitt, gegen die Mündung hin jedoch allmählich undeutlich werdend. Braun; die ersten Umgänge sind blasser. Man findet die Schnecke mitunter auf Schlamm umherkriechend.

Siliquaria ponderosa, Australien. Die ersten Umgänge fest miteinander verbunden, dann unregelmäßig auswachsend. Abgesehen von der Spitze, sind die Umgänge gerundet. An der Spitze sind sie abgeflacht. Am Außenrand dieses Bereichs findet sich ein schmaler Schlitz, der in der Längsrichtung des Gehäuses verläuft, ausgenommen in der abgeplatteten Spitze. Fahlgelbbraun oder schmutzigweiß. Der Schlitz oder eine Reihe von Löchern ist typisch für die Gattung *Siliquaria.*

Vermetus tulipa

Lemintina arenaria

Planaxis sulcatus

Modulus tectum

Vermetus
cereus

Vermetus tokyoense

Siliquaria ponderosa

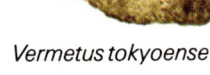

Vermetus fargoi

51

Familie: Potamididae – Brackwasser-Nadelschnecken

Diese Schnecken sind lang, spitz zulaufend und haben viele Umgänge, für gewöhnlich große Mündungen und hornige Opercula. Sie bewohnen schlammige Stellen, Mangrovedickichte und Flußmündungen und leben vegetarisch.

Terebralia sulcata, Indischer Ozean und Westpazifik, 6,0 cm. Axialrippen; Spiralrinnen. Die ausgedehnte Lippe bildet mit der Spindelbasis einen kurzen, röhrenartigen Siphonalkanal. Stumpfe Axialrippen über dem Siphonalkanal. Grau oder graubraun, Würfelzeichnung dunkler. Spindel und Innenseite der Lippe schwielig, glänzend, graubraun.

T. palustris, Indopazifik, 12,0 cm. Grobe Axialrippen und drei tiefe Spiralrinnen. Lippe über den kurzen Siphonalkanal gebogen. Rinnen laufen an der Mündung aus. Spindelbasis und Lippe schwielig. Dunkelbraun; Inneres purpurbraun; Lippe rehfarben, vorn purpurn; Spindelschwiele schokoladenfarben, weiter innen weiß.

Cerithidea cingulata, Indischer Ozean und Westpazifik, 5,0 cm. Schief verlaufende Axialrippen, zwei tiefe Rinnen bilden drei Reihen stumpfer Knötchen je Umgang. Lippe an beiden Seiten stark ausgedehnt. Stumpfe Rippen über dem Siphonalkanal. Knötchen schmutzig weiß, Zwischenräume braun, Inneres weiß.

C. obtusa, Indischer Ozean und Westpazifik, 5,0 cm. Kleine, grobe Spirallinien; Axialrippen. Ausgedehnte, gebogene Lippe; kurzer Kanal; Spitze gewöhnlich korrodiert. Hellbraun oder schmutzig weiß; braune Zeichnungen; Inneres, Lippe und Spindel weiß.

Telescopium telescopium, Indischer Ozean und Westpazifik, 10,0 cm. Seiten gerade, mit vier ungleichen, flachen Spiralwülsten je Umgang; letzter Umgang an der Basis gerundet, wo diese eine große und viele kleine Linien aufweist, sowie einen breiten, flachen Kanal um die stark gedrehte Spindellippe nach vorn ausgedehnt. Dunkelbraun oder schwarz; Inneres glänzend blauschwarz; Spindel lilafarben-braun.

Familie: Cerithidae – Nadelschnecken

Der vorigen Familie ähnlich, aber im allgemeinen farbenprächtiger und mit einfacherer Mündung. Mehr oder weniger gut ausgebildete Warzenwülste (Varizen). Opercula nicht kreisrund wie bei den Potamididen, und Kern nicht zentral. Meist in klarerem Wasser zwischen Korallen lebend und Sand einem Schlammboden vorziehend.

Cerithium nodulosum, Indopazifik, 12,0 cm. Grobe Spirallinien; stumpfe, kräftige Knötchen, acht auf dem letzten Umgang, eines in geringer Entfernung von der Mündung besonders aufgeschwollen. Drei große Knötchenlinien an der Basis. Die stark ausgedehnte Lippe biegt sich vor den kurzen Siphonalkanal. Spindelwülste, die an den Anal- und Siphonalkanal angrenzen, laufen ins Innere. Weiß; blauschwarze Spiralstriche auf den Knötchen und an der Basis; Inneres, Spindel, Lippe, Kanäle weiß; Inneres manchmal mit blauschwarzer Schattierung.

C. aluco, Indopazifik, 8,0 cm. Glatt oder auslaufende feine Wülste und eine Reihe von sechs kurzen, stumpfen Stacheln im oberen Teil der Umgänge. Mündung ähnlich wie bei *C. nodulosum,* doch Siphonalkanal um 90 Grad zurückgebogen. Weiß; auffällige Purpurflecke und Purpurtupfen. Lippe und Spindel opaleszent, vorn mit Purpurflecken.

Rhinoclavis nobilis, Philippinen, 13,0 cm. Seiten gerade. Die ersten acht oder neun Umgänge spiralig gewulstet, die letzten drei axial gerippt. Vorstehender Wulst an der Basis. Ausgedehnte Lippe; Siphonalkanal um 90 Grad zurückgebogen; glatte Spindel; beträchtlich entwickelter Analkanal. Cremefarben; sehr viele kleine blaßgelbbraune Zeichnungsmuster; Mündung opaleszent.

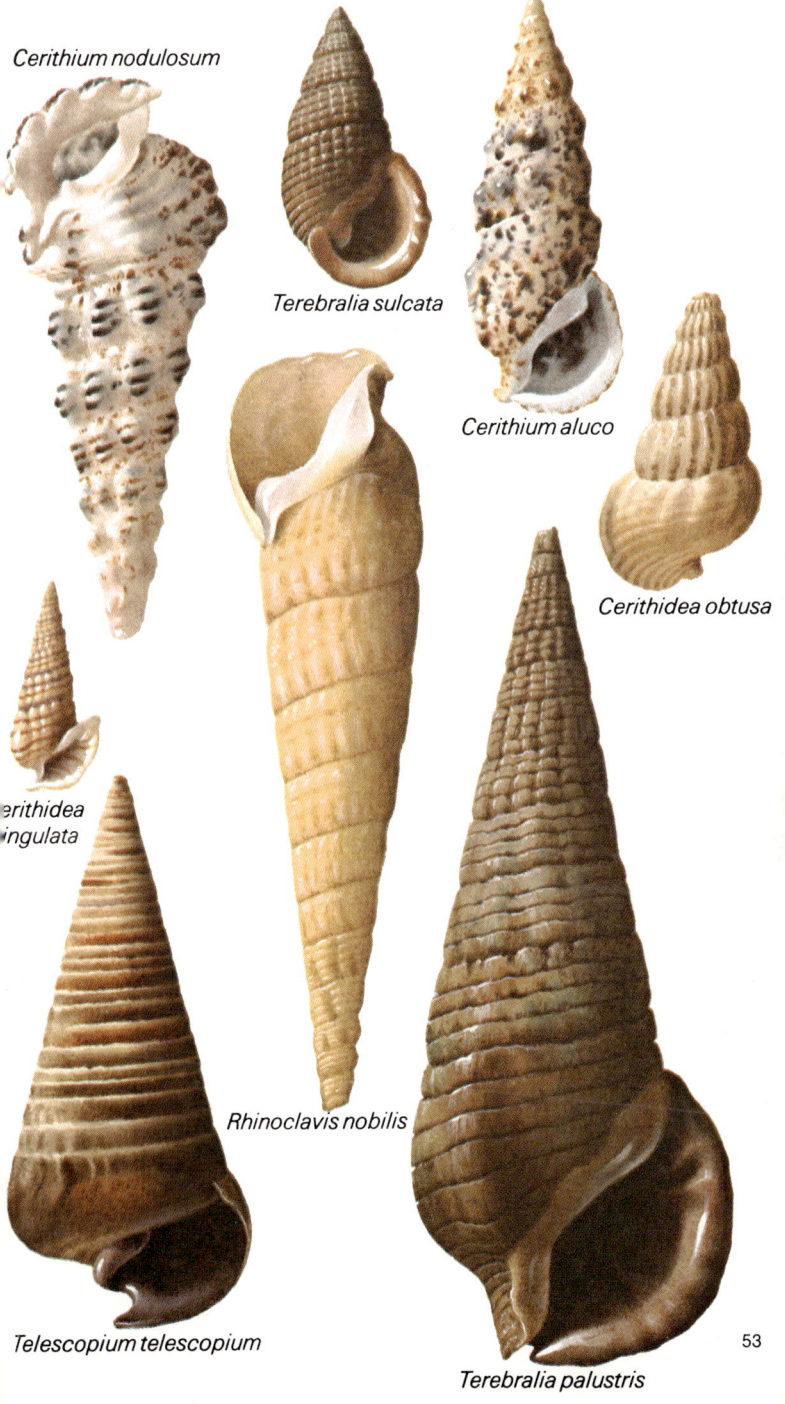

Cerithium nodulosum

Terebralia sulcata

Cerithium aluco

Cerithidea obtusa

Cerithidea cingulata

Rhinoclavis nobilis

Telescopium telescopium

Terebralia palustris

53

R. vertegus, überall im Indopazifik, 6,5 cm. Fest, nach vorn sich verengend; unregelmäßige, tiefe Nähte. Spiralrippen, Axiallinien, auf den letzten beiden Umgängen rudimentär. Wenige Warzenwülste. Schwach verbreitete Lippe; Siphonalkanal senkrecht zur Achse. Kleiner Analkanal; schwielige Spindel mit Zentralfalte; flache Rinne um die Schwiele. Hellbraun; Spitze, erste Umgänge und Mündung weiß.

R. sinensis, Indopazifik, 6,5 cm. Eine Reihe stumpfer Knötchen unter der Naht, dann Spiralreihen kleiner Knötchen. Feine Axial- und Spirallinien dazwischen und zwischen den Knötchen an der Schulter. Axiale Anschwellung zwischen Siphonalkanal und Naht. Schwache Warzen auf den ersten Umgängen; verbreiterte Lippe; Spindel mit Zentralfalte; Siphonalkanal senkrecht zur Achse. Cremefarben, schwach wolkig, purpurbraune Flecke, besonders auf den großen Knötchen; Warzenwülste weißlich; Mündung schmutzigweiß.

R. bituberculatum, westliches Australien, 4,5 cm. Vier Reihen stumpfer Knötchen pro Umgang; dazwischen feine Axial- und Spiralstreifen. Verbreiterte Lippe; Siphonalkanal senkrecht zur Achse. Spindel mit Schwiele und einem Zahn; fleischfarben. Dunkelblaue Flecke, vor allem auf dem letzten Umgang, wo sie, auf der Innenseite sichtbar, Spirallinien von Strichen bilden. Mündung weiß.

R. asper, Indopazifik, 6,0 mm. Drei Spirallinien (vier auf dem letzten Umgang); schief verlaufende Axialrippen; scharfkantige Knötchen an den Einschnitten. Lippe nur schwach verbreitert; Spindel mit Zentralfalte; Siphonalkanal im Winkel von 90 Grad gebogen und fast der Lippe gegenüberstehend. Cremefarben oder weiß; manchmal braun gefleckt; Mündung weiß.

R. fasciatus, Indopazifik, 8,0 cm. Tiefe Naht; feine Axialrippen, schwache Spiralstreifen; beide auf den letzten Umgängen rückgebildet. Lippe kaum verbreitert. Siphonalkanal senkrecht zur Achse gebogen. Schwielige Spindel mit Falte. Weiß oder rehfarben; zwei oder mehr hellbraune oder kastanienbraune Bänder, mattweiß, im Inneren und an der Lippe sichtbar; Spindel, Schwiele, Inneres und Lippe weiß.

Clypeomorus traillii, Indischer Ozean und Westpazifik, 3,0 cm. Kurz und dick; feine Spiralstreifen, feine Wülste, teils mit Knötchen besetzt. Warzenwülste auf den ersten Umgängen. Ausgedehnte, verdickte Lippe. Kurzer Siphonalkanal im Winkel von 45 Grad; gut ausgebildeter Analkanal. Cremefarbig braun; einige Knötchen dunkelbraun; Mündung weiß; das Innere kann braun gefleckt sein.

Cerithium erythraeonense, Rotes Meer, 7,0 cm. Feine Spiralwülste; gewinkelte Umgänge; zehn Rippen mit kurzen zugespitzten Knoten an der Peripherie; sehr große Rippe über dem Siphonalkanal. Verbreiterte, verdickte, fein gekerbte Lippe, gebogen, den kräftig ausgebildeten Siphonalkanal im Winkel von 90 Grad kreuzend. Glatte Spindel; gut entwickelter Analkanal. Rehfarben; graubraune Zeichnungen; Mündung weiß; Lippe rehfarben.

C. caeruleum, Indischer Ozean, 4,0 cm. Feine Spiralstreifen, mehrere Knötchenreihen auf dem letzten Umgang, zwei auf den vorhergehenden Umgängen; eine Reihe mit deutlich größeren Knötchen bildet die gewinkelte Schulter. Blaugrau; Spitze rosa; Knötchen, Lippe und der kurze, nach hinten gerichtete Siphonalkanal dunkel purpurbraun; Rest der Mündung weiß.

C. vulgatum, Mittelmeer, Westafrika, 7,5 cm. Feine, tiefe Spiralstreifen; Axialrippen; unter der Naht abfallend, dann gewinkelt; die Rippen im Winkel mit kurzen Stacheln; schwach ausgebuchtete Lippe; gut ausgebildeter Analkanal; kurzer, nur wenig gebogener Siphonalkanal. Variabel. Grau oder braun; wellenförmige, axiale dunklere Linien, im Inneren ähnlich; Spindel weiß, mit durchscheinenden Farben.

C. rueppellii, Rotes Meer, 4,5 cm. Schmal. Drei Spiralreihen von Knötchen, fünf auf dem letzten Umgang, dazwischen Streifen. Auf den ersten Umgängen weiße Warzenwülste. Lippe verbreitert; langer, gerader Kanal. Blaß graubraun; Mündung weiß; Inneres graubraun.

Potamides fuscatus, Westafrika, 5,5 cm. Feine spiralige Wülste mit Reihen rechtwinkliger, schiefer Knötchen in der Mitte der Umgänge. Rechtwinklige Mündung. Schokoladenbraun; Knötchen oft nach Weiß verfärbt.

Clypeomorus traillii

Rhinoclavis bituberculatum

Cerithium caeruleum

Cerithium erythraeonense

Potamides fuscatus

Rhinoclavis vertegus

Cerithium vulgatum

Cerithium rueppellii

Rhinoclavis asper

Rhinoclavis sinensis

Rhinoclavis fasciatus

Überfamilie: *Epitoniacea*
Familie: Epitoniidae – Wendeltreppenschnecken

Diese Schnecken findet man weltweit, oft zwischen weichen Korallen oder Seeanemonen in flachem Wasser. Es gibt etwa 200 Arten. Sie sind ziemlich zart, konisch, mit vielen, oft nur locker gedrehten Umgängen, auf denen sich leicht schiefwinklig geneigte axiale Lamellen oder Warzenwülste befinden. Diese Lamellen wurden während früherer Wachstumspausen des Tieres durch Aufbiegen der Lippe gebildet. Einige haben einen Nabel. Sie sind im allgemeinen weiß, doch zeigen einige braune Tönungen oder Zeichnungen. Die Opercula sind hornartig und mit einigen Windungen versehen; der Kern liegt nahe dem Zentrum.

Cirsotrema zelebori, Neuseeland, 2,2 cm. Dünn, mit etwa neun Umgängen, die schiefe, ziemlich eng gestellte Lamellen tragen, 15 je Umgang. Das Gehäuse hat niedrige Spiralwülste, neun auf dem letzten Umgang. Diese Wülste bilden an den Lamellen stumpfe Knötchen. Weiß.

Epitonium multistriatum, Südosten der USA, 1,2 cm. Schmal und stark zugespitzt; etwa 14 Axiallamellen je Umgang, glänzend weiß.

E. lamellosum, Westindien, 2,0 cm. Acht Umgänge, zwölf Lamellen auf dem letzten Umgang. Blaß rehfarben, an der Naht dunkler; Lamellen, Spitze und Mündung weiß.

E. pallasi, Australien, Philippinen, Chinesisches Meer und Mauritius, 2,5 cm. Ziemlich breit an der Basis im Vergleich mit den vorigen Arten. Oft werden acht Umgänge nur von den Lamellen zusammengehalten. Zehn Lamellen je Umgang. Tiefer Nabel. Glänzend blaß orangebraune Spitze; Lamellen und Mündung weiß; Inneres blaß orangebraun.

E. scalare, Ostasien und Australien, 6,5 cm. Die „Kostbare Wendeltreppe", bei Sammlern hoch im Kurs, ist die größte Art der Gattung, etwa halb so breit wie hoch. Umgänge nur durch die Lamellen verbunden, acht je Umgang. Tiefer Nabel. Sehr blaß fleischfarben; Lamellen weiß. Die Art war früher selten und erzielte hohe Preise. In China wurden aus Reispaste Kopien hergestellt, die die Sammler getäuscht haben sollen. Wären sie heute noch auf dem Markt, so würden sie bei Interessenten wohl einen höheren Preis erzielen als die echten Gehäuse.

E. perplexa, Westpazifik und Indischer Ozean, 4,0 cm. Etwa sieben Umgänge mit je zwölf Lamellen. Weiß oder fahl rehfarben; nach den ersten Umgängen kann unter der Naht ein purpurfarbenes Band liegen; Lamellen, Spitze und Mündung weiß.

E. dubia, Australien und Ostindien, 4,0 cm. Sehr dünn und zart. Tiefe Naht; große Umgänge; winzige, spiralige Streifung; kleine Lamellen auf den ersten Umgängen dünn; die weiteren Umgänge tragen kleine Wülste. Weiß.

Clathrus clathrus, „Gemeine Wendeltreppe", Mittelmeer bis Nordsee, 3,5 cm. Ziemlich schmal; etwa 15 Umgänge mit je neun Lamellen. Creme- oder rehfarben. Oft mit zwei oder drei spiraligen, blaß purpurbraunen Bändern, die sehr deutlich zu erkennen sind, wo sie die Lamellen kreuzen. Beide Farbvarietäten sind abgebildet.

Amaea raricostata, Mauritius und Sri Lanka, 2,5 cm hoch und über 2,0 cm breit. Kurz und dick; Gitterzeichnung aus feinen Axialrippen und Spirallinien. Gelegentlich treten kräftige, dicke Warzenwülste auf, besonders an den letzten Umgängen. Weiß.

A. magnifica, Chinesisches Meer, bis zu 10,0 cm. Sehr dünn, zart und mit hohem Gewinde. Spiralig fein gerippt; niedrige, dünne und unregelmäßig ausgebildete Lamellen. Weiß; Spitze lila. Das Gehäuse ist ziemlich selten und bei Sammlern geschätzt.

Epitonium
multistriatum

Cirsotrema
zelebori

Epitonium
lamellosum

Epitonium pallasi

Clathrus clathrus

Epitonium dubia

Epitonium scalare

Clathrus clathrus

Epitonium perplexa

Amaea raricostata

Amaea magnifica

Familie: Janthinidae – Floßschnecken

Die violetten Schnecken leben in allen warmen Meeren. Sehr dünnschalig. Sie erzeugen eine Art „Floß" aus blasiger Gallerte, an das sie angeheftet bleiben. Sie treiben dann mit Wind und Strömung. Die Tiere ernähren sich von Plankton und scheiden eine violette Flüssigkeit aus, wenn sie angegriffen werden. Etwa 30 Arten.

Janthina globosa, 4,0 cm. Kugelig mit gerundeten Umgängen, tiefer Naht, abgeflachtem Gewinde und ausgedehnter Spindel. Breite Lippe mit einer Einschnürung in der Mitte, die sich in den V-förmigen Zuwachsstreifen zeigt, feine Spiralstreifung. Violettes Gewinde, auf der letzten Hälfte des letzten Umgangs blasser, sehr blaß unmittelbar unter der Naht.

J. exigua, 2,0 cm. Verhältnismäßig hohes Gewinde; lange Spindel; Lippe nach vorn verlängert. Purpurfarben; weiße Bänder unter der Naht.

J. janthina, 4,0 cm. Kugelig; gewinkelte Umgänge; abgeplattetes Gewinde; feine Zuwachsstreifen. Flache Basis, spiralig gestreift; Spindel verlängert und nach vorn gedreht. Erste Umgänge blaßblau, letzter Umgang weiß. Basis und Spindel violett.

Überfamilie: Hipponicacea
Familie: Capulidae – Mützenschnecken

Tassenförmig. Planktonfresser.

Capulus ungaricus, Europa, 5,0 cm breit, 3,0 cm hoch, aber variabel. Die hakenförmig gekrümmte Spitze zeigt nach unten und einwärts; radiale Streifen; grobe, ungleichmäßige Zuwachsstreifen. Dickes, dunkelbraunes Periostracum; schmutzig weiß; Inneres rosa.

Überfamilie: Calyptraeacea
Familie: Calyptraeidae – Pantoffelschnecken

Diese Schnecken haben in der Mündung oft eine vorspringende Kalklamelle oder eine schüsselförmige Eingeweidestütze aus Kalk. Sehr variabel in der Form, je nach Anheftungsunterlage.

Crepidula fornicata, die „Amerikanische Pantoffelschnecke". Nordamerika, um 1900 unbeabsichtigt nach Europa eingeschleppt, 5,0 cm. Nach hinten gebogene Spitze; kräftige Zuwachsstreifen; etwa die Hälfte der Mündung von der Lamelle bedeckt. Schmutzig weiß, rehfarben und cremefarben. Sehr variabel. Oft in Gruppen (Zeugungsketten) zu mehreren übereinander.

Crucibulum lignarium, Indonesien, chinesische Gewässer und westliches tropisches Amerika, 2,5 cm. Hoch und tassenförmig, mit groben Zuwachsstreifen und radialen Streifen. Innere „Schüssel" an der Spitze und an einer Seite angeheftet. Lichtes Braun.

C. auriculatum, Zentralamerika, 3,0 cm. Rund und abgeplattet, mit zulaufender, nach hinten gebogener Spitze und spiraligen Fäden, die mit kurzen, spitzen Stacheln versehen sind. „Schüssel" an der einen Seite angewachsen; ohrförmig. Cremefarben weiß, mit blassen purpurbraunen Axialstrahlen, die man auf der glänzenden Innenfläche noch besser sehen kann.

C. scutellatum, Golf von Kalifornien und Panama, 6,5 cm. Grobe große Radialrippen. „Schüssel" an der Spitze befestigt. Braun; innen rosa.

C. extinctorium, Malaysia und chinesische Gewässer, 4,0 cm. Sehr variabel, flach oder hoch; scharfe Spitze, gewöhnlich nach hinten gebogen; grobe Spiralstreifung. Weiß mit sehr blassen rosa Strahlen. Auf der Abbildung an eine Nabelschnecke angeheftet.

Trochita trochiformis, westliches Mittelamerika bis Chile, 6,0 cm breit und 3,0 cm hoch. Abgeflacht und konisch. Die Umgänge tragen grobe, schief verlaufende Radialrippen. Die dünne Mündung, mit gewelltem Rand versehen, läuft vom Mittelpunkt zum Schalenrand, fast gegenüber dem letzten Umgang. Blaß braunfleischfarben; Basis heller und glänzend.

Janthina exigua

Janthina globosa

Janthina janthina

Crepidula fornicata

ucibulum lignarium

Crucibulum auriculatum

Crucibulum extinctorium

Crucibulum scutellatum

Trochita trochiformis

Capulus ungaricus

Familie: Xenophoridae – Trägerschnecken

Diese Schnecken leiten ihren Namen davon ab, daß sie die Angewohnheit haben, leere Schneckengehäuse und Muschelschalen – die Innenseite nach außen –, Korallenstücke, Steine oder Sandkörner an ihre Gehäuse anzuheften. Bei den meisten Arten tritt dies nur im Jugendstadium auf, und die angeklebten Hartteile finden sich also nur an den ersten Umgängen. Bei anderen, wie etwa *X. pallidula* und *X. neozelanica*, bleibt die Eigenschaft während des ganzen Wachstums erhalten. Die Tiere leben in tropischen Meeren, und zwar in flachem und tiefem Wasser. Die Flachwasserformen sind die eifrigsten ,,Sammler von Traglasten''. Sie sind aktiv und bewegen sich recht schnell.

Xenophora pallidula, Japan, Philippinen und Südchinesisches Meer, 10,0 cm. Konisch; Spiralstreifen; grobe Zuwachsstreifen. Schwach konkave Basis, frei von irgendwelchen Anhängen, mit großen Zuwachsstreifen – fast Falten – und schmalem Nabel, der auf der Innenseite der Lippe mit einer Schwiele bedeckt sein kann. Weiß oder hellbraun; Basis hellbraun und cremefarben; Mündungsschwiele prächtig braun, gegen den Rand zu in weiß übergehend.

X. crispa, Mittelmeer, 4,5 cm. Etwas abgeplattet und eng genabelt, mit schief verlaufenden Zuwachsstreifen und im allgemeinen axialen, kleinen, wellenförmigen Rippen. Gewellte, ungleichmäßige Peripherie. Basis mit schiefwinklig ausstrahlenden Reihen kleiner Knötchen; um den Nabel gestreift. Schalen, Steine und dergleichen an Naht und Peripherie angeheftet. Cremefarben; Basis creme- bis rehfarben, in der Nähe des Nabels dunkler.

X. corrugata, Indischer Ozean und Westpazifik, 4,0 cm. Abgeplattet, mit tiefer Naht und mit ungleichmäßiger Oberfläche, die an roh behauenen Marmor erinnert. Die Basis trägt kleine, schief verlaufende, radiäre Wülste mit groben Zuwachsstreifen, dunkelbraun. Gewöhnlich gut versteckt unter leeren Schalen, Steinen und dergleichen.

X. calculifera, Japan und Philippinen, 7,0 cm. Ziemlich dünn, mit ungleichmäßiger Oberfläche, feine schief verlaufende Streifen. Naht offen sichtbar, wo sie nicht von angeheftetem Material verdeckt ist; solches Material besteht aus kleinen Stücken und findet sich nur an der Naht. Basis mit Gittermuster aus kleinen, radialen, geschwungenen Rippen und Spiralstreifen. Breiter, tiefer Nabel. Cremefarben-grau, gelb gefleckt; Basis ebenso.

Onustus helvacea, Australien, 8,5 cm. Sehr dünn, zart, ziemlich abgeplattet, Naht nur ein schwacher Wulst. Äußerer Rand des letzten Umgangs zerbrechlich. Oberfläche bedeckt mit eng beieinanderliegenden, feinen, radialen Rippen, die von schrägen, radialen, ungleichmäßigen Streifen gekreuzt werden. Feines Steinmaterial wird nur an den ersten zwei oder drei Umgängen angeheftet. Konkaver, tiefer Nabelgrund. Der äußere Rand der Mündung bildet einen flachen, etwa zwei Millimeter breiten Wulst mit feinen Zuwachsstreifen und -furchen, die vom Rand in den Nabel hineinlaufen. Außerhalb des Wulstes liegt eine dünne, glatte, glänzende, unregelmäßig geformte Einfassung mit starker Zackung am Rand. Creme- bis blaß rehfarben; Basiswulst zum Nabel hin weiß; Einfassung rehfarben.

O. exutus, Westpazifik, 4,6 cm. Abgeflacht und ähnlich *O. helvacea,* aber bedeckt mit feinen, schrägen Axialwülsten; im Winkel von 90 Grad verlaufen hierzu breite, gewellte Rippen. Der Wulst auf der Basis trägt vier Reihen winziger Knötchen. Aus dem Nabelfeld laufen über eine kielartige Erhebung Streifen in den offenen Nabel hinein. Kein angeheftetes Material oder nur einige Sandkörner nahe der Spitze. Rehfarben, an der Spitze dunkler.

Stellaria solaris, Philippinen, 7,5 cm. Niedriges Gewinde; leicht konvexe Umgänge mit hohlen, vorstehenden Stacheln an der Peripherie, die die Naht verdecken. Oberfläche ungleichmäßig, mit feinen, im allgemeinen spiralig verlaufenden Streifen; ovale Mündung. Basis konkav und Nabel mit kräftigen, gewellten, unregelmäßigen, mit Knötchen versehenen, schrägen Radiallinien. Hellbraun; Mündung glatt, glänzend, dunkler braun.

Xenophora pallidula

Xenophora crispa

Xenophora corrugata

Stellaria solaris

Xenophora calculifera

Onustus helvacea

Onustus exutus

61

Überfamilie: Strombacea
Familie: Strombidae – Flügelschnecken
Die Familie umfaßt die Gattungen *Strombus*, *Lambis*, *Tibia* und *Terebellum*. *Tibia* hat nur sechs Arten, ferner zwei im Subgenus *Rimella*. Alle kommen im Gebiet zwischen Taiwan und dem Roten Meer vor. Keine ist häufig, obwohl örtlich nicht selten in größerer Zahl vorhanden. Die meisten sind Sammlerstücke. *Tibia serrata* ist eine „verlorene" Art – man kennt den Fundort nicht. Die Vertreter haben ein hohes Gewinde, sind lang und haben einen langen Siphonalkanal, der im allgemeinen glatt ist, ausgenommen bei *Rimella*. Skulpturen sind auf die Lippe und die ersten Umgänge beschränkt. Die Farben sind meist Braunschattierungen. Die Tiere bewohnen im allgemeinen tiefes Wasser.

Tibia fusus, Philippinen, 20,0 cm lang und 3,5 cm breit. Sehr hohes Gewinde mit 18 Umgängen. Die ersten Umgänge tragen schmale Radialrippen und Spiralwülste. Die Wülste verschwinden zuerst, etwa sechs Umgänge von der Basis entfernt, die Rippen drei Umgänge weiter. Die letzten drei Umgänge sind glatt, abgesehen von feinen Zuwachsstreifen und Spiralrinnen an der Basis der Körperwindung. Sehr langer, schmaler, zarter Siphonalkanal. Die Lippe hat fünf fingerähnliche Fortsätze, aufgereiht auf einem niedrigen Wulst, der auf dem vorletzten Umgang einen Halbkreis bildet und am anderen Ende des Siphonalkanals verschwindet. Spindel mit einem Zahn auf der hinteren Seite und einer Schwiele, die sich unter das geschwungene Ende des Wulstes hinzieht. Hierbei bildet sich der Analkanal. Horniges, blattartiges Operculum. Glänzend gelbbraunrehfarben, an der Spitze heller; Rand an den „Fingern" rotbraun. Ziemlich selten und bei Sammlern hoch geschätzt.

T. martinii, Philippinen und Taiwan, 15,0 cm. Selten. Leichteste Art der Gattung; mikroskopisch kleine Axial- und Spiralstreifung; an der Naht schwach zusammengezogen. Fünf kurze stumpfartige Fortsätze – zwei oder drei rudimentär – auf der Lippe, angeordnet auf einem kleinen Wulst, der sich auf dem Siphonalkanal weiterzieht. Hellbraun mit etwas dunklerer Schattierung, vor allem unter der Naht; „Finger" weiß; Wulst rotbraun; Spindel und schwielige Innenseite der Lippe weiß; Inneres graubraun. Eine Form, *melanocheilus,* trägt ein breites purpurbraunes Band an der Innenseite der Lippe und weist andere kleine Unterschiede auf.

T. insulae-chorab, Indischer Ozean, vom Roten Meer bis zu den Philippinen, 16,0 cm lang, 4,5 cm breit. Erste Umgänge axial gerippt, mit mikroskopisch feinen Spiralstreifen dazwischen, spätere Umgänge glatt. Der kurze Siphonalkanal biegt sich meist leicht gegen die Mündung ab; fünf kurze, stämmige „Finger" und ein Wulst vom Siphonalkanal. Bei der Form *curta* endet dieser Wulst auf dem vorletzten Umgang statt auf dem zweitletzten (siehe Abbildung). Beide Formen weisen starke Spindelschwielen auf. Sie tragen hinten einen stumpfen Zahn, der sich gegen die Spitze zu fortsetzt und mit dem Wulst zusammen den Analkanal bildet. Glänzend hellbraun; Form *curta* mit dunklerem Band unter der Naht; axial ziemlich streifig.

T. powisi, Japan und Philippinen, 5,0 cm. Kleinste Art der Gattung, mit zehn Umgängen. Spiralwülste und Zwischenräume narbig. Die üblichen fünf „Finger" sind vorhanden. Kurzer Siphonal- und kurzer Analkanal. Die Lippe trägt eine tiefe Furche hinter den Fingern. Spindel wenig schwielig; innerer Rand der Lippe mit dickem, schwieligem Wulst und Furchen, die sich in die Mündung hinein fortsetzen. Hellbraun, mit einigen purpurfarbenen Zonen; Spindel, Inneres und Wulst innerhalb der Lippe weiß.

T. (Rimella) cancellata, Indischer Ozean, Philippinen, Nordaustralien, 3,5 cm. Kompakt, mit Axialwülsten und Spiralrinnen, die dem Gehäuse ein gitterartiges Aussehen verleihen. Kurzer Siphonalkanal. Verdickte, gekerbte Lippe, mit tiefer Furche, zur Spitze hin über zwei oder drei Umgänge vorgezogen. Die Spindelschwiele folgt der Lippe und bildet einen langen Analkanal. Unregelmäßig angeordnete Warzen. Lippe mit Furche versehen, ebenso wie das Innere. Cremefarben, Äußeres der Lippe und Warzen rotbraun; Spindel und Inneres der Lippe weiß.

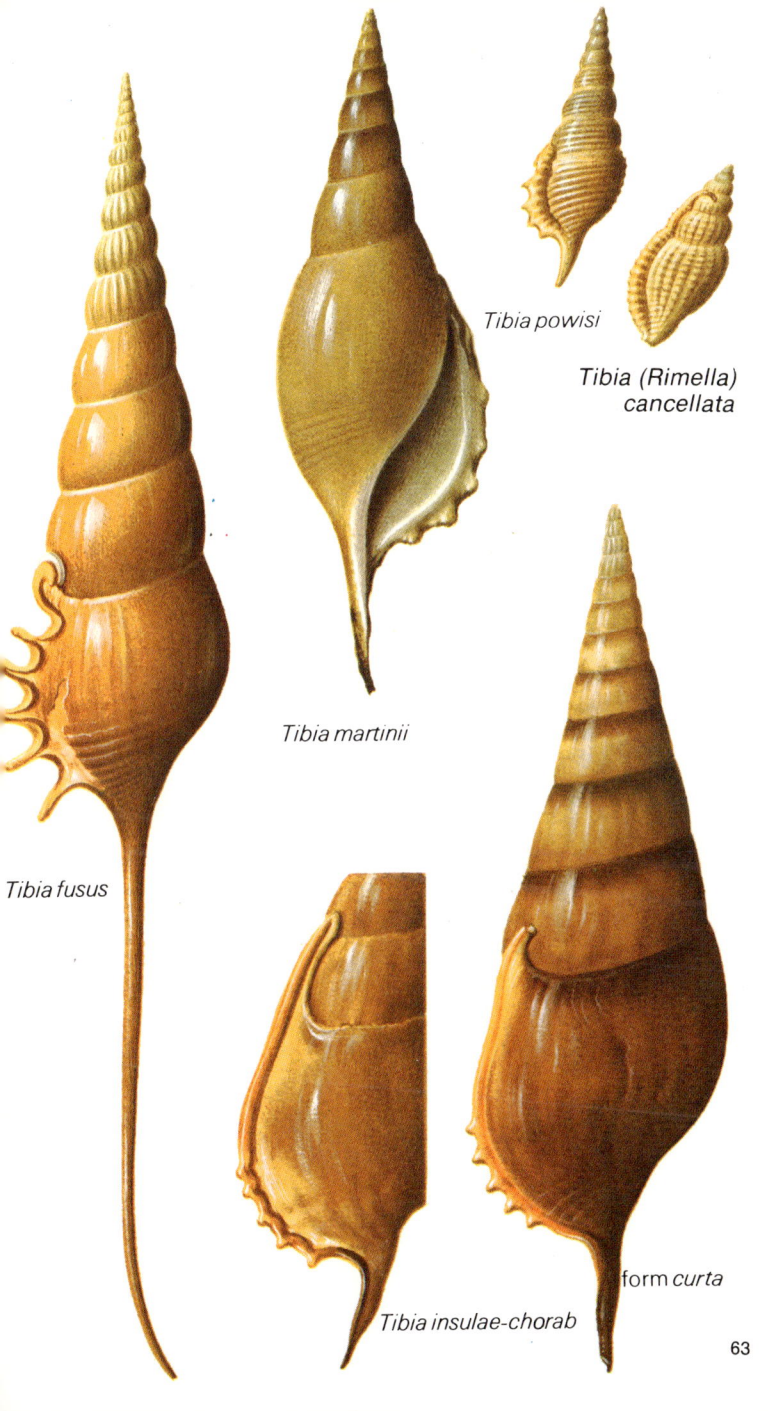

Tibia powisi

Tibia (Rimella)
cancellata

Tibia martinii

Tibia fusus

Tibia insulae-chorab

form *curta*

63

T. (R.) crispata, nicht abgebildet. *R. cancellata* sehr ähnlich und auch im gleichen Gebiet vorkommend, doch biegt sich die Ausstülpung der Lippe stark nach hinten.

Gattung: Strombus

Die eigentlichen Flügelschnecken findet man überall in den Tropen. Sie sind groß und klein, im allgemeinen kompakt, mit mächtigem letztem Umgang, schmaler Mündung, flügelartig ausladendem Mündungsrand, verdickter äußerer Lippe und kurzem Siphonalkanal. Charakteristisch für die Gehäuse ist eine Kerbe nahe am Grund der äußeren Lippe. Hierdurch steckt das Tier ein Tentakelpaar, das gut entwickelte Augen trägt. Das Operculum ist hornig, lang und schmal; der Kern befindet sich am vorderen Ende. Der Fuß ist sehr muskulös und vermag das Tier umzudrehen oder mit beachtlicher Geschwindigkeit vorwärtszubewegen. Die Schnecken leben in flachem Wasser auf Sand oder sandigem Schlamm und sind Vegetarier. Einige sind eßbar.

Strombus pugilis, Karibik, 8,0 cm. Etwa acht Umgänge mit ungefähr neun kurzen Stacheln auf der Schulter des letzten Umgangs. Die Stacheln schauen bei den früheren Umgängen kurz oberhalb der Naht hervor; die des vorletzten Umgangs sind die längsten. Alle bis auf die letzten beiden Umgänge haben Spirallinien und stumpfe Rippen, die in den Stacheln enden. Das Gewinde ist konkav und macht etwa ein Viertel der Gehäuselänge aus. Einige Spirallinien laufen von der Naht zu den Stacheln und an den Grund des letzten Umgangs. Äußere Lippe verdickt und hinten vorspringend; kräftige Kerbe; kurzer Siphonalkanal; Spindel, ,,Flügel'' und Innenseite der Lippe schwielig. An der Spitze hell goldbraun; fast weiß; roter Rand am Siphonalkanal; Schwiele goldbraun; Inneres weiß.

S. alatus, Florida und angrenzende Küsten. Gleiche Größe wie *S. pugilis* und auch in der Form ziemlich ähnlich, doch äußere Lippe nicht vorspringend. Die Stacheln auf der letzten Hälfte des letzten Umgangs sind zu fünf Stummeln reduziert, an anderen Stellen zu stumpfen Knoten. Die Spirallinien, die von der Spitze zur Naht des letzten Umgangs ziehen, sind kräftiger. Die Farbe jedoch ist prächtig schokoladenbraun, am Gewinde weiß gestreift; an der Spitze weiß; ,,Flügel'' und innerer Rand der Lippe orangerot; Spindel dunkel rotbraun; Inneres braunlilafarben.

S. canarium, Indien bis Nordostaustralien, Philippinen und Japan. Variabel in der Größe bis zu 10,0 cm, aber im allgemeinen um 5,0 cm. Das Gewinde kann kurz und glatt oder hoch sein, ferner mit Gitterstrukturen und Warzenwülsten. Letzter Umgang am Grund gestreift und entweder glatt gerundet oder mit schwachen Wülsten und geschultert; beide Formen sind abgebildet. Aufgeschwollene äußere Lippe; Kerbe nicht kräftig; kurzer Siphonalkanal; schwielige, stark glänzende Spindel. Farbe entweder rein weiß, mit blassen rehfarbenen Flecken und Axialstreifen, oder dunkelbraun mit Zwischentönen; ein darüberliegendes feines Netzwerk von dunklerem Braun kommt vor; Inneres und Spindel weiß. Die einfarbige Varietät erhielt die Namen *turturella* und *isabella*.

Strombus canarium

Strombus pugilis

trombus canarium form turturella

Strombus alatus

65

S. gigas, Florida und Westindien, 30,0 cm. Mäßiges Gewinde. Kurze, kräftige Stacheln an den Schultern der Umgänge. Grobe, flache Spiralwülste; Spirallinien; Axialstreifen; grobe Axialrippen und Falten. Die ausgebuchtete Lippe ist nach hinten verlängert, fast bis zur Höhe der Spitze, der Lippenrand ist gewellt und einfach. Schmale, aber tiefe Kerbe. Stark schwielige, glatte Spindel. Kurzer, offener und nach hinten gebogener Siphonalkanal. Cremefarben und weiß; Mündung in einem prächtigen, glänzenden Rosa mit gelber Schattierung. Diese Art findet in großem Umfang als Nahrungsmittel Verwendung und erzeugt mitunter eine rosa Perle.

S. latissimus, Westpazifik, bis zu 20,0 cm. Ein bemerkenswert schweres kompaktes Gehäuse. Die gekielten ersten Umgänge tragen kleine stumpfe Knoten, die am vorletzten und letzten Umgang an Zahl abnehmen, größer und rund werden. Dies gilt vor allem für einen Knoten an der Schulter, der von der Lippe am weitesten entfernt liegt. Die dicke Lippe buchtet sich über die Spitze hinaus vor und geht gegenüber der Spindel in einen Wulst über, der mitunter sogar überhängt. Die Kerbe ist vorn gut ausgebildet und erscheint schmal und tief. Stark schwielige Spindel. Cremefarben, kräftig braun gefleckt, im allgemeinen axial. Inneres und Innenseite der Lippe schmutzig weiß, Spindelschwiele ebenso wie der Bereich der Lippe auf und neben dem Wulst hellbraun.

S. goliath (nicht abgebildet), Brasilien, bis zu 32,0 cm. Die größte Art der Gattung. Schwer, mit ziemlich kurzem, konkavem, zugespitztem Gewinde. Angepaßte Naht. Aufgeblähter letzter Umgang, mit ziemlich gerundeten Schultern, die fünf kräftige, stumpfe Knoten an der Rückenseite tragen. An der Bauchseite sitzen fünf viel kleinere Knoten. Die rückenseitige Oberfläche sieht gehämmert aus, mit groben, breiten, flachen Spiralwülsten und niederen, ziemlich schmalen Rinnen dazwischen. Die Lippe buchtet sehr weit aus, wobei der Rand eine glatte, weiche Kurve bildet. Das hintere Ende formt einen nahezu vollkommenen Halbkreis und breitet sich über das Gewinde hinaus; von der Bauchseite her ist deshalb das Gewinde nicht zu sehen. Nach hinten endet die Ausbuchtung an der Naht oberhalb des letzten Umgangs. Die Mündung ist relativ schmal. Die Innenseite der Lippe erscheint im Schnitt fast L-förmig, da ein kräftiger Wulst parallel zu der geraden, glatten Spindel vorhanden ist. Die Kerbe fehlt fast. Kurzer, offener und schwach gedrehter Siphonalkanal. Cremefarben, mit axialen, gewellten, purpurbraunen Linien auf den ersten Umgängen; Mündung und Schwiele weiß bis rosaweiß; Inneres dunkler. Außenhaut gelbbraun.

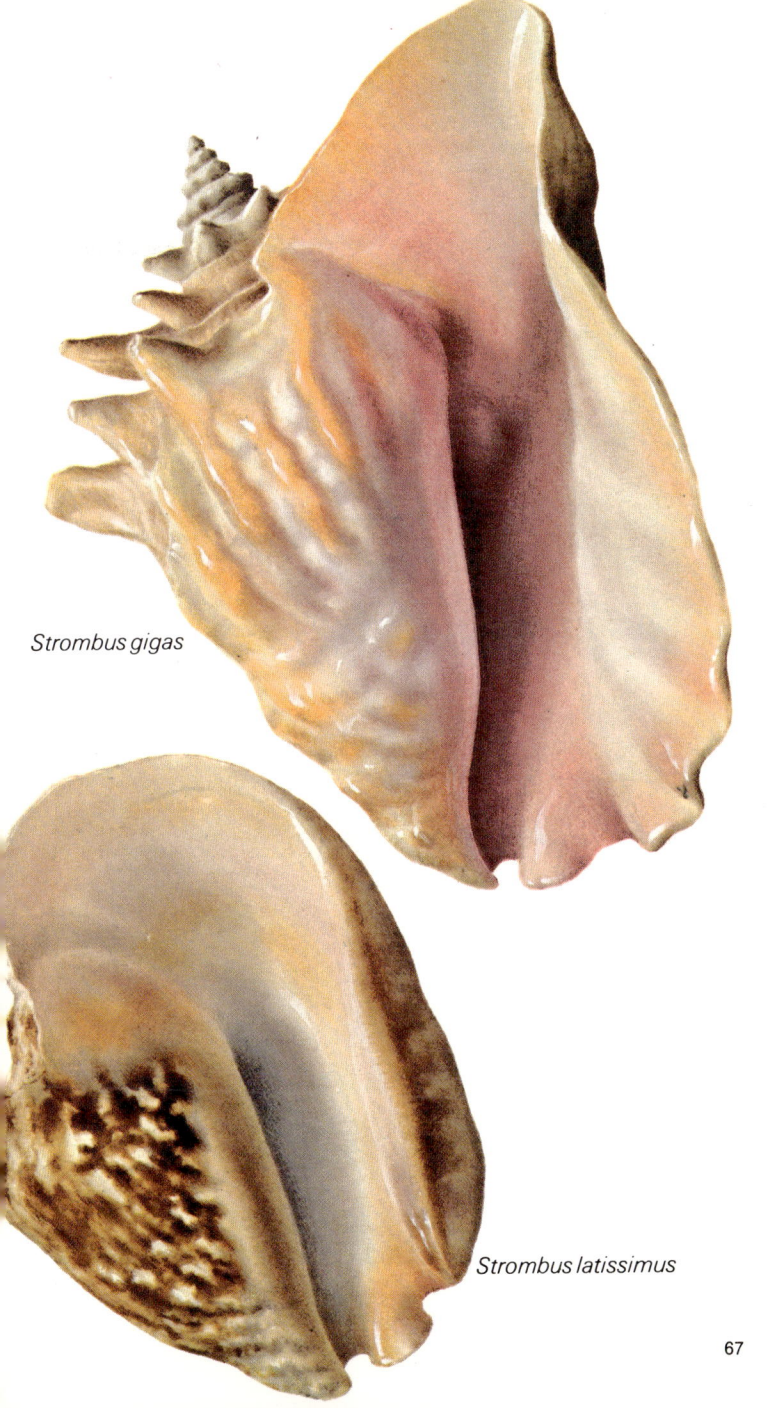

Strombus gigas

Strombus latissimus

S. galeatus, Golf von Kalifornien bis zum Nordwesten von Südamerika, 20,0 cm. Zugespitztes, konkaves, ziemlich abgeflachtes Gewinde mit Spiralstreifen und Axialrippen. Diese verschwinden auf den letzten Umgängen und werden ersetzt durch breite, ziemlich flache Spiralrippen. Die Lippe ist ausgedehnt, die Kerbe aber nicht besonders gut entwickelt. Der letzte Umgang ist weiß, die ersten Umgänge sind orangefarben oder braun; Inneres braun und orange. Junge Exemplare zeigen braune oder orangefarbene Fleckung oder Bänder, und das Innere ist weiß. Dicke, braune Außenhaut. Das Tier wird als Nahrungsmitel verwendet und in großen Mengen im Golf von Kalifornien gefangen. Nahe verwandt mit der brasilianischen Art *S. goliath* (siehe S. 66).

S. costatus, Westindien und Florida, 17,5 cm. Sehr fest und schwer. Höckeriges Gewinde, mit geschulterten Umgängen und zwei Spirallinien über der Naht und unter den Schulterknoten. Die feste äußere Lippe ist dick und am Rand der Mündung gewulstet. Spindel und äußere Lippe stark schwielig. Cremefarben weiß; äußere Lippe mit metallischem Aussehen; Grund der Spindel mit einer braunen Tönung.

S. oldi (nicht abgebildet), Somaliküste und Ostafrika, 11,0 cm. Wegen des beschränkten Verbreitungsgebietes selten. Ähnlich *S. tricornis* (siehe Seite 71). die etwas weiter nördlich auf der anderen Seite Afrikas vorkommt. Der letzte Umgang ist enger, der Winkel des Gewindes ist kleiner und die hintere Ausdehnung der Lippe flacher, offener und weniger zugespitzt. Die Knoten an der Schulter sind kleiner und zahlreicher. Der letzte Umgang trägt etwa zehn grobe, gerundete Spiralwülste, die sich gegen die ausgebuchtete Lippe hin ausweiten und größer werden. Zwischen den Wülsten treten kleine Spirallinien auf. Schmale und tiefe Kerbe. Gerade Spindel; kurzer, offener und leicht gedrehter Siphonalkanal. Cremefarben, kräftig dunkelbraun gefleckt; Knoten im allgemeinen weiß; Innenseite der Lippe weiß, nach der Mündung hin dunkelbraun werdend.

S. listeri (nicht abgebildet), Golf von Bengalen und nordwestindischer Ozean, 15,0 cm. Bis vor kurzem selten, doch in den letzten Jahren in einer gewissen Anzahl gefunden. Leichtes, aber festes Gehäuse. Hohes, zugespitztes Gewinde; langer, schmaler letzter Umgang. Die ersten Umgänge mit vielen Axialrippen, die auf den letzten drei Umgängen verschwinden. Der letzte Umgang mit kräftiger, aber gerundeter Schulter. Eingeschnürte Naht. Ausgedehnte Lippe, Rand etwa parallel mit der Spindel. Die Lippe läuft nach hinten in eine runde Ausbuchtung weiter, die etwa im Bereich der Naht oberhalb des vorletzten Umgangs auf der Bauchseite endet. Äußeres Drittel der Lippe verdickt. Sehr breite und tiefe Kerbe. Glatte Spindel und enge Mündung. Ausgedehnter, offener Siphonalkanal, der sich von der Lippenseite wegbiegt. Weiße, stark mit Braun überdeckte Axialstreifen; letzter Umgang im wesentlichen braun an der Rücken-, heller an der Bauchseite, mit vier Spiralreihen kleiner, weißer, winkelförmiger Zeichnungen; Mündung weiß; verdickter Teil der Lippeninnenseite und Inneres braun gefleckt.

Strombus galeatus

Strombus costatus

S. tricornis, Rotes Meer und Golf von Aden, 12,5 cm. Fest, mit ziemlich hohem Gewinde, über der Naht mit Knoten versehen. Der letzte Umgang ist geschultert, mit stumpfen Knoten, von denen einer auf dem Rücken groß und in Axialrichtung langgestreckt ist. Die ausgebuchtete Außenlippe ragt nach vorn vor, und zwar etwa bis zur Höhe der Spitze; sie erscheint verdickt und schwach auf die Mündung zu gebogen. Kräftige Kerbe. Stark schwielige Spindel und Außenlippe. Cremefarben, mit mehr oder weniger kräftiger Fleckung in hell- und dunkelbraunen Farben; Schwielen schmutzig gelbbraun, mit leicht metallischem Anflug. Lebt in flachem, mitunter sehr flachem Wasser.

S. gallus, Westindien, 15,0 cm. Ziemlich hohes Gewinde und kleine, stumpfe Knoten über der tiefen Naht. Spirallinien an den ersten Umgängen werden zu niedrigen, flachen Wülsten unter den Knoten an der Schulter des letzten Umgangs. Ungefähr sieben Knoten, die bis zum vorletzten Knoten hin allmählich größer werden. Letzter Knoten klein. Die Außenlippe ist ausgebuchtet und hinten sehr ausgedehnt, schwach nach außen und rückwärts. Ein Teil des Gewindes wird auf diese Weise verdeckt. Die Außenlippe ist nicht verdickt, doch leicht gekräuselt und zeigt eine tiefe Kerbe. Der Siphonalkanal ragt vor, ist erst nach hinten, dann nach vorn rechts gebogen. Weiß, mit orange-gelbbrauner Fleckung; Inneres weiß; Innenseite der Lippe, Spindel und Siphonalkanal zeigen Schattierungen von hellem Orangebraun; innerer Rand der Außenlippe mit schwach metallischem Anflug. Diese Art ist ziemlich selten.

S. peruvianus, Peru und Mexiko. 15,0 cm. Ziemlich ähnlich *S. tricornis,* doch größer, und das Ende der nach hinten ausgedehnten Lippe ist stärker gebogen. Ziemlich konkaves Gewinde und Spiralwülste mit kleinen Knoten über der Naht. Fünf stumpfe Knoten auf der Schulter des letzten Umgangs, wobei der vorletzte Umgang der bei weitem größte ist. Der letzte Umgang trägt niedrige, flache Spiralwülste, etwa 15 an der Zahl, sowie eine zweite Reihe sehr gerundeter Knoten oder Anschwellungen unter denen der Schulter. Außenlippe verdickt und vorgezogen, hinterer Rand zurückgebogen. Kerbe breit; kurzer, scharf gebogener Siphonalkanal. Spindel mit etwa acht Falten, von denen die vorderen gegabelt sind. Ein gut ausgebildeter Kanal läuft von der Ansatzstelle der Lippe an der Schulter zum letzten Umgang und dann hinunter zur Mündung. Ein ähnlicher Kanal läuft vom vorgezogenen Rand der Lippe ins Innere; er öffnet sich in eine Vertiefung, die das Innere des letzten Knotens auf der Schulter darstellt. Cremefarben weiß bis hellbraun, mit Fleckung; Inneres und Spindel fleischfarben rosa; die Vertiefung ist weiß; die verdickte Lippe trägt einen metallischen Anflug. Dicke, braune Außenhaut, die wie bei anderen Strombus-Arten beim Trocknen abfällt.

Strombus tricornis

Strombus gallus

Strombus peruvianus

71

S. dentatus, Ostafrika bis Polynesien mit Ausnahme des nördlichen Indischen Ozeans, japanische Hauptinsel und Australien, 5,5 cm. Glatt, glänzend, aufgebläht, mit stumpfen Axialwülsten unter der Naht auf den letzten drei Umgängen; die ersten Umgänge haben kleine Warzenwülste. Die Lippe ist schwach vergrößert und trägt sechs stumpfe Zähne; Inneres der Lippe kräftig gefurcht. Spindel glänzend und glatt, mit Ausnahme vier langer Falten am hinteren Ende und fünf kurzen Falten vorn. Dicke Schwiele; kurzer, zurückgebogener Siphonalkanal. Weiß, mit Braun gefleckt, im allgemeinen axial flammenähnliche Zeichnungen; Siphonalkanal mit purpurfarbener Fleckung; die Zähne auf der Lippe, der Analkanal und die Spindel weiß, ausgenommen die vorderen Falten; gefurchte Zone auf der Lippeninnenseite prächtig dunkelpurpurfarben, am letzten Umgang durchscheinend. Im allgemeinen in flachem Wasser von Korallenriffen oder in deren Nähe zu finden.

S. fusiformis, Rotes Meer, Golf von Aden, Ostafrika und Madagaskar, 4,5 cm. Spiralband unter der Naht und Warzenwülste auf den ersten Umgängen. Zwei schwache, stumpfe Knoten auf der Schulter des letzten Umgangs, die schwach spiralig gewulstet ist. Lippe schwach ausgedehnt und kräftig gefurcht; glänzende Spindel an beiden Enden gewulstet; ziemlich flache Kerbe; kurzer Siphonalkanal. Cremefarben; wenige braune Flecken und Tupfen von hellem Rotbraun; Spindel und Inneres weiß. Im allgemeinen auf sandigem Korallengrund in tieferem Wasser zu finden.

S. erythrinus, Indopazifik von Ostafrika und Rotem Meer bis Hawaii, Samoa und Tonga, 5,0 cm lang und 1,7 cm breit. Gewinkelt, gerippt und mit einigen Warzenwülsten auf den ersten Umgängen. Spirallinien werden vorn und nahe der Lippe größer; Rippen mit sechs stumpfen Knoten auf der rückenseitigen Hälfte des letzten Umgangs. Eingeschnürt an der Naht. Lippe leicht ausgedehnt, verdickt, hinten mit einer Rinne, innen gefurcht. Kerbe nicht kräftig ausgebildet; kurzer Siphonalkanal; Spindel mit Falten an jedem Ende. Weiß, gebändert am letzten Umgang und wolkig gezeichnet mit hellem oder dunklem Gelbbraun; Innenseite der Lippe, innere Hälfte und unteres Ende der Spindel prächtig dunkelpurpurbraun. Variabel; zwei Varietäten sind abgebildet. Die Varietät *elegans* stammt aus Numea in Nordkaledonien. Der Varietät von den Fidschi-, Tonga-, Samoa- und Ellice-Inseln räumt man den Rang einer Unterart *S. e. rugosus* (abgebildet) ein; sie zeigt gröbere Ausbildung, und Spindel wie Mündung sind rein weiß.

S. sinuatus, Westpazifik, 12,0 cm lang und 7,0 cm breit. Hohes Gewinde, letzter Umgang nimmt zwei Drittel der Gesamtlänge ein, Umgänge unter der Naht etwas eingeschnürt und spiralig liniert. Die gewinkelte Schulter trägt kurz oberhalb der Naht Reihen stumpfer Knoten, von denen die größten auf der Mitte des Rückens liegen. Die Lippe ist breit, ausgebuchtet und verdickt, mit einem scharfen Wulst parallel zur Spindel; die Lippe verdeckt das Gewinde zum Teil; das hintere Ende weist vier oder fünf spatelförmige Ausbuchtungen auf. Tiefe Kerbe; kurzer, zurückgebogener Siphonalkanal. Weiß oder cremefarben, gelbbraun gefleckt; innere Lippe rosa; Spindel hellgoldbraun; Inneres prächtig dunkelpurpurbraun. Lebt in ziemlich flachem Wasser.

S. marginatus wird in vier Unterarten aufgeteilt:
S. marginatus marginatus, nördlicher und östlicher Golf von Bengalen bis zum nördlichen Teil der Straße von Malakka, 5,5 cm. Hohes Gewinde mit Warzenwülsten, Spirallinien, Axialrippen und scharf gewinkelter Schulter. Die Rippen verschwinden auf den letzten beiden Umgängen und hinterlassen einen knotigen Kiel auf der Schulter. Basis des letzten Umgangs gestreift. Die verdickte, scharfrandige Lippe endet hinten an einem Kiel des vorletzten Umgangs. Flache Kerbe; kurzer Siphonalkanal. Weiß, getupft mit dunklem oder hellem Braun; vier weiße Spiralbänder auf dem letzten Umgang; Innenseite der Lippe gefurcht; weiß; Spindel vorn mit schwachen Falten; Inneres weiß.

S. marginatus robustus, Straße von Malakka, Südchinesisches Meer bis Südjapan, 6,5 cm. Viel kürzeres Gewinde als die vorige Form und gerundete Schultern ohne Kiel. Hinten endet die Lippe auf oder über der Naht des zweiten Umgangs.

Strombus erythrinus rugosus

Strombus fusiformis

Strombus dentatus

Strombus marginatus robustus

Strombus sinuatus

Strombus marginatus marginatus

Strombus erythrinus var. *elegans*

73

S. marginatus succinctus (nicht abgebildet), Südostindien und Nordwestsrilanka, 5,5 cm. Hohes Gewinde und ziemlich schmal. Große stumpfe Knoten am Rücken des letzten Umgangs. Farbe blasser.

S. marginatus septimus (nicht abgebildet), Riukiu-Inseln, Philippinen, Neuguinea, Salomonen und Neukaledonien, 4,8 cm. Hohes Gewinde. Wie *S. m. succinctus,* aber ohne Knoten auf dem Rücken; manchmal an deren Stelle zwei oder drei kleine Knötchen. Lippe etwas weiter ausgebuchtet. Dunkelbraun; fünf schmale, gefleckte, weiße Bänder.

S. maculatus, Ost und Nordpazifik, 3,5 cm. Mäßig hohes Gewinde mit Warzenwülsten auf den ersten Umgängen und gerundeter, schwach knotiger Schulter. Schmale, einschneidende Rinne unter der Naht, die auf dem letzten Umgang verschwindet. Die Schultern auf der rückenseitigen Hälfte des letzten Umgangs tragen etwa fünf sehr stumpfe Knoten, an der unteren Hälfte des letzten Umgangs gestreift, ebenso in der Nähe der äußeren Lippe. Die letztere ist angeschwollen und nach innen gedreht. Gut ausgebildete Kerbe; kurzer, fast gerader Siphonalkanal; kräftig gefurchte Mündung; Spindel gewöhnlich gefurcht, mit einer glatten Zentralfläche, kann aber auch auf der ganzen Länge gefurcht sein. Cremefarben oder weiß, mit gewöhnlich sehr heller gelbbrauner Bänderung und Fleckung, doch variabel; Mündung mit rosafarbener Tönung.

S. variabilis, zentraler Indopazifik von Indonesien und der Malaiischen Halbinsel bis zu den Marshall-Inseln und Samoa, 6,0 cm. Hohes Gewinde; auf den ersten Umgängen und an der Basis des letzten Umgangs fein spiralig gewulstet; Warzenwülste auf den ersten Umgängen; diese sind ebenfalls axial gerippt und gewinkelt, wobei die Rippen auf der Schulter des letzten Umgangs in Knoten übergehen. Die ausgebuchtete Lippe ist vorn abgebogen und breitet sich hinten bis zum vorletzten Umgang aus. Schwach gebogener Siphonalkanal. Weiß mit brauner Fleckung, meist wellige Axialstreifung, Zonen mit Querstreifen, etwa fünf mehr oder weniger deutliche weiße Spiralbänder auf der Lippe; Inneres und Spindel glatt und weiß.

S. epidromis, Neukaledonien bis Neuguinea, Philippinen, Indonesien und Singapur sowie nach Norden bis Taiwan, 9,0 cm. Gewinkelt und axiale Rippen, die auf den letzten zwei oder drei Umgängen verschwinden und kleinen Knoten weichen; Spiralstreifen und Warzenwülste auf den ersten Umgängen. Die ausgebuchtete Lippe ist verdickt und am Rand gebogen, wobei das Hinterende das Gehäuse über der Naht des vorletzten Umgangs erreicht und den Analkanal bildet. Mäßig tiefe und breite Kerbe; schwach gebogener Siphonalkanal; glatte und kräftig schwielige Spindel. Weiß mit schwacher, blaßbrauner, axialer Fleckung; Inneres und Spindel glänzend weiß; Lippenrand und Spindel metallisch aussehend. Lebt in ziemlich flachem Wasser.

S. mutabilis, Indopazifik mit Ausnahme von Hawaii, 4,0 cm. Sehr variabel. Ziemlich kurzes Gewinde. Gerundete, stumpfe Axialrippen, auf der rückenseitigen Hälfte des letzten Umgangs in kräftige Knoten übergehend. Schwache Spirallinien, die an der Basis und in der Nähe der Lippe deutlicher werden. Tiefe, spiralige, schmale, eingeschnittene Rinne unter der Naht. Lippe ausgebuchtet, verdickt und mit einer kurzen, stumpfen Vorwölbung an der Schulter, die die Außenseite des Analkanals bildet. Flache Kerbe; kurzer, nur schwach gebogener Siphonalkanal; gefurchte Mündung und Spindel. Weiß oder cremefarben, gefleckt und getupft mit hellem und/oder dunklem Braun, im allgemeinen in Axialstreifen und Spiralbändern. Häufig tritt ein zentrales helles Band auf dem letzten Umgang auf, mitunter sind bis zu sieben schmale, helle Bänder vorhanden. Spindel und Lippe weiß oder rosa; die tieferen Innenbereiche manchmal ebenso gefleckt wie die Außenseite. Die Farbvariante *zebriolatus* aus Kenia trägt dunkelbraune, wellige Axialstreifen auf dem letzten Umgang.

Strombus maculatus

Strombus mutabilis

Strombus variabilis

Strombus mutabilis

Strombus epidromis

Strombus mutabilis
form *zebriolatus*

Strombus mutabilis
(Red Sea)

Strombus mutabilis
(New Guinea)

75

S. plicatus wird in vier Unterarten aufgeteilt:

S. plicatus pulchellus, Westpazifik, 3,5 cm. Hohes, konkaves Gewinde; Warzenwülste, Spirallinien, Axialrippen; Linie unter der Naht stärker hervortretend, besonders auf den ersten Umgängen. Die Axialrippen werden auf der Schulter der letzten beiden Umgänge zu Knoten. Drei oder vier stumpfe Knoten auf dem Rücken des letzten Umgangs; der vorletzte Knoten ist der größte. Am Grund des letzten Umgangs und nahe der Lippe gestreift. Ausgebuchtete, leicht gebogene Lippe, die sich bis zur Naht des vorletzten Umgangs erstreckt. Breite, verhältnismäßig tiefe Kerbe; kurzer, nach hinten gebogener Siphonalkanal; Lippe und Spindel gefurcht, obwohl letztere in der Mitte fast glatt erscheint. Weiß oder cremefarben; hellbraune Flecken; vier schmale, weiße Spiralbänder mit braunen Flecken auf dem letzten Umgang; beide Seiten der Lippe weiß; Spindel weiß oder cremefarben; Inneres mit purpurbraunen Furchen; Ende des Siphonalkanals lilafarben.

S. plicatus plicatus (nicht abgebildet), Rotes Meer, 6,0 cm. Farblose Mündung und Lippe; einige der Spindelfurchen braun.

S. plicatus sibbaldi (nicht abgebildet), Golf von Aden bis Südindien und Sri Lanka, 3,5 cm. Ähnlich *S. p. plicatus,* aber gedrungenerer letzter Umgang. Spindelfurchen purpurbraun; Inneres und Lippe weiß.

S. plicatus columba, Ostafrika, Madagaskar und Seychellen, 4,5 cm. Purpurbrauner oder brauner Fleck auf dem hinteren Teil der Spindel, die kräftig gefurcht ist; ein oder zwei Flecke auf der Lippeninnenseite.

S. microurceus, Java bis Südjapan, Samoa und Neukaledonien, 2,5 cm. In der Form ähnlich *S. mutabilis,* doch ist die Spindel auf der äußeren Hälfte gelborange und auf der inneren Hälfte dunkelpurpurbraun mit gelben Streifen; Innenfläche weiß; auf der Lippe purpurbraunes Band mit weißen Spiralfurchen; der Siphonalkanal trägt ein purpurfarbenes Zeichen.

S. terebellatus, Ostafrika und Westpazifik, 5,0 cm. Langgestreckt, schmal, ziemlich zerbrechlich, aufgebläht und glatt. Auf den ersten Umgängen schmales Band unter der Naht. Schräg verlaufende Rinne am Grund des letzten Umgangs. Lippe hinter dem Rand schwach verdickt. Breite, sehr flache Kerbe; glatte, schwach schwielige Spindel; Siphonalkanal kurz, erstreckt sich jedoch über das Ende der Lippe hinaus. Cremefarben, hell- und dunkelbraun gefleckt; unter der Naht dunkler; braune Furchen im Inneren der Mündung; Spindel weiß mit braunen Zeichnungen, die durch die Schwiele hindurchschimmern.

S. urceus, Westpazifik von den Salomon-Inseln bis zur Malaischen Halbinsel und Sumatra, 6,0 cm. Ziemlich schmal mit hohem Gewinde aus gewinkelten Umgängen, spiralig gestreift und gerippt. Die Rippen gehen an der Schulter der Rückenseite des letzten Umgangs in mehr oder weniger kräftige Knoten über; Spiralwülste am Grund des letzten Umgangs. Verdickte Lippe; Kerbe mitunter tief, manchmal kaum wahrnehmbar; Spindel in der Mitte glatt und gefurcht an beiden Enden; Mündung gewöhnlich stark gefurcht. Es handelt sich jedoch um eine sehr variable Art. Weiß, cremefarben oder braun, mit Tupfen, Flecken, Bändern oder Axialstreifen von hellem oder dunklem Braun; die Spindel und die Innenseite der Lippe können dunkel oder hell rosa sein; Inneres weiß oder purpurbraun oder tiefpurpurn; die ganze Spindel, die Lippe und das Innere können fast schwarz erscheinen. Abgebildet sind: eine braune, an der Mündung orange gefärbte Form von den Philippinen; ein Exemplar aus tiefen Wasserschichten, leicht und hell gefärbt und mit stärker gerundeten Windungen von den Südphilippinen; und *ustulatus,* die Varietät mit der weißen und schwarzen Mündung, oft größer als der Durchschnitt, aus Singapur. Die letztgenannte Form findet man weniger häufig an anderen Stellen im Bereich des südlichen Chinesischen Meeres.

Strombus plicatus columba

Strombus urceus

Strombus urceus (deep water)

Strombus urceus form *ustulatus*

Strombus plicatus pulchellus

Strombus microurceus

Strombus terebellatus

S. minimus, Westpazifik, 4,0 cm. Hohes Gewinde; spiralig gewulstet und axial gerippt, Rippen auf dem letzten Umgang von Knoten ersetzt. Schmales Band unter der Naht. Ausgebuchtete, verdickte Lippe, innen gefurcht; sie stößt hinten an die Spitze des vorletzten Umgangs. Breite, flache Kerbe; schwielige Spindel, die Schwiele verbreitert sich nach hinten und bildet mit der Lippe den langgestreckten Analkanal; kurzer, fast gerader Siphonalkanal. Hell- oder dunkelbraun; winzige cremefarbene Tupfen; manchmal mit einer Spiralreihe weißer Flecken auf dem letzten Umgang; Mündung gelb; Spindel weiß oder rosafarbig.

S. fasciatus, Rotes Meer, 5,0 cm. Fest mit niedrigem Gewinde und mitunter schmalem Band unter der Naht, das auf den letzten Umgängen verschwindet. Auf dem vorletzten Umgang entwickeln sich Knoten zunehmender Größe, auf dem letzten Umgang etwa zehn Stück, der größte Knoten liegt auf dem Rücken in der Mitte. Schwach ausgebuchtete Lippe; breite, mäßig tiefe Kerbe; schwach gekrümmter Siphonalkanal; glatte Spindel. Weiß; fünf bis neun schmale unregelmäßige, unterbrochene, sehr dunkel braunschwarze Spirallinien; Spindel gelb; Inneres gelborange; die Enden der Spirallinien zeigen sich in der Lippe, schimmern schwach durch die Lippe hindurch und erscheinen manchmal unter der Spindelschwiele.

S. vittatus wird in drei Unterarten aufgeteilt:
S. vittatus vittatus, Südchinesisches Meer bis Neuguinea und Fidschi-Inseln, 8,5 cm. Gedrungenes, zugespitztes Gewinde mit Axialrippen. Eine Rinne unter der Naht ergibt ein Band, auf dem die Rippen Knoten bilden; unter der Rinne verschwinden die Rippen im Bereich der mittleren Umgänge, auf diesem Band liegen auch zwei feine Spirallinien. Auf dem letzten Umgang bleiben nur Linien erhalten. Bereich unter der Naht konkav. Die Schulter des letzten Umgangs zeigt ein oder zwei leichte ,,Beulen" und einen stumpfen Knoten in der Mitte des Rückens. Basis mit bis zu 20 Spiralrinnen. Die ausgedehnte, verdickte Lippe ist etwas eingebogen; breite, doch nicht tiefe Kerbe; Innenseite der Lippe fein gefurcht, die Lippe endet an der Naht über dem vorletzten Umgang. Die Spindel ist im zentralen Teil glatt, im hinteren Teil mit Pusteln besetzt und vorn mit bis zu fünf feinen Furchen versehen. Sie grenzt an einen kurzen, geraden Siphonalkanal. Weiß, hell- und dunkelbraun gefleckt, besonders an dem unter der Naht gelegenen Band, an der Lippe und am letzten Teil des letzten Umgangs; im letztgenannten Bereich feine, axiale, sehr kleine braune Zickzacklinien und etwa fünf Spiralbänder; Spindel, Inneres und Innenseite der Lippe weiß. Abgebildet ist eine Form mit hohem Gewinde, australis.

S. vittatus campbelli (nicht abgebildet), Nord- und Ostaustralien, 6,5 cm. Ähnlich der eben genannten Form, aber Knoten auf dem Rücken größer; auch hat das Band unter der Naht kräftige Knoten.

S. vittatus japonicus, Südjapan, 6,5 cm. Niedrigeres Gewinde; feine Spirallinien und kleine Axialrippen.

S. lentiginosus, tropischer Indopazifik, Ostafrika bis Gesellschafts-Inseln, im allgemeinen nicht an der asiatischen Küste, mit Ausnahme von Südindien und der Malaiischen Halbinsel, 10,5 cm. Fest und schwer mit kurzem, zugespitztem Gewinde und Spiralstreifen. Axialrippen knotig an der Schulter der letzten Umgänge. Die Rippen tragen acht Knoten, die in Axialrichtung länger als breit sind, an der Rückseite des letzten Umgangs; sie sind am drittletzten Umgang in der Mitte des Rückens sehr groß. Letzter Umgang mit fünf Reihen viel kleinerer Knoten, drei weiteren groben Wülsten ohne Knoten und groben Streifen am Grund. Die leicht ausgebuchtete Lippe ist gegenüber der Spindel stark verdickt, ausgedehnt und hinten gebogen; sie erreicht das Gewinde an der Naht über dem drittletzten Umgang. Kurzer, nach hinten gebogener Siphonalkanal; die gerade, glatte Spindel ist stark schwielig. Weiß, kräftig dunkel braungrau gesprenkelt; Inneres und Spindel rosa-cremefarben; Lippenrand mit etwa sieben spiraligen purpurbraunen Streifen.

Strombus
minimus

Strombus vittatus japonicus

Strombus lentiginosus

Strombus fasciatus

Strombus vittatus vittatus

79

S. gibberulus wird in drei Unterarten geteilt:

S. gibberulus gibberulus, Indischer Ozean, Malaya und Nordwesten des Südchinesischen Meeres, 7,0 cm. Mäßig aufragendes Gewinde; spiralig liniert; erste Warzenwülste geschwollen. Der vorletzte Umgang ist ausgedehnt und wulstet sich über die Naht am Rücken des letzten Umgangs; letzterer ist an der Schulter ebenfalls aufgebläht und mit Linien versehen; die Linien verschwinden und bleiben nur an der Basis erhalten, wo sie auf der Lippe wieder auftauchen. Die Lippe erscheint ausgedehnt und vor dem scharfen Rand verdickt; ihr Hinterende liegt dem kräftig entwickelten Teil des letzten Umgangs unter der Naht an. Mäßig tiefe Kerbe; Siphonalkanal im Verhältnis zu anderen Vertretern der Gattung lang und etwas gebogen. Glatte Spindel. Weiß, kräftig gezeichnet mit unterbrochenen hellbraunen Linien; Spiralbänder mehr oder weniger schwach ausgebildet, schmal und von weißer Farbe; Spindel rosa-weiß, manchmal mit lilafarbener Innenseite am unteren Teil; Lippe weiß mit tief lilafarbenem gefurchtem Band in 3 mm Entfernung auf der Innenseite; Inneres weiß mit lilafarbener Tönung; Analkanal lilafarben; Siphonalkanal weiß.

S. gibberulus albus, Rotes Meer bis Kenia, 5,5 cm. Kleiner als *S. g. gibberulus*. Weiß mit sehr hell rehfarbenen Zeichnungen und purpurartigem, unterbrochenem Band unter der Naht; Spindel weiß; das gleiche Purpurband findet man auf der Innenseite der Lippe.

S. gibberulus gibbosus, Südosten des Südchinesischen Meeres und außerhalb davon bis zu den Gesellschafts-Inseln. Kleiner, 5,5 cm, und Zeichnungen gewöhnlich dunkler braun und gelb. Spindel weiß oder gelb, manchmal prächtig schokoladenbraun. Spirallinien auf der Lippe ziemlich schwach.

S. aurisdianae aurisdianae, Ostafrika bis Riukiu-Inseln und Salomonen, 7,5 cm. Fest; mäßig hohes Gewinde; spiralig liniert und axial gerippt. Etwas gewinkelt und mit kurzen stumpfen Stacheln auf den Schultern. Unter der Naht liegt ein Band mit kräftiger Perlenausbildung. Auf dem letzten Umgang werden die stumpfen Stacheln recht groß. Zwei Linien nahe der Mitte des letzten Umgangs tragen kurze stumpfe Knoten. Lippe ausgedehnt, verdickt, doch mit scharfem Rand, mit zwei oder drei unregelmäßigen Falten an der Außenseite vor der Verdickung; kurzer fingerartiger Fortsatz am hinteren Ende der Lippe und eine tiefe Kerbe auf der anderen Seite. Siphonalkanal tief, leicht nach rechts gedreht und fast um 90 Grad nach hinten gebogen. Gefurchter Analkanal; Spindel an der Spitze mit Pusteln versehen, sonst glatt und schwielig; Schwiele fast bis zur Spitze verlaufend. Weiß oder hellbraun gefleckt mit dunklerem Braun; Lippe mit etwa acht hell rotbraunen Spiralbändern; Spindel hellbraun. Innenseite der Lippe rosa-weiß; Inneres orange.

S. aurisdianae aratrum. Es handelt sich um eine Unterart der vorigen aus dem nordöstlichen Queensland, Australien und von der Ostküste von Malaya, vielleicht auch aus Gebieten dazwischen, 9,0 cm. Sie ist größer, langgestreckter, hat ein schärferes Gewinde, und der Fortsatz an der Lippe ist etwa zweimal so lang. Auch der Siphonalkanal ist länger und etwas gebogen. Stacheln und Knoten größer und weniger zahlreich. Die Farbe ist gelbbraun, in ähnlicher Weise gefleckt; Streifen auf der Lippe, der Fortsatz und der Rand der Lippe sind tief purpurn gefärbt; Spindel und Inneres prächtig glänzend orangebraun; die Innenseite der Lippe verfärbt sich nach rosa hin.

S. bulla, Indonesien, Philippinen, Taiwan, Riukiu-Inseln und von Neuguinea nach Osten bis nach Neukaledonien und Samoa, 7,0 cm. Ähnlich *S. aurisdianae*, doch viel glatter; Spirallinien nur wenig herausgehoben; eine Linie unter der Naht ist rudimentär; Knoten kleiner; Fortsatz an der Lippe länger und schmaler; keine Furchen am Analkanal; Schwielenregion bedeckt etwa die Hälfte der Schale und mitunter auch den letzten Umgang. Weiß, kräftig hellbraun gefleckt; Schwiele weiß; vorn rosabraun; Inneres prächtig glänzend orangebraun.

Strombus gibberulus albus

Strombus gibberulus gibbosus

Strombus gibberulus gibberulus

Strombus aurisdianae aratrum

Strombus bulla

Strombus aurisdianae aurisdianae

81

S. pipus, Ostafrika sowie Süden und Osten des tropischen Pazifik, 7,0 cm. Ziemlich kurzes Gewinde, leicht gewinkelt, spiralig liniert und axial gerippt mit Warzenwülsten auf den ersten Umgängen. Letzter Umgang etwas aufgebläht mit vier Spiralreihen kleiner Knoten auf der Mitte und einer Reihe nahe der Basis; jeder Knoten trägt einen dunkel purpurbraunen Fleck auf der Lippenseite. Die ausgedehnte Lippe ist vor dem scharfen Rand verdickt; der Rand erscheint nach innen gedreht und erstreckt sich bis zum vorletzten Umgang; er hat zwei Kerben am hinteren Ende. Die Innenseite der Lippe schwach gefurcht. Tiefe Kerbe; sehr kurzer, nach hinten gebogener Siphonalkanal; glatte, schwielige Spindel. Weiß mit gelbbrauner Fleckung; Innenseite der Lippe, Anal- und Siphonalkanal prächtig purpurbraun; Rand der Lippe weiß und kreuzweise durch Bänder in der gleichen Farbe gezeichnet; Spindel und das tiefer gelegene Innere weiß.

S. luhuanus, Straße von Malakka bis Südjapan, den Linien-Inseln, Fidschi-Inseln und Ostaustralien, 7,0 cm. Konisch mit niederem, glattem oder geripptem, konkavem Gewinde und scharf gewinkeltem letztem Umgang. Lippe nach innen gebogen, innen schwach gefurcht. Tiefe Kerbe; kurzer, fast gerader Siphonalkanal; glatte Spindel. Weiß oder cremefarben; gebrochene, braune, axiale Zickzackstreifen, die sechs breite Spiralbänder auf dem letzten Umgang bilden; Innenseite der Lippe und Mündung rosarot; Spindel mit breitem, geradem Band aus sehr dunkelbrauner Schwielenmasse.

S. decorus, nördlicher und östlicher Indischer Ozean, 7,0 cm. In der Form ähnlich *S. luhuanus.* Konisch mit abgeflachtem Gewinde und warzenähnlicher, zulaufender Spitze. Schultern eher höckerig als knotig, eine große „Beule" auf der Rückenseite des letzten Umgangs. Die ausgedehnte Lippe hat einen dünnen Rand. Tiefe Kerbe; fast gerader, kurzer Siphonalkanal; glatte Spindel. Weiße, unterbrochene, axiale, wellenartige Streifen in Dunkelbraun bilden sieben Spiralbänder auf dem letzten Umgang; Spindel, innere Lippe, beide Kanäle weiß; Inneres apricotfarben. Junge Exemplare können leicht für eine Conus-Art gehalten werden, bevor die Lippe ihre endgültige Form erreicht hat.

S. latus, westafrikanische Küste von Rio d'Oro bis Angola und die Kapverdischen Inseln, 15,0 cm. Die einzige bekannte Strombus-Art aus dem östlichen Atlantik. Fest, schwer, mit mäßig ausgebildetem Gewinde. Spiralig gestreift auf den ersten Umgängen und axial gerippt; die Rippen bilden auf der Schulter Knoten. Sieben große, stumpfe Knoten auf dem letzten Umgang, die gegen die Lippe zu größer werden; eine zweite Reihe kleiner, stumpfer Knoten; eine dritte und vierte, noch kleinerer, darunter. Der letzte Umgang hat rauhe, axiale, unregelmäßige Wülste. Ausgedehnte, verdickte Lippe; breite, tiefe Kerbe; kurzer, fast gerader Siphonalkanal; glatte, kräftig schwielige Spindel. Weiß, kräftig braun gefleckt; Innenseite der Lippe und Inneres rosa; verdickter Lippenrand metallisch rosa; Spindel und Zone rund um die Kerbe mit orangefarbener Tönung.

S. granulatus, Ekuador bis zum Golf von Kalifornien, 7,5 cm. Hohes Gewinde; spiralig gestreift mit gewinkelten Schultern, auf den allerersten Umgängen gerippt, dann knotig gestachelt und an der Naht eingeschnürt. Der letzte Umgang trägt neun recht große, stachelige Knoten und drei weitere Spiralreihen kleiner Knoten; Axiallinien beginnen sich auf dem vorletzten Umgang zu entwickeln und werden gegen die Lippe zu kräftiger; die Lippe zeigt feine, axiale Zuwachsstreifen und verdickt sich, ehe sie sich mit scharfem Rand einwärts biegt. Sie ist innen mit Pusteln besetzt. Sehr tiefe Kerbe und kurzer Siphonalkanal, im Winkel von etwa 45 Grad nach hinten gebogen. Die Spindel hat vorn sechs schwache Wülste. Weiß, kräftig wolkig gezeichnet mit hellem und dunklem Braun; Innenseite der Lippe, Inneres und Spindel weiß mit rosafarbener Tönung an Kerbe und Siphonalkanal.

S. gracilior (nicht abgebildet), Peru bis zum Golf von Kalifornien, 7,5 cm. Sehr ähnlich der obigen Art, doch mit robusterem Gewinde und weniger gut entwickelten Knoten; Pusteln in der Lippe fehlen.

Strombus luhuanus

Strombus pipus

Strombus latus

Strombus decorus

Strombus granulatus

83

Gattung: Lambis

Die Gattung Lambis, bekannt als Spinnen- oder Skorpionschnecken, umfaßt neun Arten, die ausschließlich im tropischen Indopazifik vorkommen. Keine ist klein; alle bilden lange Fortsätze an der Außenlippe, wenn sie ausgewachsen sind, haben einen langen Siphonalkanal und die charakteristische Kerbe. Einige sind in Unterarten aufgeteilt. Die weiblichen Tiere sind oft größer als die männlichen.

Lambis lambis, Ostafrika und Rotes Meer bis zu den Marshall-Inseln und Tonga, 20,0 cm. Zulaufende Spitze aus etwa acht Umgängen, spiralig und axial gestreift, mit scharf gewinkelten Schultern, die kleine Knoten tragen. Der letzte Umgang trägt feine, stumpfe Knoten; der der Parietalwand am nächsten gelegene Knoten ist nur ein Höcker; der folgende ist nicht viel größer; der dritte erscheint gut entwickelt; der vierte, größte, und der fünfte sind miteinander verbunden; eine zweite Reihe viel kleinerer Knoten folgt; schließlich gibt es noch eine dritte Reihe, auf der die Knoten kaum mehr sichtbar sind. Die Lippe buchtet sich weit aus und ist spiralig und axial mit Linien versehen; der Lippenrand bildet sechs lange Stacheln, von denen die hinteren zwei die längsten sind, eine liegt dem Gewinde gegenüber. Beim männlichen Tier, das etwa 40 Prozent kleiner als das weibliche Tier ist, sind die vordern drei Stacheln recht kurz und nur schwach gebogen, während sie beim weiblichen Tier mindestens zweimal so lang und etwa um 50–60 Grad aufgebogen sind. Der lange Siphonalkanal ist über die Lippenfläche hinaus gebogen. Der innere Lippenrand ist schwielig zwischen dem Grund der Stacheln, die innen auf dem Rand durch die Faltung gebildet werden, die in einem anderen Fall die breiten, spatelförmigen Fortsätze bilden würde. Sehr tiefe und breite Kerbe und glatte Spindel. Kleiner Wulst auf der Spindel und auf der Innenseite der Lippe am Ende des Analkanals; die Mündung selbst ist sehr schmal. Cremefarben weiß, kräftig gefleckt mit Braun oder Braun und Purpurbraun; die Stacheln behalten das Periostracum sogar im trockenen Zustand; Spindel und Inneres fleischfarbenrosa.

L. crocata, Indischer Ozean bis zu den Riukiu-, Marshall-Inseln, Samoa und Nordspitze von Australien, 15,0 cm. Mäßig hohes Gewinde von etwa 12 Umgängen; spiralig und axial mit Linien versehen, sowie mit einer Reihe von Perlen unter der Naht. Der letzte Umgang hat eine Spiralreihe von etwa 4 Knoten, von denen die letzten beiden groß sind, und zwei weitere Reihen zahlreicher kleinerer Knoten. Die Lippe hat sechs Stacheln, die in der Längsrichtung mit Linien versehen sind. Breite und tiefe Kerbe; der lange Siphonalkanal ist in zwei Ebenen um 90 Grad gebogen. Cremefarben, gelbbraun gefleckt; Lippeninnenseite, Inneres und Spindel rosaorange. Es gibt eine Unterart von den Marquesas-Inseln, *L. c. pilsbryi,* die zweimal so groß ist wie *L. crocata;* die Fortsätze sind kleiner und weniger gebogen.

L. millepeda, Ostindien und Philippinen, 14,5 cm. Ziemlich kurzes Gewinde mit etwa 8 Umgängen, spiralig gerippt und gewinkelt, mit stumpfen Stacheln auf der Schulter, an der Naht eingeschnürt. Der letzte Umgang hat eine Reihe von drei großen und einem kleinen Knoten und zwei Reihen kleiner Knoten. Schmale Mündung; die Lippe hat hinten drei lange Fortsätze und gegenüber der Spindel sechs kurze gebogene Fortsätze. Sehr tiefe Kerbe und nur leicht gebogener Siphonalkanal. Innenseite der Lippe kräftig gefurcht mit Ausnahme des Randes, Spindel glatt in der Mitte und gefurcht an beiden Enden. Cremefarben mit braunen Flecken; Naht fleckig purpurn; Innenseite der Lippe, Spindel pilzfarbig; Furchen weiß; Zwischenraum purpurfarben; zwei weiße Zähne an der Basis des Analkanals.

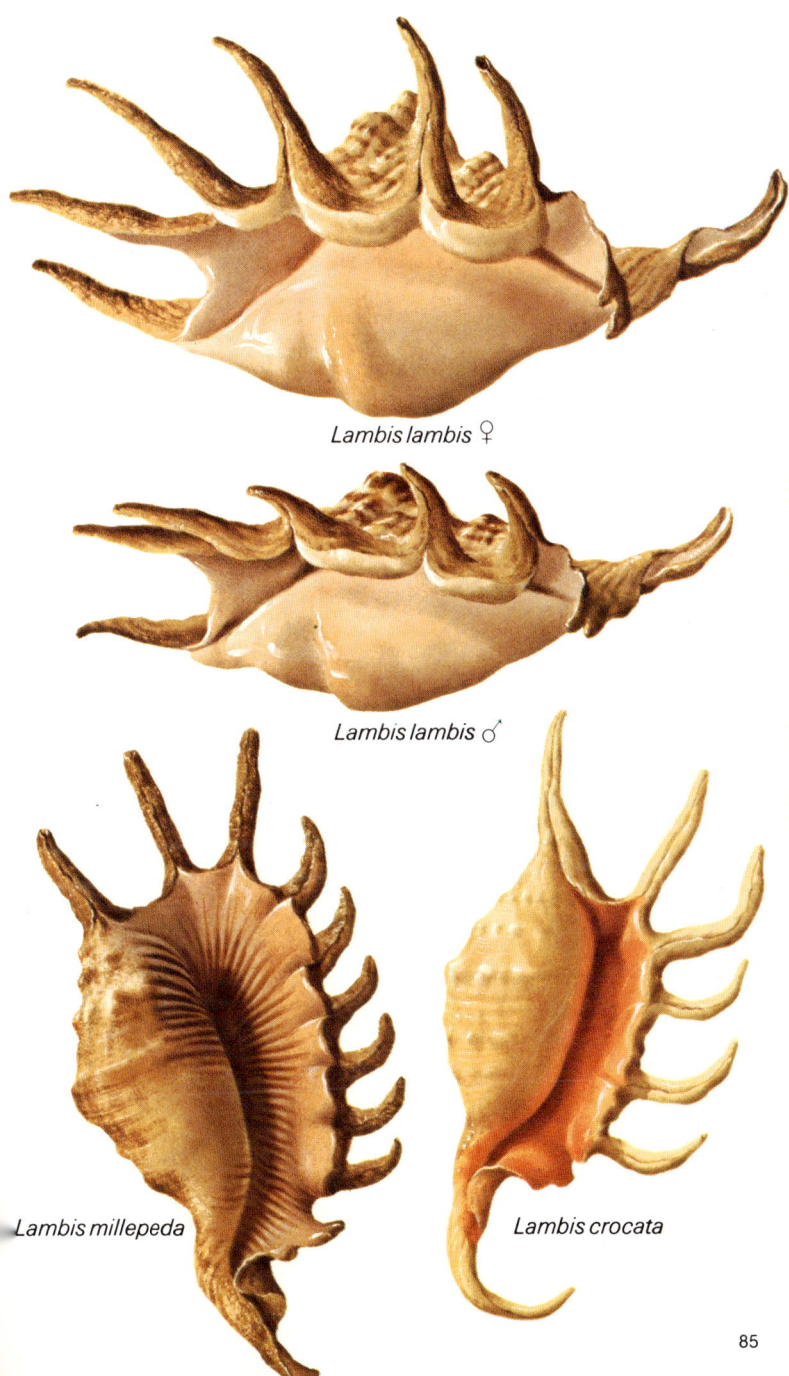

Lambis lambis ♀

Lambis lambis ♂

Lambis millepeda

Lambis crocata

L. truncata, in zwei Unterarten aufgeteilt:
L. truncata truncata, Indischer Ozean, 40,0 cm. Das ganze Gewinde, mit Ausnahme der letzten drei Umgänge, ist stark abgeplattet, fast flach und wirkt stumpf; spiralig liniert mit feinen Axiallinien. Umgänge mit gewinkelten, groben, großen Knoten auf der Schulter; der letzte Umgang hat einen besonders großen Höcker auf dem höchsten Punkt des Rückens und weitere kleine Höcker und Knoten. Die Lippe hat sechs ziemlich große Stacheln; tiefe, breite Kerbe mit leicht gekerbtem Rand. Der Siphonalkanal ist so lang wie ein durchschnittlich großer Stachel, nach hinten gebogen und gegen die Mündung gerichtet. Stark schwielige, aber glatte Spindel. Cremefarben mit brauner Fleckung; Mündung, Innenseite der Lippe, Spindel und Kanäle rosa.

L. truncata sabae (nicht abgebildet), Rotes Meer und Golf von Oman und von Indonesien aus nach Osten bis zum Tuamotu-Archipel, bis zu 30,0 cm. Die Form weicht von der oben genannten in der Größe ab und hat ein zugespitztes, nicht gestutztes Gewinde.

L. chiragra wird in zwei Unterarten geteilt:
L. chiragra chiragra, Sri Lanka, ostwärts bis Tuamotu-Archipel, nördlich bis zu den Riukiu-Inseln und nach Süden bis Nordaustralien. Bei weiblichen Tieren viel größeres Gehäuse, bis zu 25,0 cm, auffällig gezeichnet gegenüber dem männlichen Tier. Ziemlich niedriges Gewinde aus neun Umgängen; spiralig liniert, gegen den letzten Umgang zu sehr grob. Umgänge gewinkelt mit Reihen von Knötchen auf der Schulter, vier große Knoten auf dem letzten Umgang, der letzte doppelt und sehr lang; drei oder vier weitere Reihen von Knoten. Die Lippe ist hinten um 90 Grad über die Spitze der Spindel und hinter die Gewindespitze aufgebogen und bedeckt nahezu die Hälfte des Gewindes. Fünf lange, kräftige Stacheln auf der Lippe, Spitzen mehr oder weniger nach hinten gebogen, das Ende einer Spitze ragt über die Spindel hinaus; eine Spitze liegt am Ende des Analkanals; drei auf der Lippe, von denen eine unter die tiefe Kerbe zu liegen kommt. Ein sechster Fortsatz liegt an der Basis des letzten Umgangs. Spindel gefurcht, Innenseite der Lippe in abgeschwächter Weise ebenso. An der Spitze der Spindel und in der Mündung, tiefer als der Analkanal, liegt eine Art Kante, 10 bis 15 mm lang. Weiß mit brauner Fleckung; Lippe, Spindel und Inneres verfärben sich nach Rosa; Zwischenräume der Furchen und Lippenrand dunkler.
Das männliche Tier, das man früher für eine getrennte Art *L. rugosa* hielt, wird bis zu 17,5 cm lang, ähnelt dem weiblichen Tier, ist jedoch kleiner und hat fünf Knoten auf dem letzten Umgang. Spindel vollkommen gefurcht, kräftig an beiden Enden, Lippe ebenfalls gefurcht. Mündung, Inneres, Lippe und Spindel rosarot; Furchen weiß mit Zwischenräumen; Grund der Spindel purpurn. Die Schale weist den gleichen eingesunkenen Rand an der Spitze der Spindel auf. Abgebildet auf Seite 88.

L. chiragra arthritica, westliche Hälfte des Indischen Ozeans, 20,0 cm. Weibliches Tier nur wenig größer als das männliche; die Art ist der männlichen Form, *rugosa,* von *L. c. chiragra* bemerkenswert ähnlich. Lippe und Spindel kräftig gefurcht, mehr als bei *rugosa.* Furchen weiß, Zwischenräume purpurn auf einem kräftig rotbraunen oder rosa Hintergrund. Der Hauptunterschied liegt darin, daß eine Kante in der Mündung und an der Spitze der Spindel fehlt. An deren Stelle erhebt sich ein gerundeter Fortsatz von der Spitze der Spindel (nicht so tief in der Mündung), der die Furchen von der Spindel fortsetzt und der die eine Seite des sehr schmalen Analkanals bildet.

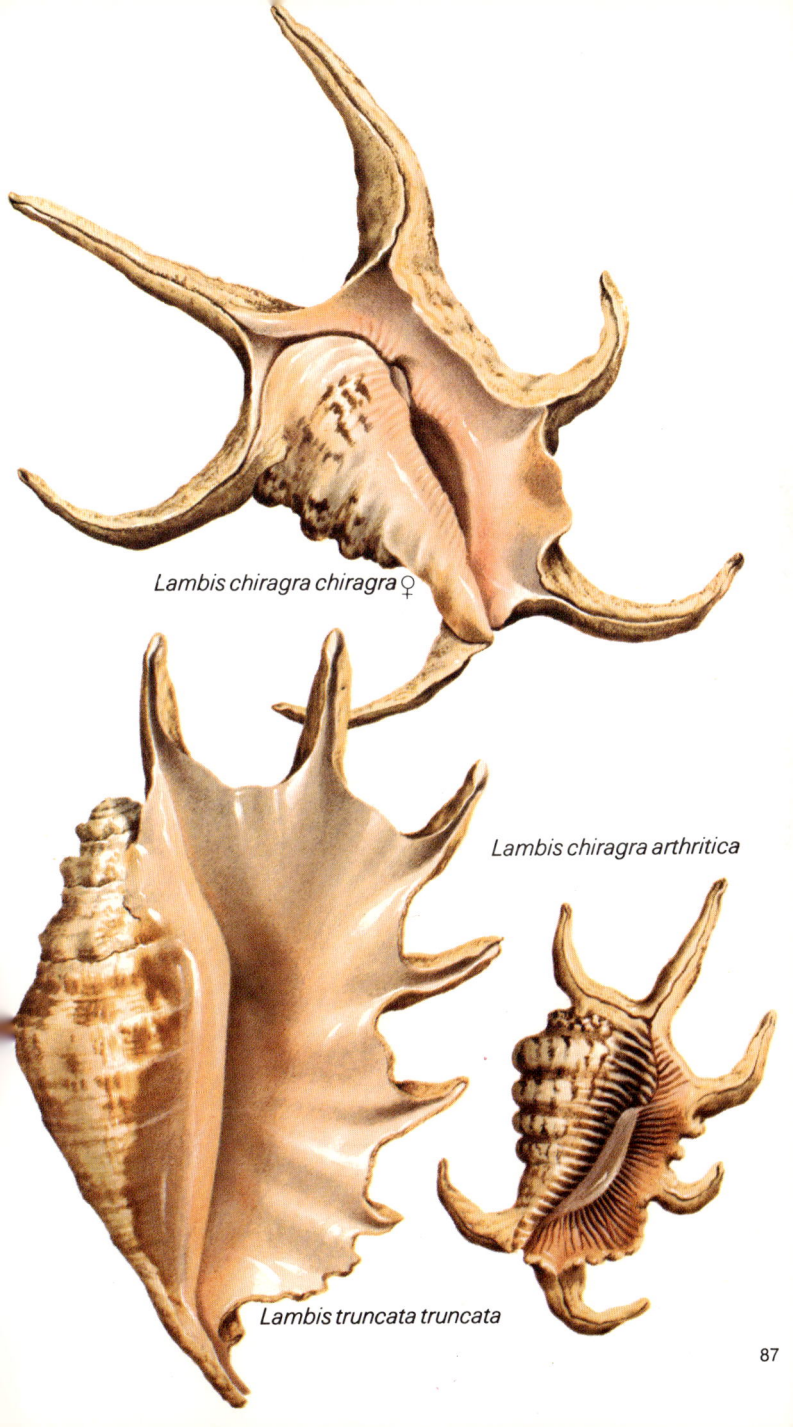

Lambis chiragra chiragra ♀

Lambis chiragra arthritica

Lambis truncata truncata

L. digitata, Ostafrika und Samoa, 14,0 cm. Hohes Gewinde; spiralig gestreift; niedere Rippen, die auf der gewinkelten Schulter der Umgänge in scharfen Knoten enden. Der letzte Umgang hat eine Spiralreihe von sechs Knoten, von denen der größte auf der Mitte des Rückens steht, und drei Reihen kleiner Knoten. Lippe am Rand abgeflacht und als schmale Kante über die Innenseite der Lippe ausgebreitet, hat acht Fortsätze, zwei lange hinten – einer mit dem Gewinde verbunden, darüber hinausragend und mit einer Neigung zur Gabelung – und sechs kurzen gegenüber der Spindel. Tiefe breite Kerbe. Mäßig langer, fast gerader Siphonalkanal. Spindel und Innenseite der Lippe kräftig gefurcht. Das äußere Ende der Spindelfurchen scharf begrenzt, einen Wulst bildend. Der schmale Wulst auf jeder Seite des inneren Endes des Analkanals geht in eine Vertiefung über. Weiß, kräftig braungefleckt; Innenseite der Lippe weiß oder rosaweiß; Furchen auf Lippe und Spindel weiß, Zwischenräume dunkelpurpurbraun; Inneres gelb.

L. scorpius, Straße von Malakka bis zu den Riukiu-Inseln, Nordaustralien und Samoa, 17,0 cm. Eine Unterart *L. s. indomaris* kommt im Indischen Ozean vor. Kurzes Gewinde; einschließlich der Lippe spiralig liniert; gewinkelte Schultern mit kleinen Knoten; perlenbesetztes Band unter der Naht. Der letzte Umgang trägt eine Reihe von fünf großen Knoten, zwei Reihen mit kleineren Knoten und eine vierte Reihe mit noch kleineren vorne. Hinteres Ende der Lippe biegt sich und umfaßt das halbe Gewinde, wobei sich eine gerundete, dreieckige Kante auf der abgewandten Seite des ersten Fortsatzes bildet; drei hintere Fortsätze sind lang; drei gegenüber der Spindel kurz und gebogen; alle sechs weisen nach hinten. Tiefe Kerbe mit ausgebuchtetem Rand. Recht langer, gebogener Siphonalkanal, am Ende verschlossen. Alle Fortsätze sind grob, höckerig und von unregelmäßiger Breite. Kräftig gefurchte Spindel und Mündung. Weiß und blaß grau; schwachbraun gefärbt und wolkig; Innenseite der Lippe rosa; Furchen weiß; Zwischenräume und Inneres purpurbraun.

Familie: Aporrhaidae – Pelikanfußschnecken
Etwa sechs Arten aus dem Nordatlantik und dem Mittelmeer.

Aporrhais pespelecani, Mittelmeer bis Nordnorwegen, 5,0 cm. Hohes Gewinde; spiralig liniert und gewinkelt mit Axialrippen über den letzten drei Umgängen. Letzter Umgang mit einer zweiten Reihe kleiner Rippen, konkav zwischen den Reihen, und einer perlenbesetzten Linie. Sehr ausgedehnte, verdickte Lippe mit groben Zuwachsstreifen, mit vier Fortsätzen versehen – einer kurz und gedrungen, fast dem Gewinde anliegend, ein zweiter längerer, ein dritter kurzer und ein vierter, der den Siphonalkanal bildet. Breite, flache Kerbe. Die beiden größten Wülste auf dem letzten Umgang bilden das „Rückgrat" der mittleren beiden Fortsätze. Glatte Spindel. Stumpf graubraun; Lippe heller; Mündung schmutzig weiß.

Familie: Struthiolariidae – Straußenfußschnecken
Diese Schnecken stammen aus Neuseeland. Vier Unterarten: *S. papulosa gigas; S. papulosa papulosa; S. pelicaria vermis* und *S. pelicaria tricarinata.*

Struthiolaria papulosa papulosa, 8,0 cm. Fest; sehr gewinkelte und gekielte Schulter bei den letzten vier Umgängen; spiralig liniert. Der ziemlich flachseitige letzte Umgang hat grobe Zuwachsstreifen. Ausgedehnte Lippe; fast halbkreisförmige Spindel, Lippe stark schwielig. Kurzer, gebogener Siphonalkanal. Grau; axiale, verwaschene, braune Streifen. Mündung weiß; Inneres hellbraun.

S. pelicaria vermis, Nordisland, 3,5 cm. Der obigen Form in der Gestalt ähnlich, doch glatt mit Ausnahme von schwachen, niedrigen Knötchen an den Schultern und mitunter feinen, perlartigen Spirallinien. Variabel in der Farbe, purpurn über braun bis gelb.

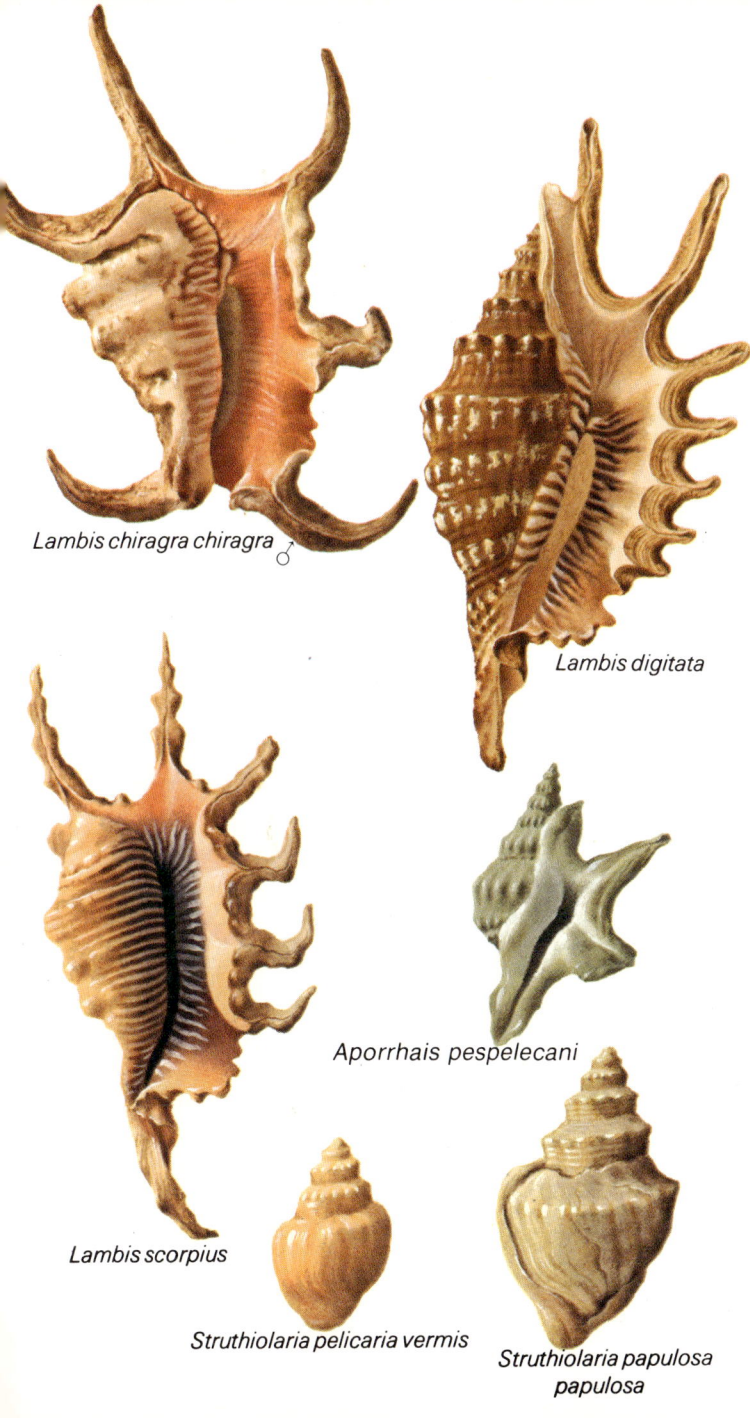

Lambis chiragra chiragra ♂

Lambis digitata

Lambis scorpius

Aporrhais pespelecani

Struthiolaria pelicaria vermis

Struthiolaria papulosa papulosa

Überfamilie: *Cypraeacea*
Familie: Cypraeidae – Porzellanschnecken

Diese Schnecken sind den Sammlern wahrscheinlich am besten bekannt wegen ihres schönen schimmernden Aussehens und ihrer prächtigen Farben. Man findet sie in tropischen und subtropischen Gewässern; sie ernähren sich von Algen. Sie wachsen spiralig wie andere Gastropoden, bis sie den erwachsenen Zustand erreicht haben. Dann wendet sich die äußere Lippe nach innen, verdickt sich, und es bilden sich Zähne sowohl an der Lippe als auch an der Spindel. Die Tiere sind während der Nacht aktiv und verstecken sich am Tage. Sie bevorzugen feste Korallenriffe und flaches Wasser. Es gibt aber nahezu von allen genannten Eigenschaften Ausnahmen.

Cypraea isabella, Indopazifik, 3,0 cm. Ziemlich zylindrisch mit kurzen, feinen Zähnen. Rehfarben-grau mit mehr oder weniger üppigen, unterbrochenen, schwarzen Längsstreifen; Enden und Gewinde orangerot; weiße Basis. *C. isabella mexicana* (nicht abgebildet) aus dem westlichen Zentralamerika ist sehr ähnlich, hat aber braune, schwielige Seiten, und die Enden treten mehr hervor und sind glänzender.

C. hungerfordi, Japan, 4,0 cm. Die verbreitetste der endemischen japanischen Porzellanen; lebt in tiefem Wasser. Man nimmt an, daß die Exemplare derselben Art angehören, die kürzlich in den tiefen Gewässern vor Kap Moreton, Queensland, gefunden wurden. Birnenförmig mit kräftigen Zähnen. Fleischfarbige Basis mit leicht schwieligen Seiten, die in ein weißliches Band mit dunkelbraunen Flecken übergehen, das ein breites, longitudinales, dunkles Band von dichten graubraunen Punkten begrenzt; dunklere Querbänder schimmern schwach hindurch. Andere endemische japanische Arten sind *C. teramachii, C. hirasei* und *C. langfordi.*

C. cinerea, Karibik und an der Ostküste Südamerikas entlang bis Bahia Blanca, 3,0 cm. Etwas aufgeschwollen; Zähne recht kräftig. Graubraun mit zwei hellen Querbändern; Basis heller mit rosafarbener Tönung; Ränder und Enden mit winzigen schwarzen Flecken und Strichen gezeichnet, als wenn die Schale in Asche getaucht wäre. Ich besitze ein schönes Exemplar aus dem Magen eines Fisches vor der brasilianischen Küste; das Stück ist schmaler als die aus der Karibik, mit einer helleren Basis, feineren Zähnen und Strichen von prächtigem Rotbraun auf dem ganzen Rücken.

C. tessellata, Hawaii, 3,0 cm. Selten, doch eine der schönsten Arten. Hoher Rücken und kräftig schwielige Ränder. Feine Zähne. Blaugrauer Untergrund mit drei dunkleren braungrauen Bändern; rechteckige rotbraune und weiße Flecken auf den Seiten und an den Enden. Basis braunrot mit weißen Flecken, die sich bis zu den Zähnen an jeder Seite ausdehnen.

C. lurida, Mittelmeer und Ostatlantik, von den Azoren im Norden bis St. Helena und Angola im Süden, 4,5 cm. Ziemlich hell, eiförmig. Rehbraun bis braun; drei dunklere Bänder mit zwei dunkelbraunen Flecken an jedem Ende; rosarote Tönung an beiden Enden der Mündung. Basis weiß. Vergleiche *C. pulchra.*

C. pulchra, Rotes Meer, Golf von Aden und Südküste der arabischen Halbinsel bis Golf von Oman, 5,0 cm. Oberflächlich betrachtet ähnlich *C. lurida,* doch ist die letztere Art viel gröber. *C. pulchra* ist weniger aufgeschwollen, glatter, glänzender und heller in der Farbe, auch fehlen die roten Tönungen an den Enden. Die Zähne sind sehr viel feiner und rotbraun; in der Mitte der Spindel erstrecken sie sich über etwa ein Drittel der Entfernung bis zur Basis. Mündung gerader als bei *C. lurida.* Es handelt sich auch um ein viel festeres Gehäuse. Die Art trägt als eine der schönsten Porzellanen den richtigen Namen. Selten.

Cypraea isabella

Cypraea hungerfordi

Cypraea cinerea

Cypraea tessellata

Cypraea lurida

Cypraea pulchra

C. chinensis, Indopazifik von Tahiti westwärts bis zur Straße von Malakka und von Süd-japan bis zur Nordküste Australiens, auch an der Ostküste Afrikas vom Kap der Guten Hoffnung bis Aden, 3,0 cm. Die schwieligen Seiten verleihen dem Gehäuse ein leicht gewinkeltes Aussehen. Zähne kräftig, besonders an der äußeren Lippe. Der Rücken ist hellbraun bis grün gefleckt; die Seiten, die mehr oder weniger schwielig sind, erschei-nen cremefarben mit lilafarbenen Tupfen; Basis und Zähne sind cremefarben weiß mit Orange zwischen den Zähnen. Kann gestreckter sein als das abgebildete Exemplar.

C. coloba, Südostindien und Sri Lanka, Bucht von Bengalen und Zentralindischer Ozean von den Andamanen zu den Chagos-Inseln (das ist im wesentlichen das Gebiet zwischen den beiden, in denen *C. chinensis* vorkommt, mit der die Art sehr eng ver-wandt ist), 2,5 cm. Stärker zusammengedrückt als *C. chinensis* mit außerordentlich schwieligen Rändern und sehr kräftigen, groben Zähnen, besonders an der äußeren Lippe. Die Grundfarbe ist fleischfarben rosa; Rücken bedeckt mit winzigen grünbrau-nen Tupfen und mit größeren dunkelbraunen Tupfen an der Stelle, wo Rücken und Rän-der zusammentreffen; Basis rosabraun.

C. onyx, Südafrika hinauf bis Kenia; Madagaskar, Mauritius, nördlicher Indischer Ozean, Indonesien, Philippinen und nordwärts bis Südjapan; Nordwestpazifik ein-schließlich der Marshall-, Gilberts- und Salomon-Inseln, sowie nördliches Neuguinea; 4,0 cm. Die Basis und die Seiten sind sehr dunkel braun bis schwarz und bilden einen starken Kontrast mit dem hellen blauweißen Rücken, durch den zwei gelbe Bänder bei jungen Gehäusen hindurchschimmern und auch bei ausgewachsenen Exemplaren noch zu sehen sind; die Rückenlinie ist dunkelbraun, und die gelben Bänder sind noch zu sehen. Bei der Varietät *adusta* aus Ostafrika ist der Rücken sehr kräftig tiefbraun mit einer schwachen helleren Rückenlinie. Die Varietät *succincta* (nicht abgebildet) aus In-dien und dem Iran ist an der Basis prächtig rotbraun, desgleichen am Rücken, über den sich zwei schwache, helle Linien ziehen; Zähne heller.

C. pyrum, Mittelmeer und Westafrikanische Küste bis Kap Frio, 4,5 cm. Birnenförmig mit ziemlich kräftigen Zähnen. Die breiten Bänder, die Basis und die Enden sind orangerot; Zähne und Inneres weiß; Rücken braun; die Fleckung überdeckt fast den cremefarbigen Untergrund, doch drei schmale cremefarbene Bänder sind mehr oder weniger deutlich.

C. mus ist durchaus keine häufige Porzellanschnecke, da sie auf die Nordküste Süd-amerikas vom Ende des Isthmus von Panama bis zum Golf von Venezuela beschränkt zu sein scheint, 4,5 cm. Es ist ein breites, etwas gewinkeltes Gehäuse mit einem höckeri-gen Rücken. Mäßig kräftige Zähne. Der hell rehfarbene Untergrund wird überdeckt von dunkleren rehfarben-grauen Wellenlinien, die von den dunkelbraunen Zähnen auf der Außenlippe über den breiten Rand laufen; diese Linien zeigen sich nur an der Kante des Randes auf der Spindel-Seite, und die Zähne, die auf dieser Seite ebenfalls dunkelbraun sind, werden von einem dunkelbraunen Band bedeckt, das über die ganze Länge des Gehäuses läuft; der Rücken ist gesprenkelt mit den gleichen rehfarben-grauen Flecken, und die deutliche helle Rückenlinie ist an beiden Seiten mit sehr dunkelbraunen Tupfen gezeichnet. Diese Tupfen neigen dazu, am hinteren Ende des Rückens zusammenzu-laufen.

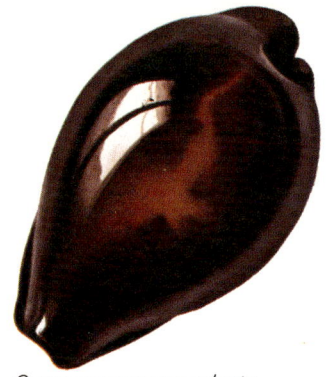

Cypraea onyx var. *adusta*

Cypraea chinensis

Cypraea onyx

Cypraea coloba

Cypraea pyrum

Cypraea mus

93

C. ziczac, Indischer Ozean von Ostafrika nach Osten und Norden durch das Chinesische Meer nach Südjapan und nach Süden bis Nordwest- und Nordaustralien und das Große Barriereriff, ferner nach Osten quer über den Zentralpazifik nach Tahiti einschließlich Neuguinea, Salomonen, Neue Hebriden, Fidschi, Samoa und Cook-Inseln, 2,0 cm. Hellbraun; drei Bänder von sehr hellen blauweißen Winkelzeichnungen; die Basis ist hell rotbraun mit schwarzen Flecken, die sich zu den helleren Rändern hin ausbreiten und die Enden einschließen; kleine, dunkle Tupfen auf dem eingesunkenen Gewinde.

C. diluculum, Ostafrika von Durban bis Aden, die Seychellen, Mauritius und Reunion, 2,5 cm. Manchmal in der Ausbildung *C. ziczac* ähnlich, doch größer. Elfenbeinweißer Untergrund; drei Bänder von dunklem Graubraun, zwischen denen sich Winkelzeichnungen derselben Farbe befinden – das abgebildete Exemplar ist weniger farbig als üblich. Ränder und Basis sind mit der gleichen Farbe gefleckt, ausgenommen bei der Varietät *virginalis,* die keine Flecke aufweist und die zusammen mit der häufiger vorkommenden Varietät gefunden wird. Das eingesunkene Gewinde trägt einen kleinen dunklen Fleck.

C. clandestina, Indischer Ozean und Westpazifik einschließlich Südjapan, Wake-, Marshall-, Gilbert-, Cook- und Lord-Howe-Inseln und Großes Barriereriff, 2,0 cm. Weiß, auf dem Rücken bedeckt mit drei sehr blassen breiten Bändern von grauer Farbe; Rücken ebenfalls mit rotbraunen Haarlinien gebändert, die nur mit einem Vergrößerungsglas gut zu sehen sind; Enden mit sehr blasser rosa Tönung; Basis und Zähne sind weiß.

C. lutea, südliches Chinesisches Meer einschließlich Philippinen und Singapur; Sulu- und Celebes-See, westliches Neuguinea und westliches Australien; 2,0 cm. Rücken hellbraun bis grün, schwach getupft mit kleinen braunen Flecken, ferner bedeckt mit zwei deutlichen, schmalen, sehr hell blauweißen Bändern; Basis und Ränder sind orangerot und deutlich getupft mit dunkelbraunen Flecken; Enden ebenfalls dunkelbraun.

S. saulae, Philippinen, Karolineninseln und Sulu-See, ferner von der Torres-Straße am Großen Barriereriff entlang bis Brisbane, 2,5 cm. Es handelt sich um eine seltene Porzellanschnecke, doch habe ich sie aufgenommen, da sie meiner Meinung nach die schönste ist. Es gibt drei Varietäten, und die Abbildung zeigt die Varietät *siasiensis:* Ein schmales Gehäuse mit einem schwach aufgewölbten Rücken. Sie ist weiß bis hell-rehfarben, gesprenkelt mit einigen kleinen kastanienbraunen Tupfen, die an den Rändern größer sind, und mit einem ausgedehnten, fast quadratischen Fleck auf dem Rücken. Die Enden und Zähne sind orangegelb oder weiß.

C. coxeni, nördliches Neuguinea, Neubritannien und Salomonen, auf ein kleines Gebiet beschränkt und daher seine häufige Schnecke, 2,0 cm. Das Gehäuse ist lang, schmal und zylindrisch. Die Varietät *hesperina* (nicht abgebildet) ist kleiner mit größeren, dunkleren Rückenzeichnungen. Hell-rehfarben bis cremefarben; Rücken kräftig gefleckt mit einem prächtigen Braun, wobei die breiten, ungezeichneten Ränder und die Basis freibleiben.

C. punctata, Indischer Ozean, Chinesisches Meer und Zentralpazifik einschließlich Südjapan, Marshall-Inseln, Tahiti, Cook-Inseln, Neukaledonien, ferner nordöstliches, nördliches und nordwestliches Australien, 1,5 cm. Weiß, mehr oder weniger kräftig gefleckt mit dunklem Schokoladenbraun an Rücken und Seiten; Zähne häufig mit braunen Linien versehen.

C. walkeri, Seychellen und Malediven, Südspitze von Malaya und Singapur, Nordküste von Sumatra, Sulu-See und Nordküste von Australien, 3,0 cm. Man findet sie in zwei Formen, eine birnenförmig und aufgebläht, die andere, *surabajensis* von den Philippinen, langgestreckt und schmal.
Der rehfarbene Untergrund ist kräftig purpurbraun gefleckt, wobei die Farbe ein solides Band quer über die Mitte des Rückens zieht. Ränder und Enden in der gleichen Farbe gefleckt. Bei beiden Formen sind die Zwischenräume der Zähne und die Lippenregion der Basis purpurfarben gezeichnet.

Cypraea ziczac

Cypraea clandestina

Cypraea coxeni

Cypraea lutea

Cypraea punctata

Cypraea saulae var. *siasiensis*

Cypraea diluculum

Cypraea walkeri form *surabajensis*

Cypraea walkeri

C. pyriformis, Singapur bis zu den südlichen Philippinen, dann nach Süden bis Nordaustralien, 3,5 cm. Stark birnenförmig und aufgebläht. Blauweiß und kräftig punktiert mit verschmierten braunen Flecken und drei unterbrochenen Bändern von dunklerem Braun; Basis cremefarben mit recht langen dunkelbraunen Zähnen auf der Spindel; Lippenzähne kurz und cremefarben.

C. teres, Indopazifik von Ostafrika bis zu den Galapagos und von Japan zur nördlichen Hälfte Australiens, 4,0 cm. Kommt in drei Hauptformen vor, eine zylindrisch und schmal, eine zylindrisch, aber stärker aufgebläht, und eine im ganzen runder. Der Lippenrand hat eine mehr oder weniger gut entwickelte Schwielenmasse, die auf dem abgebildeten Exemplar nicht zu sehen ist. Der Rücken erscheint blaugrau und ist kräftig gefleckt mit grün-braunen Tupfen und größeren Zeichnungen, von denen die letzteren in drei unterbrochenen Bändern auftreten; Basis weiß; Schwiele weiß mit dunkelbraunen, ziemlich verschmierten Tupfen.

C. asellus, Indischer Ozean und Westpazifik bis Samoa, 2,0 cm. Weiß mit drei breiten Bändern von sehr dunklem Braun; schwarz gerändert mit hellerem Braun.

C. quadrimaculata, nördliche Hälfte von Australien, Indonesien, östliche Malaiische Halbinsel, Singapur, Philippinen und Neuguinea, 3,0 cm. Ziemlich quadratisch mit kräftigen Zähnen. Weiß mit einer hellen, blauen Tönung; zwei schwache schmale, dunklere Bänder auf dem Rücken und kräftiger Fleckung von hellbraunen Tupfen; zwei große dunkelbraune Flecke an jedem Ende.

C. pallidula, Japan, Philippinen, Nordaustralien und nach Osten bis Samoa, 2,0 cm. Weißer oder hellbrauner Rücken, mehr oder weniger kräftig gesprenkelt mit grünbraunen Tupfen und mit vier gleichartigen, schmalen, blaugrauen Bändern; Basis weiß. Eng verwandt und sehr ähnlich sind *C. interrupta* und *C. luchuana.*

C. irrorata, Zentralpazifik, 1,5 cm. Blauweiß gefleckt mit Rotbraun; die Flecken sind an den Rändern dunkler; auf dem Spindelrand kann ein rotbrauner Fleck auftreten, wie die Abbildung zeigt.

C. fimbriata, Indopazifik bis zu den Tuamotu-Inseln und Tahiti, 2,0 cm. Blauweiß mit hellbrauner Sprenkelung und unterbrochenen Bändern; dunkler braune Flecken auf dem Lippenrand; zwei purpurbraune Flecken auf dem vorderen Kanal, und ein Fleck je auf dem Gewinde und dem Ende des hinteren Fortsatzes des Lippenrandes.

C. irrorata und *C. fimbriata* zusammen mit *C. gracilis* (siehe Seite 98) sind drei Arten eines Komplexes eng verwandter und sehr ähnlicher Schnecken. Andere Vertreter in dieser Gruppe sind *C. hammondae, C. microdon, C. minoridens* und *C. serrulifera. C. raysummersi* ist ein Synonym von *C. hammondae.* Alle bewohnen Gebiete innerhalb der allgemeinen Grenzen von Nordaustralien, Ostindonesien, Philippinen und nach Osten über den Pazifik hinweg.

Cypraea asellus

Cypraea irrorata

Cypraea quadrimaculata

Cypraea teres

Cypraea pallidula

Cypraea pyriformis

Cypraea fimbriata

C. albuginosa, Golf von Kalifornien, Bucht von Panama, Ekuador und Galapagos, 2,0 cm. Birnenförmig mit ziemlich feinen Zähnen. Grundfarbe Hellila, an den Rändern eine beträchtlich dunklere Linie bildend; der Rücken trägt kräftige Augenflecken mit dunklen rotbraunen Ringen, weißlila Zentren und kleinen weißlila Flecken; drei schwache Bänder schimmern durch; die Basis ist an den Rändern lila und geht an der Mündung in Weiß über; Zähne weiß.

C. poraria, Indopazifik von Ostafrika bis Tahiti einschließlich Südjapan und Nordostaustralien, 1,5 cm. Etwas ähnlich *C. albuginosa,* aber schwerer und runder mit weniger hervortretenden Enden. Untergrund prächtig purpurlilafarben, dunkler als bei *C. albuginosa,* mit weißen Flecken und Augenpunkten, doch sind die Ringe purpurn statt rotbraun. Die Farbe neigt dazu, nach dem Einsammeln rasch auszubleichen.

C. helvola, Indopazifik von der ostafrikanischen Küste bis Tahiti einschließlich Südjapan und nördliche Hälfte von Australien, 2,0 cm. In frischem Zustand schön gefärbt, doch wie *C. poraria* schnell ausbleichend. Der Rücken zeigt eine Grundfärbung von hellem Blau, kräftig getupft mit helleren Flecken und ist mehr oder weniger vereinzelt mit großen dunkelrotbraunen Flecken versehen, die gegen die Ränder zu verschmelzen und deutliche unregelmäßige Bänder bilden, eines an jeder Seite. Sie vereinigen sich nicht an den Enden. Die Ränder, scharf von den Seiten getrennt, sind schwielig, und ein prächtiges Rot breitet sich über die Basis und die groben Zähne aus. Die konvexe Basis trägt ein dunkler rotes Zeichen im Zentrum der Spindelseite. Dieses sehr hübsche Gehäuse variiert etwas über das große Gebiet hin, in dem die Art vorkommt.

C. gracilis, Indischer Ozean und Westpazifik, einschließlich Südjapan, Philippinen, Südküste von Neuguinea, Nordaustralien, Großes Barriereriff und Fidschi-Inseln, 1,5–2,5 cm. Diese Schnecke tritt in einer Anzahl von Rassen auf und variiert beträchtlich in Größe und Farbtiefe. Farbe des Untergrundes blau-grau, mehr oder weniger kräftig braun gefleckt und mit einem oder mehreren unregelmäßigen braunen Flecken über dem Zentrum des Rückens; schwach gebändert; die braunen Flecke auf den Rändern neigen dazu, sich auf die weiße Basis hin auszubreiten; zwei dunkle Flecke auf jedem Ende, die sich in die vorderen und hinteren Kanäle ausbreiten.

C. spurca, die einzige Porzellanschnecke, die man überall im Atlantik und im Mittelmeer findet, wo Porzellanen auftreten, 2,5 cm. Im Mittelmeer ist das Gehäuse lang und schmal, mit schwach aufgeschwollener Basis und weit offenem vorderen Kanal. Die Enden treten vor, besonders vorn. Der Rücken ist hell gelbbraun mit dunklerer, kräftiger Fleckung und größeren dunkelbraunen Tupfen rund um die leicht schwieligen Ränder; Basis cremefarben bis hell gelbbraun.

C. spurca acicularis, Amerika, 2,0 cm. Kleiner, quadratischer und runder als *C. spurca.* Kräftig schwielige Ränder. Die Flecke auf dem Rücken sind orange; Basis und Ränder weiß; dunkle Flecke auf den Rändern sind deutlicher. Ich besitze ein schönes Exemplar aus dem Darm des Fisches *Amphyethys cryptocentum.*

C. boivinii, Südjapan, Philippinen, Malaya, Singapur und Sumatra, 2,5 cm. Schmales Gehäuse mit recht kräftigen Zähnen. Sehr helles, rauchiges Blaugrau mit unbestimmten braunen Flecken und einer deutlichen Rückenlinie, begrenzt von hellem Braun, die von einem Fleck am Gewinde zum Rand des vorderen Kanals läuft; Enden, Ränder und Basis weiß.

C. labrolineata, zentraler Indopazifik von Sumatra zu den Fidschi-Inseln und Hawaii, einschließlich Okinawa und Nord- und Nordost-Australien, 2,0 cm. Etwas langgestreckt, ziemlich grobe Zähne. Dunkelgrüner Rücken, kräftig weiß gefleckt. Eine Linie dunkler Flecken, oft bis an die Ränder laufend, besonders an der einen Seite der vorderen und hinteren Kanäle; Enden und Basis weiß.

Cypraea albuginosa

Cypraea helvola

Cypraea poraria

Cypraea gracilis
(Philippines)

Cypraea spurca

Cypraea gracilis
(Singapore)

Cypraea boivinii

Cypraea labrolineata

Cypraea spurca acicularis

C. eburnea, westliches und südliches Neuguinea, Queensland und Salomonen bis zu den Fidschi- und Cook-Inseln, 5,0 cm. Hervortretende Enden; Lippenrand mit Narben bedeckt; kräftige Zähne. Rein weiß oder mit einem sehr schwachen cremefarbigen Fleck auf dem Rücken.

C. miliaris, Nordaustralien, Philippinen und Malaiische Halbinsel bis Südjapan, 4,5 cm. In der Form wie *C. eburnea.* Rücken hellbraun oder grünbraun mit kleinen weißen Flekken unterschiedlicher Größe und gewöhnlich einer gut sichtbaren Rückenlinie ohne Flecken; Basis und Ränder weiß.

C. lamarckii, westlicher Indischer Ozean bis zur Straße von Malakka und nördlich bis Karatschi, 5,0 cm. In der Form den zwei vorhergehenden Schneckengehäusen ähnlich und gezeichnet wie *C. miliaris,* doch zusätzlich einige, zeitweise viele rückenseitige Augenflecken. Die Art hat auch dunkler braune Flecken auf den Rändern und Axiallinien der gleichen Farbe auf den Enden; Basis weiß.

C. erosa, Indopazifik von Ostafrika bis Tahiti einschließlich Südostafrika, Golf von Aden und Oman, Queensland, Japan und Hawaii, 5,5 cm. In diesem großen Bereich variabel, doch im allgemeinen ziemlich abgeplattet mit stark schwieligen und tiefnarbigen Rändern, ferner mit etwas hervortretenden Enden. Basis konvex mit sehr kräftigen Zähnen. Rücken braun oder braun-grün mit deutlichen kleinen weißen Flecken, von denen einige manchmal als Augenflecken ausgebildet sind, ferner mit einigen größeren braunen Flecken; Ränder cremefarben mit einigen braunen Tupfen und Strichen; gewöhnlich ein ziemlich quadratischer mehr oder weniger farbiger, purpurbrauner Fleck in der Hälfte jedes Randes, der sehr wohl bis zur Basis sich ausbreiten kann.

C. nebrites, Rotes Meer und Golf von Aden bis Sansibar, Golf von Oman und Persischen Golf, 3,5 cm. Etwas ähnlich *C. erosa,* aber stärker schwielig. Der Rücken ist dunkler als die Flecke auf dem Rand und die quadratischen Markierungen, die nicht bis zur Basis sich ausbreiten; die Basis hat rotbraune Tupfen und Striche, besonders am äußeren Ende der Lippenzähne.

C. caputserpentis, Indopazifik von Ostafrika bis Tahiti, Südafrika bis Arabien und Japan und von Queensland bis Hawaii, 4,0 cm. Ziemlich abgeflacht mit breiten gewinkelten Rändern und einem höckerigen Rücken. Ein breites dunkelbraunes Band bedeckt die breiten Ränder und einen Teil der Basis. Es verblaßt auf die weiße Mündung hin. Hellrosa oder cremefarbige quadratische Flecken teilen das Band an beiden Enden der Schale; der Rücken ist ebenfalls braun mit kleinen weißen Tupfen unterschiedlicher Größe; die Enden haben eine purpurfarbene Tönung.

Cypraea nebrites

Cypraea erosa

Cypraea lamarckii

Cypraea eburnea

Cypraea caputserpentis

Cypraea miliaris

C. caputdraconis, 3,0 cm. Ein selteneres Gehäuse, weil man sie nur bei den Osterinseln im Ostpazifik findet und sie die einzige Porzellanschnecke ist, die es dort gibt. Oberflächlich betrachtet erinnert sie an *C. caputserpentis,* doch ist sie weniger abgeflacht, hat eine höckerige Rückseite und weniger ausgedehnte Ränder. Breite Ränder, Basis und Zwischenräume der Zähne sind sehr dunkelbraun bis schwarz; Flecke auf dem heller braunen Rücken sind kleiner als im Durchschnitt bei *C. caputserpentis* und hellblau.

C. sulcidentata, Inseln von Hawaii, 4,5 cm. Ein breites Gehäuse mit Höckern auf der Rückseite und schwieligen Rändern, einer konvexen Basis und sehr enggestellten, tief eingeschnittenen Zähnen. Die Ränder und die Basis sind in frischem Zustand dunkelbraun, verblassen jedoch sehr schnell zu einer rehfarbenen Tönung (wie abgebildet), die sich an den Zähnen fast bis zum Weiß aufhellt. Der Rücken trägt vier dunkler rehfarbene Bänder auf einem blaugrauen Untergrund.

C. schilderorum, Zentralpazifik von Guam bis zu den Gesellschaftsinseln und von den Midway-Inseln und Hawaii bis Fidschi und Tonga, 3,0 cm. Eng verwandt mit *C. sulcidentata* und *C. kuroharai.* Kleiner als *C. sulcidentata,* stärker abgeplattet und mit rein weißer Basis und Zähnen, die letzteren fein ausgebildet. Das Muster und die Farbe auf der Rückseite sind sehr ähnlich, mit Ausnahme einer feinen rotbraunen Linie an der oberen Kante des Randes.

C. ventriculus, Südpazifik von den Salomonen und Neukaledonien bis zu den Marquesas, 5,0 cm. Ein abgeplattetes, festes und schweres Gehäuse mit mächtiger seitlicher Schwielenbildung. Der Rücken ist wie bei den vorhergehenden beiden Arten gebändert und prächtig rotbraun, gegen den graubraunen Rand hin und schließlich gegen die Lippen hin heller und schließlich weißwerdend; ein unregelmäßiges cremefarbig gelbbraunes Band läuft axial über den Rücken.

C. carneola, überall im Indischen Ozean, sowie im westlichen und zentralen Pazifik, 5,0 cm. Hell rosa-braun mit vier dunkleren Bändern; Zähne glänzend purpurn. Sehr große Exemplare bis zu 10,0 cm könnten eine getrennte Art *C. laviathan* sein, die in einem kleineren Bereich vorkommt: Nordaustralien und Zentralpazifik.

C. talpa, diese schöne Porzellanschnecke findet man überall im Indischen Ozean und im westlichen und zentralen Pazifik, 5,5 cm. Basis, Ränder und Enden sind sehr dunkel braun bis schwarz; Rücken gebändert mit goldbraunen Schattierungen auf einem cremefarbigen Untergrund. Eine sehr ähnliche Art, *C. exusta,* findet man im Golf von Aden; sie hat feinere Zähne und ist stärker birnenförmig.

C. cribraria, Ostafrika bis Zentralpazifik, Japan bis zur nördlichen Hälfte von Australien, 2,5 cm. Die häufigste einer ganzen Anzahl verwandter und ähnlicher Porzellanen einschließlich *C. cribellum,* Mauritius und Réunion; *C. esontropia,* Mauritius; *C. catholicorum,* Neubritannien und Neukaledonien; *C. cumingii,* östliches Polynesien; *C. haddnightae,* Südaustralien. Die Art variiert über das große Gebiet hin und ist in eine Anzahl von Rassen aufgeteilt, die sich hauptsächlich in der Farbtiefe und der Schwielenbildung der Ränder unterscheiden. Die Basis und die Ränder sind weiß, der Rücken rotbraun, reich bedeckt mit ziemlich großen, fast kreisrunden weißen Flecken.

Cypraea caputdraconis

Cypraea sulcidentata

Cypraea schilderorum

Cypraea talpa

Cypraea cribraria

Cypraea ventriculus

Cypraea carneola

Der C.-arabica-Komplex. Die Schnecken in diesem Komplex haben die Conchologen lange Zeit vor Probleme gestellt, da sie alle recht ähnliche Eigenschaften aufweisen. Man kann jedoch heute davon ausgehen, daß es sieben Arten gibt. Während ein typisches Exemplar der einen Art leicht zu bestimmen ist, gibt es doch atypische Vertreter, bei denen Übergänge zu anderen Arten in einer oder mehreren Eigenschaften zu beobachten sind. Die Klassifizierung kann dann sehr erschwert sein, selbst wenn eine große Zahl von Schnecken zum Vergleich vorliegt.

C. arabica, Indopazifik von Ostafrika bis Tahiti und von Japan bis Nordaustralien, 8,0 cm. Schwach zylindrisch mit kräftigen Schwielen auf den Rändern. Weiß, cremefarben oder hellbraun; Rücken mit überlagerten feinen, im allgemeinen axialen, braunen Linien, unterbrochen von Lücken oder Netzwerk, wobei die Grundfarbe durchschimmert; Schwielen gefleckt in dunklerem Braun; Basis weiß, cremefarben oder hellbraun; kein dunkler Fleck auf der Spindel; Zähne, oft in der Mitte der Spindel länger, hell- oder dunkelbraun.

C. eglantina, zentraler Indopazifik von der Malaiischen Halbinsel bis Samoa, nördliche Hälfte von Australien, Taiwan und die Marshall-Inseln eingeschlossen, 7,0 cm. Zylindrisch und langgestreckt mit einer verhältnismäßig geraden Mündung und schwach entwickelter Schwiele auf den Rändern. Konvexe Basis. Kurze Zähne. Die Netzzeichnungen auf dem Rücken sind kleiner und regelmäßiger als bei *C. arabica.* Gewöhnlich findet man einen kleinen dunklen Fleck auf dem Gewinde.

C. histrio, Indischer Ozean von Ostafrika bis Westaustralien, 7,0 cm. Neigt zu ziemlich höckeriger Ausbildung der Oberfläche. Kräftige Seitenschwielen. Mäßig große Zähne. Konvexe Basis. Grundfarbe weiß oder sehr hell blauweiß; Netzzeichnungen auf dem Rücken ausgedehnt und klar umrissen; große purpurbraune Flecke auf den Schwielen und ein Fleck auf dem Gewinde; Basis weiß; Zähne rotbraun.

C. maculifera, Zentralpazifik von den Fidschi-Inseln und Tonga bis Tahiti und nordwärts bis Hawaii und Midway-Inseln, 9,0 cm. Die größte Art des Komplexes. Kräftige Randschwielen. Die braunen Linien auf dem Rücken sind von einer einheitlichen braunen Färbung ersetzt, sogar stärker als bei *C. histrio.* Recht ausgedehnte Netzzeichnungen. Charakteristisch ist ein dunkelbrauner Fleck auf der Spindel.

C. grayana, Rotes Meer, Golf von Aden und Oman und Persischer Golf, 6,5 cm. Konvexe Basis. Der Rücken ist hinten höckerig, und die Zeichnungen darauf liegen zwischen denen von *C. arabica* und *C. histrio.* Selten findet man einen Fleck auf dem Gewinde. Die schwachen Bänder, die man bei den meisten Formen des *C. arabica*-Komplexes über dem Rücken finden kann, sind bei dieser Art am kräftigsten ausgebildet.

C. scurra, Indopazifik von Ostafrika bis zu den Clipperton-Inseln und Tahiti, 5,0 cm. Zylindrisch und langgestreckt. Sehr gerundete Basis. Ausgedehnte dorsale Netzzeichnungen; Randflecken purpurn bis purpurbraun; kein Fleck auf dem Gewinde; Zähne rotbraun.

C. depressa, Indischer Ozean von Ostafrika bis Java, ferner im Zentralpazifik von den Marshall-Inseln bis zu den Clipperton-Inseln und von Neukaledonien bis Tahiti, doch bei Borneo, den Philippinen, Neuguinea und im australischen Gebiet nicht gefunden, 5,5 cm. Kräftig schwielige und ausgedehnte Ränder verleihen der Form ein abgeflachtes Aussehen und einen rundlichen Umriß. Sehr konvexe Basis. Zähne verhältnismäßig grob und groß. Die Netzzeichnungen sind klein und scharf abgesetzt, weiß gegen einen rotbraunen Untergrund; Ränder mit kräftigen, braunen Flecken und purpurbrauner Wolkenzeichnung, die dazu neigt, auf die weiße Basis überzugreifen; Zähne rotbraun.

Cypraea eglantina

Cypraea histrio

Cypraea arabica

Cypraea rnaculifera

Cypraea depressa

Cypraea scurra

Cypraea grayana

C. tigris, Indischer Ozean, westlicher und zentraler Pazifik, 10,0 cm. Wahrscheinlich die bekannteste Porzellanschnecke, sehr variabel in Größe, Form und Farbe. Eine der größten Arten, bis zu 13,0 cm, wobei man die größten Exemplare in Hawaii fand. Basis weiß und Rücken gewöhnlich cremefarben-weiß mit purpurschwarzen Flecken, mitunter so spärlich, daß das Gehäuse fast albinoartig erscheint, und manchmal so kräftig, daß schwarz aussieht. Es ist die einzige Porzellane, die ich je bei Tage offen sichtbar auf einem Riff gefunden habe. Alle anderen waren gut verborgen in oder unter Korallen und Felsen oder marinem Bewuchs.

C. pantherina, Rotes Meer und Golf von Aden, 6,5 cm. Das vordere Ende der Mündung erweitert sich beträchtlich. Diese Schnecke variiert wenig in der Form, jedoch stark in der Farbe. Basis weiß; der Rücken kann wechseln von Weiß mit ziemlich dunklen purpurbraunen Flecken und schwacher hellblauer Wolkenzeichnung bis zu recht dunklem Purpurbraun, kräftig gesprenkelt mit dunklerer Farbe; die Rückenlinie ist deutlich sichtbar und abgesetzt.

C. camelopardalis, Rotes Meer und Golf von Aden, doch nicht am Nordende des Roten Meeres, 5,0 cm. In der Form ähnlich *C. pantherina,* doch viel seltener und in der Farbe nicht so variabel. Basis, Ränder und Enden sind weiß oder hell fleischfarben, der Rücken rosa bis rehfarben mit abgesetzten weißen oder hellblauen Flecken.

C. vitellus, Indischer Ozean, westlicher und zentraler Pazifik bis Tahiti, 5,5 cm. Diese Porzellane variiert beträchtlich in der Größe, ähnelt jedoch in der Form und in der Zeichnung *C. camelopardalis,* doch ist der Rücken hellbraun, die Fleckung weiß. Auch kommt die Art viel häufiger vor.
Eng verwandt mit *C. vitellus* sind zwei seltene Porzellanschnecken, die nicht abgebildet sind:

C. nivosa, aus dem zentralen Indischen Ozean nach Nordosten bis Thailand, 6,0 cm. Die Fleckung auf dem Rücken ist nicht weiß, sondern ein helleres Braun als die Farbe in der Umgebung. Nahe dem Rand sind einige der Flecken weiß, und die Basis ist rosabraun. Die Enden sind hellbraun statt cremefarben oder weiß.

C. broderipii, östliches Südafrika, 9,0 cm. Eine der seltensten Porzellanschnecken, weniger als 10 Exemplare bekannt. Weiß mit einem orangeroten genetzten Rücken.

Cypraea pantherina

Cypraea camelopardalis

Cypraea vitellus

Cypraea tigris

Die drei Porzellanen auf dieser Seite sind einander sehr ähnlich und stammen alle aus dem tropischen Amerika, zwei von der atlantischen Seite und eine von der pazifischen. Eine Art, *C. cervus*, kann größer werden als jede andere Porzellanschnecke, obwohl *C. tigris* ein größeres Volumen aufweisen kann.

C. cervus, Florida, Bahamas und Mexiko, 13,0 cm. Etwas aufgebläht mit einer konvexen Basis und am Lippenrand nur wenig schwielig. Die Grundfarbe ist blaugrau, der Rücken und manchmal auch die Spindelseite der Basis sind kräftig mit brauner Wolkenzeichnung versehen, wobei das Grau mit Ausnahme an der Basis selbst an vielen Stellen in Form von verwaschenen Flecken hindurchschaut. Drei fahle Bänder, ebenfalls verwaschen, kreuzen den Rücken. Die Zähne sind prächtig dunkelbraun, das Innere ist blau. Einige der Flecken an den Seiten können wie schlecht ausgebildete Augenflecken aussehen.

C. cervinetta, südliches Ende des Golfs von Kalifornien, Nordwestküste von Südamerika und Galapagos, 10,0 cm. Obwohl die Art auf der anderen Seite des Kontinents vorkommt, ist sie sehr ähnlich *C. cervus*. Sie erscheint jedoch kleiner und stärker zylindrisch. Auch ist sie nicht aufgebläht wie ihr Nachbar, und die Enden treten mehr hervor. Die Zähne sind schärfer abgesetzt und die Bänderung auf dem Rücken deutlicher. Das gleiche gilt für die Augenflecken auf dem Rand. Häufig sind auch die Flecken auf dem Rücken mit Augenringen versehen. Die Färbung jedoch ist die gleiche.

C. zebra, Karibik und an der Ostküste Südamerikas entlang bis Südbrasilien, 9,0 cm. Nicht so aufgebläht wie *C. cervus,* wenngleich häufig stärker als *C. cervinetta.* Die Farben sind im allgemeinen eher heller als bei irgendeiner anderen Form, und das Innere erscheint heller blau. Die Flecke auf den Rändern sind beträchtlich kräftiger von Ringen umgeben. Eine Varietät aus dem nördlichen Südamerika, die kleiner und dunkler ist, wurde *C. z.* var. *dissimilis* genannt.

Cypraea cervus

Cypraea zebra

Cypraea cervinetta

C. mappa, Indischer Ozean, westlicher und zentraler Pazifik, jedoch nicht im nördlichen und westlichen Australien, südlichen Indonesien und Hawaiischen Inseln, 7,5 cm. Die Art variiert beträchtlich in Größe, Form und Farbe, ist jedoch in jedem Falle hübsch. Sie weist eine höchst ungewöhnliche Rückenzeichnung auf, von der sich ihr Name ableitet, und kann kräftig aufgebläht oder schwach zylindrisch sein; Zähne weiß oder orange; Rücken weiß oder häufiger braun mit einem dunkleren netzartigen Muster und ungenetzten Flecken; schwach schwielige Ränder von rehbrauner Farbe mit dunkleren, verschwommenen Flecken.

C. stercoraria, Westafrika von den Kapverdischen Inseln bis Loanda, 8,5 cm. Ein recht stattliches Gehäuse, in der Größe sehr variabel. Aufgebläht mit ausgedehnten seitlichen Schwielenbildungen an beiden Enden, die kräftig hervortreten. Die Zähne sind grob, weiß mit schwarzen Zwischenräumen; Basis weiß oder rehfarben; Ränder blaugrau und braun gefleckt mit dunkler Wolkenzeichnung an der oberen Kante; Rücken rehfarben bis blau, braun gefleckt; kleiner Fleck auf dem Gewinde. Zwergformen werden auf den Inseln in der Bucht von Biafra gefunden.

C. turdus, Rotes Meer, Golf von Aden und Oman, ostafrikanische Küste bis Mozambique und Madagaskar, 4,5 cm. Veränderlich in Form und Größe, doch im allgemeinen abgeplattet, mit schwieligen Rändern. Weiß mit kleinen olivbraunen Tupfen, die den Rücken in großer Zahl bedecken, größere purpurfarbene Flecke an den Seiten und auf den Rändern. Basis weiß.

C. lynx, Indischer Ozean, westlicher und zentraler Pazifik, 3,0 cm. Über das große Verbreitungsgebiet hin, in dem die Art häufig vorkommt, variiert sie in Größe und Form, läßt sich aber leicht identifizieren. Sie trägt einen Wulst an beiden Seiten der Basis, der über das ganze Gehäuse verläuft. Cremefarbener Rücken, bedeckt mit kleinen purpurfarbenen Tupfen und Flecken, sowie einigen größeren Flecken der gleichen Farbe; Basis weiß und Zwischenräume der Zähne orangefarben.

C. mauritiana, Indischer Ozean, westlicher und zentraler Pazifik, doch nicht im nördlichen und westlichen Australien und im größten Teil des Chinesischen Meeres, 6,5 cm. Häufig dort zu finden, wo rauhe See vorherrscht. Ein sehr schweres, kompaktes Gehäuse mit kräftig schwieligen Rändern und einer höckerigen Oberfläche. Basis und Seiten fast schwarz, Zähne dunkelbraun mit weißen Zwischenräumen; Rücken dunkelbraun, mit netzförmigen Zeichnungen in Rosabraun und einer tief mahagonifarbenen Rückenlinie.

Cypraea mappa

Cypraea lynx

Cypraea turdus

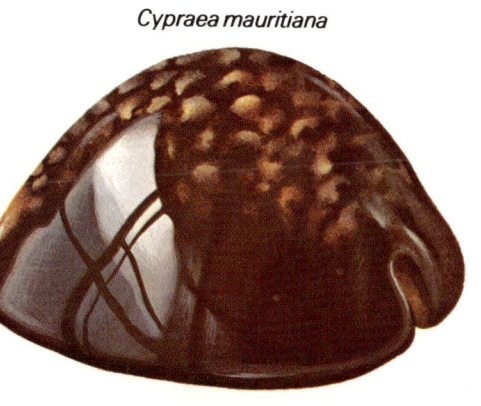

Cypraea mauritiana

Cypraea stercoraria

Cypraea stercoraria

111

C. testudinaria, zentraler Indischer und Pazifischer Ozean von Mombasa und Madagaskar bis Tahiti einschließlich Sri Lanka, Malaysia, nordindonesische Inseln, Philippinen und Nordneuguinea, 10,5 cm. Die Art ist die drittgrößte Porzellanschnecke. Zylindrisch und schwer. Basis rehfarben, hell an der Mündung und den Zähnen; Rücken ebenfalls rehfarben mit dunkelbraunen Flecken, sowie unregelmäßigen hellen und dunkelbraunen Klecksen, die einen großen Teil der Fläche bedecken, vor allem an den Enden. Mit Ausnahme der Zone, die sich an die Mündung anschließt, ist alles über und über mit winzigen weißen Tupfen überzogen, die oft kaum zu sehen sind, wenn man nicht sehr genau hinschaut oder ein Vergrößerungsglas benützt. Sie scheinen in der Glasur zu liegen und sehen aus, als handle es sich um Fehler in dem vorliegenden Exemplar.

C. aurantium, Zentralpazifik einschließlich Gesellschafts-, Ellice-, Gilbert-, Marshall-, Karolinen-Inseln, Guam, Neukaledonien und Fidschi-Inseln; auch auf den Philippinen gefunden; 8,0 cm. Obwohl es sich um eine verhältnismäßig seltene Schnecke handelt, ist sie hier aufgenommen, da sie unter den Porzellanen etwa die Rolle spielt wie *Conus gloriamaris* unter den *Conus*-Arten – durchaus nicht die seltenste, aber wahrscheinlich die gesuchteste Art. Aufgebläht und schwer. Rücken prächtig pfirsichfarben-orange; Basis und Enden weiß mit orangefarbenen Zähnen.

C. argus, Indischer Ozean, nördlicher, westlicher und zentraler Pazifik, 9,0 cm. Eine weitere sehr schöne Porzellanschnecke, die in der Größe erheblich variiert. Zylindrisch mit nur schwach schwieligen Rändern. Basis rehfarben mit zwei dunkelbraunen Flecken auf jeder Seite der Mündung, von denen die auf der rechten Seite (Außenlippe) mitunter schwach ausgebildet sein oder fehlen können; Zähne braun eingefaßt; Rücken heller rehfarben mit vier dunkleren Bändern, das dunkelste an der Spitze des Gehäuses. Der gesamte Rücken ist bis hinunter zur Schwiele reich mit dunkel rotbraunen Ringen unterschiedlicher Stärke bedeckt – die „Argusaugen", von denen sich der Name ableitet.

Cypraea testudinaria

Cypraea aurantium

Cypraea argus

C. limacina, Indischer Ozean und Westpazifik bis Samoa und von Nordaustralien bis Japan, 3,5 cm. Ein voll ausgewachsenes Gehäuse hat feine Knötchen auf dem Rücken, kräftigere an den Seiten, falls das Tier nicht in ruhigem Wasser lebt. In diesem Falle ist es wie im jugendlichen Zustand glattschalig. In frischem Zustand ist die Farbe ein prächtiges tiefes Rotbraun bis Schwarz, das jedoch bald zu einem rehfarbenen Grau verblaßt; der Rücken wird von kleinen, weißen Flecken bedeckt, die wiederum bei jugendlichen Formen fehlen; schwieliger Lippenrand, narbig und weiß; Basis weiß; die langen, kräftigen Zähne und die Enden rotbraum.

C. staphylaea, 2,5 cm. Im gleichen Gebiet wie *C. limacina,* der die Art sehr ähnelt. Die Art ist jedoch runder, stärker aufgebläht und hat winzige Knötchen, die im allgemeinen weiß und reichlicher vorhanden sind. Auch ist das Gehäuse dunkelfarbig, wenn es vom lebenden Tier genommen wird, bleicht jedoch nach Grau bis zu fast Weiß aus. Das wichtigste Unterscheidungsmerkmal sind die Zähne, die die Basis auf beiden Rändern kreuzen. Die Enden sind ebenfalls rotbraun.

C. nucleus, Indischer Ozean und Pazifik bis Tahiti, doch nicht im nördlichen und nordwestlichen Australien und im Papua- und Salomonengebiet, 3,0 cm. Der Rücken wird von kleinen Pusteln und feinen Wülsten bedeckt. Die letzteren scheinen Fortsätze der Zähne zu sein, die die Basis und die leicht schwieligen Ränder völlig überdecken. Konvexe Basis. Hellbraun bis grauweiß, poliert und glänzend.

C. granulata, Inseln von Hawaii, 4,0 cm. Die einzige Porzellane, die in ausgewachsenem Zustand nicht glänzt, wohl aber im Jugendstadium. Runder im Umriß als *C. nucleus,* die Rückenpusteln sind weniger zahlreich und höher. Das gleiche gilt für die Zähne, die in Wülste übergehen und so den Rändern das Aussehen einer kräftigen Zähnung verleihen. Jeder zweite oder dritte Wulst ist viel größer als die dazwischenliegenden. Braungrau bis weiß; Zähne rotbraun gerändert und Pusteln mit rotbraunen Ringen versehen.

C. bistrinotata, Indischer Ozean und Pazifik bis Tahiti, fehlend im südöstlichen Afrika und in Hawaii, 2,0 cm. Ausgewachsene Gehäuse haben einen mit Pusteln versehenen Rücken mit Schwiele am hinteren Ende und jederseits drei dunkelbraune Flecke. Jugendformen glatt. Vier dunkelbraune Flecke, einer an jeder Ecke der Basis. Die Zähne treten hervor und legen sich über den größten Teil der Basis; am vorderen Teil der Spindel kreuzen sie den Rand bis zur Rückenkante. Es handelt sich um eine Art aus einem Komplex von fünf oder sechs Arten mit vielen ähnlichen Eigenschaften. Alle sind klein, kugelig mit hervortretenden Enden und im allgemeinen hellbraun oder gelbbraun.

C. cicercula, Indischer Ozean und Pazifik bis Tahiti einschließlich Hawaii, 2,4 cm. Rücken in ähnlicher Weise mit Pusteln besetzt, doch ohne Schwiele. Dafür findet sich eine Rinne, in der auf dem Gewinde ein kleiner dunkler Fleck liegt. Keine Flecke auf der Basis. Lange Zähne. Im allgemeinen heller gefärbt als *C. bistrinotata. C. margarita* (nicht abgebildet), die auf der Wölbung des Rückens glatt ist und kürzere Zähne hat, kann eine Varietät von *C. cicercula* oder eine eigene Art sein.

C. globulus, Indischer Ozean und Pazifik bis Tahiti, fehlend in den arabischen Meeren und Nordwestaustralien, 2,4 cm. Glatter Rücken. Kann vier dunkle Flecke auf der Basis tragen. Die vorderen Zähne auf der Spindel kreuzen den Rand nicht bis zum Rücken. Der Rücken zeigt oft kleine braune Tupfen, besonders an den Seiten. Wie bei *C. bistrinotata* liegt hinten auf dem Rücken eine Schwiele.

Nicht abgebildet, aber zu diesem Komplex gehörend:
C. dillwyni, Zentralpazifik, 1,5 cm. Langgestreckt; hellbraun; weiße Basis; kleine bis sehr kleine weiße Flecken auf dem Rücken und ein brauner Fleck an jedem Ende.

C. mariae (nicht abgebildet), Philippinen und Zentralpazifik einschließlich Salomonen, Tonga, Hawaii und Tuamotu-Archipel, 2,0 cm. Enden kaum hervortretend. Weiß mit kleinen bis sehr kleinen braunen Ringen auf dem Rücken und den Seiten.

Cypraea bistrinotata

Cypraea cicercula

Cypraea globulus

Cypraea limacina

Cypraea staphylaea

Cypraea granulata

Cypraea nucleus

Cypraea staphylaea

C. kieneri, Indischer Ozean und westlicher Pazifik bis Fidschi-Inseln, 2,2 cm. Diese Art bildet mit den beiden folgenden Arten eine weitere Gruppe kleinerer, sehr ähnlicher Porzellanschnecken. Etwas aufgebläht, vor allem hinten; vorn etwas schnabelartig verlängert. Zähne mäßig entwickelt, doch am vorderen Ende der Spindel sehr kurz (Hauptunterschied gegenüber *C. hirundo*). Cremefarben oder weiß. Rücken ausgedehnt wolkig in blauer Färbung und durch zwei unregelmäßige, wellige Querbänder dreigeteilt. Ausmaß der Zeichnung variabel. Die mehr cremefarbigen Ränder sind rotbraun gesprenkelt. Zwei dunkelbraune Flecke an jedem Ende, außerdem weitere, die ein mehr oder weniger unterbrochenes Band auf dem Rücken bilden, das ebenso fein braun gesprenkelt ist; Basis weiß.

C. hirundo, Verbreitungsgebiet wie bei *C. kieneri,* außer Südostafrika oder Nordpazifik östlich von Japan und den Philippinen, 2,2 cm. Ähnlich *C. kieneri,* mit Ausnahme der Tatsache, daß die Zähne fein ausgebildet sind und den größten Teil der Basis überdecken.

C. ursellus, Westpazifik in dem Dreieck Südjapan, Tonga und Großes Barriereriff, 1,2 cm. Wie *C. hirundo,* doch kleiner, stärker aufgebläht; die Zähne reichen fast über die ganze Basis hinweg. Es ist äußerst schwierig, *C. ursellus* immer sicher von einer kleinen *C. hirundo* zu unterscheiden.

C. stolida, Indischer Ozean und Pazifik bis Samoa, 3,5 cm. Sehr variabel in Größe, Form und Farbe, doch immer ein schönes Gehäuse. Vielen der Varietäten hat man Namen gegeben. Das Gehäuse kann schwach zylindrisch und langgestreckt oder fast rechteckig sein. Mäßige Schwielenbildung; ziemlich kräftige Zähne, jedoch nicht bei der Varietät *breventata,* bei der die Spindelzähne kurz sind. Basis weiß oder cremefarbig; Rücken blaßblau bis blaßblau-grün; gewöhnlich mit ziemlich quadratischem, dunkelbraunem Fleck auf dem Rücken; der Fleck ist häufig mehr oder weniger deutlich verbunden mit weiteren rechteckigen Flecken an jeder Ecke; die letztgenannten sind in ihren Zentren und am Rand des Gehäuses heller. Kleine, braune Tupfen sind mehr oder weniger reichlich über die hell gefärbten Flächen verteilt, besonders an den Rändern und an jeder Seite der Enden.

C. cylindrica, Nordaustralien, südliches Chinesisches Meer bis Guam, die Neuen Hebriden und Neukaledonien, 4,0 cm. Gewöhnlich langgestreckt und zylindrisch, doch können die Exemplare aus Nordwestaustralien ziemlich aufgebläht erscheinen. Zähne variabel, von sehr kurz und klein bis länger und kräftig. Blau oder hell grünblau mit unregelmäßiger, mehr oder weniger dunklen, braunen Flecken oder Tupfen auf dem Rücken. Eine dunkle Bänderung an der Basis ist oft kaum zu sehen; zahlreiche winzige, braune Flecken; zwei größere Tupfen auf jeder Seite an beiden Enden; Basis weiß.

C. caurica, Indischer Ozean und Pazifik bis Samoa und von Japan bis Nordaustralien, 5,5 cm. Langgestreckt und gewöhnlich etwas aufgebläht. Lippenzähne sehr kräftig; mehr oder weniger gut entwickelte Schwielen. Cremefarben mit drei blaubraunen, dorsalen Bändern; der ganze Rücken ist kräftig gesprenkelt mit winzigen braunen Tüpfeln, die im Zentrum am größten sind und dort zusammenfließen; große und kleine braune Flecken auf dem gelbgetönten Rand; Basis hell rehfarben bis grauweiß; Zähne heller.

C. xanthodon, Ostaustralien von Sydney nordwärts, 3,5 cm. Birnenförmig; mäßig schwielige Ränder. Rücken blaugrün; ausgedehnte braune Sprenkelung, drei undeutliche dunkle Bänder, dunkelbraune Flecken auf dem Rand, einen auf dem Gewinde und einen vorn an jeder Seite. Die auf dem Rand sind gegen die Basis hin und manchmal auch auf der Basis verschmiert. Rand und Basis cremefarben; Zähne dunkler.

C. subviridis, nördliches Australien, Neukaledonien und Fidschi-Inseln, 4,0 cm. Variabel; birnenförmig und aufgebläht aus den Gebieten westlich Australiens, kleiner und mehr zylindrisch im Osten des Verbreitungsraumes. Hell blaucremefarben mit brauner Sprenkelung; ein unregelmäßiger dunkelbrauner Fleck auf dem Rücken; undeutliches purpurbraunes Band; die Enden können hell purpurfarben oder braun getönt sein; Basis weiß oder cremefarben.

Cypraea subviridis

Cypraea xanthodon

Cypraea caurica

Cypraea kieneri

Cypraea hirundo

Cypraea cylindrica

Cypraea stolida

Cypraea ursellus

Der südaustralische Porzellanschnecken-Komplex. Es gibt eine Anzahl von Porzellanen aus dem Raum südlich Australiens, die der Klassifikation beträchtliche Schwierigkeiten bereiten. Viel Arbeit wurde schon geleistet, noch mehr bleibt zu tun. Ich bin C. M. BURGESS gefolgt, der in seinem Hauptwerk „The Living Cowries" (siehe Literaturverzeichnis) sich im einzelnen mit diesem Komplex auseinandergesetzt hat. Die Schwierigkeiten erwachsen aus den vielen Namen für Arten und Unterarten, die nötig sind, weil die individuellen Eigenschaften von Exemplaren der gleichen Art beträchtlich variieren. Man hat beobachtet, daß einige Eigenschaften sich mit dem Alter oder dem Entwicklungsstand eines Individuums wesentlich ändern, auch mit der Wassertiefe, in der das Tier lebt. Eigenschaften des Tieres selbst sind zur Artbeschreibung noch nicht herangezogen worden.

C. angustata, Südostaustralien und nördliches und östliches Tasmanien, 3,5 cm. Etwas aufgebläht. Dies gilt besonders für die dünneren und heller gefärbten Varietäten *emblema* und *molleri* aus tiefem Wasser. Rücken gewöhnlich nicht gebändert; hell rosabraun; Ränder mit deutlichen braunen Flecken, die sich oft bis an die Seiten und zur Basis erstrecken.

C. declivis, Südaustralien von Kap Howe, südlich von Sydney westwärts über die Große Australische Bucht bis Nordtasmanien, 2,8 cm. Von Dunkelbraun bis Cremefarben oder Rosa und immer mit hellen bis dunklen braunen Sprenkelungen auf Rücken und Rändern; Basis weiß.

C. comptonii, Südaustralien, nicht ganz bis Sydney oder Perth. die variabelste Form, besonders hinsichtlich der Farbe. Rosabraun, ganz dunkel (var. *Arenberthae*) über cremefarben *(C. angustata* var. *mayi)* bis reinweiß *(C. angustata* var. *albata).* Gewöhnlich mit brauner oder graubrauner Fleckung auf den Rändern und manchmal ein wenig Braun auf dem Rücken. Zwei schmale Bänder, die dicht beieinander die Mitte des Rückens überqueren, sind indessen charakteristisch, allerdings nicht bei der reinweißen Varietät. Ein drittes Band kann nahe dem Gewinde auftreten, gelegentlich vorn auch ein viertes. Bei der Varietät *wilkinsi* kann die Fleckung und Bänderung fehlen oder schwach ausgebildet sein, und bei *C. angustata* var. *subcarnea* ist die Farbe hell fleischfarben.

C. piperata, kommt in denselben Gebieten wie *C. comptonii* vor, doch einschließlich Perth, 2,5 cm. Cremefarben bis weiß gefleckt und/oder netzartig gezeichnet mit hellem Braun. Drei breite Bänder von unregelmäßigen, unterbrochenen, dunkler braunen Flecken; feine helle oder dunkle Flecke auf dem Rand, den Seiten und dem Außenrand der Basis; Basis weiß. Wahrscheinlich ebensogut bekannt unter dem Namen *C. bicolor.*

C. pulicaria (nicht abgebildet), nur Südwestaustralien vom Swan River bis zum Kap Leeuwin, 2,0 cm. Zylindrisch. Cremefarben oder weiß mit vier schmalen, unterbrochenen, braunen Bändern auf dem Rücken und braunen gefleckten Rändern. Die Spindelzähne scheinen im Verhältnis länger zu sein als bei den anderen Arten des Komplexes. Das Hauptkennzeichen, das die Art unterscheidet, ist eine kräftig eingetiefte Furche, die sich ins Innere der Mündung hinein fortsetzt.

C. errones, östlicher Indischer Ozean und westlicher Pazifik von der Straße von Malakka bis Samoa und von Japan bis zur nördlichen Hälfte Australiens, 4,4 cm. Sehr variabel in Größe, Form und Farbe. Birnenförmig bis zylindrisch, mehr oder weniger aufgebläht und schwielig mit eingesenktem Gewinde. Mündung vorn breiter. Im allgemeinen hell grün oder blaugrau am Rücken mit drei oder vier ziemlich schwach ausgebildeten bläulicheren Bändern; kräftig gesprenkelt in Grün oder Grünbraun und oft in einem Dunkelbraun; unregelmäßiger Fleck in der Mitte des Rückens und ein Fleck vorn an jeder Seite.

C. ovum, Verbreitungsgebiet wie bei *C. errones,* aber nicht ganz so weit nach Osten, 4,0 cm. Sehr ähnlich *C. errones,* doch mit Gelb oder Orange zwischen den Zähnen, wobei die Farbe kräftig oder schwach ausgebildet sein kann. Im allgemeinen stärker birnenförmig als *C. errones.*

Cypraea angustata
var. *mayi*

Cypraea angustata
var. *molleri*

Cypraea piperata

Cypraea errones

Cypraea ovum

Cypraea ovum

Cypraea comptonii

Cypraea declivis

Cypraea errones

119

C. moneta, die eigentliche Kaurischnecke oder Geld-Kauri, Indischer Ozean und Pazifik von Ostafrika bis zu den Galapagos, 4,0 cm. Sehr variabel, gewöhnlich ziemlich abgeflacht und kantig; kräftig schwielige Seiten. Rücken prächtig oder fahl gelb, manchmal mit einem feinen stark glänzenden Ring wie *C. annulus;* Seiten und Ränder blasser; Basis weiß; drei mehr oder weniger deutlich schmale Rückenbänder. Das abgebildete Exemplar zeigt den nicht so häufig vorkommenden Ring, und seine Seiten sind ungewöhnlich weiß. Zähne weniger grob als bei *C. annulus,* bedecken aber mitunter einen großen Teil der Basis als niedrige, stumpfe Wülste.

C. annulus, Indischer Ozean, westlicher und südlicher Pazifik, 3,0 cm. Variabel, im allgemeinen oval mit einem etwas höckerigen Rücken. Glatt gerundete Ränder, ohne jeden Kiel. Rücken gelbgrün oder blaugrün, schwach gebändert. Er ist von den schwieligen Seiten durch einen schmalen Ring getrennt, der glänzend gelborange gefärbt ist; unter dem Ring fleischfarben, gegen die Zähne hin heller werdend.

C. obvelata, östlicher Zentralpazifik einschließlich der Gesellschafts-Inseln, Tahiti, Marquesas und Jarvis-Inseln, 2,5 cm. Etwas ähnlich *C. annulus,* doch mit sehr kräftigen Seitenschwielen, die so mächtig sind, daß sie eine Rippe formen, die sie vom Rücken trennt. Zähne grob und lang. Rücken hell bis sehr hell blau, schmale Bänderung schwach oder fehlend; gewöhnlich mit einem dünnen gelben Ring. Schwielen und Basis sehr hell rosa, mitunter weiß.

C. felina, Indischer Ozean und Pazifik von Ostafrika bis Samoa und von Japan bis zur nördlichen Hälfte Australiens, 2,5 cm. Eine weitere außerordentlich variable Art mit gesondert bezeichneten Varietäten, insbesondere vier Formen, die unten beschrieben sind. Alle haben sehr dunkle, fast schwarze, deutliche Flecken auf den Rändern. Die größte, *C. felina* var. *felina,* stammt aus Ostafrika, von Sansibar aus südwärts. Eiförmig; schwielige Ränder. Rücken cremefarbig bis blaßgrün mit vier blauen Bändern und gesprenkelt mit winzigen braunen Tupfen; Rand hell gelbbraun mit großen schwarzen Flecken, besonders auf jeder Seite der beiden Enden; Basis ebenfalls hell gelbbraun. *C. f.* var. *fabula* aus dem Golf von Aden und Oman erscheint im Umriß viel runder, und die dorsalen Zeichnungen sind dunkler; die Ränder tragen zahlreichere, größere und mitunter ineinanderfließende Flecken; Basis heller oder weiß. *C. f.* var. *listeri* von Mauritius und den Seychellen ist stärker zylindrisch; Rücken blauweiß; blaue Bänderung deutlicher; Randfleckung weniger kräftig; Basis weiß mit auf der linken Seite hindurchschimmernder Bänderung. *C. f.* var. *melvilli* kommt von Japan bis Nordaustralien vor; eng verwandt mit *C. f.* var. *listeri,* doch stärker zylindrisch und allgemein mehr grün als blau.

C. arabicula, westliches Zentralamerika von der südlichen Hälfte des Golfs von Kalifornien und Niederkalifornien nach Peru und den Galapagos, 3,0 cm. Hinten hohe Rückenhöcker; schwielige, ziemlich scharfe Ränder. Konvexe Basis mit feinen, scharf geschnittenen Zähnen und einer tiefen Furche. Rücken hell lilafarben, dunkel grünbraun genetzt; Ränder in der Mitte breit, hell lilafarben mit verschmierten dunkellilafarbenen bis schwarzen Flecken, die manchmal sehr reichlich vorhanden sind und das äußere Drittel der Basis bedecken. Vom Gewinde zum hinteren Kanal zieht sich ein kleiner, cremefarbig weißer Fleck.

C. robertsi, im selben Gebiet wie *C. arabicula,* 3,0 cm. Birnenförmig mit schwieligen Rändern und konvexer Basis. Viel gröbere Zähne als bei *C. arabicula.* Rücken sehr hell lilafarben bis weiß oder blauweiß mit kräftiger, feiner, dunkel grünbrauner Netzzeichnung. Die breiten Ränder sind rauchfarben braun mit lilafarbenen Flecken, die bis auf die weiße Basis übergreifen können; Kanäle mit einem dunkel purpurbraunen Fleck auf jeder Seite und einem cremefarbig weißen Fleck dazwischen.

C. spadicea, Südkalifornien von der Monterey-Bucht bis zur San-Benito-Insel, 6,0 cm. Langgestreckt und vorn verlängert. Der Rücken ist prächtig braun, ziemlich scharf, doch unregelmäßig gerändert mit dunklerem Braun; Ränder breit und graurosa oder graucremefarben; sehr schwache, verschmierte Flecken sind manchmal unter der Schwiele zu sehen; Basis weiß.

Cypraea felina var. *listeri*

Cypraea felina var. *fabula*

Cypraea annulus

Cypraea obvelata

Cypraea spadicea

Cypraea moneta

Cypraea arabicula

Cypraea robertsi

121

C. edentula, Südafrika von Kapstadt bis nördlich East London, 2,5 cm. Der Vertreter einer Gruppe endemischer südafrikanischer Porzellanen, von denen wenige oder gar keine lebend gefunden wurden. Fast alle Exemplare dieser Art sind zahnlos. Das Gehäuse ist an der Oberfläche höckerig, die Außenlippe schwielig und nach hinten ausgedehnt, das Gewinde eingesenkt. Basis weiß und Rücken hellbraun mit dunkler braunen Flecken.

C. capensis, Südafrika von Kapstadt bis East London, 2,5 cm. Eine weitere Art aus der Gruppe südafrikanischer Porzellanen, die auch *C. algoensis, C. fuscorubra,* die seltene *C. fultoni* und die sehr seltene *C. broderipii* (siehe Seite 106) umfaßt. *C. capensis* ist etwas zylindrischer als *C. edentula,* hat aber die gleiche ausgedehnte äußere Lippe am hinteren Ende und das eingesenkte Gewinde. Feine Wülste laufen rund um das Gehäuse und erwecken den Eindruck eines Daumenabdrucks. Dieser Eindruck wird verstärkt durch die ausgesprochene Fleischfarbe mit einigen braunen Zeichnungen und einer schwachen Bänderung. Man findet auch einen braunen Fleck auf dem Gewinde.

C. friendii, südliches und westliches Australien vom Spencer-Golf bis zur Shark-Bucht, 7,0 cm. Diese Art, die nach jetziger Auffassung auch *C. thersites* einschließt, ist in Form und Farbe sehr variabel. Man findet *C. friendii* am nordöstlichen Ende des Verbreitungsgebietes in geringeren Tiefen, und die Art ist schmaler als *C. thersites.* Die Ränder springen vorn und hinten vor und bilden eine Kante, die an der Außenlippe größer ist, an beiden Enden des Gehäuses. Basis und Ränder sind größtenteils dunkelbraun; Zähne weiß; Spindelrinne weiß mit braunen Zeichnungen. *C. thersites,* die man am östlichen Ende des Verbreitungsgebietes und in tiefem Wasser findet, ist stärker aufgebläht. Basis weiß rund um die Mündung; das dunkle Braun der Ränder breitet sich bis zum äußeren Rand der Basis aus. Der cremefarbene Untergrund des Rückens ist fast vollständig bedeckt von einem sehr tiefen Braun.

C. decipiens, Nordwestaustralien, 5,0 cm. Birnenförmig, Ränder nur schwach schwielig. Sowohl Gewinde als auch Außenlippe ragen nach hinten vor. Basis und Zähne braun; Rücken weiß; fast verdunkelt durch ein Netzwerk hell- und dunkelbrauner Zeichnungen.

C. hesitata, Südostaustralien von der Bass Straße bis nach Sydney, in tiefem Wasser, 9,5 cm. Diese früher seltene Art wird in drei Formen gefunden, als normale *C. hesitata,* als Zwergform *C. h.* var. *beddomei.* (die das Weibchen sein könnte) und als Albinovarietät *C. h.* var. *howelli.* Das Gehäuse ist stark birnenförmig mit vorspringendem Vorderende und einem Hinterende, das sich im Winkel von 45 Grad scharf nach links oder zur Spindelseite abbiegt. Tief eingesenktes Gewinde. Weiß, auf dem Rücken reich mit hellbraunen Flecken und dunkleren Tupfen gezeichnet, wobei die letzteren gegen den Rand zu deutlicher werden; die Enden sind ebenfalls hellbraun *C. h.* var. *beddomei,* 5,0 cm, ist ähnlich gefärbt.

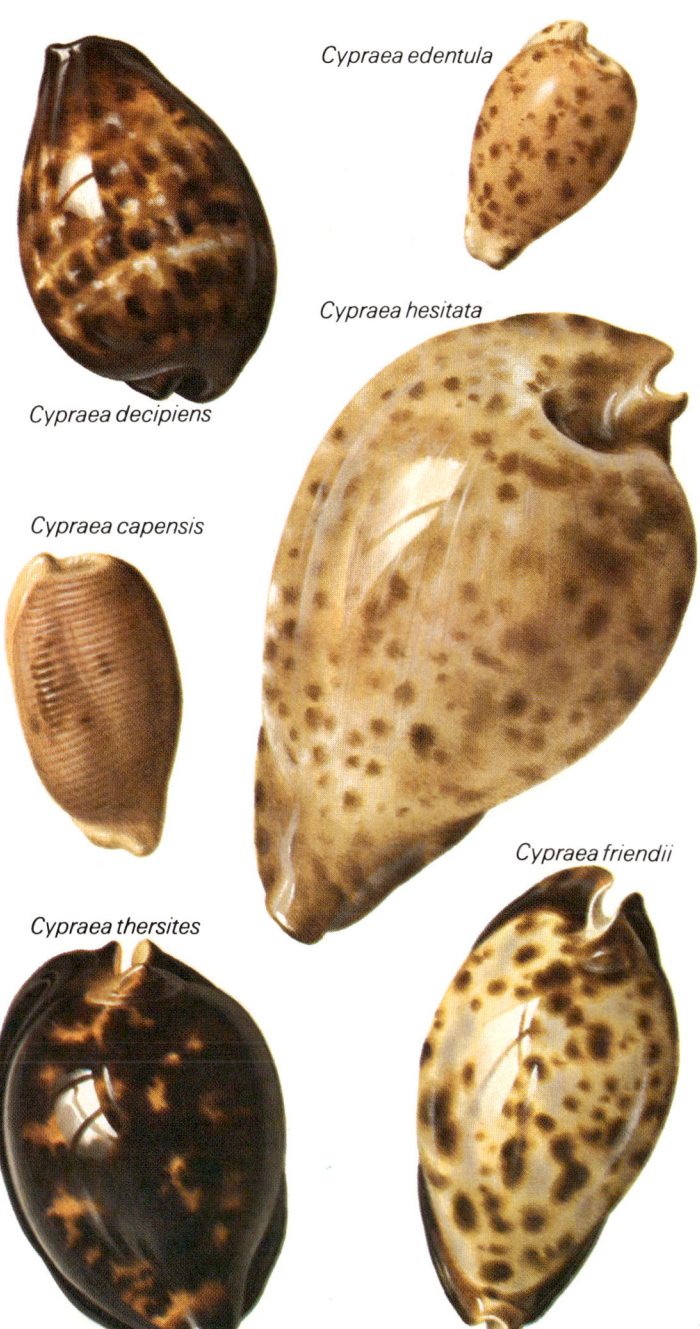

Cypraea edentula

Cypraea decipiens

Cypraea hesitata

Cypraea capensis

Cypraea friendii

Cypraea thersites

123

Die unechten Porzellanen sind mit den echten verwandt. Sie umfassen die Familien Ovulidae oder Amphiperatidae, Eratoidae und Lamellariidae.

Familie: Ovulidae – Eierschnecken

Ovula ovum, Indischer Ozean und Westpazifik, 12,0 cm. Glatt ohne Gewinde, doch mit verlängertem hinteren Kanal und grob gewulsteter Lippe. Rein glänzend weiß; schokoladenfarbenes oder rotbraunes Inneres. Auf Korallenriffen zu finden. In der Südsee häufig als Schmuck, Zauber und zur Bootsdekoration benutzt.

O. costellata, Indopazifik, 5,0 cm. Ähnlich der vorhergehenden Art, doch ist der hintere Kanal an der Körperseite leicht gekerbt, und das Innere ist rosa.

Calpurnus verrucosus, Indischer Ozean und Westpazifik, 3,5 cm. Ähnlich einer Porzellane, abgesehen von zwei Rippen, die den Rücken kreuzen und ihm eine gewinkelte Form geben, ferner Erhöhungen an jedem Ende des Rückens. Umriß der Basis ziemlich eckig, mit sehr feinen, spiraligen Streifen. Die gezähnte Lippe ist grob gerippt. Weiß; an den Enden rosaweiß.

Volva brevirostris, südliches Chinesisches Meer, 4,0 cm. Lange, dünne, spindelartige Form. Schmale Mündung, außer in der Nähe des Siphonalkanals, wo sich die Lippe etwas erweitert. Lippe verdickt und ebenso wie die Spindel glatt. An den Enden schwache spiralige Furchen. Fleischfarben, rot oder gelbrosa, je nach der Farbe der Gorgonien, auf denen die Art lebt.

V. volva, zentraler Indopazifik, 13,0 cm. Gerundeter letzter Umgang mit feinen, axialen Rinnen; ausgedehnte, verdickte Lippe; sehr lange, leicht gebogene, mit schiefen Wülsten versehene Kanäle; glatte Spindel. Fleischfarben-rosa oder braunrosa; Lippe weiß oder heller rosa; Enden der Kanäle mit brauner Tönung.

V. sowerbyana, Indischer Ozean und westlicher Pazifik, 3,0 cm. Leicht aufgebläht, mit feinen, axialen Streifen. Kurze und im schiefen Winkel gestreifte Kanäle. Die verdickte Lippe hat innen eine Furche. Spindel mit etwa 20 schrägen, eingeschnittenen Streifen vorn und einer dicken, breiten Rippe hinten. Körper dunkelfleischfarben-rosa, schwach gebändert in der Mitte, cremefarben; Lippe weiß; die Enden können orangefarben sein.

Cyphoma gibbosa, südöstliche USA und Westindien, 3,0 cm. Vierschrötiges, schwieliges Gehäuse mit kräftigem umlaufendem Wulst. Schwach gezähnte Lippe und glatte Spindel. Aprikosenfarbig bis cremefarbig; langes, ziemlich schmales weißes Rechteck auf dem Rücken; Schwielen blasser; Basis fast weiß. Lebt auf Gorgonien.

Jennaria pustulata, westliches Zentralamerika, 2,5 cm. Abgeflacht; Rücken mit Pusteln besetzt. Die Basis trägt grobe Rippen von der Mündung bis zum Rand, 15 an jeder Seite und meist mit einer kurzen, kleinen Rippe dazwischen. Blauweiß; Pusteln glänzend orange und dunkelbraun eingefaßt; Basis blauweiß mit dunkelbraunem Überzug; Rippen weiß, am Rand orangefarben endend. Jede Rippe erreicht eine Pustel.

Familie: Eratoidae – Kerfenschnecken

Trivia sanguinea, Niederkalifornien, 1,4 cm. Aufgebläht; hoher Rücken mit kleiner Falte entlang der Mittellinie. Herausgehobene, grobe, radiale, weiße Rippen, etwa 23 an jeder Seite, sich über die Basis in die Mündung erstreckend; schwach ausgedehnte Ränder. Purpurbraun; zentral auf dem Rücken ein dunklerer Fleck; Innenseite der Spindel und Lippe weiß.

T. monacha, Mittelmeer bis Britische Inseln, 1,5 cm. Vierschrötiges, kleines Gehäuse mit ziemlich hohem Rücken. Umgeben von etwa 25 groben Rippen. Die verdickte Lippe wird von einem niedrigen Kanal überzogen. Fleischfarben; purpurfarbene Flecke, einer an jedem Ende und einer in der Mitte des Rückens; Basis weiß. *T. arctica* (nicht abgebildet) aus dem gleichen Gebiet ist ähnlich, doch fehlen ihr die purpurfarbenen Flecken.

Jennaria pustulata

Volva brevirostris

Cyphoma gibbosa

Trivia monacha

Volva volva

Ovula ovum

Trivia sanguinea

alpurnus verrucosus

*Volva
sowerbyana*

Ovula costellata

Überfamilie: Tonnacea

Familie: Cassididae – Helmschnecken

Diese Schnecken sind fest, mit großem letztem Umgang und kurzem Gewinde, gewöhnlich mit stumpfen Knoten, Warzenwulsten und einer verdickten, gezähnten Außenlippe. Die Vertreter haben ein dünnes, horniges Operculum. Die Tiere leben in sandigen Gebieten der Tropen und der gemäßigten Zonen in flachem und tiefem Wasser. Sie erbeuten Seeigel und andere Stachelhäuter. Es gibt etwa 60 Arten.

Cassis cornuta, Indopazifik, bis zu 35,0 cm. Sehr fest und schwer, mit einem kurzen Gewinde von etwa 7 Umgängen. Überall mit ziemlich langen, schmalen Narben bedeckt zwischen kleinen Spiralwülsten. Die gewinkelte Schulter trägt 5 bis 7 flache, vorspringende Knoten oder stumpfe Stacheln. Die Naht umläuft diese Knoten im allgemeinen auf den ersten Umgängen. Letzter Umgang mit zwei mittelgroßen und einem kleinen glatten Band mit Erhöhungen oder sehr stumpfen Knoten. Äußere Lippe verdickt, verbreitert, Rand gebogen. Siphonalkanal gedreht und senkrecht nach oben gebogen. Enger Nabel. Äußere Lippe mit bis zu 12 stumpfen Zähnen. Die Spindel hat bis zu 15 Falten auf den unteren zwei Dritteln. Vorderes Ende und Spindel sind gezähnt. Weiß mit hellbraunen Schattierungen und spärlichen braunen Flecken; purpurbraune Zeichnungen auf den glatten Bändern; die äußere Lippe zeigt etwa 7 braune ,,Quadrate''; Zähne und äußere Lippe weiß; Zwischenräume der Zähne, Inneres und Spindel orangebraun. Die Männchen sind oft kleiner als die Weibchen.

C. flammea, Karibik, 12,5 cm. Niederes Gewinde, etwa 7 Umgänge und axialgerippt. Eine Reihe stumpfer Knoten auf der Schulter und eine Reihe kleinerer Knoten dicht darunter; eine oder beide Reihen können sich auf den ersten Umgängen zeigen. Eine Reihe von Knötchen unmittelbar unter der Naht und eine weitere zwischen ihr und der Schulter. Verdickte, schwielige, gezähnte Lippe, etwa 10 Zähne. Spindel mit etwa 20 langen, deutlichen Falten. Der kurze Siphonalkanal ist senkrecht verdreht. Weiß mit brauner Fleckung und dunkler braunen axialen Zickzackzeichnungen; die äußere Lippe trägt etwa 6 dunkelbraune Flecke.

C. tuberosa, Karibik bis Brasilien, 23,0 cm. Sehr niedriges Gewinde. Bedeckt mit sehr kleinen Axialrippen. Eine Reihe stumpfer Knoten auf der Schulter und zwei weitere mit viel kleineren Knoten oder Erhebungen. Verdickte, schwielige Außenlippe mit etwa 11 Zähnen. Kurzer, nach oben gedrehter Siphonalkanal. Grob und kräftig gefurchte Spindel. Weiß bis blaugrau mit axialen, dunkel purpurbraunen Zickzacklinien. Etwa 7 ziemlich undeutliche braune Spirallinien, die in dunkelbraunen, rechteckigen Flecken auf der Außenlippe enden; Inneres und Zähne schmutzig weiß; braun in den Zwischenräumen; Spindel und Inneres dunkelbraun; Furchen weiß. Die Abbildung zeigt ein ziemlich junges Gehäuse, auf dem die Farbe besonders kräftig wirkt.

Cassis cornúta

Cassis flammea

Cassis flammea

Cassis tuberosa

127

C. tessellata, Westafrika, 26,0 cm. Ziemlich leicht und zerbrechlich für ihre Größe. Niedriges Gewinde und etwa 7 Umgänge. Gehäuse aufgebläht, mit drei Reihen kleiner Knoten, von denen die auf der Schulter verhältnismäßig scharf sind. Eine weitere Reihe sehr kleiner Knoten liegt knapp über der ersten großen Reihe, und eine weitere Reihe kleiner Rippen findet man unmittelbar unter der Naht. Im übrigen ist die Fläche glatt, abgesehen von axialen Zuwachsstreifen. Die Innenseite der Lippe ist eingebogen und läuft in sich zurück; neun Zähne, von denen der mittelste ziemlich langgestreckt ist. Spindel mit 8 langen, dünnen Falten, von denen die größten in der Mitte liegen. Siphonalkanal senkrecht nach oben gedreht. Enger Nabel. Hellbraun; Knoten mit dunkler braunen oder weißen Flecken und die übrigen Spiralreihen mit braunen und weißen abwechselnden Zeichnungen weiter unten am letzten Umgang äußere Lippe; Inneres und Spindel weiß.

C. nana, Ostaustralien, 6,0 cm – die kleinste Art der Helmschnecken. Sehr niedriges Gewinde mit einer kurzen, zulaufenden Spitze. Etwa 5 oder 6 Umgänge mit zwei Spiralreihen kleiner, scharfer Knoten auf und unter der Schulter; manchmal bis zu 3 weitere Reihen mit stumpfen Knötchen weiter unten am letzten Umgang. Feine Zuwachsstreifen. Außenlippe nach innen gedreht und gezähnt, die Zähne und die Spindel mit feinen Falten. Vorderes Ende der Spindel mit einem Rand in der Mündung. Grauweiß mit hellbrauner axialer Flammenzeichnung auf dem Gewinde und drei Reihen weißer und orangebrauner Flecken auf dem letzten Umgang, die mit den Reihen der Knoten zusammenfallen. Äußere Lippe weiß mit brauner Tönung an jedem Ende; Spindel weiß.

C. madagascariensis, Karibik, Bermudas und südöstliche USA, bis zu 35,0 cm. Sehr kurzes Gewinde von etwa 10 Umgängen, aufgeblähtes Gehäuse, besonders nach der Bauchseite. Spirallinien und Spiralwülste, von denen die größten unter der Schulter auf dem letzten Umgang liegen; dieser trägt sechs stumpfe Stacheln. Man findet eine zweite Reihe kleiner Knoten, auch kann ein weiterer Wulst mit „Beulen" vorhanden sein. Auf den ersten Windungen folgt die Naht in groben Zügen der Schulter. Die äußere Lippe ist nach innen gedreht und läuft in sich zurück; sie hat etwa elf stumpfe Zähne. Nach oben gedrehter Siphonalkanal. Die Spindel hat viele kräftige Rippen und Falten. Cremefarben weiß mit hellbrauner wolkiger Zeichnung, besonders auf dem Gewinde; äußere Lippe rosa; Spindel dunkelbraun; Furchen weiß; Zwischenräume der Zähne und Außenlippe braun.

Cassis nana

Cassis tessellata

Cassis madagascariensis

129

Cypraecassis rufa, Indischer Ozean und Westpazifik, 18,0 cm. Fest, mit niedrigem Gewinde, scharfer Spitze und gewinkelten Schultern. Der letzte Umgang trägt drei oder vier Reihen stumpfer Knoten, von denen die hintere Reihe die größte ist, nach vorn kleiner werdend. Spirallinien und Spiralbänder, einige mit kleinen Knoten und einige, nahe dem vorderen Ende, mit Axialrippen; überall feine Axiallinien. Verdickte, breite, gebogene Lippe mit 22 langgestreckten Zähnen. Kräftig gefurchte Spindel, gezähnt. Siphonalkanal senkrecht nach oben gedreht. Rotbraun; hell orangebraune Bänder; Spindel rot; Zähne weiß; Zwischenräume dunkelbraun.

C. testiculus, tropischer Ost- und Westatlantik, 8,0 cm. Fest, mit kurzem Gewinde und tiefer Naht, unter der kleine Knötchen liegen. Der letzte Umgang hat Axialrippen und sehr feine Spiralstreifen an jedem Ende, in der Mitte ist er glatt. Eine Reihe von neun kleinen, stumpfen Knoten an der Schulter und eine Reihe kurz unterhalb davon. Die Lippe ist verdickt, schwielig und überzogen von einem tiefen, schmalen Kanal; sie hat ferner 25 Zähne, große und kleine meist abwechselnd. Die Spindel trägt 24 lange Rippen; Siphonalkanal senkrecht nach oben gebogen. Hellbraun mit dunkler braunen Flecken; Lippe, Inneres und Spindel weiß, mit metallisch brauner, perlmuttartiger Überschichtung; äußerer Rand der Lippe mit sieben Paaren dunkelbrauner Flecken.

Phalium glaucum, Indischer Ozean und Westpazifik, 12,0 cm. Die ersten Umgänge mit gerundeter Schulter und feinen Spiral- und Axiallinien; die letzten drei gewinkelt und fein gekerbt. Ausgedehnter, runder, glatter oder gehämmerter letzter Umgang. Schmaler Wulst unter der Naht; die Zähnungen der Schulter gehen in schwache Knötchen über. Verdickte Lippe, überzogen von einem tiefen Kanal, vorn mit drei oder vier kräftigen, scharfen Spitzen; an der Innenseite der Lippe liegen bis zu 25 Zähne. Die Spindel hat einen weißen Schild am vorderen Ende und ist schwach spiralig gerunzelt. Enger, tiefer Nabel; Siphonalkanal senkrecht nach oben gedreht. Grau; Lippe orangefarben; Spindel und Schild cremefarbig rosa bis weiß; Inneres kräftig dunkel purpurbraun; Zone um den Nabel weiß.

P. strigatum, nördliches Chinesisches Meer und Japan, 11,0 cm. Fest mit mäßig großem, konkavem Gewinde. Spirallinien auf den ersten Umgängen; axiale Rippen, die auf dem vorletzten Umgang undeutlich werden. Letzter Umgang mit Linien und Rinnen unter der Naht, bedeckt mit eingeschnittenen, spiraligen Rinnen, die nahe dem vorderen Ende tiefer sind, auf der Oberseite des letzten Umgangs aber kaum sichtbar erscheinen. Die Lippe ist verdickt; sie hat 20 Zähne. Die Spindel hat einen Schild am vorderen Ende; oberer Teil des Schildes und Spindel mit eingeschnittenen, spiraligen Streifen, untere Hälfte mit groben, unregelmäßigen Falten. Weiß; braune Axialstreifen; Lippe mit sechs hellbraunen Flecken; Inneres gelbbraun.

P. decussatum, Indonesien und südöstliches Asien bis Taiwan, 7,0 cm. Mäßig großes Gewinde; fein gegittert. Verdickte, gebogene Lippe, überzogen von einem tiefen, schmalen Kanal, 20 Zähne. Die untere Hälfte der Spindel und des Schildes trägt unregelmäßige, grobe Spiralwülste; obere Hälfte mit vier kleinen Zähnen über der Gitterzeichnung. Das hintere Ende der Lippe trägt zwei kleine Rippen. Zwei Farbausbildungen: eine mit Flecken wie *P. areola,* eine (abgebildet) mit Streifen wie *P. strigatum.* Blaugrau; Streifen oder Flecke dunkelbraun; vorderer Teil der Spindel und Schild weiß; Inneres braun; Lippe weiß mit braunen Quadraten.

P. areola, Ostafrika und zentraler Indopazifik, 7,0 cm. In der Form wie *P. decussatum.* Gewinde und Schulter des vorletzten Umgangs gegittert. Der letzte Umgang hat feine, eingeschnittene Spirallinien, die unter der Naht und nahe der Basis gut, im mittleren Teil jedoch kaum zu sehen sind. Lippe und Spindel wie *P. decussatum.* Blauweiß mit Reihen brauner, quadratischer Flecke, deren Axialseiten zur Lippe hin gedreht sind; Lippe und äußerer Rand des Schildes mit einer rosabraunen Tönung.

Phalium decussatum

Phalium strigatum

Cypraecassis testiculus

Phalium glaucum

Cypraecassis rufa

Phalium areola

131

P. pyrum, Neuseeland, Tasmanien, Südaustralien und Südafrika, 9,0 cm. Variable Formen, viele mit eigenem Namen. Meist mäßig hohes Gewinde; kugelig, manchmal langgestreckt. Die ersten Umgänge mit Spirallinien, manchmal gegittert. Schulter mit kleinen Knoten auf dem vorletzten, mit stumpfen, niedrigen Axialknoten auf dem letzten Umgang (hier gelegentlich auch fehlend). Unter der Naht auf den letzten zwei oder drei Umgängen eingeschnittene Spirallinie. Drei oder vier schwache Streifen nahe der Basis des letzten Umgangs. Lippe gebogen, gezähnt oder fast glatt. Untere Spindel und Schild mit vier Falten. Matt braungrau; rotbraune Zonen; vier Bänder von pfeilspitzenförmigen, braunen Zeichnungen; Lippe und Ende des Kanals mit purpurfarbenen Zeichnungen; Inneres braun.

P. labiatum, 7,5 cm. Drei Unterarten: von Australien und Neuseeland *P. l. labiatum; P. l. iredalei* und *P. l. iheringi.*

P. labiatum iheringi, Südamerika. Sieben oder acht Umgänge; recht langgestreckt mit eingeschnittenen Spiralstreifen auf den ersten Umgängen; die auf den späteren, rundlich geschultert erscheinenden, verschwinden. Letzter Umgang mit sieben schwachen, stumpfen Knoten auf der Schulter. Lippe gebogen, stumpf gezähnt; Spindel und Schild mit vier kleinen und einer großen Falte an der Basis. Graucremefarben; braune Zeichnungen unter der Naht und drei Reihen brauner, pfeilspitzenförmiger Zeichnungen auf hellerem Grund; Mündung weiß; Lippe mit braunen Zeichnungen.

P. labiatum iredalei, Natal bis zum Kap der Guten Hoffnung, 7,0 cm. Variabel von der glattschultrigen (abgebildeten) bis zur knotigen, größerschultrigen Form *zeylanica.* Ziemlich dunkel in der Färbung; Spindel glatt, mit einer Falte am Grund. Das abgebildete Exemplar hat runde Schultern wie bei *iredalei* und blauweiße Pfeilspitzenflecken auf dem Rücken, wie man sie gewöhnlich bei *zeylanica* findet.

P. thomsoni, südöstliches Australien, nördliches Neuseeland, 9,0 cm. Ziemlich hell; Gewinde üblicherweise kürzer als abgebildet. Die ersten Umgänge gegittert, die späteren gewinkelt, bis zu drei Spirallinien auf den Schultern, mitunter knotig. Spiralig eingeschnittene Streifen am Grund des letzten Umgangs. Die gebogene Lippe ist im allgemeinen glatt, kann aber sehr schwache Zähne tragen. Das hintere Ende der Spindel hat einige kleine Falten, Außenrand des Spindelschildes gebogen; untere Spindel gefaltet; Schild mit vielen schwachen Falten schräg zu den Spindelfalten. Matt weiß; vier Reihen quadratischer brauner Flecken auf dem letzten Umgang, zwei auf den ersten Umgängen; fünf dunkelbraune Zeichnungen auf der Lippe.

P. glabratum, 6,0 cm. Drei Unterarten: *P. g. glabratum,* Philippinen, Indonesien; *P. g. angasi; P. g. bulla,* China, Japan, Hawaii.

P. glabratum angasi, östliches Australien. Dünn, langgestreckt, mäßig hohes Gewinde; erste Umgänge mit fein geperlten Spirallinien; runde Schultern. Letzter Umgang mit schwachen Spiralstreifen und fünf eingeschnittenen Spirallinien am Grund. Lippe verdickt und gezähnt, vorne kräftiger. Spindel an der Spitze schwach, in der unteren Hälfte und am Schild kräftig gefaltet; Schild über dem Nabel mit kräftiger Kerbe. Gelbbraun oder weiß; Rückenseite schwach braun getönt.

P. bisulcatum, Indischer Ozean und Westpazifik, 7,0 cm. Sehr variabel, viele Formen mit eigenen Namen. Schwer oder leicht; Gewinde mäßig, doch variabel; kugelig oder schmal; spiralig gestreift, glatt oder unter der Naht und an der Basis gestreift. Lippe mit kräftigen oder schwachen kleinen Zähnen; Spindelschild etwas runzelig. Weiß oder cremefarben, blaugraue Tönung kommt vor; es können fünf Reihen mehr oder weniger deutlicher, quadratischer, hellbrauner Flecken auftreten; Lippe mit oder ohne fünf Gruppen dunkel- oder hellbrauner Zeichnungen; Spindel und Schild weiß; Inneres weiß oder purpurbraun. Abgebildet sind: eine spiralig gestreifte Form mit blassen oder fehlenden Zeichnungen, *diuturnum,* und *sophia* aus dem östlichen Australien mit scharf gewinkelten Schultern, meist glatt; die braunen Quadrate gehen oft in axiale Streifen über.

Phalium pyrum

Phalium labiatum iheringi

Phalium labiatum iredalei

Phalium bisulcatum

Phalium bisulcatum form sophia

Phalium thomsoni

Phalium bisulcatum form diuturnum

Phalium glabratum angasi

133

Phalium bandatum, Japan, Philippinen, Indonesien und nördliches Australien, 12,0 cm. Hohes konkaves Gewinde. Die ersten Umgänge mit geperlten Spirallinien, die auf den letzten beiden Umgängen verschwinden und schwache Streifen hinterlassen; auf der vorletzten Windung entwickeln sich kleine Knoten. Die verdickte, gebogene Lippe hat zwanzig langgestreckte Zähne, von denen die größten in der Mitte liegen. Spindel vorn mit fünf kleinen Falten. Spindelschild kräftig gefaltet mit herausragenden Furchen. Weiß; fünf Spiralbänder von hellem Braun; axiale Flammenzeichnungen; an den Einschnitten dunkler braune Quadrate; Lippe mit sechs purpurbraunen Flecken, drei kurzen Spitzen hinten. Unterart *P. b. exaratum,* Inseln des Indischen Ozeans, hat Spiralrinnen, weniger geschulterte Umgänge und reduzierte oder fehlende Stacheln auf der Lippe.

P. granulatum, drei Unterarten: *P. g. granulatum,* Karibik; *P. g. undulatum; P. g. centriquadratum,* westliches Zentralamerika.

P. g. undulatum, Mittelmeer und östliche Atlantikinseln, 11,0 cm. Hohes Gewinde; leicht gewinkelte Schultern. Kräftige Spirallinien, auf den ersten Umgängen mit Perlen versehen, desgleichen auf dem hinteren Teil des letzten Umgangs; Axialrippen nahe der Lippe. Die dicke, breite Lippe hat 17 Zähne. Spindel hinten glatt, gepustet oder gekörnt am vorderen Ende und auf dem Schild. Schwielenpolster an der Stelle, wo die Lippe den Körper erreicht. Cremefarben braun; braune, axiale Flammenzeichnungen; Zwischenräume der Linien dunkelbraun; äußere Lippe mit breiten und schmalen braunen Bändern; Lippeninnenseite, Spindel, Schild und Polster weiß. *P. g. granulatum* hat ein kürzeres Gewinde, keine Flammenzeichnungen oder Spirallinien. *P. g. centriquadratum* wie *P. g. granulatum,* doch manchmal mit knotigen Schultern und ziemlich niedrigem Gewinde.

Casmaria erinaceus. Synonym *C. vibex.* Drei Unterarten: *C. e. erinaceus; C. e. kalosmodix,* östlicher Zentralpazifik, und *C. e. vibexmexicana,* westliches Zentralamerika.

C. e. erinaceus, von Afrika ostwärts bis zum Westpazifik, 7,0 cm. Zwei Formen, die bei typischer Ausbildung knötchenreiche Schultern aufweisen, und die große, glattschultrige Form *vibex.* Mäßig grobes Gewinde, gerundete Schultern, schwache Axialstreifen und nahe der Lippe Axialfalten. Die verdickte, gebogene Lippe ist glatt, abgesehen von fünf oder sechs kleinen, scharfen Stacheln am vorderen Ende. Glatte Spindel, vorn zwei Falten; Schild mit spiraligen Wülsten. Cremefarbig-braun; purpurfarbene Tönungen; Mündung weiß; purpurbraune Flecke auf der Außenlippe; der letzte Umgang trägt schwache gelbbraune Quadrate und axiale Ausbuchtungen, gelbbraune Zeichnungen unter der Naht; die Zuwachsstreifen haben einige winzige braune Tupfen.

C. ponderosa, Indopazifik, 5,0 cm. Die Varietäten an den Extrempunkten des Verbreitungsgebiets tragen die Namen besonderer Unterarten. Gedrungener als *C. erinaceus.* Mäßig großes Gewinde; mitunter knotige Schulter; verdickte, gebogene Lippe mit kleinen scharfen Zähnen. Cremefarben; zwei blaßbraune Spiralbänder; dunkelbraune Zeichnungen unter der Naht und vorn am letzten Umgang (*C. erinaceus* hat keine Flecken); erste Umgänge blauweiß; nach oben gedrehter Siphonalkanal mit purpurbraunem Fleck; dunkelbraune längliche Zeichnungen auf der Außenlippe. Die Form *turgida* (abgebildet) ist ziemlich groß, leichter an Gewicht und glatt, mit Zähnen nur an den vorderen zwei Dritteln der Lippe, ferner mit axialen rotbraunen Flammenzeichnungen.

Galeodea echinophora, Mittelmeer, 11,0 cm. Mittelgroßes Gewinde. Fünf Spiralwülste, die zwei hinteren Reihen stumpfknotig, auf den nächsten beiden schwächer; stumpfer knotenreicher Wulst auf der Schulter des vorletzten Umganges; Spirallinien zwischen Naht und Schultern vorn; glatt zwischen den Wülsten des letzten Umgangs. Lippe nur wenig verdickt, ausgebuchtet, rudimentär gezähnt. Spindel glatt, mit Ausnahme der Wülste, glatter Schild. Graubraun; Knoten weiß, dazwischen braun; Mündung weiß.

Phalium bandatum

Galeodea echinophora

*Casmaria erinaceus
erinaceus*

*Casmaria erinaceus
erinaceus*
form *vibex*

Casmaria ponderosa

Casmaria ponderosa
form *turgida*

Phalium granulatum undulatum

Gattung: Morum
Die Gehäuse in dieser Gattung der Helmschnecken sind fest, grob strukturiert und ohne den nach oben gewundenen Siphonalkanal der vorhergehenden Gattungen.

Morum oniscus, Karibik, 2,5 cm. Flaches Gewinde; Spirallinien und Axialrippen auf dem letzten Umgang. Drei anliegende Linien unter der Naht sind herausgehoben, zwei Linien in der Mitte des Umgangs und eine vorn. Die verdickte Lippe hat etwa 15 Zähne. Spindel schwielig, stark runzelig oder gepustelt. Weiß, braun gefleckt; Spitze und Inneres weiß.

M. grande, südliches Japan, 7,0 cm. Fest, ziemlich langgestreckt, mit mäßig grobem Gewinde. Grobe Spirallinien, die auf den späteren Umgängen in Lamellen übergehen; grobe Axialrippen; an den Schnittpunkten Körnchenbildung. Die Lippe ist ausgedehnt, verdickt, nicht gebogen und hat viele Falten und Zähne. Spindelschild ziemlich dünn, gepustelt und runzelig. Kurzer, schwach gebogener Siphonalkanal. Schmutzig weiß; vier schwache unterbrochene, braune Bänder, besonders deutlich auf dem Lippenrand; Lippeninnenseite, Inneres, Spindel und Schild weiß.

M. macandrewi, südliches Japan und China, 5,0 cm. Mäßig niedriges Gewinde und an der Schulter aufgebläht, nach vorn schmaler werdend. Spirallinien, Axialrippen und mit Lamellen versehene axiale Zuwachsstreifen. Rippen und Linien bilden an ihren Schnittpunkten scharfe Spitzen. Verdickte, breite Lippe mit etwa zwölf großen Zähnen, dazwischen kleinere. Schmaler Spindelschild; ebenso wie die Spindel gepustelt und runzelig. Weiß; dunkel graubraune Bänder und Flecke; Lippe mit zehn kurzen, schwarzen Streifen; Innenseite der Lippe, Zähne, Spindel und Schild weiß.

M. ponderosum, Indopazifik, 4,0 cm. Fest, schwer, mit niedrigem Gewinde; feine Spirallinien; mit Knoten versehene Schultern. Der letzte Umgang hat zehn breite Spiralwülste mit kleinen Linien dazwischen; schwache lamellierte Zuwachsstreifen. Die verdickte Lippe hat etwa 15 kleine Zähne, die gegen das Ende hin rudimentär werden. Spindel mit feinen, herausgehobenen Furchen. Weiß; vier unscharfe, rotbraune Bänder; wenige kleine Flecken; Lippe weiß mit kleinen braunen Flecken; Inneres und Furchen weiß.

M. tuberculosum, Niederkalifornien bis Peru, 1,7 cm. Ähnlich *M. oniscus* von der atlantischen Küste Zentralamerikas. Flaches Gewinde und zulaufende Spitze. Gegittert, recht fein am Gewinde; Spirallinien. Fünf Spiralreihen kräftiger, stumpfer Knoten, etwa sechs je Reihe. Schmale Mündung. Lippe nach innen gedreht mit etwa 18 Zähnen. Glatte Spindel, schmale, dünne Schwiele. Dunkelbraun, fast schwarz; weiße oder gelbe Tupfen; Lippenrand und Inneres weiß oder gelb.

M. cancellatum, südliches Japan und China, 4,5 cm. In der Ausbildung ähnlich *M. macandrewi,* doch kleiner und zarter. Weiß oder cremefarben; etwa vier mehr oder weniger unbestimmte braune Spiralbänder; Inneres weiß.

Familie: Ficidae – Feigenschnecken
Eine kleine Familie (eine Gattung) tropischer Schnocken.
Sie sind feigenförmig, dünn und haben ein niedriges Gewinde mit einem großen, langen letzten Umgang, einer langen, breiten Mündung und einem Siphonalkanal. Sie leben auf Sand, gewöhnlich in ziemlich tiefem Wasser.

Ficus gracilis, südliches Japan, 15,0 cm. Kleines Gewinde mit Spirallinien und kleineren Axiallinien. Hellbraun; viele axiale, dunkler braune Wellenlinien; Inneres prächtig kastanienbraun; Lippe hell blaugrau.

F. ficoides, Indopazifik, 10,0 cm. Fast flaches Gewinde. Siphonalkanal im Verhältnis kürzer als bei der oben genannten Art. Gegittert mit feinen spiraligen und kleineren axialen Linien. Rosa-rehfarben; etwa fünf schmale, blasse oder weiße Bänder; dunkelbraune Flecken und Kleckse, besonders auf den fahlen Bändern; Inneres weiß mit einer violetten Tönung, die gegen das Innere hin braun wird.

Morum oniscus

Morum grande

Morum ponderosum

Morum macandrewi

*Morum
tuberculosum*

Morum cancellatum

Ficus gracilis

Ficus ficoides

Familie: Tonnidae – Tonnenschnecken

Keine große Familie. Die Tiere haben dünne, leicht zerbrechliche Gehäuse, einige sind groß mit kurzem Gewinde und stark aufgeblähtem letztem Umgang. Sie sind gezeichnet mit Spirallinien oder Wülsten. Im wesentlichen findet man sie in den Tropen auf sandigen Gebieten jenseits der Riffe; sie sind Fleischfresser und ernähren sich hauptsächlich von Echinodermen und Crustaceen.

Tonna variegata, Indopazifik, 16,0 cm. Kugelig mit niedrigem Gewinde aus sieben Umgängen mit tiefer Naht. Der Körper zeigt etwa 16 hervorstehende, breite Rippen, von denen sich auf dem vorletzten Umgang fünf zeigen. Zwischenräume mit Kanälen versehen, die hinteren mit schwachen Linien. Nabel tief und eng. Fein gekerbte Lippe. Kleiner Spindelschild. Cremefarben weiß bis mehlfarben mit hellcremefarbig-rosa oder gelbgrau-roten Flecken und undeutlichen Axialstreifen; einige Rippen rotbraun gefleckt, besonders in der Nähe der Naht, bei dem abgebildeten Exemplar sehr schwach; Innenseite der Lippe weiß; Inneres orange.

T. tessellata, westlicher Pazifik bis südliches Chinesisches Meer, 8,0 cm. Mäßig hohes Gewinde; etwa sieben Umgänge und tiefe Nähte. Der letzte Umgang hat etwa 14 ziemlich schmale, gerundete Rippen, vier auf dem vorletzten Umgang. Die Lippe ist geriffelt mit etwa zehn Paar Zähnen auf dem inneren Rand. Letzter Umgang von opakem Weiß; Rippen weiß mit braunen Flecken; vorletzter Umgang mit rosa Tönung; erste Umgänge mit dunkel rosa Spiralband bis zur Spitze.

T. cepa, Indopazifik, 13,0 cm. Eiförmig mit mäßig hohem Gewinde; etwa sieben Umgänge und tief eingeschnittene Nähte. Spirallinien auf den ersten Umgängen, auf dem vorletzten Umgang undeutlicher werdend. Etwa 16 breite, flache Rippen auf dem letzten Umgang, getrennt von schmalen Rinnen. Gerundete und gehämmerte Schultern. Enger Nabel. Unregelmäßig gezeichnet mit hellbraunen, purpurbraunen und cremefarbig weißen, spiralig verlaufenden verschmierten Linien, besonders auf den Schultern; Innenseite der Lippe und kleiner Spindelschild weiß. Inneres braun.

T. luteostoma, Westpazifik, Japan bis Neuseeland, 20,0 cm. Kugelig, mit niedrigem Gewinde; etwa sieben Umgänge und tiefe Naht. Breite, ziemlich abgeflachte, gerundete Rippen, etwa 17 auf dem letzten Umgang und fünf auf dem vorletzten Umgang. Fein gezähnte Lippe; schmaler Spindelschild über dem tiefen Nabel, jedoch nicht schließend. Weiß oder hell gelbbraun, mit abwechselnden weißen und rotbraunen Axialstreifen über den Rippen und mit Farbabstufungen zwischen ihnen; einige Rippen haben lange braune Streifen ohne Weiß; stark glänzend; Lippe und Spindel weiß; Inneres braun. Diese Schnecke ist in der Farbe ziemlich variabel.

T. dolium (nicht abgebildet), Indischer Ozean, westlicher Pazifik, 15,0 cm. Sehr variabel. Sie ist kugelig und hat 10 bis 20 breite, flache Spiralrippen. Zwei bis vier der Rippen zeigen sich auf dem vorletzten Umgang. Tiefe Nähte, geriffelte Außenlippe, Nabel offen und tief. Weiß bis rehfarben, auf den Rippen rechteckige orange-braune Flecken. Spitze braun; Inneres braun.

Tonna variegata

Tonna tessellata

Tonna cepa

Tonna luteostoma

139

T. allium, Indopazifik, bis zu 9,0 cm. Für eine *Tonna* ziemlich hohes Gewinde, so daß ein eher eiförmiges als kugeliges Aussehen resultiert. Ziemlich ausgedehnte Rippen, etwa 14 auf dem letzten Umgang und drei auf dem vorletzten Umgang. Die Rippen sind am hinteren Ende am weitesten voneinander entfernt und vorn am engsten beieinander. Zwischenräume konkav und glatt, mit Ausnahme feiner Zuwachsstreifen. Tiefe Naht. Fein gezähnte Lippe mit bis zu 12 Paaren von Zähnen. Kleine, dünne Spindel. Enger Nabel. Opak weiß, auf den Rippen kann eine bräunliche Tönung auftreten; Spitze und untere Hälfte der ersten Umgänge purpurn.

T. sulcosa, Indischer Ozean und Westpazifik, 12,0 cm. Mäßig hohes Gewinde; sieben Umgänge. Flache Rippen, etwa 20 auf dem letzten Umgang und vier auf dem vorletzten Umgang; die Rippen wie auch die flachen Kanäle zwischen ihnen unterscheiden sich in der Breite. Mäßig tiefe Nähte. Die Lippe ist verdickt und etwas ausgedehnt, mit etwa 20 Zähnen, einige paarig. Kleiner, dünner Spindelschild über einem sehr engen Nabel. Weiß, mit drei oder vier braunen Bändern, die je etwa zwei Rippen bedecken; Spitze dunkel purpurn.

T. perdix, Indopazifik, 20,0 cm. Gewinde schmal und hoch, ziemlich dünn mit gerundeten Schultern und nicht sehr tiefen Nähten. Schmale, flache Rinnen zwischen flachen Rippen, etwa 20 auf dem letzten Umgang und acht auf dem vorletzten Umgang. Leicht verdickte Lippe; tiefer Nabel; Siphonalkanal gegen die Mündung hin gedreht. Braun, mit dunkelbraunen und weißen Schmierflecken auf den Rippen, besonders nahe der Naht, der Basis und der Lippe; die weißen Zeichnungen befinden sich rechts von den braunen. Bei einigen Exemplaren bedecken, wie abgebildet, die braunen und weißen Zeichnungen fast das ganze Gehäuse. Spindel weiß; Inneres braun.

T. maculosa (nicht abgebildet), östliches tropisches Amerika. 13,0 cm. Sehr ähnlich der obigen Art, doch ist das Gewinde niedriger und trägt mehr Spiralrippen. Die Farbrechtecke sind stärker verschmiert.

T. galea, tropischer Indopazifik, westlicher Atlantik und Mittelmeer, 20,0 cm. Kugelig, mit niedrigem Gewinde von etwa sieben Umgängen. Der letzte Umgang hat etwa 15 bis 20 breite, flache Rippen; auf der oberen Hälfte bis zu drei kleinere Rippen dazwischen und bis zu fünf zwischen den obersten zwei Rippen. Tiefe Naht; zwei oder drei Linien oben auf dem Umgang innerhalb des Nahtkanals; etwa drei Hauptrippen auf dem vorletzten Umgang. Geriffelte Außenlippe, leicht ausgedehnt und rudimentär gezähnt. Enger Nabel, der fast von dem kleinen Spindelschild verschlossen wird. Hell milchschokoladenbraun, axial heller braun gestreift, auch auf der Naht hell; Spitze dunkel purpurn; Inneres und Spindelschild weiß; braune Zeichnungen auf der Lippeninnenseite und dem Rand des Siphonalkanals.

T. tetracotula (nicht abgebildet), östliches Australien und Neuseeland, 20,0 cm. Ziemlich ähnlich *T. sulcosa,* von der sie möglicherweise eine in mäßig warmem Wasser vorkommende Unterart sein kann. Kugelig, etwa 20 abgeplattete Rippen. Tiefe Naht; Lippe innen fein gezähnt, Zähnchen in Paaren; tiefer und enger Nabel. Weiß, braune Spiralbänder können vorhanden sein und den letzten Umgang unvollständig umziehen; ein Teil des letzten Umgangs kann hell cremefarben braun sein; Innenseite der Lippe weiß; Inneres gelbbraun; Spindel weiß.

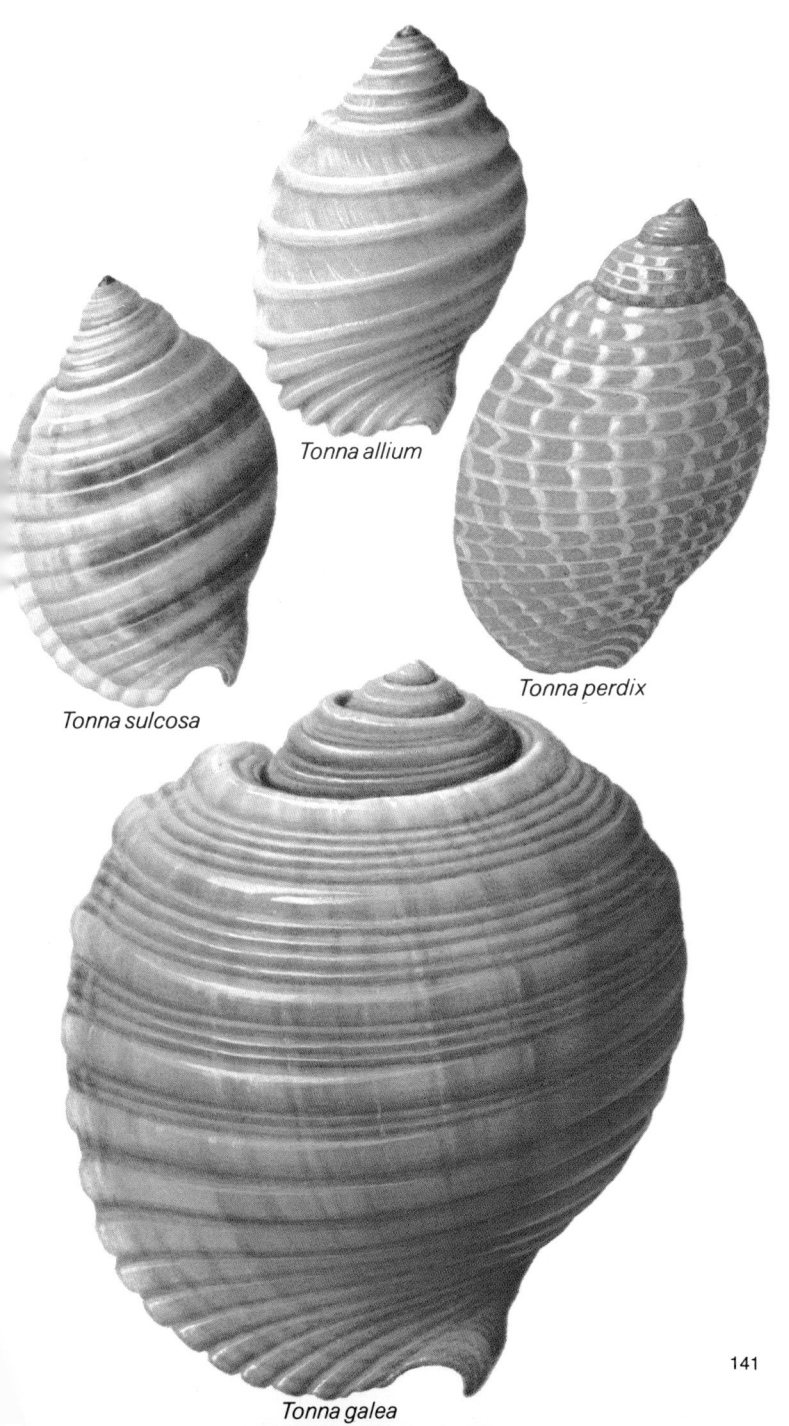

Tonna allium

Tonna perdix

Tonna sulcosa

141

Tonna galea

T. olearium, Südjapan und Südchinesisches Meer bis zu den Philippinen, Indonesien und Malaysia, 20,0 cm. Sehr ähnlich *T. galea,* doch mit einem höheren Gewinde. Etwa 17 Hauptrippen auf dem letzten Umgang, die schmaler und etwas stärker gerundet sind. Die Schultern sind stärker gerundet; der Siphonalkanal ist länger. Die Farbe ist ein dunkleres Braun; die Lippe ist von einem dunklen Braun gesäumt; die ersten Umgänge sind heller.

T. cerivesina (nicht abgebildet), südwestlicher Pazifik, bis zu 24,0 cm. Form ähnlich *T. galea.* Etwa 20 ziemlich flache Rippen auf dem letzten Umgang mit flachen Kanälen zwischen einigen der vorderen Kanäle. Grobe Zuwachsstreifen nahe der Mündung. Fein gekerbte Lippe. Spindel mit kleinem Schild, der den tiefen Nabel zum Teil bedeckt. Die Farbe variiert von einem dunklen Braun mit hellen Flecken und Streifen bis zu einem Grauweiß mit etwa fünf braunen Spiralbändern und braunen Flecken auf den dazwischenliegenden weißen Flächen; manchmal grauweiß mit ziemlich spärlicher brauner Fleckung.

Malea ringens, westliches tropisches Amerika, kann bis zu 24,0 cm erreichen, bleibt jedoch gewöhnlich bei 10,0 cm. Fest und schwer mit niedrigem Gewinde. Etwa sieben Umgänge mit 18 flachen Rippen auf dem letzten Umgang, von denen sich drei auf dem letzten Umgang zeigen. Flache Nähte und gerundete Schultern. Äußere Lippe kräftig eingeschnürt, bevor sie sich ausbuchtet und abflacht; Außenrand gerieffelt; Innenrand mit etwa 17 langen Zähnen gegenüber der Einschnürung auf der Außenseite. Spindel mit einer dreifach gewulsteten Erhebung in der Mitte und fünf hohen, schmalen Falten, von denen die ersten beiden und die letzten beiden verbunden sind. Der Spindelschild ist ziemlich uneben und schwach runzelig; er verschließt fast den Nabel. Nach hinten gebogener Siphonalkanal. Gelblich hellgrau gefärbt; heller auf der Innenseite der Außenlippe, auf der Spindel und den ersten Umgängen; Inneres hellbraun.

M. pomum, Indopazifik, 7,5 cm. Fest, mit einem niedrigen Gewinde, etwa sieben Umgängen und etwas eingedrückten Nähten. Letzter Umgang mit etwa 12 glatt gerundeten Rippen und flachen Zwischenräumen; drei Rippen zeigen sich auf dem vorletzten Umgang. Vor der äußeren Lippe eingeschnürt; die äußere Lippe ist gerifelt, verdickt und etwas abgeflacht, sie zeigt grobe Zuwachsstreifen. Die Lippeninnenseite trägt zehn oder elf kräftige, zahnähnliche Falten. Spindel schwielig, an der Spitze der Spindel schauen die darunterliegenden Kanäle hindurch. Unteres Ende mit etwa vier Falten und einer großen Rippe über der Siphonalkerbe. Der Nabel ist bedeckt. Cremefarben rehbraun mit weißen Quadraten und gestreckten Flecken auf den Rippen und einigen dunkler rehfarbenen Zeichnungen; äußerer Lippenbereich weiß, in der Mündung orangebraun werdend; Spindel weiß.

Malea ringens

Malea pomum

Malea ringens

Tonna olearium

143

Familie: Cymatiidae – Tritonschnecken

Ziemlich feste Gehäuse, gewinkelt mit spiraligen Rippen und Linien, Knoten, Höckern und Warzenwülsten. Sie haben ein Operculum. Der Siphonalkanal ist oft lang. Sie leben in sandigen und felsigen Gebieten in tiefem und flachem Wasser der Tropen weltweit. Das Periostracum ist mitunter sehr dick und behaart, das Operculum hornig. Sie leben als Fleischfresser von Echinodermen und Mollusken. Sie bilden eine lange Veligerlarve aus oder ein freischwimmendes Stadium, nachdem sie ausgeschlüpft sind und bevor sie sich zur endgültigen Form entwickeln. Dies gilt jedenfalls für einige Arten im Atlantik, im Mittelmeer und auch im Indopazifik – zum Beispiel *Ranella gigantea.*

Gattung: Charonia

Es gibt etwa ein Dutzend Arten von Tritonshörnern. sie haben ein hohes Gewinde und eine große Mündung. Einige wachsen zu erheblicher Größe heran, alle sind tropisch oder subtropisch.

Charonia tritonis, Indopazifik, 40,0 cm. Mitunter als Horn benützt, besonders im Pazifik. Hoch zugespitztes Gewinde; grobe Spirallinien und Axialrippen auf den ersten Umgängen. Die Spiralrippen unter der Naht – zwei auf den ersten Umgängen, drei geperlte auf dem letzten Umgang – sind breit und flach mit einer kleinen, schmalen Rippe dazwischen. Die äußere Lippe buchtet sich zu einer großen Mündung aus und formt vor der Lippe einen niedrigen Wulst, wobei die Lippe sich abbiegt. Diese Axialwülste und Lippen zeigen sich als Warzenwülste auf den ersten Umgängen. Die ausgezackte Lippe hat ewa 15 Spiralrippen, die ins Innere hinein verlaufen, wobei die hinteren auf der Lippe Zahnpaare bilden. Die konkave Spindel ist kräftig und grob gefurcht. Enger Nabel. Kurzer Siphonalkanal. Cremefarben weiß; purpurfarbene und braune gerundete, schuppenartige Zeichnungen auf den Spiralrippen; Lippe rosa-weiß; Inneres der Mündung und innere Rippen orange; Zähnchen weiß; Spindel orangerosa, zwischen den Furchen purpurbraun.

C. variegata, Florida bis Brasilien, 38,0 cm. Ähnlich der oben genannten Art, aber gedrungener. Die Umgänge sind mitunter unregelmäßig aufgeschwollen und buchten sich gelegentlich über die Naht aus, die dann in einer unregelmäßigen Spirale abwärts läuft. Der äußere Lippenrand ist ausgezackt, doch weniger vorstehend, gezähnt mit rippenähnlichen Fortsätzen, die im wesentlichen paarweise vorkommen, insgesamt etwa 10 Paare. Färbung ähnlich *C. tritonis,* doch sind die Zähne auf der Lippe weißer, und jedes Paar liegt in einem prächtig braunen Flecken; in der Mündung orangerosa; Inneres weiß.

C. nodifera, Mittelmeer, bis zu 30,0 cm. Spiralig liniert; zwei Reihen stumpfer Knoten je Umgang, untere Reihe manchmal unter der Naht verborgen. Letzter Umgang mit zwei breiten, flachen Wülsten, auf denen sich die Linien zeigen und die ersten Knötchen fast verschwinden, ferner mit weiteren unbedeutenderen Bändern. Ausgedehnte, verdickte, gezackte Lippe mit etwa 12 stumpfen, rippenähnlichen Zähnchen. Spindel mit einer großen und einer kleineren Falte hinten; vorn drei oder vier schräge große Falten; dazwischen viele feine rudimentäre Falten, Nabel verschlossen. Siphonalkanal im Verhältnis größer als bei den vorhergehenden Arten. Weiß; unterbrochene braune Bänder axial und spiralig auf dem letzten Umgang; Zähne auf der Lippe braun; brauner Fleck am Grund der Spindel.

Charonia variegata

Charonia tritonis

Charonia nodifera

145

Cymatium gutturnium, Indopazifik, 9,0 cm. Etwa sechs Umgänge mit Spirallinien und Axialrippen oder Falten und etwa acht größeren Rippen auf dem letzten Umgang, der zugespitzte Knötchen trägt, und zwar dort, wo sie von den Spirallinien gekreuzt werden. Leicht eingeschnürte Naht. Außenlippe verdickt und schwielig mit sieben kräftigen Zähnen. Spindel kräftig schwielig, drei oder vier Falten an der Spitze; eine kräftige Rippe nahe dem unteren Ende; etwa drei kleinere an der Spitze des langen, schrägen Siphonalkanals. Weiß mit braunen Axialzeichnungen im Verlauf der großen Axialrippen; Lippeninnenseite, Spindel, Schwielen und Inneres des Siphonalkanals orangerot, kann aber auch weiß oder gelb sein.

C. (Ranularia) pyrum, Indopazifik, 8,0 cm. Fest und schwer. Bedeckt mit perlenbesetzten Spirallinien. Die Rippen tragen zugespitzte Knoten, wo sie die gewinkelten Schultern schneiden, desgleichen unterhalb; etwa acht auf dem letzten Umgang, jeder Knoten mit etwa vier bis sechs Knötchen; zwei oder drei zeigen sich auf den ersten Umgängen. Außenlippe mit dickem, kräftigem Warzenwulst; innen kräftig gezähnt – etwa sieben Zähne – mit viel kleineren Zähnen – etwa acht Paaren – am Beginn der Lippe. Kräftig gefaltete Spindel; langer, aufgewundener Siphonalkanal. Rotbraun; Warzenwülste mit dunkleren und helleren Zeichnungen; Lippeninnenseite und Inneres weiß mit rosa Zonen um die Zähne herum; Spindel orangerot mit weißen Falten. Grobes, schweres Periostracum.

C. lotorium, Indopazifik, 10,0 cm. Fest, schwer und grob. Glatte Naht, hohes Gewinde und letzter Umgang mehr als halb so lang wie das Gehäuse. Spirallinien; feine Fäden. Schultern gewinkelt mit kräftigen Knoten, von denen jeder etwa drei Linien trägt. Die Außenlippe hat etwa sieben Zähne. Spindel mit kräftiger, schwieliger Rippe am hinteren Ende und mit einer kleinen Rippe an der Spitze des langen Siphonalkanals, dazwischen gefurcht. Schmaler Spindelschild. Gelbbraun; Lippeninnenseite und Inneres weiß; Rand der Spindelschwiele dunkelbraun gefleckt und Spindel mit hellbraunen Zeichnungen.

C. (Monoplex) parthenopeum, südöstliches und südliches Australien, 15,0 cm. Fest, ziemlich hohes Gewinde. Umgänge gewinkelt mit feinen Spiralfäden, knotigen Rippen und feinen axialen Zuwachsstreifen und Falten. Außenlippe mit kräftigem Warzenwulst; Inneres schwielig mit sechs Falten von langen, dünnen Zähnen. Spindel mit schmalem Schild und gefurcht, mit einem Zahn hinten. Kurzer, leicht gebogener Siphonalkanal. Dunkelbraun mit helleren Zonen; Lippeninnenseite rosa mit weißen Zähnchen auf einem dunkelbraunen Grund; Spindel dunkelbraun mit weißen Furchen und weißem Zahn; Inneres weiß.

C. (Septa) pileare, Indopazifik, 10,0 cm. Hohes Gewinde und langgestreckt. Spiralig verlaufende, mit Perlen versehene Wülste verschiedener Größe und dazwischenliegende Fäden. Zwei Wülste auf der Schulter tragen kleine stumpfe Knoten. Außenlippe mit kräftigerem Warzenwulst und etwa acht Paaren langer Zähne. Spindel kräftig gefurcht. Hell bis dunkel gelbbraune Schattierungen; Lippeninnenseite, Inneres und Spindel tief sattrot oder auch hell orange. Sehr haariges Periostracum.

Cymatium lotorium
juvenile

Cymatium gutturnium

Cymatium pyrum

Cymatium lotorium

Cymatium parthenopeum

Cymatium pileare

C. (Septa) hepaticum, Pazifik und Indonesien, 5,0 cm. Breite Rippen, breite Zwischenräume und Axialrippen. „Beule" auf der Schulter in der Mitte des Rückens. Die Lippe trägt einen dicken Warzenwulst und neun Zähne; gefurchte Spindel; Inneres mit spiraligen Kanälen versehen. Linien rot oder orange-braun; Zwischenräume im wesentlichen schwarz; Lippenrand rosa; Inneres weiß; Spindel rot, Furchen weiß.

C. (Turritella) gibbosum, westliches Zentralamerika, 4,0 cm. Eingeschnürt an der Naht und ausgedehnt an der Schulter, mit ausgedehnten Warzenwülsten. Feine, geperlte Spirallinien und Axialrippen. Schulter mit einem großen und drei kleinen Knoten. Die unteren Linien tragen zwei oder drei kleine Knötchen. Die mit einem großen Warzenwulst versehene Lippe trägt vier schwache Zähne. Spindel rudimentär gefaltet mit einem kleinen Zahn und Schwiele über dem unteren Ende des vorletzten Warzenwulstes und einem großen Teil des Rückens. Rotbraun; fünf undeutliche purpurbraune Spiralbänder; erste Umgänge graupurpurn; Warzenwülste mit weißer Zone an der Seite der Mündung, braun eingefaßt; Kernumgänge deutlich sichtbar, glatt, weiß mit dunkelbrauner Linie unter der Naht.

C. (Cymatriton) nicobaricum, Indopazifik, 5,0 cm. Spiralige, knotige Linien und feine Fäden. Drei bis fünf große Knoten auf der Schulter zwischen jedem Warzenwulst. Lippe mit kräftigem Warzenwulst und sieben bis 14 langen Zähnen; Spindel gefurcht. Grau, rote Flecken, manchmal undeutliches cremefarbenes Band. Lippe, Zähne und Furchen weiß; Inneres und Spindel gelb oder orangegelb.

C. (Limatella, Gelagna) clandestinum, Indopazifik, 4,5 cm. Leicht, keine Warzenwülste und sechs aufgeblähte Umgänge mit 20 Spirallinien, sieben auf dem vorletzten Umgang, mit glatten, breiten Kanälen dazwischen. Schwache Axialrippen, die auf dem letzten Umgang verschwinden. Inneres mit Kanälen versehen; Lippe ausgedehnt, nicht verdickt; Spindel glatt. Hellbraun; Linien rot, Innenseite der Lippe, Inneres und untere Spindel weiß.

C. (Mayena) australasia, südliches Australien und Neuseeland, 9,0 cm. Sehr feine Spiralfäden; stumpfe Knoten auf den Schultern, zwölf auf dem letzten Umgang; schräge Warzenwülste. Lippe kräftig gezähnt; Spindel mit einer Falte. Dunkelbraun; Warzenwülste braun, weiß; Lippeninnenseite, Spindel und Inneres weiß.

C. labiosum, Indopazifik und Karibik, 3,0 cm. Feine, geperlte Spiralfäden und sechs Spirallinien; vier Axialrippen zwischen den Warzenwülsten, die stumpfe Knoten bilden, wo sie die Linien schneiden. Lippe mit gut entwickeltem Warzenwulst; Mündung mit sechs stumpfen Zähnen; Spindel hinten und vorn mit stumpfem Zahn; Spindelschild am Rand mit schwachen Falten. Rotbraune Mündung, Innenseite der Lippe und Spindel weiß.

C. (Argobuccinum) argus, Südafrika in tiefem Wasser, 6,0 cm. Spiralfäden; fünf Reihen kleiner Knoten auf dem letzten Umgang, zwei auf den früheren Umgängen. Lippe zu einem schwachen Warzenwulst verdickt, mit acht Paaren von Zähnen. Spindel hinten mit drei Falten. Hellbraun; dunkelbraune Streifen mit hellbraunen Knoten, einer darüber und zwei darunter ohne Knoten und mit dunkelbraunen Linien zwischen den Streifen; Lippeninnenseite, Spindel und Inneres weiß. Gewinde und Knoten oft nach weiß gefärbt, wie abgebildet.

C. (Cabestana) dolarium, Südafrika, 4,0 cm. Gewinkelt mit Spiralwülsten, die in der Mitte eine feine eingeschnittene Linie tragen; eine kleine Linie zwischen den Rippen; die Axialrippen, zehn auf dem letzten Umgang, bilden stumpfe Knoten, wo sie die Wülste schneiden; zwei Wülste zeigen sich auf dem vorletzten Umgang. Ausgebuchtete, gezähnte Außenlippe mit sieben Zähnen, von denen einige zweigeteilt sind. Glatte Spindel. Braun oder grauweiß; Lippeninnenseite, Mündung und Spindel weiß.

Cymatium hepaticum

Cymatium gibbosum

Cymatium clandestinum

Cymatium nicobaricum

Cymatium australasia

Cymatium labiosum

Cymatium argus

Cymatium dolarium

C. (Cabestana) spengleri, östliches Australien, Neuseeland, 12,0 cm. Spiralrippen und Spirallinien unterschiedlicher Breite, alle dicht mit Perlen besetzt. Engstehende Axialrippen, spiralige, hervorstehende Linien; feine Fäden. Gewinkelte Schultern mit sechs kleinen Knoten. Lippe mit dickem Warzenwulst, gezähnt, sieben Paare von Zähnen. Schwach gefurchte Spindel, hinten mit einem zweigeteilten Zahn. Offener Kanal. Cremefarben gelbbraun; in einigen Zwischenräumen schwarz; Lippeninnenseite, Inneres und Spindel weiß.

C. muricinum, Indopazifik und Karibik, 8,0 cm. Fest; langer Siphonalkanal; grobe Spiral- und Axiallinien und -fäden, unter der Naht miteinander vermischt. Sieben Hauptlinien auf dem letzten, drei auf dem vorletzten Umgang. Axialrippen knotig, wo sie die Linien schneiden. Lippe mit kräftigem Warzenwulst, innen stark schwielig. Kanal im Winkel von etwa 45 Grad. Weiß; graue und braune Fleckung, im wesentlichen in Spiralbändern; Lippeninnenseite, Spindel und Schwiele cremefarben; Inneres purpurbraun.

C. (Fusitriton) laudandus, südliches Neuseeland, 11,0 cm. In tiefem Wasser. Runde Schultern; feine Spirallinien, Axialrippen und Knoten an den Schnittpunkten. Lippe mit kleinem Warzenwulst. Die Spindel trägt hinten einen langen, schwieligen Zahn; ausgedehnter Siphonalkanal. Cremefarben; Linien kastanienbraun; Inneres, Spindel weiß, manchmal rosa oder purpurn getönt; graubraunes Periostracum (abgebildet).

C. (Ranella) giganteum, Mittelmeer bis Südafrika, 21,0 cm. Feine Spiralfäden und niedrige Wülste, von denen sechs auf den oberen Umgängen zu sehen sind. Axial verlaufende, feine, dichtstehende Streifen. 20 Rippen auf den oberen Umgängen, zehn undeutliche auf den letzten drei. Die oberen Umgänge tragen kleine, scharfe Knoten, wo sich Wülste und Rippen schneiden; auf den letzten drei Umgängen, besonders im zentralen Teil werden die zugespitzten Knoten auf einigen Wülsten größer und gröber. Lippe mit Rand abgeflacht, hinter dem Warzenwulst leicht ausgedehnt, 17 Zähne. Hinten ein kräftiger Spindelzahn. Siphonalkanal mäßig groß, etwas gebogen. Weiß; hellbraune Fleckung; Inneres und Spindel weiß. Man hielt die Art für beschränkt auf das Mittelmeer und die portugiesische Küste, doch wurde das abgebildete Exemplar aus den Gewässern vor dem südlichen Zululand (Südafrika) heraufgeholt.

C. africanum, Südafrika, 6,0 cm. Langgestreckt oder gedrungen. Spiralrippen auf dem oberen Umgang rudimentär und auf der Schulter der letzten Umgänge mit Knoten versehen. Sechs Knoten auf dem letzten Umgang. Lippe mit kräftigem Warzenwulst, sieben Zähne. Hinten ein Spindelzahn; mit Nabel. Rotbraun; Lippe, Inneres und Spindel weiß.

Gyrineum gyrinum, Indopazifik, 5,0 cm. Zusammengedrückt. Spiralfäden; stärkere Linien, sieben auf dem letzten Umgang, drei auf den ersten Umgängen; Axialfäden; Rippen, zwölf auf dem letzten Umgang; Linien und Rippen bilden an den Schnittpunkten kleine Knoten. Die Lippe trägt sieben Zähnchen, einige sind zweigeteilt. Die Spindel hat hinten einen Zahn und trägt schwache Falten. Dunkelbraun; weißes Band auf dem Rücken; Knoten mit roter Tönung; Warzenwülste orangebraun und weiß; Lippe und Spindel weiß; Inneres dunkelbraun, weißes Spiralband; Kernumgänge dunkel, gut sichtbar.

G. natator, Indischer Ozean und Westpazifik, 4,0 cm. Dorsoventral zusammengepreßt; Warzenwülste an jeder Seite geradezu aufgereiht. Zehn Spirallinien auf dem letzten Umgang, vier auf den ersten Umgängen. Feine herausragende Fäden; Axialrippen, 15 je Umgang; gerundete, glänzende Knoten an den Schnittpunkten. Lippe mit kräftigem Warzenwulst, sieben Zähne. Spindel mit hinterem Zahn und rudimentären Falten. Grau-gelbbraun; dunkelbraune Bänder und Knoten; Warzenwülste braun und weiß; Lippeninnenseite, Spindel und Inneres weiß.

Biplex bitubercularis, Indischer Ozean und Westpazifik, 4,0 cm. Schwach aufgebläht. Feine Spiral- und Axialfäden. Spiralwülste, zehn auf dem letzten Umgang; Axialwülste, fünf zwischen jedem Warzenwulst auf den oberen Umgängen, zwei oder drei auf den letzten beiden Umgängen. Knoten, wo sich Wülste und Rippen schneiden, größer auf den zwei oder drei Wülsten in der Mitte eines Umgangs. Lippe mit neun Zähnen; Spindel an der Spitze und am Grund gefaltet, in der Mitte gerunzelt; gedrehter Siphonalkanal. Hell rehfarben; Warzenwülste cremefarben; größere Knoten rot; Mündung weiß.

Gyrineum gyrinum

Cymatium
muricinum

Gyrineum natator

Cymatium spengleri

Cymatium
giganteum

Cymatium
laudandus

Biplex bitubercularis

Cymatium africanum

151

B. jucundum, nördliches Australien, Indonesien, Malaya, 2,5 cm. Besser bekannt als *B. pulchella.* Dorsoventral stark abgeflacht. Spiralige, abwechselnd breite und schmale Linien, fünf auf dem letzten Umgang, mit tiefen, schmalen Zwischenräumen. Die Umgänge haben Axialrippen, 25 auf dem letzten Umgang. Sie bilden Knoten an den Schnittpunkten mit den Spirallinien. Lippe und Spindel glatt; schlanker, mäßig langer Siphonalkanal. Cremefarben oder graubraun.

B. perca, zentraler Indischer Ozean und Westpazifik, 8.0 cm. Dorsoventral abgeflacht. Verbreiterte, abgeflachte Warzenwülste. Spiralige Fäden und Wülste, sieben auf dem letzten Umgang. Axialrippen, 20 auf dem letzten Umgang. Stumpfe Knoten, wo sich die Wülste und Rippen schneiden. Runzelige oder undeutlich gezähnte Lippe; Spindel hinten mit einem Doppelzahn, rudimentär gefaltet; gestreckter, leicht gebogener Siphonalkanal. Hell graubraun, auf den größeren Umgängen braun gefleckt; Knoten cremefarben; Mündung weiß.

Distortio anus, Indopazifik auf Riffen, 8,0 cm. Zulaufendes Gewinde. Die unregelmäßig aufgeblähten Umgänge verleihen dem Gehäuse ein verzogenes Aussehen. Spiralwülste mit Knoten versehen; Axialrippen. Gezähnte Lippe mit einer Reihe von sieben Zähnen in Randnähe, die nach außen weisen, eine zweite Reihe größerer Zähne ist nach innen gewendet; zwischen den Reihen liegt ein Kanal. Die sehr große Spindel trägt in der Mitte eine tiefe, breite Kerbe. Siphonalkanal an beiden Seiten gewulstet, scharf abgebogen. Weiß; braune Spiralbänder und Flecken; Mündung glänzend weiß mit rosa und braunen Zonen.

D. reticulata, Indopazifik, tiefes Wasser, 5,5 cm. Ähnlich der obigen Art, doch weniger extrem. Spirallinien; Axialrippen; scharfe Knoten an den Schnittpunkten. Ausgebreitete Lippe; zehn sehr kleine äußere Zähne, innere Zähne am Ende der Wülste, die die Lippe kreuzen. Spindel mit langem Zahn an der Spitze; in der Mitte eine große, rechteckige Kerbe; untere Region kräftig gefaltet. Cremefarben; Zähne und Inneres weiß.

D. clathrata, Karibik und westliches Afrika, tiefes Wasser, 6,0 cm. Ähnlich *D. reticulata,* doch in der Zeichnung viel gröber, und die Knoten werden auf der Mitte der Umgänge zu stumpfen Stacheln. Schmalere Lippe, zehn äußere und innere Zähne, von denen die, die der Spindelkerbe gegenüberliegen, viel größer als die übrigen sind. Spindeloberfläche sehr ähnlich, doch mit Wülsten statt Reihen kleiner Knoten. Cremefarben mit brauner Wolkenzeichnung; Inneres und Spindel weiß.

Familie: Colubrariidae – Falsche Tritonschnecken

Lang, schmal, mit Warzenwülsten, kurzem Siphonalkanal und hornigem Operculum. Die Familie ist nicht gut untersucht und müßte möglicherweise zu den Buccinidae gestellt werden.

Colubraria obscura, Indischer Ozean und tropischer Atlantik, 6,0 cm. Schmal, mit hohem Gewinde, fest und ziemlich flach. Spiralreihen von Körnchen, 20 Reihen auf dem letzten Umgang; axiale Zuwachsstreifen. Kurzer Siphonalkanal. Lippe mit kräftigem Warzenwulst und etwa 13 Zähnen. Hinten ein Spindelzahn. Cremefarben; hellbraune Zeichnung auf den Warzenwülsten und einigen Knoten.

Biplex jucundum

Biplex perca

Distortio anus

Distortio reticulata

Distortio clathrata

Colubraria obscura

Familie: Bursidae – Froschschnecken

Diese Schnecken sind eng verwandt mit den Cymatiidae. Sie leben hauptsächlich in tropischen Zonen unter Felsen und Korallen in flachem Wasser. Die meisten tragen Knoten, haben grobe, kräftige Warzenwülste und gut ausgebildete vordere und hintere Kanäle.

Bursa caelata, Kalifornien bis Peru, 5,0 cm. Rechteckig und abgeplattet; mäßig großes Gewinde mit geraden Seiten; fünf Umgänge. Feine, spiralige, schwach geperlte Wülste; sechs größere Reihen von Knoten. Die am breitesten Teil des Körperumgangs ist am größten und wie die nach vorn folgende eine Doppelreihe. Lippe geriffelt und kräftig gezähnt. Spindel gefurcht und gepustelt. Kurzer, tiefer Siphonalkanal; tiefer, offener, gedrehter vorderer Kanal. Dunkel rotbraun; Knoten glänzend; Inneres und Spindel weiß mit hell kastanienbrauner Wolkenzeichnung.

B. rosa, Indischer Ozean und Westpazifik, 4,0 cm. Gedrungenes, festes, mäßig großes Gewinde, zwei Warzenwülste je Umgang und feine Spirallinien. Drei unregelmäßige Spiralwülste, von denen die beiden hinteren zwischen den Warzenwülsten zu zwei oder drei stumpfen Knoten zusammenwachsen. Schmale, knötchenreiche Lippe mit neun kleinen kräftigen Zähnen. Spindel vorn mit drei kräftigen Zähnen, hinten gefurcht. Langer, ausgezogener, fast röhrenartiger hinterer Kanal; tiefer, gebogener vorderer Kanal. Cremefarben weiß; rotbraune unterbrochene Linien auf den Wülsten; Lippe cremefarben gelb; Zähne weiß; Inneres malvenfarben.

B. bufonia, Indischer Ozean und Westpazifik, 8,0 cm. Fest, schwer, ziemlich hohes Gewinde, zwei Warzenwülste je Umgang. Grobe, körnige Spiralwulste mit drei groben, stumpfen Knoten auf den Schultern zwischen den Warzenwülsten. Ausgedehnte, geriffelte Lippe mit neun Zähnen am inneren und äußeren Rand. Grob gefurchte Spindel. Tiefer, ausgezogener, röhrenförmiger Siphonalkanal; tiefer, scharf gebogener, fast geschlossener vorderer Kanal. Cremefarben weiß; braune Zeichnungen; Lippe cremefarben; Inneres weiß.

B. granularis, Indischer Ozean und Westpazifik, 6,0 cm. Leicht abgeflacht; hohes Gewinde; Naht etwas eingeschnürt. Spiralreihen gestreifter Knoten, dazwischen feine Streifen. Die Lippe hat 14 kräftige Zähne. Gefurchte Spindel. Kurzer, tiefer hinterer Kanal; tiefer, gebogener, offener vorderer Kanal. Rotbraune Schattierungen; weiße Perlen auf den Warzenwülsten; Lippe und Spindel cremefarben weiß; Inneres weiß.

B. bubo, Indopazifik, 26,0 cm. Fest, schwer, grob skulpturiert mit ziemlich hohem Gewinde. Große, rauhe Spirallinien und Knoten auf der Schulter, fünf zwischen den Warzenwülsten. Leicht eingeschnürte Naht und runde Mündung. Ausgebuchtete, gezähnte Lippe mit inneren Zähnchen, die an den hinteren Kanal angrenzen. Konkave, gefaltete Spindel, hinten mit einem Zahn. Kurzer, tiefer, offener hinterer Kanal; kurzer, tiefer, fast geschlossener, gedrehter vorderer Kanal. Cremefarben weiß; hellbraune Flecken und Spritzer; Mündung cremefarben bis strohfarben.

B. rubeta, Indopazifik, 25,0 cm. Ähnlich *B. bubo,* doch ist das Gewinde etwas höher. Außenrand der Lippe gezähnt, 14 Zähne am Innenrand, innen grob gefurcht. Spindel ausgiebig gefaltet, wobei die Falten vorn kräftiger sind. Cremefarben weiß mit braunen Zeichnungen; Mündung rot oder orangerot; Zähne und Falten weiß oder hellgelb.

B. foliata, Indischer Ozean, 9,0 cm. Fest, mäßig großes Gewinde, zwei abgeplattete Warzenwülste je Windung, die auf jeder Seite eine Kante bilden. Feine, knotige Spirallinien und drei Reihen axial abgeplatteter Stacheln, von denen die hinterste Reihe am größten ist; vier Stacheln zwischen den Warzenwülsten, die Reihen enden mit kurzen Stacheln auf den Warzenwülsten. Ovale Mündung; ausgedehnte, abgeplattete, geriffelte, gezähnte Lippe; Spindel reich gefaltet; kurzer, tiefer, offener hinterer Kanal; kurzer, gebogener vorderer Kanal. Cremefarben oder hell gelbbraun mit dunkler braunen Schattierungen; Stacheln mit dunkelbraunen und weißen rechteckigen Flecken; Mündung weiß mit Orangerot an der Lippe und am Spindelschild; Inneres graubraun.

Bursa rosa

Bursa caelata

Bursa granularis

Bursa bufonia

Bursa bubo

Bursa rubeta

Bursa foliata

Ordnung: Neogastropoda – Neuschnecken
Überfamilie: Muricacea
Familie: Muricidae – Stachelschnecken

Die Murex-Schnecken leben zwischen Felsen und Korallen, meist in flachem Wasser in den Tropen. Sie sind Fleischfresser und erbeuten andere Mollusken, indem sie ein Loch durch deren Schalen bohren und den Inhalt fressen. Sie sind gewöhnlich kräftig skulpturiert mit Stacheln oder anderen Gehäuseauswüchsen. Eine Anzahl von Gattungen und viele Arten.

Murex troscheli, nördliches Australien über die Philippinen bis Japan, 14,0 cm. Mäßig hohes Gewinde; tiefe Naht; drei Warzenwülste je Umgang. Schmale Spirallinien mit kleinen Fäden dazwischen; etwa 12 Fäden auf dem letzten Umgang; kleine Wülste, die gegen die Mündung hin verschwinden. Die Lippe ist überzogen von einem festen Warzenwulst, auf dem die Linien in langen, scharfen Stacheln enden, die längeren stehen mehr oder weniger im Winkel von 90 Grad zur Gehäuseoberfläche, die kleineren zeigen mehr zur Mündung hin. Sehr langer, fast geschlossener Siphonalkanal, der ähnliche Stacheln trägt. Die Lippe hat vorn einen stumpfen Zahn; die glatte Spindel trägt einen kleinen Schild. Cremefarben weiß; Linien hellbraun; Mündung weiß.

M. pecten, Indischer Ozean und Westpazifik, 12,5 cm. Synonym *M. triremis.* Mäßig hohes Gewinde; tiefe Nähte; Spirallinien, große und kleine abwechselnd; Axialrippen und kleine Lamellen, die an den Schnittpunkten knotig sind. Drei Warzenwülste je Umgang mit etwa 16 langen Stacheln und einer Anzahl kurzer Stacheln in einem Winkel zu den anderen; die Stacheln auf der Schulter des letzten Umgangs und auf dem Gewinde weisen nach hinten. Langer, gerader, fast geschlossener Siphonalkanal; fein gezähnte Lippe mit einem großen Zahn vorn, bedeckt von einem kleinen Warzenwulst; glatte Spindel. Cremefarben weiß, die größten Stacheln etwas dunkler; der Lippenrand trägt winzige braune Zeichnungen; Mündung weiß.

M. mindanoensis, Philippinen, 6,3 cm. Hohes Gewinde und kräftige Spiralwülste, einige mit einer schwachen Linie dazwischen. Drei Warzenwülste je Umgang und drei starke Axialrippen dazwischen; die letzteren sind mit kurzen, scharfen, hohlen Stacheln versehen. Fein gezähnte Lippe; die Spindel trägt vorn drei Falten; langer, gebogener Siphonalkanal. Hell gelbbraun bis braun; Kanal dunkler; Mündung weiß.

M. nigrispinosus, Indischer Ozean und Westpazifik, 9,0 cm. Mäßig hohes Gewinde; feine Spiralstreifen und mikroskopisch kleine Lamellen. Etwa sechs große Spiralwülste auf dem letzten Umgang; vier oder fünf Axialrippen zwischen den Warzenwülsten, an den Schnittpunkten knotig; drei Warzenwülste je Umgang mit kräftigen, ziemlich geraden Stacheln, von denen die auf der Schulter am größten sind. Die Lippe trägt einen kräftigen Warzenwulst und hat drei große und etwa sechs dazwischenliegende kleine Zähne; Innenseite der Lippe gezähnt, manchmal mit größerem Innenzahn. Siphonalkanal lang. Weiß; Enden der Stacheln dunkelgrau; Mündung weiß.

M. trapa, zentraler Indopazifik, 11,0 cm. Mäßig hohes Gewinde; kräftige Spiralwülste und Axialrippen auf den ersten Umgängen. Die Rippen werden auf dem letzten Umgang undeutlich; unregelmäßige Axialstreifen. Drei Warzenwülste je Umgang mit größeren und kleineren Stacheln, von denen sich einige nach hinten biegen. Gezähnte Lippe mit nicht sehr kräftigem Warzenwulst und einem großen, hervorstehenden, abgeflachten Zahn am hinteren Ende. Langer, gerader Siphonalkanal. Blaugrau, braun getönt auf den ersten Umgängen; Mündung weiß; dunkelgraue Flecke am Grund des Inneren der großen Stacheln; Innenseite braun mit blaugrauen spiraligen Streifen.

M. tribulus, Indopazifik, 12,0 cm. Mäßig hohes Gewinde; Spirallinien und Axialrippen, knotig an den Schnittpunkten. Drei Warzenwülste je Umgang, stachelartig, die an den Schultern am längsten. Lippe mit schwachem Warzenwulst; gezähnte Innenlippe, vorne mit großem Zahn. Langer, fast gerader Siphonalkanal. Hell gelbbraun; Mündung weiß; Lippenrand mit winzigen braunen Zeichnungen, die auf den ersten Umgängen in geringerer Menge zu sehen sind.

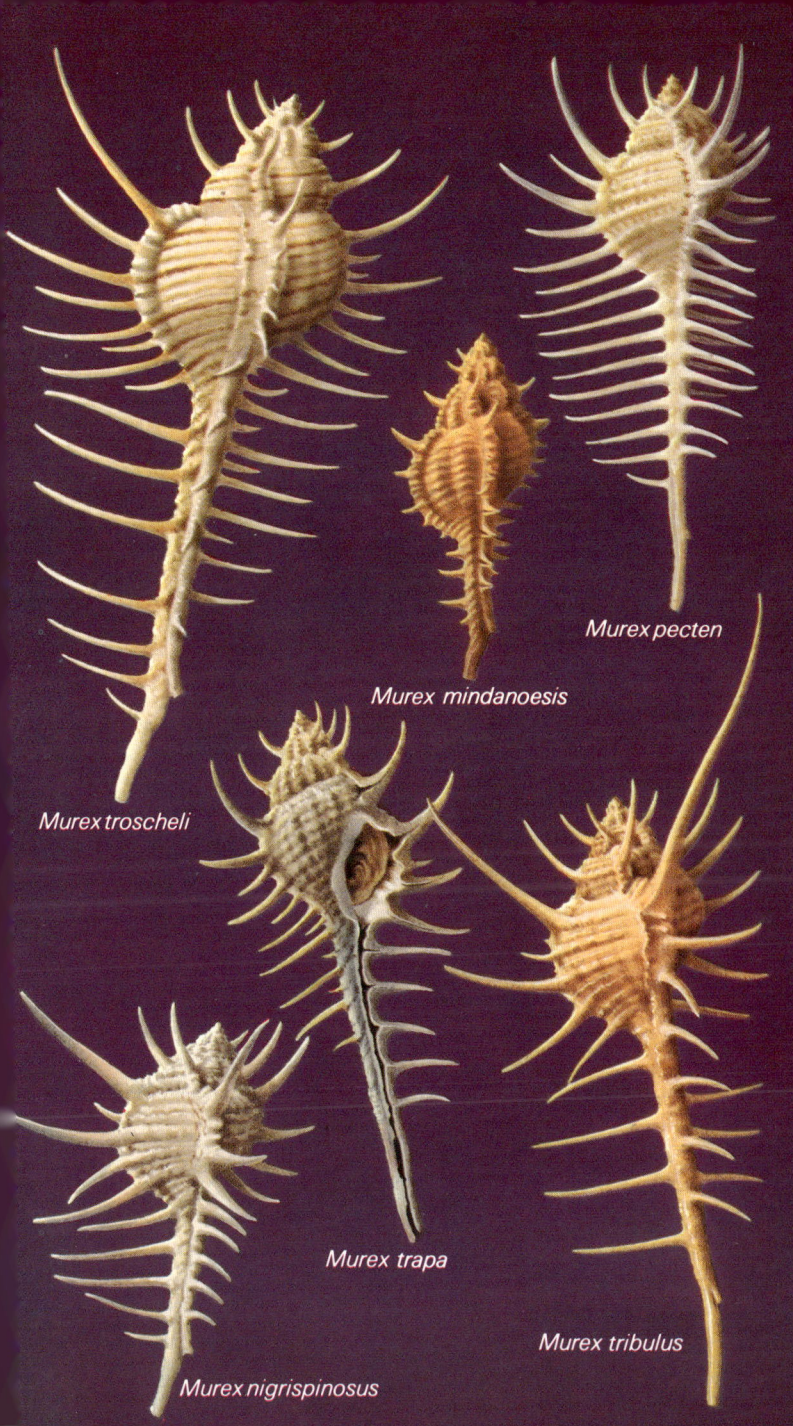

Murex mindanoesis

Murex pecten

Murex troscheli

Murex trapa

Murex tribulus

Murex nigrispinosus

Haustellum haustellum, Indopazifik, 11,0 cm. Festes Gehäuse; niedriges Gewinde; langer, dünner und fast geschlossener Siphonalkanal. Axial gerippt; drei Warzenwülste je Umgang, drei Axialrippen dazwischen oder vier auf dem letzten Umgang. Wo die Rippen die scharf gewinkelten Schultern schneiden, liegen stumpfe Stacheln. Spiralige, herausragende Fäden, die auch den größten Teil des Kanals bedecken, und drei oder vier spiralige Knotenreihen auf den Rippen in der vorderen Hälfte des letzten Umgangs. Breite Mündung; fein gezähnte Lippe, innen gefurcht; konkave Spindel, vorn gerunzelt. Cremefarben mit dunkelbraunen Flecken; Fäden rotbraun; Mündung rosa; Inneres weiß.

H. tweedianum, östliches Australien, 6,5 cm. Der obigen Art ähnlich, doch kleiner mit einem im Verhältnis kürzeren Siphonalkanal, der kurze Stacheln trägt. Die Spiralfäden stehen weiter auseinander und sind fein geperlt. Weiß mit brauner Wolkenzeichnung und senfgelben Tupfen auf den Warzenwülsten und Fäden.

Bolinus cornutus, Westafrika, 15,0 cm. Festes, kräftiges Gehäuse mit langem, fast geschlossenem Siphonalkanal; kurzes Gewinde; gewinkelte Schultern; schwach eingeschnürte Naht; feine Spiralwülste und Axialstreifen. Etwa sieben Warzenwülste je Umgang, die mit Ausnahme der zwischen Schulter und Naht gelegenen sich nicht sehr abheben; die hinteren Enden der ersten Lippen zeigen sich als niedrige, wellenförmige Wülste auf dem Gewinde. Jeder Warzenwulst trägt eine kräftige, mehr oder weniger hohle Stachelbildung auf der Schulter, eine zweite im Mittelpunkt des letzten Umgangs und zwei oder drei kurze auf dem Siphonalkanal. Breite Mündung; grob gezähnte Lippe, innen gewulstet; konkave, glatte Spindel. Cremefarben bis weiß mit Braun, im allgemeinen mit spiraliger Wolkenzeichnung; Bereich zwischen den Zähnen auf der Lippe gelbbraun.

B. brandaris, Mittelmeer, Portugal und Westafrika, 9,0 cm. Ähnlich der obigen Art, doch kleiner. Stacheln viel kürzer und weniger spitz; Grundskulpturierung im Verhältnis gröber. Gelbbraun; Mündung etwas dunkler gelbbraun. Aus diesem Tier stellten die Römer den Purpurfarbstoff her.

Murex cabriti, Florida und Karibik, 7,0 cm. Mäßig hohes Gewinde und ausgezogener Siphonalkanal; spiralig gewulstet. Drei Warzenwülste je Umgang, jeder mit drei oder vier langen scharfen Stacheln; eine bis drei Axialrippen zwischen den Warzenwülsten. Schlanker und zarter Siphonalkanal mit drei Reihen von Stacheln. Grauweiß, manchmal mit einer rosa Tönung zwischen den Warzenwülsten.

M. kiiensis, Japan, 5,0 cm. Mäßig hohes Gewinde; eingeschnittene Naht; gerader, schlanker Siphonalkanal. Drei Warzenwülste je Umgang mit kurzen, kräftigen Stacheln; zwei oder drei Axialrippen zwischen den Warzenwülsten. Überall feine, scharf herausgehobene Spiralfäden. Sehr fein gezähnte Lippe; fast geschlossener Siphonalkanal, hinten mit sehr wenigen kleinen Stacheln. Weiß mit einem recht hellen, ziemlich verschwommenem braunen Band auf dem letzten Umgang und auf dem Kanal; herausstehende Fäden, im wesentlichen rotbraun, auf den letzten drei Umgängen; Mündung weiß.

Siratus pliciferoides, Japan, 11,0 cm. Mäßig hohes Gewinde; eingeschnittene Naht. Drei kleine Warzenwülste je Umgang mit kurzen, kräftigen Stacheln, von denen die größte auf der Schulter liegt. Fein spiralig gestreift; zwei in Axialrichtung verlängerte Knoten auf der Schulter jeweils zwischen einem Paar Warzenwülsten. Gezähnte Lippe; glatte Spindel; fast geschlossener, stachelartiger und etwas gebogener Siphonalkanal, der gestreckt ist, doch nicht vergleichbar mit dem der übrigen Arten auf dieser Seite. Weiß mit leicht hellbrauner Schattierung; Mündung weiß.

austellum
ustellum

Murex cabriti

Bolinus brandaris

Murex kiiensis

Siratus pliciferoides

Bolinus cornutus

Haustellum tweedianum

Chicoreus brevifrons, Karibik und südliches Florida, 15,0 cm. Mäßig hohes Gewinde; drei Warzenwülste je Umgang; feine Spirallinien; zwei knotige Axialrippen zwischen den Warzenwülsten. Die festen Warzenwülste sind bedeckt mit ziemlich langen blattartigen Stacheln. Gezähnte Lippe; die Spindel trägt hinten einen Spiralwulst. Hellbraune Schattierungen.

C. ramosus, Indopazifik, 30,0 cm. Die größte indopazifische Stachelschnecke. Ziemlich kurzes Gewinde; gewinkelte und aufgeblähte Umgänge mit drei Warzenwülsten je Umgang; feine Spiralstreifen. Eine oder zwei kleine knotentragende Axialrippen zwischen den Warzenwülsten, die letzteren mit gebogenen, wedelartigen Stacheln, zehn von der Schulter bis zum Ende des gebogenen Siphonalkanals, der für die Gattung recht lang ist. Gezähnte Lippe, vorn mit großem Zahn. Weiß; Mündung rosa getönt.

C. cornucervi, nordwestliches Australien, 11,0 cm. Synonym *M. monodon.* Bemerkenswert hohes Gewinde; rundlich gewinkelte Schultern; tiefe Nähte; feine Spiralrippen und feinere, unregelmäßige Axialrippen. Drei Warzenwülste je Umgang, sehr schwach ausgebildet, mit wedelartigen, gebogenen Stacheln, von denen drei auf der Lippe schmaler und länger sind; eine oder zwei rudimentäre Rippen zwischen den Warzenwülsten. Die Lippe zeigt Stacheln, die unmittelbar aus dem Rand herauswachsen, vorn einen großen Zahn. Die glatte Spindel trägt einen kleinen, stumpfen vorderen Zahn; ziemlich langer, etwas gebogener Siphonalkanal. Gewöhnlich braun; dunkelbraune Stacheln, seltener weiß, wie abgebildet; Mündung weiß; Spindelrand rosa.

C. palmarosae, Indopazifik, 10,0 cm. Ziemlich langgestreckt; hohes Gewinde. Drei Warzenwülste je Umgang und kräftige, spiralige geperlte Linien. Die kräftigen Warzenwülste tragen wedelähnliche Stacheln bis hinunter zur Basis des rechten langen Siphonalkanals. Die Stacheln auf den Schultern sind viel größer. Zwei Axialrippen zwischen den Warzenwülsten. Die Lippe trägt zehn kleine Zähnchen und ist von einem Kanal und einer Reihe stumpfer, gerundeter Zähne bedeckt. Die glatte Spindel hat kurze, schräge Falten am äußeren Rand. Tiefer, fast geschlossener, gebogener Siphonalkanal. Hellbraun; dunklere Linien; Enden der Wedel weiß, manchmal rosa; Mündung und Spindelfalten weiß.

C. kawamurai, Taiwan, 7,0 cm. Mäßig hohes Gewinde; sehr große, feste Warzenwülste, drei je Umgang. Feine, spiralige, mit winzigen Perlen besetzte Fäden und verkümmerte Axialrippen. Zwei grobe Rippen zwischen den Warzenwülsten; letztere mit einem langen, hohlen, stumpfen, leicht blattartigen Stachel auf der Schulter, ein kürzerer Warzenwulst weiter unten und die übrigen noch kleiner bis zum langen, schwach gebogenen Siphonalkanal. Fein gezähnte Lippe mit großem Zahn am hinteren Ende, Innenrand gefurcht; glatte Spindel. Cremefarben, wolkig oder schwach gebändert mit Hellbraun; Mündung weiß.

C. saulii, Indopazifik, 12,5 cm. Fest und ziemlich langgestreckt mit hohem Gewinde und feinen, winzig geperlten Spirallinien. Drei Warzenwülste je Umgang, die acht, mäßig lange, blattartige Stacheln tragen. Die dazwischenliegenden kleineren Stacheln weisen leicht nach vorn; ein großer und kleiner Axialwulst zwischen den Warzenwülsten. Gezähnte Lippe; glatte Spindel, hinten Spiralwulst; tiefer, langer, gebogener Siphonalkanal. Hell gelbbraun; Linien gewöhnlich dunkelbraun gefleckt; Inneres weiß.

Murex senegalensis, Westafrika und Brasilien, 5,5 cm. Ziemlich gedrungen, etwas gewinkelt mit feinen, geperlten, spiraligen Linien und Wülsten. Drei Warzenwülste je Umgang; dazwischen ein großer, grober, leicht unsymmetrischer Axialwulst. Lippe und Warzenwülste tragen hohle, nicht blattartige Stacheln, von denen die auf der Schulter lang und gebogen, zwei weitere von mäßiger Länge und zwei sehr klein sind. Gezähnte Lippe; die Spindel trägt hinten zwei Spiralwülste; tiefer Siphonalkanal von mäßiger Länge, ziemlich offen. Cremefarben; braune Wolkenzeichnung; dunkelbraune Spitze; weißes Band nahe der Basis.

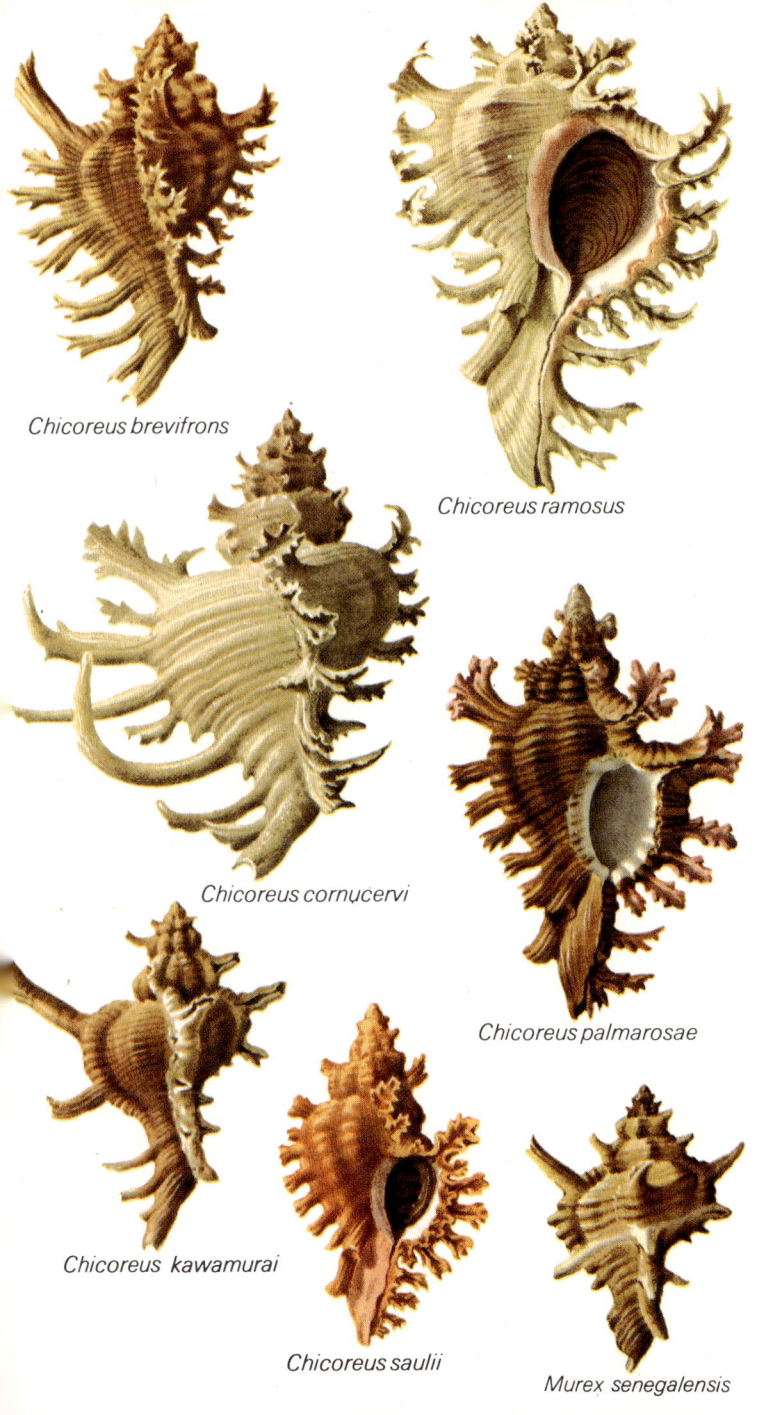

Chicoreus brevifrons

Chicoreus ramosus

Chicoreus cornucervi

Chicoreus palmarosae

Chicoreus kawamurai

Chicoreus saulii

Murex senegalensis

C. rubiginosus, Australien, 9,0 cm. Hohes Gewinde. Feine, spiralige, gekörnte Linien; drei Warzenwülste je Umgang; ziemlich lange, gerade, wedelartige Stacheln mit kürzeren dazwischen. Lippenrand gezähnt. Die Spindel trägt hinten einen Spiralwulst und schwache Falten; tiefer, gebogener, offener Siphonalkanal rostfarben braun; dunklere Spiralrippen und Wedel; manchmal cremefarben oder orangerot; Mündung weiß; Spindelrand rosa. Es kann sich um eine Varietät von *C. torrefactus* (siehe unten) handeln, doch hat die letztere gewöhnlich kürzere, weniger wedelartige Stacheln, und das Gehäuse ist gestreckter.

C. territus, Queensland, Australien, 7,0 cm. Skulpturiert mit fein geperlten Spiralwülsten, jeder mit einem geperlten Faden auf der Seite und einem gepustelten Kanal dazwischen; die Wülste enden auf den Warzenwülsten in Stacheln, drei je Umgang; eine knotige Rippe dazwischen und manchmal außerdem noch eine viel kleinere. Die Stacheln sind offen und untereinander verbunden, so daß sich ein gekräuselter Vorhang von der Naht bis zur Spitze des recht langen, fast geraden Siphonalkanals ausbildet. Gezähnte Lippe; Spindel mit hinterem Zahn. Im allgemeinen weiß, cremefarben, grau oder braun mit weißer Mündung. Ich besitze jedoch ein innen wie außen sahnebonbonfarbenes Exemplar, das hier abgebildet ist. Ein typischerer Vertreter ist auf Seite 175 zu finden.

C. torrefactus, Indopazifik, 10,0 cm. Hohes Gewinde; viele engstehende, körnige Spirallinien und kleine Wülste, die auf den festen Warzenwülsten in sehr kurzen, blattartigen Stacheln enden; drei Warzenwülste je Umgang. Sehr kleine Axialwülste, einer groß, einer klein und manchmal ein dritter und/oder ein vierter. Gezähnte Lippe. Spindel mit einem hinteren Wulst und einer Kerbe vorn. Tiefer, gebogener und fast geschlossener Siphonalkanal. Braungrau; Spiralrippen, Stacheln dunkler; Inneres weiß; Spindel rosa oder orange, am Rand dunkler.

C. damicornis, südöstliches Australien, 6,0 cm. Dünn, mit hohem Gewinde; an der Naht eingeschnürt. Ziemlich geschultert mit feinen, spiraligen, gekörnten Fäden und Linien. Drei Warzenwülste je Umgang; ein oder zwei Axialwülste zwischen ihnen; kräftige Warzenwülste auf der Schulter mit je einem langen, hohlen Stachel, der an der Spitze leicht blattartig ausgebildet ist. Darunter liegt eine Anzahl kürzerer Stacheln, von denen einige sehr klein sind. Fein gezähnte Lippe; glatte Spindel; kurzer, gut entwickelter Analkanal; langer, gerader hinterer Kanal. Cremefarben oder sehr hell braun mit schwach rosa Tönung.

C. capucinus, südwestlicher Pazifik, Samoa bis zur Malaiischen Halbinsel, 6,5 cm. Hohes Gewinde und sechs Umgänge, mit drei Warzenwülsten je Umgang. Kräftige Spiralwülste und unter Umständen zwei schwache, flache, breite Axialrippen zwischen den Warzenwülsten; diese haben keine Stacheln. Stumpf gezähnte Lippe; Spindel mit einem kleinen hinteren Zähnchen; mäßig großer Siphonalkanal. Dunkelbraun; Mündung graubraun; Inneres weiß.

C. brunneus, Indopazifik, 7,5 cm. Fest und schwer, mit vielen engstehenden, fein geperlten Spirallinien. Drei Warzenwülste je Umgang. Gehäuseauswüchse sehr dick blattartig, Blattbildungen breit, aber nicht lang. Ein großer, stumpfer Knoten auf der Schulter zwischen den Warzenwülsten. Fein gezähnte Lippe; Spindel mit stumpfem Zahn am Hinterende; kurzer, geschlossener Siphonalkanal. Dunkel graubraun oder braunschwarz; Mündung weiß, am Rand orange. *C. brunneus* ist jedoch variabel, und eine Form, die man in Singapur häufig findet, ist viel weniger schwer und grob. Die Blattbildungen sind geringer, weniger wedelartig und im allgemeinen länger, und der Knoten zwischen den Warzenwülsten erscheint kleiner. Die Mündung und die Spindel sind dunkel purpurblau. Unten links abgebildet.

Chicoreus rubiginosus

Chicoreus territus

Chicoreus torrefactus

Chicoreus damicornis

Chicoreus capucinus

Chicoreus brunneus

Chicoreus brunneus

Chicoreus brunneus

Chicoreus laciniatus, Philippinen, 6,0 cm. Ziemlich langgestreckt, obgleich mit mäßig kurzem Gewinde; eingeschnittene Naht. Drei Warzenwülste je Umgang, nur leicht wedelartig, zwei Axialrippen dazwischen; spiralige, lamellenartige Wülste und Fäden. Fein gekerbte Lippe; glatte Spindel; breiter, offener Siphonalkanal, an der Spitze gebogen. Weiß; lilafarbene Tönung und sehr hellbraune Wolkenzeichnung; dunkleres Braun auf den kurzen Wedeln; Spindel und Innenseite des Kanals lilafarben; das übrige der Mündung weiß.

Hexaplex stainforthi, nordwestliches Australien, 6,5 cm. Fest, gedrungen, mit mäßig hohem Gewinde und schwach eingeschnittener Naht. Acht Warzenwülste je Umgang, mit kurzen, wedelartigen Stacheln; Spiralwülste und feine Fäden. Gezähnte Lippe; glatte Spindel; breiter, kurzer Siphonalkanal, fast vollständig geschlossen und an der Spitze gebogen. Weiß mit einem gelben, rosa oder orangefarbenen Anflug zwischen den dunkelbraunen Warzenwülsten; die Mündung kann ebenfalls gelb, rosa oder orangefarben sein.

H. cichoreus, Indopazifik, 7,5 cm. Mäßig hohes Gewinde; schwach eingeschnittene Naht. Sechs schwache Warzenwülste je Umgang, mit getrennten, offenen mehr oder weniger blattartigen Stacheln. Spiralwülste, auf denen sich die Stacheln entwickeln; feine dazwischenliegende Fäden. Fein gekerbte Lippe; glatte Spindel; breiter, nur wenig offener Siphonalkanal. Schmaler, tiefer hinterer Kanal nahe dem Lippenende. Tiefer Nabel. Weiß mit dunkelbrauner Bänderung, so daß die Stacheln abwechselnd braun und weiß erscheinen; die auf der Schulter, die größten, ebenso wie die auf dem Kanal braun; Mündung weiß. Es tritt auch eine ganz weiße Form auf.

H. saxicola, Philippinen. Einige Autoren halten sie für ein Synonym von *H. cichoreus.* Das abgebildete Exemplar jedoch ist 10,2 cm lang, die Stacheln sind länger und stärker wedelartig als bei einer typischen *cichoreus* und im Gegensatz zu dieser alle dunkelbraun. Ferner ist der Körper gleichmäßiger hellbraun wolkig gezeichnet, und die Bänderung fehlt. Sonst sind sie ähnlich.

H. hoplites, Westafrika, 20,0 cm. Mäßig hohes Gewinde; die Naht erscheint vorne zunehmend eingeschnürt. Sechs oder sieben Warzenwülste je Umgang, mit kurzen, kräftigen, leicht blattartig ausgebildeten Stacheln. Spiralwülste und -fäden. Gezähnte Lippe; glatte Spindel; breiter, offener, gebogener Siphonalkanal. Tiefer Nabel. Hellbraun mit dunklerem Braun auf den meisten Stacheln; Lippe weiß mit einigen rosa Zeichnungen; Spindel rosa mit etwas Weiß; Inneres weiß.

H. regius, tropisches westliches Amerika, 15,0 cm. Kugelig mit ziemlich kurzem Gewinde und leicht eingeschnürter Naht. Acht Warzenwülste je Umgang mit kräftigen, offenen Stacheln, von denen die auf der Schulter die größten sind und alle – bis auf die in einer weiteren Reihe – doppelt erscheinen, einer hinter dem anderen. Oberfläche rauh mit feinen, spiraligen Fäden. Gekerbte Lippe; glatte Spindel; breiter, kräftiger, offener und gebogener Siphonalkanal; gut entwickelter vorderer Kanal. Mitunter tiefer Nabel. Weiß, einige hellbraune Flächen und ein Band aus braunen Zeichnungen im wesentlichen auf den Warzenwülsten auf dem letzten Umgang und ein weiteres kurz hinter dem Siphonalkanal. Mündung rosa; Lippe mit einigen braunen Zeichnungen; die der Mündung zugewandte Seite des Siphonalkanals ist dunkelbraun mit einem hellen blauweißen Überzug.

Phyllonotus pomum, südöstliche USA und Karibik, 11,0 cm. Fest, mit mäßig hohem Gewinde und leicht eingeschnittener Naht. Drei Warzenwülste je Umgang mit stumpfen Knoten, wo sie von undeutlich geperlten, niedrigen Spiralwülsten und feinen Fäden geschnitten werden; eine kurze Axialrippe zwischen den Warzenwülsten an der Peripherie am höchsten. Gekerbte Lippe; breiter, offener, leicht gebogener Siphonalkanal mit rauher Oberfläche. Dunkel- oder hellbraun; einige grauweiße und dunkler braune Zeichnungen auf den Warzenwülsten; Mündung von Weiß bis Orange oder Gelb mit glänzender Oberfläche; dunkelbraune Zeichnungen auf der Lippe; man findet mitunter auch hellbraune Zeichnungen auf der Spindel; Inneres heller.

Hexaplex stainforthi

Hexaplex cichoreus

Chicoreus laciniatus

Hexaplex regius

Hexaplex hoplites

Phyllonotus pomum

Hexaplex saxicola

165

Hexaplex brassica, westliches Zentralamerika, Mexiko bis Peru, 20,0 cm. Niedriges Gewinde und sieben gewinkelte Umgänge mit etwa sechs Warzenwülsten je Umgang. Feine, unregelmäßige Spiralfäden. Jeder Warzenwulst trägt einen kräftigen, stumpfen Stachel auf der Schulter – auf den ersten Umgängen oberhalb der Naht –, zwei oder drei kleine Stacheln und schließlich am Grund des letzten Umgangs und des leicht gebogenen Siphonalkanals etwa sechs hohle, scharfe Stacheln unterschiedlicher Länge. Lippenrand und der Rand der Warzenwülste mit etwa 15 kleinen Spitzen. Spindel mit hinterem Zahn, im übrigen glatt. Siphonalkanal und Ende jedes Warzenwulstes bilden sich wie ein Fächer aus. Weiß mit drei braunen Bändern und weiteren braun-schattierten Zonen; Mündung weiß mit lachsfarbenem Rosa an der Außenlippe.

H. kusterianus, Persischer Golf, 7,0 cm. Gedrungen und schwer mit etwa fünf Umgängen und sechs Warzenwülsten je Umgang. Spiralig skulpturiert mit feinen Fäden über gerundeten Wülsten von ungleichmäßiger Größe. Grobe, hohle Stacheln auf der Schulter der Warzenwülste, darunter Knoten und eine Reihe großer Stacheln in der Nähe des Vorderendes. Eingekerbte Lippe; die glatte Spindel trägt einen hinteren Zahn. Gelblich hellgrau gefärbt mit Rosa am Spindelrand.

H. erythrostoma, Golf von Kalifornien bis Peru, 10,0 cm. Mäßig hohes Gewinde und etwa acht Umgänge. Feine Spiralfäden und fein lamellierten Zuwachsstreifen. Etwa sechs Warzenwülste je Umgang, mit ungefähr acht hohlen Stacheln auf dem Rand einer früheren gekräuselten Lippe; ein kurzer Wulst mit drei Stacheln (nicht ausgehöhlt) in der Mitte des letzten Umgangs zwischen jedem Warzenwulst. Spindel mit hinterem Zahn und ausgedehntem, gefaltetem Schild. Langer, tiefer, gebogener Siphonalkanal, leicht geöffnet. Weiß, manchmal mit rosa Tönungen; Mündung prächtig glänzend rosa.

Muricanthus nigritus, Golf von Kalifornien, 15,0 cm. Mäßig hohes Gewinde; rund sieben Umgänge; etwa acht Warzenwülste je Umgang; spiralig feinfädig gezeichnet. Warzenwülste mit hohlen Stacheln, der längste auf der gewinkelten Schulter, ein kleinerer und zwei sehr kleine darüber und etwa zwölf Stacheln unterschiedlicher Größe – drei recht groß – darunter. Eingekerbte Lippe; der Siphonalkanal ist offen und fächerartig mit jeder neuen Zuwachsperiode aufgebaut; glatte Spindel. Weiß; Stacheln und Ende des Siphonalkanals sehr dunkel braun, fast schwarz; spiralige braune Streifen hinter den Stacheln; Mündung weiß.

M. radix, Panama bis zum südlichen Ekuador, 10,0 cm. Fest und birnenförmig, wie eine kleine Ausgabe ihres nördlichen Nachbarn *M. nigritus,* doch im Verhältnis fester, stacheliger und mit Stacheln, die eher knospenartig aussehen. Die Spindel trägt einen hinteren Zahn. Weiß; Stacheln, die dahinterliegenden Flächen und Siphonalkanal sehr dunkel braun bis schwarz; Mündung weiß.

M. callidinus, östliches Zentralamerika von Guatemala bis Costa Rica, bis zu 10,0 cm. Etwa neun Warzenwülste je Umgang, alle mit langen, dünnen, wedelartigen Stacheln, die längsten auf der Schulter. Die Spindel trägt einen hinteren Zahn. Weiß; Stacheln und Siphonalkanal dunkelbraun; braune Spiralstreifen unterschiedlicher Breite; Mündung weiß.

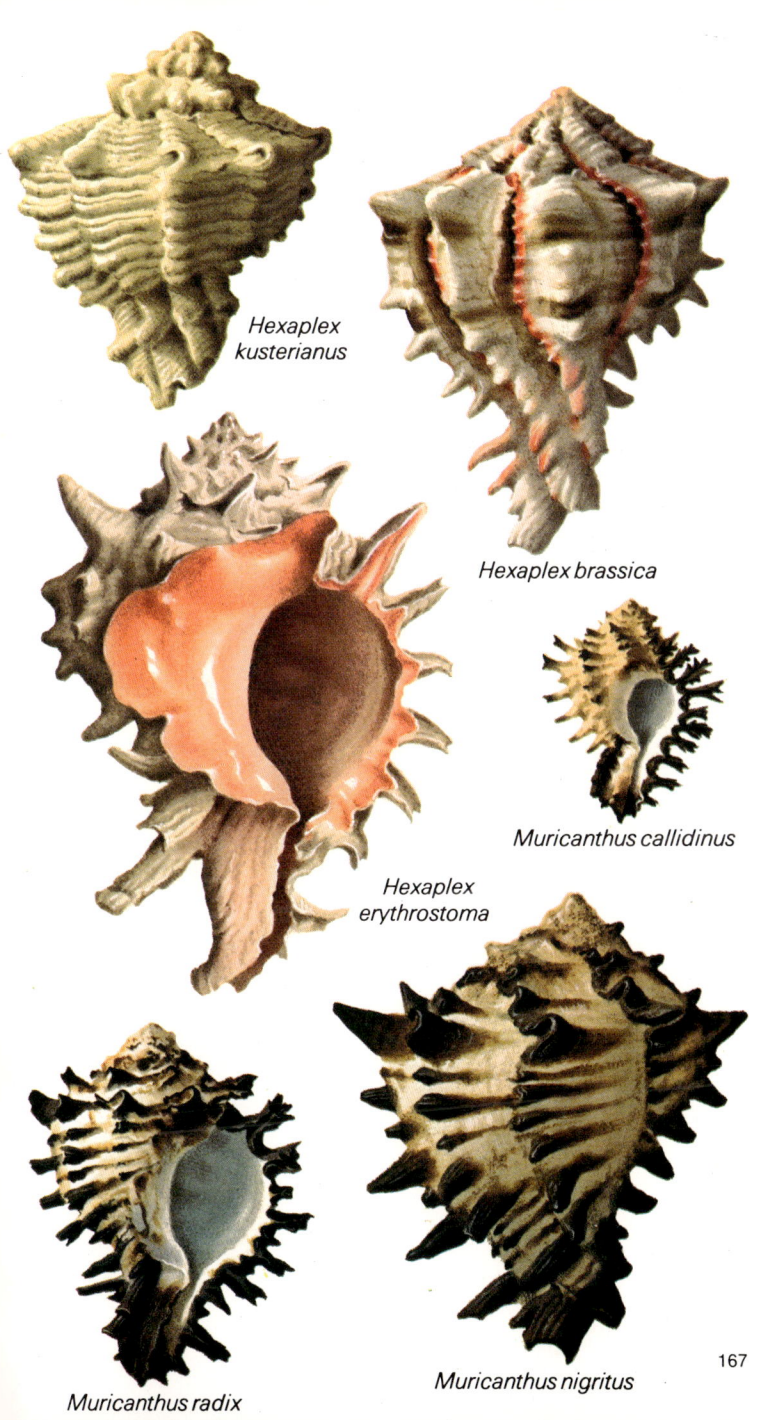

*Hexaplex
kusterianus*

Hexaplex brassica

Muricanthus callidinus

*Hexaplex
erythrostoma*

Muricanthus radix

Muricanthus nigritus

167

Ceratostoma nuttalli, Kalifornien, 5,5 cm. Fest mit mäßig hohem bis kurzem Gewinde. Drei Warzenwülste je Umgang, dazwischen eine knotige Axialrippe; Spiralwülste und -linien; Warzenwülste massiv, doch mit scharfen Rändern. Lippenrand fein gezähnt mit einem langen, zugespitzten Zahn nahe dem vorderen Ende; die Innenseite der Lippe trägt etwa fünf stumpfe Zähne. Spindel glatt mit einem stumpfen Zahn hinten. Tiefer, geschlossener und kurzer Siphonalkanal. Cremefarben, braun oder gebändert cremefarben und braun; Mündung weiß.

C. foliatus, Alaska bis Kalifornien, 8,0 cm. Hohes Gewinde und etwa sieben Umgänge, die an der Naht eingeschnürt sind. Kräftige, gut unterteilte Spiralwülste, zwei kräftige Wülste auf der Schulter. Eine große und einige kleinere Axialrippen zwischen den Warzenwülsten, die breit gekräuselt sind. Die Kräuselungen erscheinen lamelliert auf der Seite der Mündung. Außenlippe mit rauhem Rand und einem großen, zugespitzten Zahn nahe dem hinteren Ende. Glatte Spindel und kurzer Siphonalkanal, geschlossen und scharf rechtwinklig an der Spitze abgebogen. Weiß mit heller oder dunkler braunen Bänderung; die zwei großen Wülste auf der Schulter und die Fläche dazwischen weiß; Mündung weiß.

Pteropurpura trialatus, Kalifornien, 8,0 cm. Hohes Gewinde und sieben Umgänge, drei Warzenwülste je Umgang. Feine Spirallinien und etwa sechs niedrige, stumpfe Wülste auf dem letzten Umgang und ein stumpfer Knoten auf der Schulter zwischen den Warzenwülsten; die letzteren erscheinen gekräuselt und blattartig ausgebildet, wobei die blattartige Bildung auf der Schulter nach oben, außen und leicht nach hinten zeigt. Gezähnte Lippe und glatte Spindel. Der Siphonalkanal ist lang, tief, geschlossen und leicht gebogen. Fleischfarben mit dunkelbrauner Wolkenzeichnung, besonders zwischen den Wülsten; Mündung weiß.

P. erinaceoides, südliches und unteres Kalifornien, nordwestliches Mexiko, 5,0 cm. Mäßig hohes Gewinde; etwa sechs Umgänge, drei Warzenwülste je Umgang und ein großer, knotiger Axialwulst zwischen jedem Umgang. Etwa sechs Spiralwülste auf dem letzten Umgang, auf den Warzenwülsten in scharf gebogenen Stacheln endend. Feine Spirallinien und sehr feine Lamellen überall. Leicht gezähnter äußerer Lippenrand, glatte Spindel und mäßig großer Siphonalkanal, geschlossen und leicht gebogen. Rotbraune Schattierungen, auf den Knoten und Stacheln dunkler; Mündung weiß.

Pterynotus vespertilio, südliches Japan, 4,5 cm. Zart und langgestreckt mit etwa sechs Umgängen, drei Warzenwülste je Umgang. Spiralig liniert und Warzenwülste unregelmäßig gekräuselt. Hellbraun mit dunkler braunen Flecken.

P. bednalli, nordwestliches Australien, 8,5 cm. Eine der schönsten Stachelschnecken, zart und langgestreckt. Hohes Gewinde; etwa sieben Umgänge; leicht eingeschnürte Naht; drei Warzenwülste je Umgang und spiralige, gut voneinander getrennte Wülste. Die Warzenwülste tragen lange, dünne, ziemlich glattrandige und leicht geriffelte Fortsätze, die an den Schultern sich ausbuchten, doch mit den ersten Warzenwülsten zusammenlaufen. Die Außenlippe ist schwach gewulstet; glatte Spindel; Siphonalkanal mäßig groß, tief, leicht geöffnet und an der Spitze gebogen. Glänzend cremefarbig mit rosa Tönung; hellbraune Flecken und Linien auf den Warzenwülsten; Mündung weiß.

P. tripterus, Indischer Ozean und Westpazifik, 6,0 cm. Mäßig hohes Gewinde mit etwa sieben Umgängen, drei Warzenwülste je Umgang. Körnig mit Spirallinien. Die Warzenwülste tragen einen fein gekräuselten Fortsatz, der an der Seite der Mündung lamelliert ist; ein Knoten auf der Schulter zwischen den Warzenwülsten. Außenlippe gezähnt und innen etwa sieben Zähne. Die Spindel hat sieben bis zehn Zähne. Der Siphonalkanal ist tief, schmal und an der Spitze gebogen. Weiß oder cremefarben; Mündung weiß mit einem Anflug von hellem Gelbgrün am Außenrand der Spindel.

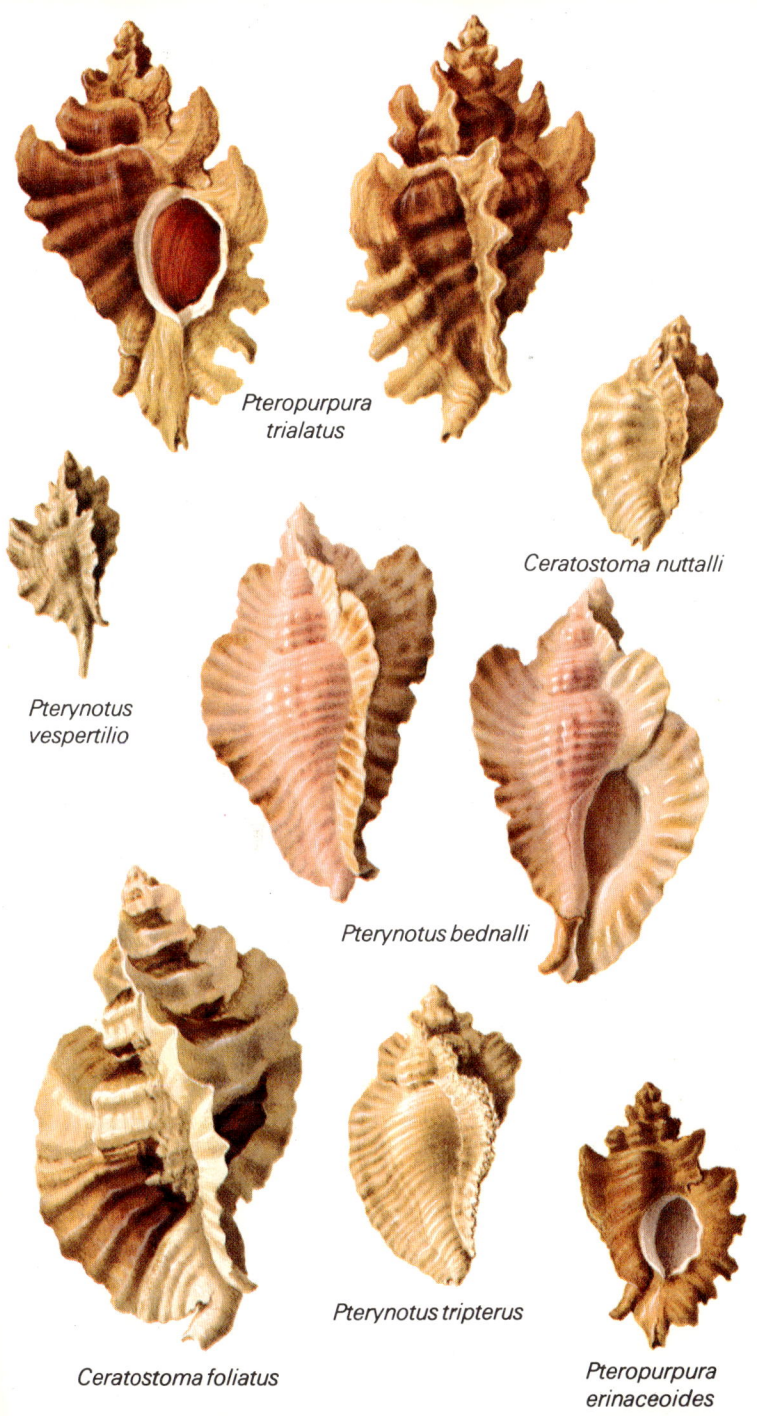

Pteropurpura trialatus

Ceratostoma nuttalli

Pterynotus vespertilio

Pterynotus bednalli

Ceratostoma foliatus

Pterynotus tripterus

Pteropurpura erinaceoides

Siratus motacilla, Kleine Antillen, doch REEVE beschreibt sie aus Senegal in Westafrika, 6,0 cm. Massiv mit Ausnahme des zarten Kanals. Mäßig großes Gewinde; sieben Umgänge mit drei Warzenwülsten je Umgang; spiralig gewulstet und grob axial gestreift; zwei knotentragende Rippen zwischen den Warzenwülsten tragen je einen kurzen, scharfen Stachel auf der Schulter und einen weiteren dort, wo sie den Siphonalkanal erreichen. Stumpf gezähnte Lippe, innen gefaltet und mit etwa drei kleinen Zähnen am Hinterende. Der lange Siphonalkanal ist gerade, doch von seinem Grund aus nach oben gewinkelt und nahezu geschlossen. Cremefarben weiß mit hellen rosabraunen Bändern und Flecken.

S. cailleti, Karibik und Florida, 6,0 cm. Sehr ähnlich der Nachbarart *S. motacilla*. Fest mit langem, geradem, nach oben gedrehtem Siphonalkanal, doch fehlen die Stacheln auf der Schulter, oder sie sind recht klein. Die Wülste und Rippen sind feiner; Gewinde etwas niedriger.

Pterynotus alata, östliches Asien, 7,0 cm. Besser bekannt unter ihrem ungültigen Namen *P. pinnatus*. Langgestreckt mit hohem Gewinde. Etwa acht Umgänge und drei Warzenwülste je Umgang. Feine Spiralwülste; eine Rippe zwischen den Warzenwülsten, die einen dünnen, zarten, fächerähnlichen Fortsatz von der Naht bis zum Ende des langen, gebogenen, ziemlich offenen Siphonalkanals tragen. Lippe fein gezähnt am Rand und auch innen mit Zähnen versehen; glatte Spindel. Weiß; ziemlich durchscheinend.

P. elongatus, Indopazifik, 10,0 cm. Synonym *M. clavus*. Hübsch und bei Sammlern beliebt. Langgestreckt mit etwa sieben Umgängen; feine, spiralige, mit kleinen Perlen versehene Linien. Drei Warzenwülste je Umgang mit einem stumpfen, niedrigen Wulst jeweils dazwischen und mit gekräuselten, fächerähnlichen Fortsätzen, die an der Schulter leicht zugespitzt sind und gegen das Ende des langen, fast geschlossenen Siphonalkanals hinunterlaufen; der letztere ist an der Spitze gebogen. Fein gezähnte Lippe. Weiß oder cremefarben weiß, stellenweise mit schwacher Rosatönung.

P. bipinnatus, Indopazifik, 4,5 cm. Langgestreckt und schmal mit ziemlich turmähnlichem Gewinde. Etwa sieben Umgänge; spiralig und axial fein gewulstet; die oberen Windungen tragen stumpfe Knoten, etwa sieben je Umgang. Der letzte Umgang hat drei Warzenwülste, von denen die beiden, die der Mündung am nächsten liegen, zarte wellenförmige „Flossen" tragen. Lippenrand mit sehr kleinen, scharfen Zähnen, innen ebenso wie die untere Hälfte der Spindel gefaltet. Der Siphonalkanal ist fast so lang wie das Gewinde und leicht geöffnet. Weiß; Mündung hell rosarot.

Ceratostoma fournieri, Japan, 5,0 cm. Ziemlich niedriges Gewinde. Etwa sechs Umgänge mit je drei Warzenwülsten. Gehämmerte Oberfläche mit niedrigen, stumpfen Spiralwülsten. In großer Knoten zwischen den Warzenwülsten, die eine wellenartige, gekräuselte „Flosse" tragen. Die Lippe ist unregelmäßig, mit einem vorspringenden Zahn nahe dem vorderen Ende. Mäßig langer Siphonalkanal, tief, gebogen und geschlossen. Weiß, über und über wolkig gezeichnet in einem dunklen Gelbbraun.

Pteropurpura plorator, südliches Japan und Korea, 4,0 cm. Mäßig hohes Gewinde. Etwa sechs Umgänge mit drei Warzenwülsten je Umgang, ein stumpfer Knoten auf der Schulter jeweils dazwischen. Schwache Spiralwülste und Axialstreifen. Warzenwülste mit wellenförmigen, flügelartigen Fortsätzen, die nach oben und auf den Schultern nach außen zeigen. Stumpf gezähnte Lippe; glatte Spindel; geschlossener Siphonalkanal. Weiß, mit spiraligen gelbbraunen Linien und Reihen wellenartiger, axialer Flammenzeichnungen; Mündung weiß.

Eupleura muriciformis, Golf von Kalifornien bis Ekuador, 4,0 cm. Etwa sechs gewinkelte Umgänge mit einem Warzenwulst etwa je drei Viertel eines Umgangs. Spiralig gewulstet mit etwa vier Knoten auf der Schulter zwischen den Warzenwülsten, die mehr oder weniger gut entwickelt sind. Gezähnte Lippe; glatte Spindel; langgestreckter, gebogener, offener Siphonalkanal. Weiß bis dunkel graubraun; Warzenwülste mit großem Fleck in dunkelbrauner Farbe; Inneres purpurbraun.

*Siratus
motacilla*

*Pterynotus
alata*

*Ceratostoma
fournieri*

*Pterynotus
bipinnatus*

*Eupleura
muriciformis*

*Pteropurpura
plorator*

Pterynotus elongatus

*Siratus
cailleti*

171

Homalocantha scorpio, Philippinen und östliches Indonesien, 6,0 cm. Niedriges Gewinde und etwa vier Umgänge mit rund sieben Warzenwülsten je Umgang. Sehr tiefe, breite Nähte, die von den Warzenwülsten geschnitten werden; spiralig liniert; gewinkelte Schultern. Die ersten Warzenwülste mit kurzen, hohlen Stacheln, die gegen den letzten Umgang an Länge zunehmen; die letzten beiden Warzenwülste tragen lange, annähernd dreieckige, hohle Fortsätze. Fein gezähnte Lippe; glatte Spindel; langer, gerader Siphonalkanal. Dunkelbraun bis schwarz; stellenweise hellgrau oder weiß; Mündung mit purpurfarbener Tönung.

H. zamboi, Philippinen, 5,5 cm. Kurzes Gewinde und etwa fünf Umgänge. Tiefe, breite Nähte, die von den Warzenwülsten gekreuzt werden. Etwa fünf Warzenwülste je Umgang. Gehämmerte Oberfläche. Die letzten vier Warzenwülste tragen vier hohle Fortsätze, die sich gegen die Spitze hin verbreitern, wo sie flach werden und leicht handförmig gefingert erscheinen können; an ihrem Grund zeigen sie kurze, stumpfe „Finger", die in Richtung der fein gezähnten Lippe weisen. Innenseite der Lippe und Spindel glatt. Langer, fast geschlossener Siphonalkanal, an der Spitze gebogen. Weiß; Mündung rosa bis hellbraun.

Trunculariopsis trunculus, Mittelmeer und angrenzender westlicher Atlantik, 10,0 cm. Mäßiges bis hohes Gewinde und etwa sieben gewinkelte Umgänge. Sehr engstehende, fein lamellierte Spirallinien. Etwa fünf niedrige Spiralwülste, von denen der auf der Schulter sechs bis zwölf mehr oder weniger spitze Stacheln trägt. Ungefähr sechs Warzenwülste je Umgang; auf ihnen stehen die längsten Stacheln. Zwischen den Warzenwülsten findet man bis zu vier niedrige Axialrippen, auf denen an den Schnittlinien mit den Wülsten niedrige, stumpfe Knoten liegen. Glatte Spindel mit Zahn am hinteren Ende. Tiefer, kräftiger, offener und gebogener Siphonalkanal. Weiß mit drei breiten braunen oder purpurbraunen Bändern; Spindel weiß oder purpurn gefleckt; die Bänderung schimmert durch die Außenlippe ins Innere hinein durch. In Skulptur und Färbung sehr variabel, doch stets leicht zu erkennen. Zwei Varietäten sind abgebildet.

Pteropurpura triqueter, Philippinen, 5,5 cm. Fest, doch langgestreckt; sechs Umgänge mit drei Warzenwülsten je Umgang. Spiralig gewulstet; drei Axialrippen zwischen den Warzenwülsten; die letzteren sind klein, die auf dem letzten Umgang mit einem gekräuselten, fächerähnlichen Fortsatz, hinten schmal, vorn breiter werdend; gerader, fast ganz geschlossener Siphonalkanal. Lippe innen gezähnt; glatte Spindel. Cremefarben; braun gebändert und gefleckt; Mündung weiß, doch schimmern die braunen Bänder durch.

Murex rectirostris, Japan und Taiwan, 8,5 cm. Schwer, mit acht Umgängen und mäßig hohem Gewinde. Drei Warzenwülste je Umgang; zwei Axialrippen zwischen jedem Paar. Fein spiralig gewulstet, wobei im allgemeinen große und kleine Wülste abwechseln. Warzenwülste dick und kräftig mit kleinen bis sehr kleinen Stacheln auf der Schulter, überzogen von einem breiten, tiefen Kanal; vorn mit einigen sehr kurzen, hohlen Stacheln, desgleichen auf dem tiefen, gebogenen und verlängerten Siphonalkanal. Fein gezähnte Außenlippe; glatte Spindel. Hellbraun; undeutliche helle Bänderung; Mündung weiß. Das abgebildete Exemplar ist ungewöhnlich groß und robust.

Homalocantha scorpio

Trunculariopsis trunculus

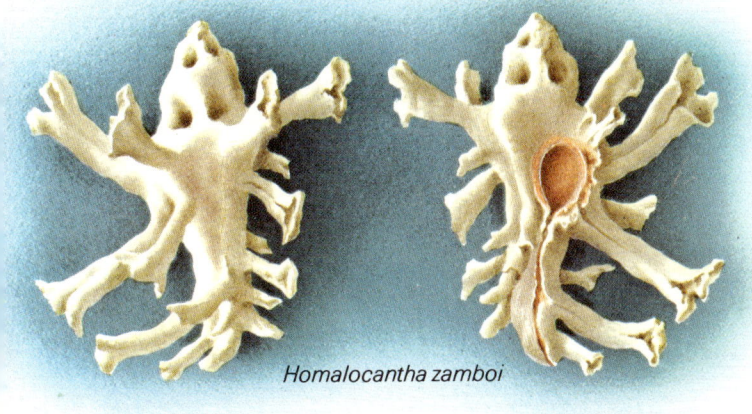

Homalocantha zamboi

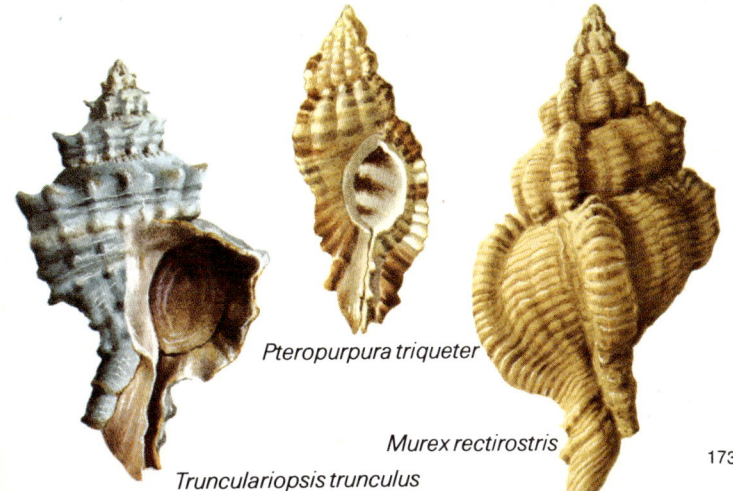

Pteropurpura triqueter

Murex rectirostris

Trunculariopsis trunculus

173

M. uncinarius, östliches Südafrika, 2,0 cm. Etwa fünf Umgänge; drei Warzenwülste je Umgang. Ein großer Knoten auf der Schulter zwischen den Warzenwülsten; die letzteren tragen kurze, stumpfe Stacheln; der größte auf der Schulter ist hakenförmig. Lippe und Spindel glatt; geschlossener Siphonalkanal. Hellbraun; Mündung weiß.

M. nodulifera, Philippinen, 2,3 cm. Mäßig hohes Gewinde; skulpturiert mit Spiralwülsten und Axialrippen mit Knoten an den Schnittpunkten. Lippe innen gezähnt; Spindel mit zwei stumpfen Zähnen am Grund. Cremefarben, dunkelbraun gefleckt; Mündung hellgelb.

Pteropurpura festiva, Golf von Kalifornien, 5,5 cm. Hohes Gewinde; etwa sechs Umgänge; drei Warzenwülste je Umgang; grobe axiale Zuwachslinien. Eine Rippe mit einem großen, stumpfen Knoten auf der Schulter zwischen den Warzenwülsten. Die letzteren tragen einen fächerartigen Fortsatz, der hinten gefaltet und auf der Seite der Mündung lamelliert ist; Lippe am Rand und innen fein gezähnt; glatte Spindel; tiefer, geschlossener, ziemlich kurzer und gebogener Siphonalkanal. Hellbraun mit feinen, spiraligen, dunkelbraunen Linien; Mündung blauweiß.

Ocenebra erinaceus, Mittelmeer und westliches Europa, 6,0 cm. Etwa sechs gewinkelte Umgänge. Skulpturiert mit großen, gerundeten, spiraligen, lamellierten Rippen, dazwischen mit kleineren Rippen und eingefügten Kanälen. Unregelmäßige Warzenwülste, dazwischen etwas gewulstet. Gezähnte Lippe; glatte Spindel; tiefer und geschlossener Siphonalkanal. Graubraun; Mündung weiß.

Vitularia miliaris, östlicher Indischer Ozean bis zum Pazifik, 5,0 cm. Mäßig hohes Gewinde; etwa sechs Umgänge; tief eingekerbte Naht; schiefe, axial verlaufende, unregelmäßige Rippen zwischen ungleichmäßigen, sehr kleinen Warzenwülsten. Die Schulter auf dem letzten Umgang zeigt einen flachen Kanal, der auf der oberen Seite fast überhängt. Die ganze Oberfläche erscheint körnig. Lippenrand rauh, leicht ausgedehnt, besonders vorn, innen vier Zähne; glatte Spindel; kurzer, ziemlich gerader und geschlossener Siphonalkanal. Gelbbraun mit einer Reihe brauner Flecken auf den Warzenwülsten; Mündung weiß.

Maxwellia gemma, Kalifornien, 3,0 cm. Gedrungen; kurzes Gewinde. Etwa fünf Umgänge; Nähte tief, doch geschnitten von schrägen Warzenwülsten, etwa sechs je Umgang; niedrige, spiralige Wülste; fein gezähnte Lippe; glatte Spindel; kurzer und geschlossener Siphonalkanal. Weiß mit Dunkelbraun auf den Wülsten.

Chicoreus territus siehe Seite 162

Murex recurvirostris rubidus, Florida und die Bahamas, 5,0 cm. Etwa sechs Umgänge; mäßig hohes Gewinde; drei Warzenwülste je Umgang; diese können einen Stachel auf der Schulter tragen; zwei große und eine kleine Axialrippe zwischen den Warzenwülsten; spiralig gewulstet mit einer dazwischenliegenden Linie; Lippe schwach gezähnt und innen gewulstet; Spindel mit Falten; auffällig langer, offener Siphonalkanal. Farbe variabel von cremefarben bis rot.

Favartia tetragona, Australien bis Fidschi-Inseln, 3,5 cm. Gedrungen und massiv; etwa vier Umgänge; vier feste, schräge Warzenwülste je Umgang; grobe Spiralwülste; fein gezähnte Lippe; glatte Spindel; kurzer, geschlossener und scharf abgebogener Siphonalkanal. Weiß; Mündung lavendelfarben.

Murex spec. siehe Seite 4.

Murex uncinarius

Murex nodulifera

Ocenebra erinaceus

Murex spec.

Pteropurpura festiva

Ocenebra erinaceus

Maxwellia gemma

Vitularia miliaris

Chicoreus territus

Murex recurvirostris rubidus

Favartia tetragona

Familie: Thaididae – Maulbeerschnecken

Ziemlich massive, mittelgroße Gehäuse mit breiter Mündung, niedrigem Gewinde und fehlenden Warzenwülsten. Sie leben in flachem Wasser und sind Fleischfresser, die sich von anderen Mollusken, besonders Muscheln, ernähren.

Neorapana muricata, westliches Zentralamerika, 10,0 cm. Scharf gewinkelte Schulter, flach von der Schulter bis zur Naht und überall axial lamelliert. Glatte Spirallinien, fünf große Wülste mit stumpfen Knoten, dazu ein kleiner gewellter Wulst an der Naht; der größte auf der Schulter, drei auf dem letzten Umgang. Lippe innen spiralig gewulstet, hinten mit einem Zahn. Glatte Spindel, hinten mit einem stumpfen Zähnchen. Schmaler Spindelschild; kurzer, offener Siphonalkanal. Cremefarben grau; Mündung weiß, schwach rosa Färbung.

Thais haemastoma, Mittelmeer, nordwestliches Afrika, 8,0 cm. Mittelhohes, konisches Gewinde; feine spiralige, körnige Linien; Schulter mehr oder weniger gewinkelt. Vier Spiralreihen von Knoten; die größten auf der Schulter, die nächst größten darunter, zwei schmale noch weiter darunter; die Reihe auf der Schulter trägt etwa zehn Knoten, die kräftige, stumpfe oder verkümmernde Stacheln tragen können. Lippe innen gewulstet; glatte Spindel, hinten mit stumpfem Zahn; schmaler Spindelschild; kurzer Siphonalkanal. Hell gelbbraun bis dunkel rotbraun; Lippenrand zwischen den Wülsten gewöhnlich dunkelbraun; Mündung und Spindel rosa, orangefarben oder rot, innen heller.

Haustrum haustorium, Neuseeland, 6,5 cm. Niedriges Gewinde und stark aufgeblähter letzter Umgang; an der Naht eingeschnitten. Grobe, flache Spiralwülste; unregelmäßige axiale Zuwachsstreifen; sehr breite, lange Mündung. Die Lippe läuft zum Grund des gestreckten Siphonalkanals und ist innen über eine kurze Strecke hin gewulstet. Glatte Spindel. Braungrau; Lippenrand strohfarben mit dunkel purpurbrauner Zeichnung; Inneres blauweiß; Spindel weiß.

Mancinella bufo, Pazifik, 6,0 cm. Massiv, schwer, mit niedrigem Gewinde, kaum geschultert. Flache Spirallinien unterschiedlicher Breite und vier Spiralwülste, mehr oder weniger mit Knoten besetzt, die unteren zwei fast verkümmert. Kegelförmige, gezähnte Lippe; glatte Spindel; gut entwickelter, aber kurzer Anal- und Siphonalkanal. Schwieliger Knoten über der Spindel bildet eine Seite des Analkanals. Braun; Zwischenräume der Linien cremefarben; auf den Wülsten zwischen den Knoten cremefarben; Spindel aprikotfarben. Mündung cremefarben, innen heller und zwischen den Zähnen dunkelbraun.

Purpura persica, Indischer Ozean und Westpazifik, 10,0 cm. Niedriges Gewinde; engstehende, flache Spirallinien; sieben große, mehr oder weniger knotige, schmale Spiralwülste. Unter der Naht leicht eingeschnürt. Breite Mündung mit Lippe bis zum Ende des gestreckten Siphonalkanals. Gezähnte Lippe; glatte Spindel mit kleiner schwieliger Erhebung am hinteren Ende. Graubraun; Wülste dunkler; einige Linien mit dunkelbraunen und weißen Strichen; Lippeninnenseite mit breitem, dunkel purpurbraunem Band; Inneres mit blaßblauen Streifen auf dunklerem Hintergrund; Spindel orangerosa.

P. columellaris, westliches Zentral- und Südamerika, 6,0 cm. Massiv, schwer, mit kurzem Gewinde. Breite, herausgehobene, mit verkümmerten Knoten versehene Spiralwülste, etwa zehn auf dem letzten Umgang; dazwischen kleinere Wülste und Linien. Fein gekerbte Lippe mit acht kräftigen, stumpfen Zähnen, die als Wülste in die Mündung hineinlaufen. Spindel in der Mitte mit niedrigem Zahn, schwielige Erhebung am hinteren Ende. Anal- und Siphonalkanal nicht gut entwickelt. Graubraun; Lippe orange-gelbbraun; Inneres cremefarben; Zähne und Spindel weiß.

Neorapana muricata

Thais haemastoma

Haustrum haustorium

Mancinella bufo

Purpura persica

Purpura columellaris

Purpura patula, Karibik und südliches Florida, 10,0 cm. Unregelmäßige, flache Spiral-rippen; Axialfäden; Streifungen und Zuwachsstreifen. Sechs Spiralreihen stumpfer Knoten, die nach vorn zu verkümmern. Breite, gezähnte Lippe, glatte Spindel, flacher, gebogener Siphonalkanal. Matt braungrau; die Innenseite der Lippe ist dunkel purpur-schwarz gerändert; Inneres hell blaugrau; Spindel orangefarben rosa.

Thais carinifera, östliches Afrika, 5,0 cm. Aufgebläht; sehr tiefe Naht; engstehende, fein geperlte Spirallinien. Der breiteste Teil der Umgänge trägt kurze, breite, flache, stumpfe Fortsätze, die manchmal zusammenlaufen und auf dem letzten Umgang einen unregel-mäßigen Kiel bilden. Der letzte Umgang bildet eine tiefere Naht aus und beginnt sich vom vorletzten Umgang abzusetzen; er entwickelt ebenfalls einen Spiralwulst an der Schulter und einen kleineren darunter. Gezähnte Lippe; Spindelschild bedeckt teil-weise den engen, tiefen Nabel. Schmutzig graubraun; Mündung cremefarben bis orange; tief im Inneren purpurne Flecke.

Purpura coronata, westliches Afrika, 4,5 cm. Massiv; kugelig; niedriges Gewinde; spira-lige, ungleichmäßige, geperlte Linien. Vier Reihen stumpfer, gerundeter Knoten, von denen die auf den zwei hinteren Reihen größer sind. Unter der Naht entwickeln sich sehr grobe Lamellenbildungen aus dem vorletzten Umgang, die nahe der Mündung groß und warzenähnlich werden. Lippe innen gezähnt; glatte Spindel; kurzer, tiefer Siphonal-und Analkanal. Kristallartig weiß, gewöhnlich mit spiraligen braunen Linien; Mündung cremefarben.

Thais melones, tropisches westliches Amerika und Galapagos, 5,0 cm. Massiv, glatt, kugelig, mit kurzem Gewinde und feinen, eingetieften Spiralstreifen. Gezähnte Lippe, innen faltig und hinten leicht konkav. Glatte Spindel, hinten kräftig schwielig; kurzer Siphonalkanal. Braun; weiße Spritzer vorn und auf der Schulter; Innenseite der Lippe und Siphonalkanal hell primelfarbig; Spindel weiß, begrenzt von einem breiten purpurbraunen Streifen; Schwiele orange.

Neothais orbita, östliches Australien und Neuseeland, 8,0 cm. Fest, nicht schwer, mit mäßig hohem Gewinde. Breite, hohe Spiralwülste mit dazwischenliegenden tiefen, breiten Kanälen; feine Spiralfäden zwischen und auf den Wülsten sowie feine axiale La-mellen in den Kanälen. Grobe Skulpturierung; gezähnte Lippe; Innenseite und Spindel glatt; flacher, kurzer Siphonalkanal; kein Nabel. Schmutzig weiß oder cremefarben; Mündung am Rand strohfarben; Inneres rosaweiß; Spindel weiß.

Thais kiosquiformis, tropisches Westamerika, 4,5 cm. Sehr ähnlich *T. carinifera.* Aufge-blähte Umgänge; tiefe Naht; flache Spitzen an den Schultern, zehn auf dem letzten Um-gang. Spirallinien, unter der Naht lamelliert; drei Linien größer als die anderen, mit ver-kümmerten Spitzen. Gezähnte Lippe; gerade, glatte Spindel; kurzer Siphonalkanal; enger Nabel. Braungrau; weiße Spirallinie auf der Schulter; Mündung und Inneres weiß; Lippenrand braungrau.

T. armigera, Indischer Ozean und Westpazifik, 8,0 cm. Hohes Gewinde; drei Reihen stumpfer Stacheln auf dem letzten Umgang. Schulterreihe groß und massiv, eine auf den ersten Umgängen zu sehen; spiralig liniert. Fein gezähnte Lippe, innen gefaltet; Spindel vorn mit drei Falten und hinten mit einem verkümmerten Zahn; mäßig großer Siphonalkanal; Weiß; braune Spiralbänder zwischen den Stachelreihen; innerer Lip-penrand hellbraun; Inneres mit rosa Tönung; Spindel weiß.

Mancinella mancinella, Indopazifik, 5,0 cm. Massiv, kugelig und mit Spirallinien. Sechs Reihen kleiner kräftiger Stacheln auf dem letzten Umgang. Fein gezähnte Lippe; im In-neren mit Spirallinien; glatte Spindel, stumpfer hinterer Zahn; unbedeutender Anal-kanal; kurzer Siphonalkanal. Weiß oder hellgrau, Bänderung braun; Mündung orange-gelb; Inneres matt orange.

Thais carinifera

Purpura patula

Purpura coronata

Thais melones

Neothais orbita

Thais kiosquiformis

Thais armigera

Mancinella mancinella

179

Morulina fusca, Japan bis Singapur, 2,5 cm. Vier Reihen stumpfer Knoten mit Spirallinien zwischen den Reihen. Gezähnte Lippe, innen vier Zähne. Glatte Spindel; kurzer Siphonalkanal. Weiß; hintere Reihe der Knoten rot, übrige Reihen abwechselnd schwarz und rot; Lippe strohfarben mit purpurnen Flecken; Zähne weiß; Spindel und Inneres blauweiß.

Morula squamosa, Indopazifik, 3,0 cm. Niedriges Gewinde, kleine Stacheln unter der Naht, auf der Schulter und darunter zwei größere Reihen, dann zwei kleinere Reihen; zwei eingeschnittene Linien zwischen den Reihen. Fein gezähnte Lippe; glatte Spindel; offener Siphonalkanal. Graubraun; grobe, schräge, weiße Streifen; Lippe mit breitem Purpurband; Inneres blauweiß; Spindel rosafarben weiß.

M. margariticola, Pazifik und Ostindien, 4,0 cm. Gewinkelte Schultern und spiralig geperlte Wülste, zwei davon größer. Breite Axialrippen, an der Schulter ziemlich zugespitzt. Gezähnte Lippe, innen sechs Zähne; Spindel mit zwei oder drei Falten; kurzer Siphonalkanal. Dunkelbraun, zwischen den Wülsten heller; Mündung blauweiß oder lilafarben-purpurn.

M. spinosa, Indopazifik, 3,5 cm. Hohes Gewinde. Fein spiralig gewulstet; drei Reihen von Stacheln, oft lang und scharf. Gezähnte Lippe, innen fünf Zähne; Spindel mit vier verkümmerten Zähnen; schmale Mündung; langer Siphonalkanal. Weiß oder grau; Stacheln dunkelbraun; Mündung prächtig violett.

Thais tuberosa, Indopazifik, 5,0 cm. Kurzes Gewinde. Spiralig gewulstet; zwei Reihen kräftiger, stumpfer Stacheln auf der Schulter und ein dicker Wulst darunter. Gezähnte Lippe, darin spiralige Furchen; Spindel mit drei kurzen Falten; ein stumpfer Zahn begrenzt den rudimentären Analkanal; kurzer Siphonalkanal. Weiß; zwei breite, unregelmäßige, dunkelbraune Bänder; Lippe mit vier braunen Zeichnungen; Mündung cremefarben; Furchen hell orange; Spindel cremefarben mit großer kastanienbrauner Fläche hinten und einer kleineren darunter.

T. bitubercularis, Malaya, Indonesien und Philippinen, 5,0 cm. Spiralig gewulstet; zwei Reihen massiver, recht scharfer Stacheln auf der Schulter; darunter zwei unregelmäßige, dicke, knotenreiche Wülste. Gezähnte Lippe, innen zwei kleine und zwei verkümmerte Zähne. Die Spindel weist eine schwache Falte auf; schmaler Schild. Cremefarben weiß; dunkel braungraue Axialstreifen; Lippe cremefarben mit dunkelbraunen Zeichnungen; Inneres und innere Seite der Spindel weiß.

T. lamellosa, Westküste Nordamerikas, 12,5 cm. Sehr variabel; hohes oder niedriges Gewinde, gewinkelte oder gerundete Schultern. Kegelförmige, gezähnte Lippe, innen drei bis sechs Zähne. Glatte Spindel. Cremefarben grau bis dunkelbraun, mitunter gebändert; Mündung weiß mit Wolkenzeichnung auf der Lippe.

T. hippocastanum, Indopazifik, 6,0 cm. Spiralig gewulstet; vier Reihen stumpfer Stacheln; schräge Axialrippen. Gezähnte Lippe, innen vier Zähne. Spindel mit Zentralwulst und einer kurzen Falte. Cremefarben und purpurbraun; zwischen den Rippen weiße Streifen; Mündung blauweiß; dunkles purpurbraunes Band oder Flecken auf der Lippeninnenseite, ferner spiralige Streifen; Spindel braun; Wulst blauweiß.

Drupella ochrostoma, Indopazifik, 3,5 cm. Vier Reihen gerundeter Knötchen auf zwölf Axialrippen; zwei Linien zwischen den Reihen. Lippe mit fünf oder sechs Zähnen; Spindel mit zwei bis vier. Cremefarben weiß mit hellgelben Zonen; Knötchen dunkel rotbraun; Mündung orangefarben oder rosa.

Morulina fusca

Morula squamosa

Thais tuberosa

Morula margariticola

Thais bitubercularis

Thais lamellosa

Thais hippocastanum

Drupella ochrostoma

Morula spinosa

Concholepas peruvianus, Peru und Chile, 13,0 cm breit. Dieses Tier lebt wie Meerohren angeheftet durch einen kräftigen Fuß an Felsen. Das Gehäuse hat eine sehr stark erweiterte Mündung und sieht ein wenig aus wie eine Schalenklappe einer Muschel. Das Gehäuse dehnt sich von der Spitze her in wachsenden konzentrischen Zuwachszonen aus, und zwar schmal auf der einen und breit auf der anderen Seite, so daß die Spitze auf der Schmalseite überhängt. Die Zuwachsstreifen schneiden sich mit kleinen, unregelmäßigen Wülsten, die radiär von der Spitze ausgehen. Schmutzig weißgrau; Inneres cremefarben mit hellbrauner Wolkenzeichnung und einigen blauen Flecken und Tupfen.

Drupa rubusidaea, Indopazifik, 5,5 cm. Massiv und ziemlich kugelig, mit fast flachem Gewinde. Spiralige, feine, schuppige Wülste und fünf Reihen kräftiger Stacheln, die längsten in der Nähe der Mündung und auch hinten, ausgenommen bei der Reihe unmittelbar unter der Naht, wo sie kleiner sind; die Stacheln stehen auf niedrigen Axialrippen, etwa acht auf dem letzten Umgang. Lippe mit etwa zehn Zähnen; Spindel vorn mit zwei Falten; kein Nabel. Weißgrau; Spitzen der Stacheln bei dem abgebildeten jugendlichen Exemplar schwarz; äußerer Rand der Mündung hell zitronenfarben gelb; Bereich der Zähne und der Spindel prächtig rosa; Inneres und Band in der Mitte der Spindel weiß. Abgebildet sind ein erwachsenes und ein jugendliches Exemplar.

D. ricina, Indopazifik, östliches Afrika bis zu den Clifton-Inseln und den Galapagos, 3,0 cm. Niedriges Gewinde. Leicht schuppige Spiralwülste. Fünf Reihen von Stacheln, von denen die längsten an der Schulter und in der Nähe der Mündung stehen und die mehr oder weniger spiralig verbunden werden durch eine niedrige Rippe. Lippe fein gezähnt zwischen den Stacheln; innen zwei Doppelzähne am hinteren Ende und zwei einfache Zähne vorn. Die Spindel hat vorn drei Falten – die mittlere kann gespalten sein – und hinten eine Falte. Schmutzig weiß; Stacheln purpurschwarz; Spiralrippen weiß; Mündung weiß, gelegentlich mit einem unterbrochenen Ring von hellem Gelb rund um die Außenseite. Eine Unterart *D. r. hadari* aus dem Roten Meer ist größer, bis zu 3,8 cm und schwerer.

D. lobata, Rotes Meer und Indischer Ozean bis zum Südchinesischen Meer und nach Westaustralien, 3,2 cm. Dorsoventral ziemlich abgeflacht. Niedriges Gewinde und Spitze in einem Winkel von etwa 30 Grad zur Spindel. Bedeckt mit großen und kleinen lamellierten Spiralwülsten, von denen die ersteren in ihrer wedelartigen Fortsätzen auf der Lippe enden. Es gibt auch einen längeren, spatelartigen Fortsatz auf der Lippe an der Schulter entlang, der die Verlängerung des tiefen Analkanals begleitet. Lippe mit etwa acht Zähnen. Kurzer, tiefer, offener Siphonalkanal. Schmutzig weißbraun; Inneres gelb; Lippenrand und äußere Spindel kräftig schokoladenfarben.

D. morum,Indopazifik bis zu den Clifton-Inseln und den Osterinseln, 5,0 cm. Massiv, leicht abgeflacht, mit sehr niedrigem Gewinde. Vier Reihen stumpfer Knötchen auf dem letzten Umgang, dazwischen Streifen. Schmale Mündung; Lippe innen unregelmäßig verdickt und mit etwa acht Zähnchen in Gruppen, etwa vier vorn, dann zwei oder drei, dann ein oder zwei. Spindel vorn mit drei oder vier Falten. Tiefer Anal- und Siphonalkanal. Schmutzig weißgrau; Knötchen dunkelbraun; Mündung prächtig purpurfarben; am Lippenrand cremefarben.

D. grossularia, Cocos- und Keeling-Inseln, ostwärts bis zum Pazifik, 3,0 cm. In Form und Skulptur ähnlich der oben genannten *D. lobata*, aber mit goldgelber statt brauner Mündung. Die beiden Arten überdecken sich nur im Gebiet der Cocos- und Keeling-Inseln sowie in Westaustralien.

Drupa rubusidaea

Drupa rubusidaea
juvenile

Drupa ricina

Concholepas peruvianus

Drupa lobata

Drupa morum

Drupa grossularia

183

Nassa francolina, Indischer Ozean, 7,0 cm. Mäßig hohes Gewinde; sehr feine, engstehende Spiralstreifen. Schwach geschulterter, aufgeblähter letzter Umgang. Zuwachsstreifen. Glatte Lippe, hinten mit einem Zähnchen gegenüber einer Spiralrippe auf der sonst glatten Spindel, wodurch der Analkanal gebildet wird. Kurzer, tiefer, offener Siphonalkanal. Hell rotbraun; auf der Schulter, zum Teil an der Naht, eine Reihe unregelmäßiger Flecken; auf dem letzten Umgang können einige kleine helle Flecken auftreten; Lippenrand braun; Inneres cremefarben; Spindel weiß mit einem braunen Streifen und dann hellgelb.

N. serta, östliches Australien und westlicher Pazifik, 7,0 cm. Ähnlich der vorigen Art, doch massiver und viel gröber. Die spiralige Skulpturierung, die gezähnte Innenseite der Lippe und die hellen Flecken sind größer und zusammenlaufend.

Acanthina imbricatum, westliches Südamerika, 5,5 cm. Ziemlich niedriges Gewinde; Spiralwülste; Kanäle kräftig dachziegelartig geschuppt. Fein gezähnte Lippe; vorn ein großer, dornenähnlicher Zahn – typisch für die Gattung. Glatte Spindel; kurzer Siphonalkanal. Ziegelrot bis braun; Lippenrand braun; Inneres braun oder weiß; Spindel weiß mit brauner Begrenzung.

Nucella lapillus, Atlantik, 6,5 cm. Mäßig hohes Gewinde, spiralig liniert. Gezähnte Lippe, innen gewulstet; glatte Spindel; kurzer, tiefer Siphonal- und Analkanal. Weiß, gelb oder braun; auch gebändert.

Rapana bezoar, Japan, 6,0 cm. Kurzes Gewinde. Gerundete, spiralige, knotige Wülste; kräftige Zuwachsstreifen von dachziegelartiger Wirkung; Schulter mit stumpfen, offenen Stacheln. Drei Wülste und knotenreiche Axialfalten zwischen der eingeschnittenen Naht und der Schulter. Gezähnte Lippe, innen gewulstet; glatte Spindel; tiefer, kurzer, gebogener Kanal; tiefer Nabel. Cremefarbig-rehfarben; innen weiß.

R. rapiformis, Westpazifik, Neukaledonien bis Japan, 10,0 cm. Leichter als *R. bezoar*. Sehr niedriges Gewinde; ausgedehnter letzter Umgang. Feine, eingeschnittene Spirallinien; Axialstreifen; drei niedrige, leicht knotige Spiralwülste. Schulter mit 15 offenen, mehr oder weniger stumpfen Stacheln auf den ersten Umgängen über der tiefen, eingesenkten Naht. Weiße Mündung; gezähnte Lippe, innen gewulstet; breiter, flacher Kanal in gleicher Höhe mit den Schulterstacheln. Glatte Spindel; weiter, tiefer Nabel. Hellbraun bis grauweiß; Mündung sehr hell braun bis cremefarben.

Familie: Columbariidae – Taubenschnecken

Columbarium pagoda, Japan, 6,0 cm. Großes Embryonalgewinde und tiefe, eingeschnittene Naht. Umgänge scharf gewinkelt mit etwa zehn flachen, leicht nach oben gedrehten, dreieckigen Stacheln. Schwacher Axialstreifen. Letzter Umgang mit kräftiger Linie unter der Schulter, die auf den ersten Umgängen unter der Naht verborgen ist. Die Linie zeigt kurze, scharfe Stacheln nahe der Mündung. Sehr langer, offener, zarter Siphonalkanal. Glänzend rehbraun; Siphonalkanal dunkler; Spitze rotbraun.

Familie: Magilidae – Korallenschnecken

Rapa rapa, Indopazifik, 8,5 cm. Zerbrechlich, mit flachem oder leicht eingesunkenem Gewinde und sehr ausgedehntem, letztem Umgang. Feine spiralige Lamellen überdecken die Naht. Gerundete Spiralwülste nehmen an Größe und Abstand zu; feine Fäden zwischen einigen hinteren Wülsten werden vorn ersetzt durch feine, axiale Lamellen. Dünne Lippe, durch die Wulstenden fein gekerbt; schwielige Spindel; der Schild bedeckt zum Teil den tiefen, weiten, offenen Nabel. Opak weiß oder cremefarben.

Coralliophila violacea, Indopazifik, 4,0 cm. Massiv; kurzes Gewinde. Ungleichmäßige, feine, spiralige, eingeschnittene Linien. Kegelförmige Lippe, fein gezähnt, innen fein gewulstet. Die schwielige Spindel trägt hinten eine Erhebung; kurzer, gebogener, offener Kanal. Grauweiß; Mündung prächtig violett.

Nassa francolina

Acanthina imbricatum

Nassa serta

Rapana bezoar

Nucella lapillus

Rapana rapiformis

Columbarium pagoda

Rapa rapa

Coralliophila violacea

Latiaxis japonicus, Japan, 3,5 cm. Mäßig hohes Gewinde; Umgänge mit scharf gewinkelter Schulter. Etwa 18, kräftige, spiralige Wülste, die dichtstehende, kleine Stacheln tragen; ein tiefer Kanal zwischen den Wülsten. Eine nach oben und außen gewendete Kräuselung auf der Schulter mit dreieckigen hohlen Stacheln – etwa zwölf auf dem letzten Umgang – ist gegen die Mündung hin offen und zeigt feine, geperlte Streifen auf ihrer Oberfläche. Gezähnte Lippe; glatte Spindel; recht langer Siphonalkanal; Nabel; weiß.

L. dunkeri, Japan und Taiwan, 4,0 cm. Massiv, mit etwa sechs Umgängen und feinen, rauhen Spirallinien. Gewinkelte Schultern mit dreieckigen Stacheln, etwa 10 auf dem letzten Umgang. Die fein gezähnte Lippe ist innen kräftig gewulstet; etwa 12 Spiralwülste. Glatte Spindel; langer, offener, gebogener Siphonalkanal; Nabel. Weiß.

L. mawae, Japan, 5,5 cm. Eingesenktes Gewinde, mit scharfer, zulaufender Spitze. Die Schulter trägt eine kleine Krause mit stumpfen, dreieckigen Stacheln; die Zone zwischen ihr und der Naht ist leicht konkav. Bis zum letzten Umgang ist die Naht mit der Schulter des vorhergehenden Umgangs als Rand ausgebildet, doch entwickelt sich der letzte Umgang nach außen und unten, so daß die Naht ausläuft. Glatte Lippe; keine Spindel bei dem ausgewachsenen Gehäuse; tiefer, recht langer, gebogener Siphonalkanal. Weiß.

L. pagodus, Japan, 3,0 cm. Hohes Gewinde; etwa sechs Umgänge mit sehr tiefer Naht. Konvex oberhalb der Schulter, die lange, zugespitzte, dreieckige, hohle Stacheln trägt, gegen die Mündung hin offen; darunter eine zweite Reihe kleinerer Stacheln; hierunter etwa vier rauhe Linien. Lippe innen schwach gefaltet; glatte Spindel; mäßig großer, gebogener Siphonalkanal. Weiß oder hellbraun mit purpurnen Flecken in der Mündung; Spindel weiß.

L. lischkeanus, Japan, 4,0 cm. Ziemlich ähnlich *L. japonicus,* doch feiner skulpturiert mit stacheltragenden Spirallinien und gebogenen, dreieckigen Stacheln auf den Schultern; etwa 18 auf dem letzten Umgang, und mit zwei Reihen kleinerer Stacheln nahe der Basis des Siphonalkanals. Fein gezähnte Lippe; glatte Spindel; mäßig langer, offener, gebogener Siphonalkanal; Nabel. Weiß.

L. pilsbryi, Japan, 2,2 cm. Gewinde fast flach mit scharfer Spitze, Umgänge mit scharfer Schulter, die flache, leicht nach oben zeigende, dreieckige Stacheln trägt. Bei Erwachsenen brechen die letzten beiden Umgänge aus, und die Naht verschwindet. Feine spiralige Fäden. Glatte Lippe; ziemlich kurzer, gebogener Siphonalkanal; weiter, tiefer Nabel. Weiß.

L. idoleum, Japan und Taiwan, 4,0 cm. Massiv mit etwa sieben, ziemlich aufgeblähten Umgängen, an der Naht eingeschnürt. Feine, deutliche, leicht schuppige Spiralwülste; niedrige, unregelmäßige, schräge Axialrippen. Fein gezähnte Lippe; glatte Spindel; der offene Siphonalkanal ist etwas gebogen; der Nabel kann sehr weit oder eng und ziemlich flach sein. Weiß.

L. kiranus, Japan und Singapur, 3,0 cm. Ziemlich hohes Gewinde und gewinkelte Umgänge. Spiralwülste mit unregelmäßigen, sehr kleinen Stacheln; größere dreieckige Stacheln auf den Schultern; eine Reihe kleiner Stacheln auf dem Siphonalkanal. Axial gerippt, etwa neun Rippen auf dem letzten Umgang. Die gezähnte Lippe ist innen gewulstet; glatte Spindel; fast gerader Siphonalkanal; enger, flacher Nabel. Cremefarben.

L. gyratus, Westpazifik, 4,5 cm. Hohes Gewinde; aufgeblähte Umgänge; eingeschnürte Nähte. Die Spirallinien stehen eng und sind fein geperlt. Axial eher uneben als gerippt. Ein kräftiger, geperlter Kiel erhebt sich auf den Schultern der Umgänge. Innenseite der Lippe gefurcht; weiter, ziemlich flacher Nabel. Weiß.

Latiaxis japonicus

Latiaxis dunkeri

Latiaxis mawae

Latiaxis pagodus

Latiaxis lischkeanus

Latiaxis pilsbryi

Latiaxis idoleum

Latiaxis kiranus

Latiaxis gyratus

Überfamilie: Buccinacea

Familie: Pyrenidae – Täubchenschnecken

Im allgemeinen klein und farbenprächtig. Leben in Korallen oder im Sand; tropisch oder halbtropisch. Die meisten sind fleischfressend. Synonym Columbellidae.

Pyrene testudinaria, Pazifik bis Singapur, 2,5 cm. Massiv, birnenförmig mit tiefer Naht, eingeschnürte Spirallinien unter der Schulter, gegen die Basis hin kräftiger. Neun Zähne auf der Lippe; vorn vier Spindelzähne. Weiß; braunschwarze Flecken oder Streifen oder braune Flecken oder Streifen mit Weiß; Mündung blauweiß.

P. varians, Pazifik, 1,0 cm. Kurzes Gewinde. Glatt oder kräftige Axialrippen auf den ersten Umgängen und dem hinteren Teil des letzten Umgangs; spiralige Streifen. Gezähnte Lippe; zweigeteilter Spindelzahn, am Rand fünf Zähne. Weiß, cremefarben oder braun; manchmal dunkelbraune, wellenförmige Axiallinien und Reihen V-förmiger Zeichen; Mündung weiß oder blauweiß; purpurne Zeichnungen auf Lippe und Kanal.

P. rustica, Mittelmeer, westlicher Atlantik, 3,0 cm. Variabel. Mäßig hohes Gewinde. Spiralige Streifen, in der Mitte des letzten Umgangs verschwindend. Verdickte, kräftig gezähnte Lippe, im mittleren Teil eingebuchtet; vorn fünf Spindelzähne. Weiß oder blauweiß, mehr oder weniger purpurn, purpurbraun oder rot gefleckt.

P. flava, Indopazifik, 2,5 cm. Massiv; tiefe Naht. Vorn auf dem letzten Umgang und im kurzen, leicht gebogenen Siphonalkanal zehn kräftige Spiralwülste. Kegelförmige Lippe mit Axialrippe, die drei kräftige und zwei schwache Zähne trägt. Spindel glatt, doch mit verkümmerten Knoten auf dem Rand des schmalen Spindelschildes. Farbe variabel, gewöhnlich dunkel- oder hellbraun; dunkelbraune, zickzackförmige Axiallinien oder Spiralbänder, die von weißen Flecken auf der Schulter geschnitten werden, oder mit unregelmäßiger Fleckung; Mündung weiß.

P. philippinarum, Philippinen, Malaysia, 2,5 cm. Konkaves Gewinde. Gewinkelte Schulter, die gegen den leicht gebogenen und gedrehten Siphonalkanal zu schmaler wird. Kegelförmige Lippe mit zwölf schwachen Zähnen. Glatte Spindel. Weiß oder cremefarben; kräftige, wellenförmige, axiale, rotbraune oder purpurschwarze Zeichnungen; Mündung weiß.

P. ocellata, Indopazifik, 2,0 cm. Massiv; kurzes Gewinde; gewinkelte Schulter; nach vorn zu schmaler werdend. Vorn spiralig liniert. Lippe einwärts gebogen mit neun inneren Zähnen auf dem Axialwulst. Spindel mit einer Reihe kleiner Zähne nahe dem Rand des schmalen Schildes. Dunkelbraun bis schwarz; weiße oder gelbliche Flecken oder Zickzackstreifen; Lippe lilafarben; äußerer Rand der Spindel braun.

P. splendidula, Indopazifik, 3,0 cm. Niedriges Gewinde. Aufgeblähter letzter Umgang, nach vorn zum kurzen Siphonalkanal schmaler werdend. Vorn mit Spiralwülsten, die die Spindel überqueren. Große braune und weiße Flecken; Mündung weiß; dickes Periostracum.

Strombina maculosa, nördliches tropisches Westamerika, 2,5 cm. Hohes Gewinde; knotige Schulter. Spiralwülste auf der Unterseite des letzten Umgangs. Verdickte, kegelförmige Lippe mit sechs Zähnen. Glatte Spindel. Weiß, gefleckt mit Braun.

Microcithara harpiformis, Zentralamerika, 1,8 cm. Massiv; kurzes Gewinde. Die Axialrippen, 14 auf dem letzten Umgang, bilden auf den gewinkelten Schultern stumpfe Spitzen. Schmale Mündung. Fein gezähnte Lippe, verdickt, besonders auf der Innenseite; die Lippe erstreckt sich nach außen und oben bis zum tiefen, schmalen hinteren Kanal und hat einen scharfen Wulst am Rand gegenüber der Spindel; die letztere trägt eine verkümmerte Falte. Dunkel schokoladenbraun; weiße Flecke; Naht, Knoten auf dem Gewinde und Spitze weiß; Lippeninnenseite weiß, gelegentlich mit einigen braunen Tupfen; Spindel wie letzter Umgang.

Pyrene testudinaria

Pyrene varians

Microcithara harpiformis

Pyrene rustica

Pyrene flava

Pyrene philippinarum

Pyrene rustica

Pyrene splendidula

Strombina maculosa

Pyrene ocellata

Familie: Nassariidae – Reusenschnecken

Diese Schnecken leben meist in tropischen oder halbtropischen flachen Gewässern. Fleisch- und Aasfresser; aktiv, besonders in der Nacht.

Bullia grayi, Südafrika, 7,5 cm. Glatt; tiefe Naht; kräftiger, abgeflachter Wulst darunter, dann eine eingeschnittene Linie und eine kurze, scharfe Schulter. Der letzte Umgang trägt neun schwache, eingeschnittene Linien; verkümmerte Axialstreifen. Bläulich; graues Band auf der Schulter; erste Umgänge blaugrau; Spindel weiß; Inneres braun.

Northia gemmulata, Philippinen, Japan, 3,0 cm. Gedrungen; ausgedehnter letzter Umgang; eingetiefte Naht; gegittert, knotig. Gezähnte Lippe, innen gewulstet; Spindel und Schild körnig; kurzer, gebogener Kanal. Cremefarben; hellbraune und blaugraue Wolkenzeichnung; Mündung weiß; Inneres purpurn.

N. northiae, tropisches Westamerika, 5,0 cm. Hohes Gewinde; scharf gewinkelte Schultern. Erste Umgänge mit Spirallinien und Axialrippen, die auf dem vorletzten Umgang verschwinden. Letzter Umgang bis auf die feinen Zuwachsstreifen glatt, vorn sechs Spiralwülste. Leicht verdickte Lippe mit stumpfem Knoten auf der Schulter; fein gezähnt, innen gewulstet. Spindel hinten mit Wulst; kurzer Kanal. Olivbraun; erste Umgänge dunkler; Lippe, Kanal und geränderte Innenseite rotbraun; Spindelschild fleischfarben; Inneres weiß; Wülste braun.

Zeuxis olivaceus, Pazifik und Chinesische Meere, 4,5 cm. Hohes Gewinde. Erste Umgänge schräg gerippt, die späteren, abgesehen von Zuwachsstreifen, glatt, ferner zehn Wülste vorn auf dem letzten Umgang. Verdickte, kegelförmige Lippe, innen gezähnt; flacher, gut entwickelter Siphonalkanal; kurzer Analkanal; Außenrand der Spindel mit zwölf stumpfen Zähnen. Dunkelbraun, manchmal mit einem gelben Band; Mündung purpur-weiß; Inneres purpurfarben.

Plicarcularia pullus, Westpazifik, Chinesische Meere, 2,0 cm. Massiv; kurzes Gewinde; höckeriger Rücken. Auf der Spindelseite Axialrippen, im übrigen glatt. Erste Umgänge gerippt; eingeschnittene Linie unter der Naht. Die Lippe ist verdickt und gezähnt. Der vorstehende Spindelzahn grenzt an den kurzen, tiefen Analkanal, vorn drei oder vier Zähne; kurzer, tiefer Siphonalkanal. Braun oder grün; gewöhnlich gelbes Band über der Naht, dunkler Fleck auf der Erhebung; Spindel weiß; Inneres purpurbraun.

Nassarius arcularius arcularius, zentraler und westlicher Pazifik, 3,0 cm. Kugelig; kurzes Gewinde; flache Schultern. Hervorstehende Axialrippen, die auf dem letzten Drittel des letzten Umgangs verschwinden, ausgenommen auf der Schulter, wo die Enden als Knoten erhalten bleiben. Lippe innen gewulstet; hinterer Spindelzahn, vorn zwei Falten. Weiß oder cremefarben; manchmal mit braunen Flecken zwischen den Knötchen auf der Schulter des letzten Umgangs; Mündung weiß.

N. arcularius plicatus, Indischer Ozean, 3,0 cm. Unterscheidet sich von der obigen Form dadurch, daß sie überall spiralige, eingeschnittene Linien zeigt.

N. coronatus, Indischer Ozean und Westpazifik, 3,0 cm. Mäßig hohes Gewinde; scharf gewinkelte Schultern mit stumpfen, kräftigen Knoten, zwölf auf dem letzten Umgang. Fein gezähnte Lippe, innen gewulstet; die Spindel trägt einen hinteren Wulst und vorn vier kleine Zähne. Kurzer Siphonal- und Analkanal. Weiß mit braunem Band oder grünbraun; Knoten, Lippe und Mündung weiß.

Tarazeuxis reeveanus, Indischer Ozean und Pazifik, 2,0 cm. Glatt; leicht ausgedehnt. Lippe innen gezähnt; Spindel hinten mit Wulst, vorn runzelig; kurzer, tiefer Anal- und Siphonalkanal. Opak blau-weiß-grün; weiße Flecken und Striche; zentrales weißes und braunes Band; zehn rotbraune Linien auf dem letzten Umgang, einige auf den ersten Umgängen; Mündung weiß; Inneres purpurbraun, zwei weiße Streifen.

Northia gemmulata

Bullia grayi

Plicarcularia pullus

Northia northiae

Tarazeuxis reeveanus

Nassarius arcularius plicatus

Nassarius coronatus

Zeuxis olivaceus

Nassarius arcularius arcularius

Familie: Buccinidae – Wellhornschnecken

Diese weltweit verbreiteten Schnecken sind Fleisch- und Aasfresser.

Hindsia magnifica, Japan, 4,5 cm. Hohes Gewinde; leicht aufgebläht, eingeschnürte Naht; Spiralwülste; Axialrippen. Lippe mit aufgeschwollenem Warzenwulst innen gewulstet. Spindel hinten gewulstet, vorn gepustelt; gebogener Siphonalkanal. Weiß; braune Wolkenzeichnung und Bänderung.

Cantharus erythrostomus, Indischer Ozean, 5,0 cm. Mäßig hohes Gewinde; gewinkelte Umgänge. Kräftige Spiralwülste; Axialrippen auf der Schulter gut ausgebildet, vorn verkümmert. Fein gekerbte Lippe, innen gewulstet; die Wülste überqueren den hinteren Teil der Spindel. Hell orange; dunklere Wülste und Schultern; Innenseite der Lippe orange; Spindel heller; Inneres weiß.

C. undosus, Chinesische Meere und Pazifik, 4,0 cm. Massiv. Spiralwülste und Axialrippen, auf dem vorletzten Umgang verkümmert, auf dem letzten abgerundet und kräftig. Lippe mit Warzenwulst, innen kegelartige Wülste; Spindel innen glatt, außen unregelmäßig gefaltet. Weiß, blauweiß oder hell gelb; Wülste dunkelbraun oder purpurn; Rand der Mündung hell orange; dickes Periostracum.

C. fumosus. Wie *C. undosus,* doch überall Axialrippen. Cremefarben oder gelbbraun; Rippen braun; helles Band auf dem letzten Umgang; Inneres weiß.

C. elegans, tropisches Westamerika, 4,5 cm. Hohes Gewinde und gewinkelte Umgänge. Gut unterteilte, kräftige Spiralwülste; dazwischen Fäden und Axialstreifen; Axialrippen auf den ersten Umgängen und der Oberseite des letzten Umgangs, an den Schnittpunkten knotig. Lippe innen schwach gewulstet; Spindel leicht gefaltet. Dunkelbraun mit etwas Weiß gefleckt; Inneres blauweiß.

C. ringens, tropisches Westamerika, 3,0 cm. Fest, mäßig hohes, scharfes Gewinde; zwischen Naht und Schulter konkav. Spiralwülste und -linien, Axialrippen. Fein gezähnte Lippe mit kräftigem Warzenwulst innen gewulstet, hinten mit einer Einkerbung. Gut entwickelter Anal- und Siphonalkanal; Spindel hinten gewulstet, vorn gepustelt. Dunkelbraun; Mündung blauweiß, im Inneren dunkler.

Pisania pusio, Westindien und südliches Florida, 4,5 cm. Glatt; leicht aufgeschwollen; hohes Gewinde. Leicht gezähnte Lippe, spiralig gewulstet. Glatte Spindel, hinten mit kräftigem Wulst; mäßig großer Siphonalkanal. Purpurbraun; schmale, spiralige, unterbrochene, dunkelbraune Bänder; Rand der Mündung orangerot.

P. ignea, Pazifik und Chinesische Meere, 3,5 cm. Hohes Gewinde. Die ersten Umgänge mit Axialrippen, die späteren glatt bis auf schwache Linien im vorderen Teil. Lippe leicht ausgedehnt, rudimentär geriffelt, vorn mit Zähnen; glatte Spindel. Cremefarben oder hell orange; braune axiale Flammenzeichnungen; Band auf dem letzten Umgang; Inneres blau-weiß.

Buccinulum littorinoides, Neuseeland, 3,5 cm. Hohes Gewinde. Die ersten Windungen haben verkümmerte Axialrippen; feine Zuwachsstreifen. Kegelförmige Lippe, innen gewulstet; glatte Spindel. Grau; dunklere Spirallinien; Mündung weiß.

Phos senticosus, Indopazifik, 4,0 cm. Hohes Gewinde; gedrungene Schultern; eingeschnürte Naht. Spiralwülste, dazwischen Fäden; Axialrippen, an den Schnittpunkten kurze, scharfe Rippen, dazwischen Axialstreifen. Lippe innen gewulstet; unregelmäßig gefaltete Spindel. Cremefarben oder rosa-braun; dunkleres Band auf letztem Umgang und Naht; Mündung weiß; Inneres weiß oder violett.

P. veraguensis, tropisches Westamerika, 2,5 cm. Hohes Gewinde und eingeschnürte Naht. Spiralwülste, dazwischen Linien; Axialrippen, an den Schnittpunkten knotig. Lippe innen gewulstet; die Spindel trägt vorn einen Wulst. Hellbraun; dunkler braune Bänder; Inneres weiß-cremefarben.

Pisania pusio

Cantharus erythrostomus

Hindsia magnifica

Cantharus undosus

Buccinulum littorinoides

Cantharus fumosus

Cantharus elegans

Phos senticosus

Cantharus ringens

Pisania ignea

Phos veraguensis

Buccinum undatum, Nordatlantik und Mittelmeer, 16,0 cm. Die Europäische Wellhornschnecke hat ein Gehäuse, das in der Form, der Skulptur und der Farbe sehr variabel ist. Mehr oder weniger massiv, mit gewöhnlich mäßig hohem Gewinde aus etwa sieben leicht aufgeblähten Umgängen. Spiralig gewulstet und mit schrägen Axialrippen, die auf dem letzten Umgang verkümmern. Außenlippe etwas vergrößert und S-förmig; glatte Spindel; kurzer Siphonalkanal. Schmutzig weiß, grau oder cremefarben, manchmal mit braunem Band an der Naht und auf dem letzten Umgang; Inneres cremefarben oder weiß.

Siphonalis signum, Japan, 6,0 cm. Mäßig hohes oder kurzes Gewinde; etwa sechs Umgänge. Spiralig gewulstet; ziemlich gewinkelte Schultern mit abgeflachten Knoten, etwa zwölf auf dem letzten Umgang und weniger auf den ersten Umgängen. Gerade Seiten von der Schulter bis zur Naht. Die geriffelte Lippe ist innen gewulstet; sehr dünne Spindelwand, hinten schwielig; vorstehender, gebogener und offener Siphonalkanal. Farbe sehr variabel; weiß oder hellgelb bis hell- oder dunkelbraun mit axialen, dunkelbraunen Flammenzeichnungen, Flecken und Spirallinien; Rand der Mündung weiß; Inneres graubraun.

Penion adustus, nördliches Neuseeland, 12,5 cm. Massiv, mit mäßig hohem bis hohem Gewinde; etwa sechs Umgänge; Spiralwülste und dazwischen Linien. Schwache Axialrippen; an der gewinkelten Schulter knotig. Außenlippe leicht geriffelt und innen gefurcht. Spindel glatt, hinten mit einer kräftigen Schwiele; gestreckter, offener, leicht gedrehter und gebogener Siphonalkanal; Hell rotbraun bis grau; Mündung weiß.

P. mandarinus, südliches Neuseeland und Cook-Straße, 12,5 cm. Es fehlen die gewinkelten Schultern ihres nördlichen Gegenstückes, *P. adustus,* und die Umgänge sind etwas aufgebläht. Spirale Skulpturierung sehr ähnlich. Schmutzig grau-weiß bis braun; Mündung weiß.

Hemifusus ternatana, nördliche Chinesische Meere, 20,0 cm. Lang, ziemlich schlank, mit einem hohen Gewinde aus etwa sieben mehr oder weniger gewinkelten Umgängen, leicht eingeschnürt an der Naht. Spiralig gewulstet und liniert und axial fein gestreift. Auch auf den ersten Umgängen gerippt mit kleinen Knoten auf den Schultern, die dazu neigen, auf den späteren Umgängen zu verkümmern, doch in der letzten Hälfte des letzten Umgangs wieder stärker werden. Schwach geriffelte und gewulstete Lippe, innen glatt; Spindel vorn glatt, hinten über der Körperskulptur schwach schwielig; langer, offener und leicht gedrehter Siphonalkanal. Weiß bis cremefarben; Mündung fleischfarben-cremefarben. Dieses Gehäuse hat ein dickes, kräftiges, dunkelbraunes Periostracum, von dem auf der Abbildung noch ein Teil anhängend zu sehen ist. Das Tier dient als Nahrungsmittel.

Buccinum undatum

Siphonalis signum

Penion adustus

Hemifusus ternatana

Penion mandarinus

Babylonia lutosa, östliches Asien, 6,6 cm. Ziemlich hohes Gewinde und etwa sechs leicht aufgeblähte Umgänge und scharf gerundete Schultern. Axiale Zuwachsstreifen und mikroskopisch feine axiale und spiralige Streifen. Die glatte Lippe ist leicht ausgedehnt. Glatte Spindel, kräftig schwielig, besonders hinten. Ziemlich schwacher Analkanal; kurzer, tiefer Siphonalkanal; tiefer Nabel. Weiß mit hell rehfarbener Wolkenzeichnung auf einem breiten Spiralband; Mündung weiß.

B. japonica, Japan und Taiwan, 7,5 cm. Ein kürzeres Gewinde als bei *B. lutosa,* auch ist das Gehäuse nicht so massiv. Glatte gerundete Schultern und mäßigere Skulpturierung. Glatte Lippe; weniger schwielige Spindel; flacherer Siphonalkanal; kleinerer Nabel. Cremefarben weiß mit einer Reihe V-förmiger, leberfarbener Flecke unter der Naht und am breitesten Teil des letzten Umgangs, im übrigen reich gefleckt in der gleichen Farbe.

B. formosae, Taiwan, 5,0 cm. Mäßig hohes Gewinde, an der Naht leicht eingeschnürt. Die Umgänge haben eine scharf gewinkelte Schulter und sind von der Schulter bis zur Naht flach. Lippe und Spindel glatt, die letztere kräftig schwielig am hinteren Ende. Tiefer, offener Nabel; schwacher Analkanal und kurzer, tiefer Siphonalkanal. Cremefarben mit einem breiten Band ausgedehnter, <-förmiger Zeichnungen unter der Naht und zwei Reihen quadratischer Flecke darunter, alles dunkel leberbraun; Mündung weiß, wobei das Braun am Rand der Lippe hindurchschimmert.

B. zeylanica, Indien und Sri Lanka, 7,5 cm. Ziemlich ähnlich *B. japonica,* doch mit einem höheren Gewinde; die Spindel ist hinten mehr schwielig, und der Nabel ist offener. Weiß mit einer Reihe großer, leberfarbener Flecke unter der Naht und am breitesten Teil des letzten Umgangs. Überall sonst in der gleichen Farbe gefleckt. Siphonalkanal und Rand der Spindelschwiele mit violetter Tönung.

B. aereolata, südöstliches Asien, 5,0 cm. In der Form ziemlich ähnlich *B. formosae,* doch mit etwas kürzerem Gewinde; die Schultern sind etwas mehr gerundet, der Nabel ist enger. Sehr glatt und glänzend. Weiß; eine Reihe dunkel leberfarbener Rechtecke unter der Naht, dann eine Reihe ziemlich quadratischer Flecke, denen eine Reihe mehr oder weniger dreieckiger Flecke folgt; die Flecke neigen dazu, eine goldfarbene Linierung auszubilden; Mündung weiß.

B. canaliculata, Arabisches Meer, 6,5 cm. Massiv, schwer, mit kurzem Gewinde und Kanalausbildung an der Naht. Umgänge etwas aufgebläht; mit Ausnahme einiger grober Zuwachsstreifen glatt. Glatte Lippe; kräftig schwielige Spindel; schwacher Analkanal; tiefer, kurzer Siphonalkanal. Der Nabel ist sehr schmal und flach. Weiß-cremefarben mit hellen leberfarbenen Flecken, Streifen und Tupfen, wobei die Flecke ein unterbrochenes Band unten am letzten Umgang bilden; Mündung weiß.

B. spirata, Indischer Ozean, 7,5 cm. Ebenfalls fest und schwer, doch weniger grob als *B. canaliculata* und mit einem höheren Gewinde. Die Naht trägt einen tieferen und breiteren Kanal, und der Rand des Kanals ist viel schärfer. Glatte Lippe und kräftig schwielige Spindel. Der Analkanal ist stärker entwickelt als bei anderen Arten der Gattung. Kurzer, tiefer Siphonalkanal; flacher Nabel. Weiß, mit hellbraunen Flecken kräftig gezeichnet, desgleichen mit schrägen Streifen und Tupfen; Mündung weiß.

Babylonia lutosa

Babylonia japonica

Babylonia formosae

Babylonia aereolata

Babylonia zeylanica

Babylonia canaliculata

Babylonia spirata

197

Familie: Fasciolariidae – Spindelschnecken

Man findet diese Schnecken weltweit. Sie sind wie die Wellhornschnecken Fleisch- und Aasfresser.

Fasciolaria hunteria, südwestliche USA, 10,0 cm. Aufgebläht; glatt, mit Ausnahme feiner Zuwachsstreifen und schwacher Wülste am Grund des letzten Umgangs und auf dem Kanal. Glatte Lippe und Spindel. Weiß; drei unterbrochene, spiralige, grüne Bänder; fünf purpurfarbene Spirallinien auf dem letzten Umgang, zwei auf den ersten Umgängen; auf der Lippeninnenseite purpurfarbene Bänder.

F. trapezium, Indopazifik, 20,0 cm. Massiv; schwer; mäßig hohes Gewinde; eingeschnürte Naht. Schultern mit leicht zugespitzten, kräftigen Knoten. Eingeschnittene Spirallinien, hauptsächlich paarig; Lippe mit sieben Paaren von Zähnen dort, wo die Linien auf den Rand treffen; innen kräftige Wülste. Spindel hinten glatt, vorn drei Falten; ausgedehnter Siphonalkanal. Fleischfarben; die eingeschnittenen Linien, die Zähne, und die Linien im Inneren braun; Spindel hell kaffeefarben; dunkles Periostracum.

F. filamentosa, Indopazifik, 15,0 cm. Hohes Gewinde; runde Schultern; eingeschnürte Naht. Paare eingeschnittener Spirallinien mit dazwischenliegenden Wülsten und verkümmerten Axialrippen, zehn auf dem letzten Umgang. Lippe mit zehn kleinen Zähnchenpaaren am Ende der eingeschnittenen Linien, innen spiralig gewulstet. Spindel vorn schwielig mit drei Falten; ausgezogener, offener, leicht gedrehter Siphonalkanal. Blauweiß mit rotbrauner, reicher Wolkenzeichnung, besonders auf den Rippen; Zähne braun; Mündung fleischfarben; innere Wülste und Spindel rotbraun.

F. salmo, tropisches Westamerika, 12,5 cm. Massiv; schwer; kurzes Gewinde; feine Spiralwülste. Gewinkelte Schultern mit stumpfen Knoten, neun auf dem letzten Umgang; tiefe Naht. Fein gezähnte Lippe, innen gewulstet; Spindel mit einem Wulst, der den Analkanal begrenzt, und zwei vorderen Falten; langer, offener, leicht gebogener Siphonalkanal. Gelb-fleischfarben; Spindel und Lippenrand lachs-rosa, Inneres weiß; Ende des Siphonalkanals purpurn; kräftiges, braunes Periostracum (abgebildet).

Latirus polygonus, Indopazifik, 7,0 cm. Spindelförmig; gewinkelt; eingeschnürte Naht; Spiralwülste; Axialrippen, sieben auf dem letzten Umgang; Schulter und unterer Teil des letzten Umgangs, wo ein Wulst kräftig ist, mit Knoten. Fein gezähnte Lippe, innen gewulstet; Spindel mit vier kleinen Falten am vorderen Ende; ausgedehnter, offener Siphonalkanal. Cremefarben bis hell gelb-braun; axiale, unterbrochene, dunkelbraune Streifen auf den Rippen; Mündungsrand hellbraun; Wülste und Inneres weiß.

Peristernia philberti, Südchinesisches Meer, 3,0 cm. Mäßig hohes Gewinde; gewinkelt; eingeschnürte Naht. Spiralwülste, dazwischen Kanäle. Axialrippen, zehn auf dem letzten Umgang, knotig auf der Schulter. Fein gezähnte Lippe, innen gewulstet, vorn mit einem stumpfen Zahn. Glatte Spindel, hinten schwielig, mit engem Nabel. Rotbraun; Wülste weiß; Mündung violett; Inneres weiß.

P. incarnata, Indopazifik, 3,0 cm. Massiv mit mäßig hohem Gewinde, kanalartigen Nähten und breiten, flachen, leicht schrägen Axialrippen, zwölf auf dem letzten Umgang. Feine Spirallinien. Leicht gezähnte Lippe, innen gewulstet, vorn mit einem stumpfen Zahn. Die Spindel trägt hinten einen kräftigen Wulst und vorn einen großen, flachen, rechteckigen Zahn. Gut entwickelter Analkanal; kurzer, tiefer, offener Siphonalkanal. Rippen orangerot; Zwischenräume dunkelbraun; Mündung rosafarben lila.

Opeatostoma pseudodon, tropisches Westamerika, 4,5 cm. Mäßig hohes Gewinde und sehr stark gewinkelte, abgeflachte Schultern. Kräftige, flache Spiralwülste mit schwächeren Linien dazwischen. Die Lippe hat innen verkümmerte Spiralwülste und vorn einen langen, kräftigen, zugespitzten Stachel. Die Spindel trägt hinten einen Wulst und vorn sechs Falten. Kurzer Siphonalkanal. Weiß; Wülste dunkelbraun-schwarz, in der Lippe zu sehen; Inneres weiß; kräftige, braune Außenhaut oder Periostracum (abgebildet).

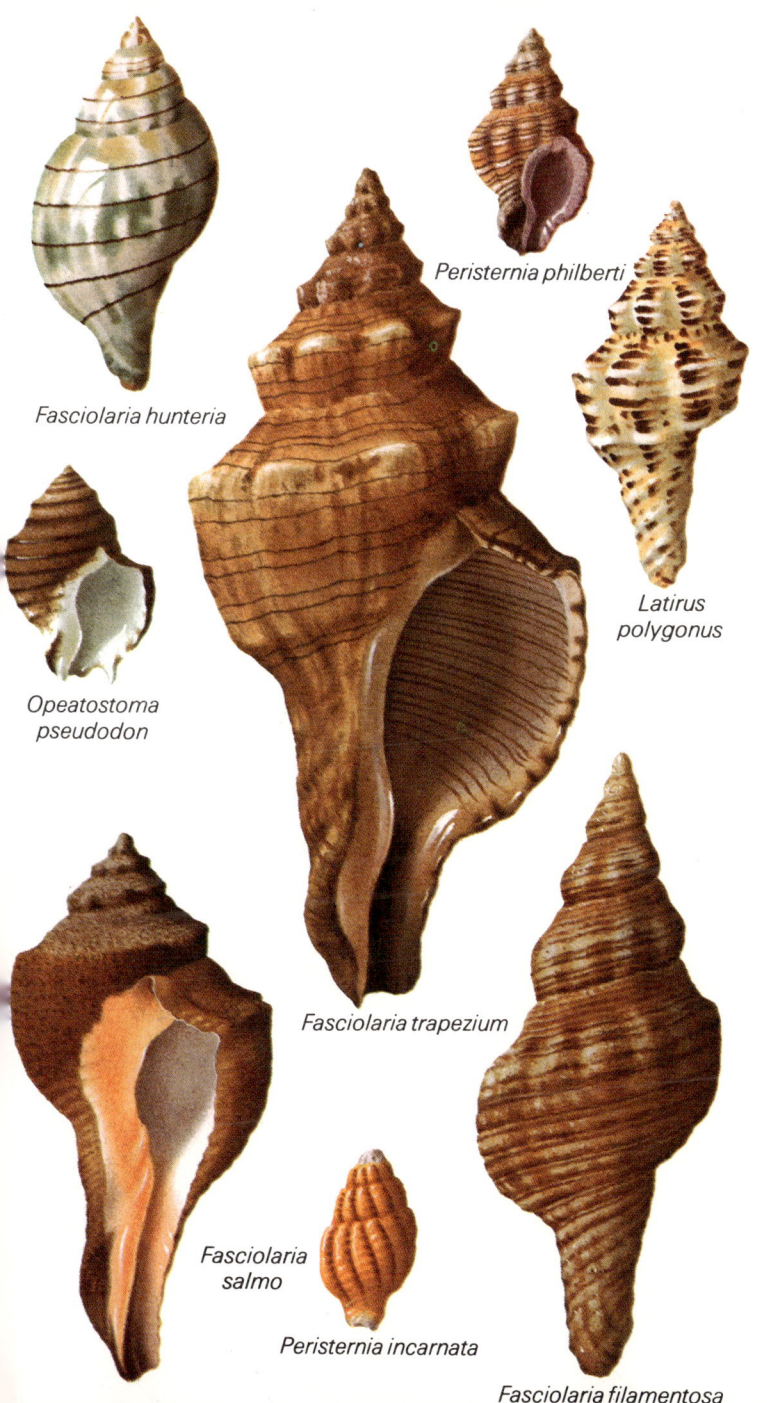

Fasciolaria hunteria

Peristernia philberti

Latirus polygonus

Opeatostoma pseudodon

Fasciolaria trapezium

Fasciolaria salmo

Peristernia incarnata

Fasciolaria filamentosa

Gattung: Fusinus
Es gibt über 50 Arten in dieser Gattung. Sie sind leicht zu erkennen an einem langen Gewinde, einem langen, im allgemeinen geraden Siphonalkanal und Spiralrippen. Bei den kleinen Untergattungen *Aptyxis* und *Barborofusus* kann der Kanal jedoch verhältnismäßig kurz sein. Die Spindel ist glatt, und die meisten Arten sind weiß, oft mit einigen braunen Zeichnungen oder Wolkenbildungen. Man findet sie weltweit in tropischen und gemäßigten Zonen. Wie die übrige Familie sind sie Fleischfresser. Sie leben auf sandigem Grund, und man findet sie gewöhnlich paarweise.

Fusinus colus, Indischer Ozean und Westpazifik, 20,0 cm. Spindelförmig und ziemlich gewinkelt mit hohem Gewinde. Spiralwülste und -linien; feine Axialstreifen; erste Umgänge axial gerippt; diese verkümmern auf den letzten zwei oder drei Umgängen und bleiben nur auf den Schultern als Knoten erhalten. Fein gezähnte Lippe, innen gewulstet. Dünn schwielige Spindel, durch die die Wülste zu sehen sind; langer, schlanker und leicht welliger Siphonalkanal. Weiß oder cremefarben mit einigen axialen braunen Streifen; braun zwischen den Rippen und den Knoten, deutlicher auf den ersten Umgängen; einige Flecken auf der Naht; der braune Siphonalkanal wird gegen die Spitze hin dunkel; Mündung weiß, am Rand schwach braun.

F. dupetitthouarsi, tropisches Westamerika, bis zu 25,0 cm. Ziemlich ähnlich *F. colus*, aber weniger schlank, mit runderen Schultern und kürzerem, breiterem und offenerem Siphonalkanal sowie mit größerer Mündung. Weiß; schwache braune Zeichnungen.

F. longicaudus, Japan, 10,0 cm. Schmales Gewinde und langer, schmaler Siphonalkanal; spiralig gewulstet und axial gerippt auf den ersten Umgängen. Geriffelte Lippe; Spindel vorn glatt, doch hinten, wo sich die Wülste zeigen, nur dünn schwielig. Weiß mit schwacher Schattierung zwischen den Rippen, dunkler zwischen den Rippen auf den ersten Umgängen.

Familie: Melongenidae – Unechte Wellhornschnecken
Gattung: Busycon
Diese Schnecken findet man vor der Ostküste Nordamerikas. Es scheint jedoch, daß eine Art auch vor der ostafrikanischen Küste vorkommt (siehe unten). Die Gattung umfaßt zusätzlich zu den abgebildeten und beschriebenen Arten: *Busycon perversum,* die links- und rechtsgewunden vorkommen kann; *B. carica; B. spiratum* und *B. coarctatum.* Die drei letztgenannten Arten sind alle rechtsgewunden.

B. contrarium, südöstliches Nordamerika, bis zu 40,0 cm. Linksgewunden, mit niedrigem Gewinde. Gewinkelte Schulter mit mehr oder weniger gut entwickelten, dreieckigen Knoten. Spiralig gestreift, außer in der Mitte des letzten Umgangs, wo das Gehäuse fast glatt ist. Glatte Lippe und Spindel; langer und offener Siphonalkanal. Grau mit unregelmäßigen, axialen, dunkelbraunen Linien; zwei graubraune Bänder auf dem letzten Umgang; Siphonalkanal graubraun; Mündung mit brauner Fleckung; Spindel hinten dünn, schwielig, so daß die Gehäusefarbe hindurchschimmert, vorn fleischfarben. Die Abbildung stammt von einem jungen Tier.
Eine linksgewundene *Busycon* (wahrscheinlich auch *B. contrarium*) findet man vor Ostafrika, und ein Exemplar von 16,0 cm ist abgebildet. Form und Skulpturierung sind die gleichen, doch ist die Farbe ein helles Gelbbraun mit axialen purpurbraunen Linien, die auf dem Gewinde am kräftigsten sind; Mündung weiß.

B. canaliculatum, östliches Nordamerika, 18,0 cm. Ziemlich kurzes Gewinde mit gewinkelten Schultern und einem tiefen, breiten Kanal an der Naht. Feine, verkümmerte Spirallinien; kräftiger Wulst an der Schulter, an den ersten Umgängen knotig. Glatte Lippe; Spindel nur schwach schwielig; ausgedehnter und offener Siphonalkanal. Hell braungrau; Schulterwulstknoten cremefarben weiß mit braunen Zwischenräumen; Lippeninnenseite am Rand hellbraun.

Busycon contrarium juvenile

Busycon spec.

Busycon canaliculatum

Fusinus colus   *Fusinus dupetitthouarsi*   *Fusinus longicaudus*

Melongena patula, westliches tropisches Amerika, 25,0 cm. Kurzes, scharfes, konkaves Gewinde; gewinkelte, knotige Schultern; mitunter stachelig, manchmal fast glatt auf dem letzten Umgang. Über der Schulter und am Grund des letzten Umganges spiralig liniert. Glatte Lippe; schwielige, glatte Spindel; ausgedehnter Siphonalkanal. Kastanienbraun, gebändert mit Gelb, Weiß oder Gelbbraun; Lippe innen am Rand braun, in Weiß und dann Blauweiß übergehend; Spindel cremefarben bis pfirsichfarben; Spitze des Siphonalkanals purpurn.

M. melongena, Karibik, 10,0 cm. Massiv, schwer, mit kurzem Gewinde und kanalartiger Naht. Axiale Zuwachsstreifen; zwei Spiralreihen kurzer, scharfer Stacheln am breitesten Teil des ziemlich aufgeblähten letzten Umgangs und eine Reihe nahe der Basis. Unebene Lippe; kräftig schwielige Spindel; kurzer, offener Siphonal- und Analkanal. Dunkel schokoladenbraun; Kanäle und Naht weiß; mehr oder weniger schmale weiße Bänder unter den zwei oberen Stachelreihen; weiße axiale Haarlinien und Stachelspitzen; Mündung weiß.

M. corona, südöstliches Amerika und Mexiko, 10,0 cm. Variabel. Im allgemeinen mit einem mäßig hohen Gewinde und gewinkelten Umgängen. Spiralig liniert und axial gerippt, wobei die Rippen auf dem letzten Umgang verkümmern. Eine oder zwei Stachelreihen auf der Schulter; die Stacheln sind hohl, mehr oder weniger zahlreich und vertikal bis horizontal; manchmal kommt auch eine Reihe an der Basis des letzten Umgangs vor. Glatte Spindel; kurzer, offener Siphonalkanal. Weiß; purpurbraune oder blauschwarze Spiralbänder; Stacheln weiß; Lippe innen braun gefleckt; Inneres und Spindel weiß.

M. morio, westliches Afrika, Brasilien und Westindien, 17,5 cm. Ziemlich langgestreckt; gewinkelte Schultern; Spiralwülste. Erste Umgänge gerippt, auf den späteren Umgängen verkümmernd; Schultern jedoch mehr oder weniger knotig. Lippe innen gewulstet; Spindel schwach schwielig am Vorderende und völlig ohne Schwiele am Hinterende. Langer, offener Siphonalkanal. Schokoladenbraun; ein mäßig breites gelbweißes Band und eine Anzahl schmaler Bänder; Mündung braun; Spindel schmutzig weiß.

M. galeodes, Rotes Meer, Indischer Ozean bis nach China und den Philippinen, 6,5 cm. Kurzes, scharfes Gewinde; etwa sechs Umgänge mit kurzen, gekräuselten Stacheln an der Naht. Spiralig liniert; eine Reihe von etwa acht kräftigen, scharfen Stacheln auf der Schulter des letzten Umganges. Noch zwei weitere Stachelreihen können auf dem letzten Umgang vorkommen, die mittlere gewöhnlich klein, die der Basis nähere Reihe größer. Fein gezähnte Lippe; schwielige, glatte Spindel; enger Nabel; mäßig großer Siphonalkanal; kurzer, ziemlich tiefer Analkanal. Grau oder hellbraun, Wülste dunkler; Lippeninnenseite weiß mit purpurbrauner Bänderung weiter innen; Spindel cremefarben.

Volema cochlidium, Indischer Ozean und Südchinesisches Meer, 15,0 cm. Massiv; schwer; gewinkelte Umgänge; konkav von der Naht bis zur Schulter. Spiralig liniert; erste Umgänge axial gerippt; letzter und manchmal vorletzter Umgang mit etwa acht kräftigen, abgeflachten Stacheln. Lippe innen schwach gewulstet; glatte Spindel; mäßig kurzer, offener Siphonalkanal; sehr enger, flacher Nabel. Rotbraun; Mündung pfirsichfarben mit braunem Rand. Dickes Periostracum (abgebildet).

Syrinx aruanus, nördliches Australien, bis zu 60,0 cm. Wahrscheinlich die größte Schnecke der Welt. Schwer mit gewinkelten, gerundeten Schultern. Spiralig gewulstet und mit axialen Fäden; erste Umgänge axial gerippt; spätere Umgänge an der Schulter knotig. Einige Wülste auf dem letzten Umgang sind größer als die anderen. Fein gewulstete Lippe; glatte Spindel; ausgedehnter, offener, gerader Siphonalkanal. Der Nabel ist ein enger Schlitz. Strohfarben. Das Embryonalgewinde von etwa fünfeinhalb Umgängen mit eingeschnürten Nähten und Axialrippen verliert sich normalerweise bei ausgewachsenen Gehäusen. Die Abbildung zeigt ein jugendliches Exemplar, bei dem das Embryonalgewinde noch vorhanden ist.

Melongena patula

Melongena morio

Melongena melongena

Melongena galeodes

Syrinx aruanus

Melongena corona

Volema cochlidium

203

Überfamilie: Volutacea

Familie: Olividae – Olivenschnecken

Variabel in der Größe, im allgemeinen zylindrisch mit kurzem Gewinde, einer siphonalen Kerbe und einer Spindel mit Falten am Vorderende. Sie sind Sandbewohner in allen tropischen und warmen Meeren. Sie leben als Räuber, sind nachts aktiv und fangen ihre Beute, indem sie sie mit ihrem großen „Fuß" umgreifen. Ein Periostracum und ein Gehäusedeckel (Operculum) fehlen, und ihre Gehäuse sind sehr hart, glänzend und gewöhnlich prächtig gefärbt.

Oliva sayana, westlicher Atlantik, 8,0 cm. Ziemlich ausgedehntes Gewinde; Naht als schmaler und tiefer Kanal; die Spindel trägt zahlreiche Falten. Rehfarben grau mit braunen Zickzackzeichnungen in zwei Bändern, die gewöhnlich spiralig verlaufen, und mit kleinen, gelben zeltartigen Zeichnungen; braune und gelbe Flecke auf der Naht; innerer Lippenrand braun, in Weiß und dann Violett übergehend; Spindel weiß. Variabel im Muster und im Farbbereich. Die Form *O. s. citrina* ist goldgelb.

O. reticularis, Westindien und Florida Keys, 6,0 cm. Ziemlich langes Gewinde, nach vorn schmaler werdend; Nähte mit Kanal. Weiß, hell oder dunkel rosabraun netzartig gezeichnet; braune Tupfen auf der Naht; Mündung weiß. *O. r. bifasciata* trägt zwei rotbraune Bänder, ein schmales in der Mitte des letzten Umganges und ein breites vorn. Andere Formen enthalten Dunkelbraun, Hellgelb, Weiß und Rotbraun und unterscheiden sich auch in der Gestalt.

O. caribaeensis, Karibik, 4,0 cm. Zylindrischer als die obige Art. Niedriges Gewinde und Naht mit Kanal. Farbe ähnlich der von *O. sayana.* Dunkle Flecke unter der Naht; Mündung purpurfarben. Die Form *trujilloi* ist ziemlich schmal, rotbraun, und hat eine helle Mündung.

O. flammulata, Westafrika, 3,5 cm. *O. reticularis* in Form und Farbe ähnlich. Hohes Gewinde und Naht mit Kanal. Gewöhnlich rosa-grau mit rotbraunen, zickzackförmigen, axialen Zeichnungen und weißen oder hellgelben zeltartigen Flecken; dunklere Tupfen unter der Naht; Mündung weiß oder mit einer purpurfarbenen Tönung. Es gibt auch braune und gelbe Formen.

O. spicata, tropisches Westamerika, 6,0 cm. Ziemlich hohes Gewinde; etwas konkav, an der Schulter am breitesten und nach vorn zu schmaler werdend; tiefer, schmaler Kanal an der Naht. Sehr variabel in der Farbe. Die übliche Form ist hell gelbgrau; braun oder rotbraun gefleckt oder netzartig gezeichnet, in der Nähe der Naht dichter; Mündung weiß. Die Farbformen variieren von Weiß bis zu einem sehr dunklen Rotbraun. Die gewöhnliche Form *venulata* ist vor einem gelbgrauen Hintergrund netzartig braun gezeichnet.

O. porphyria, tropisches Westamerika, 10,0 cm. Die größte Art der Gattung; niedriges Gewinde mit scharf zulaufender Spitze. Schmaler, tiefer Kanal an der Naht; Lippe in der Mitte etwas konkav; Spindel kräftig spiralig gewulstet, und zwar in ganzer Länge mit Ausnahme der Stelle, wo am Hinterende eine Schwiele fehlt. Violettgrau, über und über bedeckt mit unterschiedlich großen zeltartigen Zeichnungen, die dunkel braunrot umrandet sind; zwei undeutliche Bänder von gleicher Farbe; Mündung und Spindel fleischfarben; Grund der Spindel, Außenrand der Lippe und Siphonalkerbe violett; Spitze und erste Umgänge über der Naht ebenfalls violett.

O. incrassata, tropisches Westamerika, 9,0 cm. Massiv, schwer und gewinkelt; sehr kurzes, schwieliges Gewinde; scharfe Spitze; Naht mit Kanal. Aufgeschwollen, für eine Art dieser Gattung sehr stark gewinkelte Schulter, vor der Lippe verdickt, schwielige Spindel, vorn mit ziemlich schwachen Falten. Hellgrau oder gelbgrau; dunkler graue Flecken und dunkelbraune, unterbrochene, axiale Bänder von horizontalen Strichen, ferner hier und da Flecke und Striche; Mündung weiß mit hellrosa oder fleischfarbener Tönung, besonders auf der Spindel. Man kennt goldene, weiße und schwarze Formen.

Oliva sayana

Oliva sayana
form *citrina*

*Oliva reticularis
bifasciata*

Oliva caribaeensis
form *trujilloi*

Oliva reticularis

Oliva porphyria

Oliva spicata
form *fuscata*

Oliva incrassata

Oliva spicata
form *venulata*

Oliva flammulata

Oliva splendidula, pazifische Küsten von Panama und Mexiko, 5,0 cm. Kurzes Gewinde mit zulaufender Spitze; Naht mit Kanal; zylindrisch. Zeichnungen verhältnismäßig konstant. Rosa-grau mit kleinen fleischfarbenen, zeltartigen Zeichnungen und dunkel rotbraunen Flecken; überall zwei unregelmäßige, breite, unterbrochene Bänder von hellem Braun; dunkel rotbraune Flecken und feine Linien unter der Naht; Lippe weiß; Inneres mit einer gelben Tönung; Spindel und Spitze hell purpurn.

O. peruviana, Peru und Chile, 5,0 cm. In Farbe und Form sehr variabel. Die typische Form hat ein kurzes Gewinde; Naht mit schmalem Kanal; hinten etwas aufgebläht. Spindel mit gefalteter Schwiele auf der vorderen Hälfte; hinten keine Schwiele. Blaugrau bis fleischfarben, reich gefleckt mit rotbraunen axialen Strichen und Tupfen; Mündung weiß mit schwach blauer Tönung; obere Falten der Spindel cremefarben, weiter unten weiß. Die Varietäten umfassen alle Vertreter von dunklem Braun bis Weiß, manchmal mit axialen Streifen; die Varietäten hinsichtlich der Form schließen auch solche ein, die ein flaches, schwieliges Gewinde mit einer gewinkelten Schulter und einer kräftigen Schwiele am hinteren Spindelende aufweisen. Eine solche Form ist als *coniformis* bekannt (abgebildet).

O. tigrina, Indischer Ozean und Westpazifik, 6,0 cm. Kurzes Gewinde, scharfe Spitze. Flache Nahtrinne; leicht aufgeblähter letzter Umgang. Spindel vorn gefaltet. Im typischen Fall weiß, reich blaugrau und etwas dunkelbraun gefleckt; Mündung blauweiß; Grund der Spindel mit einer roten Tönung. In der Form *fallax* (abgebildet) manchmal dunkelbraun, fast schwarz oder dunkelbraun mit weißem Band oder Bändern.

O. rufula, Philippinen und Molukken, 3,5 cm. Sehr kurzes Gewinde; Naht mit Kanal; zylindrisch, allmählich schmaler werdend. Die verdickte Lippe ist sehr schwach ausgebuchtet. Beide Seiten des Nahtkanals tragen eine Schwiele dort, wo er am letzten Umgang endet. Spindel vorn schwielig und gefaltet. Milchschokoladenfarben, grob genetzt mit dunkler schokoladenfarbenen und grauen Diagonalstreifen, die am Rand der Lippe dunkelbraun, fast schwarz werden; Inneres weiß; Grund der Spindel hell rosa.

O. bulbosa, Indischer Ozean, 5,0 cm. Kurzes Gewinde mit zulaufender Spitze; aufgeblähter oder zwiebelartiger letzter Umgang. Lippe vor dem Rand mehr oder weniger verdickt. Spindel mit Schwiele, hinten manchmal sehr dünn und vorn gefaltet. Viele Farbvarietäten. Die typische Form ist braun mit axialen, wellenförmigen, dunkelbraunen Linien. Eine häufige Form *inflata* (nicht abgebildet) ist hell blaugrau, dunkler blaugrau gefleckt; die Form *inflata* ist ähnlich *inflata,* doch mit drei unterbrochenen orangebraunen Bändern; *fabagina* mit unregelmäßigen braunen Flecken; Form *bicingulata* mit zwei dunkelbraunen Bändern. Es gibt noch andere benannte und unbenannte Varietäten.

O. tricolor, Indischer Ozean und Südchinesisches Meer, 6,0 cm. Kurzes, schwieliges Gewinde und Naht mit tiefem Kanal. Zylindrisch, in der Mitte leicht aufgebläht. Kräftig schwielige Spindel, vorn gefaltet. Cremefarben mit vielen blaugrünen und goldenen Flecken, von denen die blaugrünen insbesondere in zwei Bändern unter der Naht und in der Mitte des letzten Umganges auftreten; der Lippenrand und das Gewinde erscheinen dunkel braun-schwarz und golden gewürfelt; Innenseite der Lippe weiß. Die Form *philantha* ist leicht, und trägt hellgelbe, grüne und blaue Flecke, Striche und undeutliche Bänder.

Oliva tigrina form *fallax*

Oliva splendidula

Oliva tricolor
form *philantha*

Oliva peruviana
form *coniformis*

Oliva rufula

Oliva peruviana

Oliva bulbosa
form *tuberosa*

Oliva bulbosa
form *fabagina*

Oliva bulbosa
form *bicingulata*

Oliva elegans, Indopazifik, 4,0 cm. Zylindrisch, gedrungen mit sehr kurzem Gewinde, scharfer Spitze und einer Naht mit einem schmalen, tiefen Kanal. Die Lippe ist hinten ausgedehnt bis zur Höhe der Spitze, und das Hinterende der Spindel erstreckt sich bis zum gleichen Niveau. Die Spindel ist auf ihrer ganzen Länge gefaltet. Hell gelbgrün mit einem Netzwerk unterbrochener, schräger, olivgrüner Linien; zwei Bänder von dunkleren Zeichnungen auf der Schulter und der Mitte des letzten Umgangs; Spindel weiß mit einer rosa Tönung an der Basis; Lippeninnenseite und Inneres hell blauweiß. Sehr variabel in der Farbe, von sehr dunkel bis zur goldenen Form *flava,* bei der die Mündung keine blaue Farbe aufweist.

O. episcopalis, Indopazifik, 6,0 cm. Hohes, schwieliges Gewinde; schmale, tiefe Naht; in der Mitte leicht aufgeschwollen. Spindel hinten gewulstet und vorn gefaltet. Weiß, reich gefleckt – außer unter der Naht – in Blaugrau und Goldgelb, was häufig einen grünen Effekt hervorruft; die Flecken neigen dazu, Linien zu bilden, und treten in zwei schwachen Bändern dichter auf; Rand der Lippeninnenseite und Spindel weiß; Inneres tief violett. Es gibt eine Anzahl von Farb- und Formvarietäten mit eigenen Namen.

O. vidua, Indopazifik, 6,0 cm. Sehr kurzes oder flaches Gewinde; hinten etwas aufgebläht; die tiefe, schmale Naht endet in einem aufragenden schwieligen Fortsatz wie bei *O. elegans* oben. Die Spindelschwiele ist nahe dem hinteren Ende dünn und gewulstet. Diese Art hat viele Farbformen mit eigenen Namen, die typische Form ist schwarz mit einer weißen Mündung. Sie ist auch gut bekannt unter ihrem Synonym *O. maura.* Die Form *albofasciata* ist braun mit zwei dunkleren, unterbrochenen Bändern; die Form *aurata* ist orange, golden oder goldbraun ohne Muster; die Form *cinnemonea* ist zimtfarben mit dunkleren, axialen, wellenförmigen Linien. Andere Formen haben grauen Untergrund und dunkle, axiale Zickzacklinien und spiralige Bänder.

O. reticulata, Indopazifik, 3,5 cm. Ziemlich niedriges Gewinde; tiefe, schmale Naht, wie bei *O. vidua* nahe dem Ende schwielig, aber hinten nicht vorstehend. Etwas aufgebläht; Spindelschwiele hinten schwach, in der Mitte rudimentär gewulstet. Cremefarben weißer Untergrund, bedeckt mit einem Netzwerk von dunkel graubrauner Farbe und zwei dunkler braunen Bändern; Mündung weiß; Spindel, Falten und äußerster Rand der Außenlippe rot, was zu dem Namen *O. sanguinolenta* geführt hat, unter dem die Art lange bekannt war. Die Form *azona* hat keine Bänder, und *evania* (abgebildet) ist heller und zeigt ein dichtes Muster. Es gibt noch andere Farbformen mit eigenen Namen.

O. mustellina, Indien bis Japan, 4,0 cm. Ziemlich schmal mit mäßig hohem bis kurzem Gewinde und einer gerillten, tiefen, verhältnismäßig breiten Naht. Schulter ziemlich quadratisch und hoch auf dem Umgang. Die Spindel ist schwach schwielig, auf ihrer ganzen Länge gefaltet und mit einer hinteren Schwiele versehen, die an das Ende der Naht angrenzt. Senfgelb mit einem unregelmäßigen Netzwerk von Purpurbraun; Spindel blauweiß; Inneres tief violett.

O. multiplicata, Taiwan, 4,0 cm. Ein hohes, ganz leicht konvexes Gewinde, etwas unter der Naht am breitesten. Die Naht ist schmal und tief gerillt. Sie verschmälert sich gegen das Vorderende zu beträchtlich. Spindel mit vielen Falten, wie es der Name andeutet. Gelb-cremefarben, kräftig hell purpurbraun gezeichnet; am vorderen Ende dunklere purpurbraune Flecke, einige auch unter der Naht; der gelb-cremefarbene Untergrund trägt die gleichen zeltartigen Zeichnungen wie bei *O. porphyria* und vielen Kegelschnecken; Spindel und Inneres weiß.

Oliva elegans

Oliva elegans
form *flava*

Oliva episcopalis

Oliva vidua
form *albofasciata*

Oliva vidua
form *cinnemonea*

Oliva vidua
form *aurata*

Oliva reticulata
form *evania*

*Oliva
mustellina*

*Oliva
multiplicata*

O. oliva, Indopazifik, 3,0 cm. Jetzt vielleicht noch eher bekannt unter ihrem Synonym *O. ispidula.* Kurzes Gewinde und schmale Nahtrinne. Spindelschwiele auf den vorderen zwei Dritteln, die unregelmäßig gefaltet sind; ziemlich schmale Mündung. Sehr variabel in Farbe und Muster; weiß bis schwarz über braun, kastanienbraun, gelb, grau; mit Tupfen, Zickzacklinien, Flecken oder auch ganz ohne Zeichnungen; die Spindel ist weiß und das Innere gewöhnlich braun, bei einigen Formen weiß oder rosa. Drei Formen sind abgebildet, auch die ganz schwarze *oriola.*

O. australis, Australien und Neuguinea, 2,0 cm. Mäßig hohes Gewinde und schmale Nahtrille. Die Spindel ist hinten etwas konkav; unregelmäßige Falten bedecken die ganze Spindel. Weiß, bedeckt mit feinen, wellenförmigen, cremefarben-grauen bis grauen Axiallinien; auf der Naht eine Reihe purpurbrauner Striche; Spindel und Mündung weiß.

O. caldania, westliches und nördliches Australien und Indonesien, 2,2 cm. Ähnlich *O. australis,* doch mit viel kürzerem Gewinde. Könnte eine Form von *O. australis* sein.

O. sidelia, Indopazifik, 2,0 cm. Schmal mit einem kurzen Gewinde, das mit Ausnahme der Naht des letzten Umganges von einer Schwiele bedeckt wird. Die Naht ist tief und breit. Spindel grob gefaltet auf ihrer ganzen Länge. Weiß mit braunen, im allgemeinen zeltförmigen Markierungen. Spindel und Mündung weiß, manchmal mit einer violetten Tönung. Die Form *volvaroides* (abgebildet) ist einfarbig, entweder mittelbraun oder dunkelbraun oder weiß.

O. carneola, Indopazifik, 2,5 cm. Kurzes, fast flaches Gewinde; mit Ausnahme der tiefen Nahtrinne des letzten Umganges von einer Schwiele bedeckt. Im allgemeinen ziemlich aufgeschwollen und mit einer leicht gewinkelten Schulter. Es gibt viele Farbvarietäten und Muster, doch ist das Gehäuse an der Basis weiß, gebändert mit Orange, Rot oder Purpurrot; viele Varietäten haben eigene Namen.

O. paxillus, Guam und Fidschi-Inseln, 2,7 cm. Hohes Gewinde mit schmalem, tiefem Nahtkanal. Letzter Umgang an der Schulter ausgedehnt und auf das Vorderende zu beträchtlich schmaler werdend. Spindel mit ziemlich groben Falten auf der ganzen Oberfläche. Elfenbeinweiß mit schwachem, graubraunem Netzwerk unter der Schulter; purpurbraune, kommaförmige Zeichnungen unter der Naht; Mündung weiß; Innenseite der Lippe manchmal mit zwei oder drei spiraligen, purpurfarbenen Linien. Eine Form von den Hawaiischen Inseln, *sandwichiensis,* hat ein kürzeres Gewinde, ist an der Schulter weniger stark gewinkelt und trägt dunklere Markierungen mit zwei verkümmerten Spiralbändern.

O. tessellata, Westpazifik und östlicher Indischer Ozean, 3,5 cm. Kurzes Gewinde; ziemlich schwielig mit breitem, flachem Nahtkanal. Letzter Umgang in der Mitte ein wenig ausgedehnt; kräftig gefaltete Spindel. Cremefarben gelb mit ziemlich gleichmäßig verteilten purpurbraunen Flecken. Lippenrand weiß; Mündung und Spindel prächtig tief violett.

O. buloui, Neubritannien, 3,0 cm. Mäßig hohes, schwieliges Gewinde. Letzter Umgang an der Schulter leicht ausgedehnt. Spindel mit groben Falten. Gewinde und Zone unter der Naht sowie vorderer Rand rosa; im übrigen aprikosenfarben mit braunroten Streifen, die vorn an Zahl zunehmen und dunkler werden.

Oliva oliva

Oliva caldania

Oliva paxillus
form *sandwichiensis*

Oliva carneola

Oliva carneola

Oliva carneola

Oliva sidelia
form *volvaroides*

*Oliva
australis*

Oliva paxillus

Oliva tessellata

Oliva oliva

Oliva oliva
form *oriola*

Oliva buloui

211

O. miniacea, Indopazifik, 9,0 cm. Schwer, massiv, hübsch, mit mäßig hohem bis kurzem Gewinde, tiefer, gerillter Naht und leicht aufgeblähtem letzten Umgang. Die Farbe ist sehr variabel, doch ist das Innere stets charakteristisch prächtig orange. In typischer Ausbildung ist sie cremefarben-gelb mit unregelmäßigen, wellenförmigen, braun-grauen Axiallinien und zwei breiten, unterbrochenen, dunkel schokoladenbraunen Bändern, einem unter der Naht und einem in der Mitte des letzten Umgangs; innerer Rand der Lippe braun mit einem cremefarbenen Band zwischen ihr und dem leuchtend orangefarbenen Inneren; Spindel weiß; die Axialstreifen können purpurfarben, braun, grün oder blau sein.

O. tremulina, Indopazifik, 9,0 cm. Es kann sich um eine Form von *O. miniacea* handeln, von der sie sich nur durch ein weißes Inneres unterscheidet. Die Farbvarietäten ähneln im übrigen denen von *O. miniacea.* Die Form *oldi* ist hellgrau mit dunkelgrauen, engstehenden, wellenförmigen Axiallinien, mit dunkelbraunen Bändern auf der Schulter und in der Mitte des letzten Umgangs; Spindel mit einer orangefarbenen Tönung.

O. textilina, Indopazifik, 8,5 cm. Kurzes Gewinde und tiefe, schmale, gerillte Naht. Spitze der Spindel mit einer kräftigen Schwiele, die sich auf der vorletzten Windung über die Naht erhebt und sich gegen das Ende des Kanals hin verbreitert. Weiß, mehr oder weniger kräftig hell- oder dunkelgrau gezeichnet; einige unregelmäßige, wellenförmige, axiale, graubraune Linien; gewöhnlich mit einem dunkelbraunen Band unter der Naht und in der Mitte des letzten Umgangs. Eine Albinoform ist *O. t. albina.* Das abgebildete Exemplar liegt zwischen dieser und der typischen Form.

O. ponderosa, Indischer Ozean, 8,5 cm. Massiv, schwer, mit einem kurzen Gewinde und einer schwieligen Zone an der Spitze der gefalteten Spindel, die sich wie bei *O. textilina* nach oben erhebt. Weiß, mit einem schwach hellbraunen Netzwerk auf dem größten Teil des letzten Umgangs; purpurbraune Streifen und Flecke unter der Naht und auf der Mitte des letzten Umgangs; Mündung und Spindel rein weiß.

O. lignaria, östlicher Indischer Ozean bis Taiwan und Nordaustralien, 6,5 cm. Lange unter dem Synonym *O. ornata* bekannt. Das kurze Gewinde ist kräftig schwielig; der von der Schwiele nicht bedeckte Teil des Nahtkanals ist schmal und tief. Hell grau-creme-farben mit Flecken und Strichen von Braun und hellem Blau-grau, spärliche Striche von dunklem Braun auf zwei unterbrochenen Bändern; Mündung hell violett; Spindel vorn rötlich getönt. Bei der goldenen oder orangefarbenen Form *cryptospira* schaut dieses Farbmuster häufig schwach durch die darüberliegende Farbe hindurch.

O. annulata, Indopazifik, 6,0 cm. Hohes Gewinde und schmaler, tiefer Nahtkanal. Ein wenig verdickt vor dem Rand der Lippe und für die Gattung ziemlich scharf geschultert; manchmal mit einem vorstehenden Ring rund um die Mitte des letzten Umgangs. Die typische Form ist weniger häufig, weiß oder cremefarben, während die häufigere Form *amethystina* fleischfarben ist und hell purpurfarbene und dunklere Flecken unmittelbar unter der Naht trägt; Spitze hellgelb. Die Form *intricata* hat ein Netzwerk feiner rotbrauner Linien und wenige dunkelbraune Flecken; die Mündung ist prächtig orange. Die weiße Form *mantichora* erscheint ähnlich, doch ist der hintere Rand des letzten Umgangs mehr oder weniger scharf gewinkelt. Variabel wie viele Arten der Gattung.

O. bulbiformis, Indopazifik, 3,5 cm. Kurz und ziemlich zwiebelförmig. Kurzes Gewinde, gewöhnlich vollständig von einer Schwiele bedeckt. Letzter Umgang aufgebläht, besonders hinten. Senffarben oder grau-gelb mehr oder weniger kräftig gegittert und gewöhnlich mit zwei dunkleren Bändern; eine Farbvarietät ist grün-grau; die Spindel kann eine rötliche Tönung zeigen; Inneres im allgemeinen violett-braun oder schokoladenbraun.

Oliva miniacea

Oliva textilina

Oliva tremulina
form *oldi*

Oliva ponderosa

Oliva lignaria
form *cryptospira*

Oliva lignaria

Oliva annulata

Oliva annulata
form *mantichora*

Oliva bulbiformis

213

Ancilla lienardii, Brasilien, 3,0 cm. Gedrungen mit mäßig hohem Gewinde, aufgeschwollenem letzten Umgang, konkaver Spindel und tiefem, offenem, gedrehtem Nabel. Golden orange; Mündung und Spindel weiß.

A. albocallosa, Japan, 4,5 cm. Hohes, schwieliges Gewinde; aufgeblähter letzter Umgang; weiße Mündung; kein Nabel. Rehfarben; braunes Band unter der Naht, mit weißem Rand; Mündung, Spindel und Innenseite der Schwiele rosa.

A. tankervillei, Westindien bis Brasilien, 6,0 cm. Hohes Gewinde, aufgebläht, mit tiefem, schmalem, gedrehtem Nabel. Gelb; rosa Band unter der Naht; Mündung und Spindel weiß.

A. cingulata, östliches Australien, 9,0 cm. Glänzend; hohes Gewinde; abgerundete Spitze; eingeschnürte Naht; feine Zuwachsstreifen. Rehfarben; weißes Band über und unter der Naht; schmale braune Linie auf dem Rand der Naht im Bereich der letzten Hälfte des letzten Umganges; vorletzter Umgang prächtig rotbraun; drittletzter Umgang heller, erste Umgänge rosa-weiß; Inneres rehfarben; Spindel und innerer Rand der Siphonalkerbe weiß.

A. australis, Neuseeland, 2,5 cm. Mäßig hohes Gewinde; doppelt gewinkelter letzter Umgang; Naht völlig bedeckt von einer durchscheinenden Schwiele. Braun; ein dunkles, blaubraunes, breites Band mit weißem Rand bedeckt den größten Teil des letzten Umgangs; Inneres dunkelbraun; Spindel weiß.

A. mucronata, Neuseeland, 4,5 cm. Massiv, gedrungen, glänzend; kurzes, schwieliges Gewinde; breite Mündung. Spindel mit zentralem Wulst, vorn gedreht. Rosa bis braun; Spitze heller; schwache, helle Linie auf der Schulter.

Olivancillaria urceus, Brasilien bis Uruguay, 4,0 cm. Massiv und gedrungen. Fast flaches, breites, schwieliges Gewinde mit scharfer, zulaufender Spitze und breiter, tiefer Naht. Kurz unterhalb der Naht aufgeschwollen, dann schmaler werdend. Mündung weiß, vor allem vorn. Spindel hinten mit großer, kräftig schwieliger Zone, vorn gefaltet. Die Lippe erstreckt sich über die Stelle hinaus, wo sie am Ende des Nahtkanals am letzten Umgang anliegt. Weiß; axial mit rehfarbenen Streifen versehen; Innenseite der Lippe rehfarben; Spindel weiß; hintere Hälfte der Schwielenzone rehfarben.

O. vesica auricularia, Brasilien bis Argentinien, 5,0 cm. Massiv, grob, mit sehr ausgedehntem letzten Umgang. Sehr kurzes Gewinde, das vollkommen von einer dicken Schwiele bedeckt ist. Tief gerillte Naht auf der Rückenseite des letzten Umganges, im übrigen von einer Schwiele bedeckt. Feine Zuwachsstreifen; die Lippe erstreckt sich über den Berührungspunkt mit dem letzten Umgang hinaus; glatte Spindel, vorn gefaltet. Grauweiß; Spindel und Schwielenzone weiß.

O. gibbosa, Sri Lanka, 5,0 cm. Kurzes Gewinde und aufgeblähter letzter Umgang; vorletzter Umgang fast bis zur flach gerillten Naht schwielig. Spindel hinten glatt, auf den unteren zwei Dritteln gefaltet und konvex gebogen. Dunkelbraun mit hellen Flecken und axialen Strichen; weißes Band unten auf dem letzten Umgang; Mündung, Spindel und Schwiele weiß; Cremefarbene Tupfen auf der Innenseite der Lippe und am Grund der Spindel. Manchmal hell gelb-grün und kräftig gefleckt mit hellbrauner Farbe.

Agaronia testacea, tropisches Westamerika, 5,0 cm. Schlankes, hohes, zugespitztes Gewinde; tief gerillte Naht; weiße Mündung. Spindel hinten schwach schwielig, vorn kräftig gefaltet und gedreht. Hell graugrün mit unregelmäßigen axialen Reihen von graubraunen Tupfen, unter der Naht dunkel; Lippe blaugrau liniert mit Braun; Spindel weiß.

Olivancillaria urceus

Ancilla lienardii

Ancilla albocallosa

Ancilla tankervillei

Ancilla cingulata

Olivancillaria vesica auricularia

Olivancillaria gibbosa

Ancilla australis

Ancilla mucronata

Agaronia testacea

215

Familie: Vasidae – Vasenschnecken

Eine kleine Familie, meist mäßig große Gehäuse. Es gibt etwa 25 Arten, im allgemeinen massiv und schwer, spiralig gewulstet, mit einer gefalteten Spindel. Sie sind tropisch und leben meist in flachem Wasser auf den Riffen.

Vasum turbinellus, Indopazifik, 8,5 cm. Mäßig hohes bis kleines Gewinde. Undeutliche Naht mit zwei Reihen mehr oder weniger langer, stumpfer Stacheln darunter, von denen die obere auf der Schulter die größere ist; unter diesen bildet eine unzusammenhängende Linie eine Reihe kleiner, stumpfer Knoten, dann folgen ein rauher Wulst, zwei weitere Reihen kleinerer stumpfer Stacheln, von denen die obere wiederum die größere ist, und schließlich noch ein Wulst. Die Oberfläche wirkt im allgemeinen gehämmert. Die Spindel trägt drei leicht schräge Wülste mit feinen dünnen Falten dazwischen. Die Lippe hat grobe, stumpfe Zähne, von denen einige paarig sind; offener, kurzer Siphonalkanal. Weiß mit dunkelbraunen Fleckenzeichnungen; Mündung weiß; Zähne dunkelbraun; Spindel cremefarben mit braunen Zeichnungen rund um den Rand.

V. rhinoceros, Kenia und Sansibar, 8,5 cm. Ziemlich kurzes Gewinde. Spiralig gewulstet und liniert mit zwei Reihen stumpfer Stacheln/Knoten, wobei jeweils das hintere Paar größer ist, ferner überall fein lamellierte Axialstreifen. Die verdickte Lippe hat Zähne, die im allgemeinen paarweise stehen, und hinten einen größeren Zahn. Die Spindel weist drei Falten auf; kurzer Siphonalkanal; der Nabel kann offen oder verschlossen sein. Weiß, braun gefleckt; Mündung weiß mit einigen braunen Streifen darin; Spindel cremefarben, kräftig wolkig braun gezeichnet.

V. capitellum, Westindien, 6,5 cm. Spindelförmig mit hohem Gewinde, gewinkelt. Feine Spiralstreifen und grobe Spiralwülste, etwa neun auf dem letzten Umgang; feine axiale Lamellenstreifen. Kräftig gekerbte Lippe, innen gezähnt, einige Zähne gespalten. Die Spindel weist drei kräftige Falten und hinten zwei verkümmerte Wülste auf. Weiß, mit brauner Wolkenzeichnung; Mündung cremefarben.

V. ceramicum, Indopazifik, 14,0 cm. Spindelförmig, massiv und schwer mit hohem Gewinde. Die Skulpturierung ist die gleiche wie bei *V. turbinellus*, doch ist das Gehäuse für seine Länge schmaler, und die zwei kleinen Falten auf der Spindel sind nicht immer vorhanden. Weiß kräftig dunkelbraun-schwarz gefleckt; Mündung weiß; Zähne fast schwarz; Spindel mit dunkelbraunen Zeichnungen.

V. tubiferum, Philippinen, 11,5 cm. In Form und Skulpturierung sehr ähnlich *V. turbinellus*, doch mit größeren Stacheln auf den zwei Reihen und insgesamt größer und kräftiger. Nabel nur wenig offen. Weiß, braun gefleckt, nicht schwarz; Lippe und Zähne weiß; Spindel weiß mit einer rosa Tönung und einem dunkelbraun-purpurnen Fleck.

Tudicula armigera, Queensland, Australien, 7,5 cm. Zart mit ziemlich kurzem Gewinde, großem letzten Umgang und langem, schmalem Siphonalkanal – wie bei einigen der Stachelschnecken. Fein spiralig liniert mit langen, scharfen, hohlen Stacheln auf den Schultern – etwa acht auf dem letzten Umgang –, die auf den ersten Umgängen gerade über die Naht herausschauen. Drei Linien auf dem letzten Umgang sind größer als die anderen und tragen einige kurze Stacheln. Am hinteren Ende des langen Siphonalkanals verläuft eine Reihe von etwa fünf langen Stacheln, darunter eine weitere Reihe kurzer Stacheln. Fein gezähnte Lippe, gewulstet; die Spindel trägt vier Falten und einen breiten, teilweise freistehenden Schild. Weiß, cremefarben oder hellbraun mit brauner Wolkenzeichnung; Mündung weiß.

Vasum rhinoceros

Vasum turbinellus

Vasum capitellum

Vasum ceramicum

Vasum tubiferum

Tudicula armigera

Familie: Turbinellidae

Besser bekannt unter ihrem Synonym Xancidae. Desgleichen ist der Gattungsname *Xancus* besser bekannt als der Name *Turbinella*. Manche halten diese Familie und die Vasidae für Unterteilungen der gleichen Familie. Die Vertreter sind im allgemeinen groß und haben kräftige Gehäuse mit einer gefalteten Spindel. Man findet sie nur in einigen wenigen Gebieten.

Turbinella angulatus, Karibik, 35,0 cm. Sehr schwer und massiv. Spindelförmig mit hohem Gewinde; etwa sieben gewinkelte Umgänge; gut ausgebildete Naht. Spiralig liniert, Linien gut voneinander getrennt und auf der Mitte des letzten Umgangs verschwindend. Kräftige, stumpfe Knoten auf jedem Umgang – etwa acht auf dem doppelt gewinkelten letzten Umgang. Die Knoten zeigen leicht nach hinten und gehen nach vorn in schwache, breite Rippen über; die Zuwachsstreifen sind von der Naht bis zur Schulter und gegen die Lippe zu vorstehend. Breite Mündung; einfache Außenlippe; die konkave Spindel trägt drei große Falten; ausgedehnter und gerader Siphonalkanal; offener, ziemlich enger Nabel. Weiß; Außenlippe und Inneres weiß; Spindel hell orange-braun. Dieses Gehäuse hat ein kräftiges, braunes Periostracum; Spuren davon kann man auf der Abbildung noch sehen.

T. pyrum, Bucht von Bengalen, Sri Lanka, 17,0 cm. Sehr schwer. Mäßig hohes Gewinde von etwa sechs Umgängen mit angedrückten Nähten. Aufgeblähter letzter Umgang; gehämmerte Oberfläche; am hinteren Ende und auf dem kurzen Siphonalkanal liniert. Einfache Außenlippe; Spindel mit vier Falten, von denen die letzte die größte ist; die übrigen verkümmern nach vorn zu. Weiß; Lippenrand und Spindel hell pfirsichfarben. Auch dieses Gehäuse hat ein dickes, schweres Periostracum. Das Gehäuse ist den Hindus heilig und wird mit Vishnu in Verbindung gebracht; man sieht es häufig in Hindu- und Buddhatempeln, auf heiligen Bildern und dergleichen. Oft werden Rillen eingeschnitten, und man verwendet das angebohrte Gehäuse als Horn. Auch kann man Ornamente hineinschnitzen. Die seltenen linksgewundenen Exemplare sind sehr wertvoll und werden von den Hindus teuer bezahlt.

T. laevigatus (nicht abgebildet), Brasilien, 12,0 cm. Massiv, mit zwiebelförmigem letzten Umgang. Gewinde konisch. Mäßig gestreckter Siphonalkanal; Spindel mit drei kräftigen Falten. Weiß mit einem kräftigen, braunen Periostracum. Dieses Gehäuse ist selbst in dem sehr beschränkten Verbreitungsgebiet nicht häufig.

Turbinella angulatus

Turbinella pyrum

Familie: Harpidae – Harfenschnecken

Eine kleine Familie von zwei Gattungen und etwa zwölf Arten. Meiner Meinung nach gehören zu ihnen die schönsten von allen Gehäusen. Sie haben kurze Gewinde, einen aufgeblähten letzten Umgang, eine größere oder kleinere Anzahl von axialen Falten oder Rippen, eine breite Mündung, keinen Nabel und kein Operculum. Die Spindel hat keine Falten, und es fehlt ein Periostracum. Die Tiere leben in und zwischen Korallen, sind aktiv und räuberisch. Die meisten kommen in der indopazifischen Region vor. Viele der Harfenschnecken sind ebenso gut oder besser unter Synonymen bekannt.

Harpa major, Indopazifik von Ostafrika bis Hawaii, 10,0 cm. Mäßig hohes bis niedriges Gewinde mit scharfer Spitze. Der letzte Umgang trägt etwa zwölf Rippen, einige breit, einige schmal, mit kleinen Spitzen auf der leicht gewinkelten Schulter; feine Streifen zwischen den Rippen; erste Umgänge schwielig; einfache, stumpfe Lippe. Weiß; Rippen mit Querbändern von hell rosa-braunen Schattierungen; Zwischenräume axial ausgezackt in den gleichen Farben; vorletzter Umgang rosa über einem purpurfarbenen Hintergrund unter der Schulter und gelb über der rosa Spitze; Innenseite der Lippe mit rotbraunen Markierungen am Ende der dunkleren äußeren Bänder; innere Mündung mit goldbrauner Wolkenzeichnung; Außenseite der Spindel dunkel schokoladenbraun, von einem gelben Keil fast geteilt, und mit einer heller braunen Zone auf der vorderen, inneren Hälfte der Spindel. Synonym *H. conoidalis.*

H. articularis, Philippinen und Indonesien bis Nordaustralien und Fidschi-Inseln, 9,5 cm. Mäßig hohes Gewinde; scharfe Spitze. Der letzte Umgang trägt etwa 14 Rippen, die im allgemeinen ziemlich schmal sind und in einer kleinen scharfen Spitze auf der Schulter enden; fein axial gestreift; vorletzter Umgang unter der Schulter schwielig. Einfache Lippe. Rosa-fleischfarben bis gelbbraun mit typischen Harpa-Zeichnungen zwischen den Rippen. Bänder von dunkelbraun bis schwarz zeigen sich auf den Rippen. Die Spindel ist dunkelbraun, wobei die Rippen in einem helleren Braun hindurchschauen. Innenseite der Lippe weiß und Inneres hellbraun.

H. amouretta, Pazifik, 5,0 cm. Schlanker als die übrigen Arten der Familie, und mit einem höheren Gewinde. Etwa 13 Axialrippen, gegen die Mündung zu breiter und an der Schulter fein zugespitzt; fein axial gestreift zwischen den Rippen. Einfache Lippe. Weiß; Rippen glänzend; sie werden geschnitten von Paaren dunkelbrauner Linien, die gelbbraune oder graubraune Färbungen einschließen; die Zwischenräume sind matt, mit zahlreichen braunen, axialen Auszackungen; die Muster der Außenseite schimmern etwas durch die Außenlippe hindurch; die Spindel ist vorn rehfarben mit einem braunen Fleck in der Mitte und einem braunen Tupfen nahe dem vorderen Ende. Die hintere Hälfte setzt die Muster auf dem letzten Umgang fort. Obwohl dies die typische Form ist, sind schlankere und kugeligere Arten nicht selten, und die Gesamtfärbung kann mehr oder weniger dunkel sein. Die Form *crassa* ist schwerer, gröber und stärker gewinkelt; besonders die Rippen sind kräftiger und manchmal zahlreicher. Sie ist häufig heller gefärbt.

H. crenata (nicht abgebildet), westliches tropisches Amerika, 9,0 cm. Ziemlich ähnlich *H. doris,* doch stärker aufgebläht; niedrigeres Gewinde; Stacheln auf der Schulter schmaler, doch mit zwei oder manchmal drei weiteren Reihen mehr oder weniger verkümmerter Stacheln unter der Schulter. Die Markierungen sind ähnlich, aber die Art ist im allgemeinen in der Farbe heller, und das mittlere Band ist purpurbraun statt orangerot.

Harpa articularis

Harpa amouretta

Harpa amouretta form *crassa*

Harpa major

Harpa amouretta

Harpa major

221

H. davidis, Bucht von Bengalen, 9,0 cm. Leicht, mäßig hohes Gewinde. Ausgedehnter letzter Umgang mit etwa elf Rippen, die im allgemeinen gegen die Mündung hin größer sind. Kleine, scharfe Stacheln auf der Schulter. Glatte Lippe. Rehfarben-rosa; spiralige, heller rosa gefärbte, ausgezackte Bänder und V-Zeichen; Rippen mit einfachen, rotbraunen Linien; hinterer Teil der Spindel dunkelbraun, geteilt durch ein <-förmiges helles Band; eine kleine, braune Zeichnung nahe dem vorderen Ende der Spindel.

H. kajiyamai, südliche Philippinen, 7,0 cm. Mäßig hohes Gewinde; ziemlich langgestreckt. 12 bis 17 Rippen auf dem letzten Umgang mit kurzen, scharfen Stacheln auf der Schulter. Unter der Schulter etwas aufgebläht. Die ersten Umgänge mit Axialrippen und Spirallinien. Vorletzter Umgang unter der Schulter schwielig. Konkav zwischen Schulter und Naht mit axialen Streifen. Lippe vorn gezähnt, hinten ebenfalls, doch rudimentär. Glatte, leicht konkave Spindel. Fleischfarben-rosa mit lila-rosa Bänderung und weißen, lila, rosa und kastanienbrauner Zackung, wobei die Farben glänzender und lebhafter als bei anderen Harpiden sind; rote Flecke zwischen den abwechselnden Rippenpaaren, die sich spiralig auf der Peripherie befinden; rotbraune Linien in Paaren oder zu dreien auf den Rippen; die Linien bilden dunkelbraune Zeichnungen auf der Innenseite der Lippe; im Inneren schimmern die äußeren Farben durch die gelb-braun-weiße Färbung hindurch.

H. doris, tropisches Westafrika, 7,5 cm. Letzter Umgang langgestreckter und weniger aufgebläht als bei anderen Arten. Etwa 13 niedrige Rippen. Kurze Stacheln auf der Schulter. Feine Axialstreifen. Lippe mit Zähnen, die hinten verkümmert sind. Ziemlich stumpfe Färbung; rosa-braun bis gelb-braun, Rippenränder mit dünner, unterbrochener, dunkelbrauner Linie; schmale kastanienbraune Bänder, die weiße <-Zeichen tragen, enden in Zähnen auf der Lippe; ein mehr oder weniger verwaschenes orangerotes Band auf dem breitesten Teil des letzten Umgangs; Mündung rosa-rehfarben mit unterbrochenen, dunkleren Spiralbändern; Spindel vorn hellgelb; hinten schauen die Grundmuster durch die helle Glasur hindurch; großer, dunkler, kastanienbrauner Fleck, der bis zur Spindel läuft, ein kleinerer Fleck auf dem vorderen, äußeren Rand der Spindel und noch ein dritter kleinerer Fleck dort, wo die Lippe an den letzten Umgang anstößt. Synonym *H. rosea.*

H. harpa, Ostafrika bis Tonga, 7,5 cm. Oval; mäßig großes Gewinde; quadratische Schulter. Zwölf Axialrippen, nahe der Mündung größer. Kurze, scharfe Stacheln auf der Schulter. Zwischen den Rippen feine Axialstreifen. Kurze, scharfe Zähne auf den hinteren zwei Dritteln der Lippe. Fleischfarben-rosa; die Rippen werden von dunkel-braunen Linien geschnitten, die zu zweien, zu dreien oder zu vieren auftreten; zwischen den Rippen axiale Auszackungen in Rosa, Weiß und Rotbraun, Reihen von Strichen und V-förmigen Zeichnungen, wobei die verschiedenen Färbungen und Muster Bänder bilden, die nur von den Rippen unterbrochen werden; auf der Peripherie ein Band rotbrauner Flecke zwischen abwechselnden Paaren von Rippen; Lippe mit braunen Zeichnungen dort, wo die Gruppen von Linien auf der letzten Rippe enden; Spindel rehbraun mit brauner Zeichnung in der Mitte, hinten ein kleinerer Fleck und noch ein kleinerer am Grund der Spindel. Synonym *H. nobilis.*

H. costata, Mauritius, 8,0 cm. Fast flaches Gewinde, mit scharfer, zulaufender Spitze. Letzter Umgang mit 30 bis 40 engstehenden Axialrippen, die auf der Schulter als kurze, scharfe Spitzen vorstehen, und dann in Richtung auf die Naht einen breiten, flachen Kanal kreuzen; hinten verlaufen die Rippen parallel mit der Lippe. Einfache Lippe; breite Mündung. Spindel mit einem schwachen Wulst. Weiß, spiralig rehbraun und rosa-braun gebändert; Mündung weiß mit gelber Wolkenzeichnung, vor allem vorn; Spindel gelb mit einer großen, dreieckigen, dunkel rotbraunen Zone im mittleren Teil; ein heller brauner Streifen läuft gegen die Spitze zu. Synonym *H. imperialis.*

Harpa davidis

Harpa kajiyamai

Harpa doris

Harpa harpa

Harpa costata

Familie: Mitridae – Bischofsmützenschnecken

Diese Schnecken sind eine Familie von etwa zehn Gattungen und vielen Arten. Sie sind groß bis klein, im allgemeinen spindelförmig und langgestreckt, glatt oder spiralig gewulstet und leicht axial gewulstet oder gegittert. Die Mündung ist gewöhnlich schmal, die Spindel trägt Falten, und der Siphonalkanal hat eine Kerbe. Die Tiere leben im Sand oder zwischen Korallen und Algen in Gezeitenzonen und flachem Wasser. Sie sind Fleisch- und Aasfresser. Sie bewohnen weltweit die tropischen und gemäßigten Meere.

Mitra papalis, Indopazifik, 12,5 cm. Hohes Gewinde. Die spiraligen Rinnen laufen auf den letzten Umgängen aus; diese sind an der Naht mit einem Kranz versehen. Spindel mit etwa fünf Falten. Weiß, mit dunkelroten Flecken, die im allgemeinen ziemlich quadratisch sind und in spiraligen Reihen verlaufen; die Kranzbildungen sind weiß; Mündung cremefarben.

M. imperialis, Indopazifik, 6,5 cm. Deutliche Spiralrinnen und kleine, stumpfe Kranzbildungen an der Naht. Spindel mit etwa sechs Falten; gezähnte Lippe. Gelb-braun mit dunkelbrauner und weißer Wolkenzeichnung; Mündung orange-braun.

M. stictica, Indopazifik, 7,5 cm. Hohes Gewinde. Scharf gewinkelte, mit Kränzen versehene Schultern; zwei Reihen tiefer Punktierungen auf den ersten Umgängen, die auf dem vorletzten Umgang verschwinden. Leicht taillierter letzter Umgang mit drei Spiralrinnen vorn. Der Lippenrand läuft parallel mit der Achse des Gehäuses fast auf der ganzen Länge und biegt scharf im Winkel von 90 Grad ab, um an der Siphonalkerbe zu enden; fein gezähnte Lippe; Spindel mit etwa vier Falten. Weiß mit meist ziemlich quadratischen roten Flecken in spiraligen Reihen; Mündung cremefarben.

M. ambigua, Indopazifik, 7,5 cm. Ziemlich breit für ihre Länge; schmal gerillte Naht. Spiralrinnen, die in der Mitte des letzten Umganges auslaufen. Lippe grob gezähnt im Inneren; Spindel mit etwa fünf Falten. Hell rotbraun mit einem breiten cremefarbenen Band unter der Naht; Mündung weiß.

M. cardinalis, Indopazifik, 7,5 cm. Hohes Gewinde und einfache Naht. Spiralreihen von kleinen Löchern, auf dem letzten Umgang etwa 25 Reihen. Lippe mit winzigen stumpfen Zähnen; Spindel mit etwa fünf Falten. Weiß mit Spiralreihen brauner Striche und einigen Flecken der gleichen Farbe auf dem Gewinde; Mündung cremefarben-weiß.

M. coronata, Pazifik, 3,0 cm. Hohes Gewinde, Naht mit Kranzbildung, gegitterte Skulptur. Fein gezähnte Lippe; Spindel mit etwa fünf Falten. Dunkelbraun; Kranzbildungen und ein einzelner Spiralwulst unter der Naht cremefarben; Mündung weiß.

Neocancilla papilio, Indopazifik, 6,0 cm. Spiralwülste hinten etwas hervorgehoben, zwei oder drei kleinere Wülste zwischen ihnen; axiale Rinnen unterteilen die Wülste so, daß ein schuppiges Aussehen entsteht. Spindel mit etwa fünf Falten; fein gezähnte Lippe. Cremefarben-weiß mit wenigen purpurbraunen und rotbraunen Flecken, die jedoch in zwei Gebieten so zunehmen, daß sie rotbraune Spiralbänder bilden; Mündung creme- bis rehfarben.

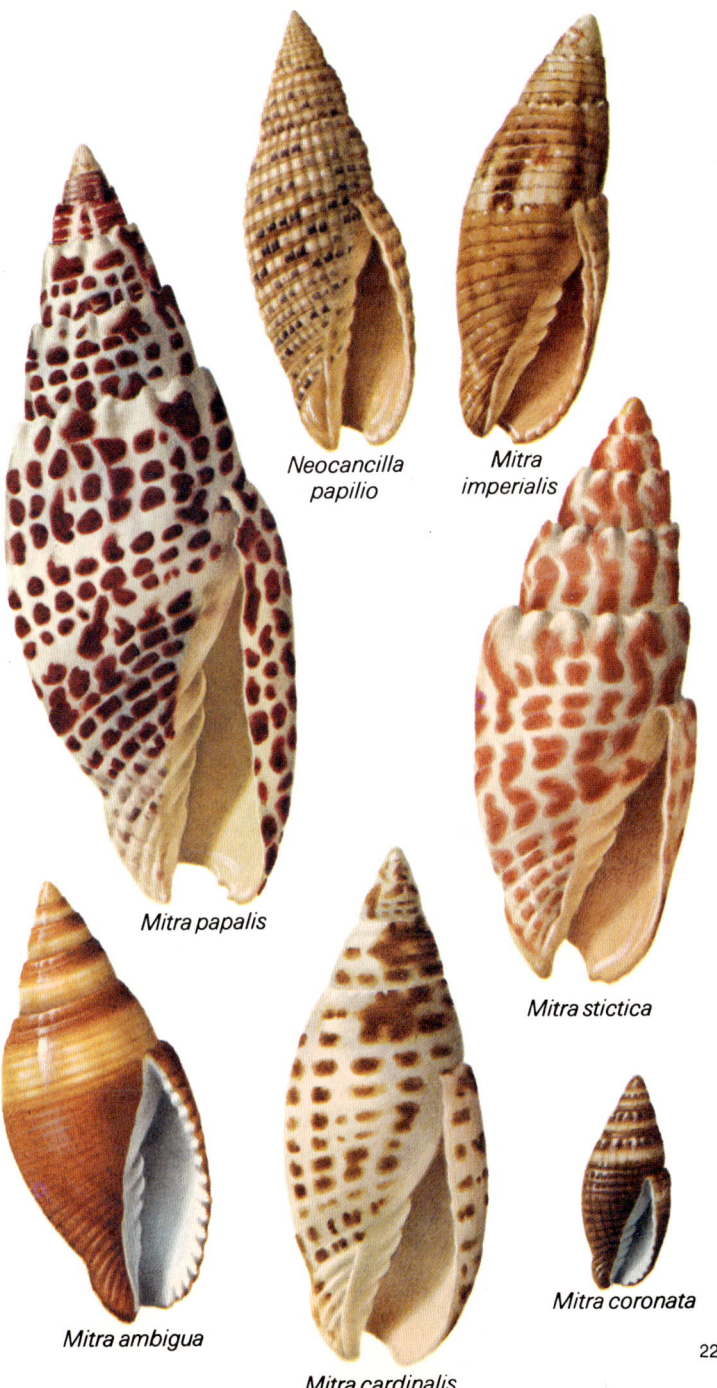

Neocancilla
papilio

Mitra
imperialis

Mitra papalis

Mitra stictica

Mitra ambigua

Mitra cardinalis

Mitra coronata

225

Mitra fraga, Indopazifik, 3,0 cm. Untersetzt spindelförmig; skulpturiert mit Spiralwülsten, unterteilt von flachen Kanälen, in denen sich axiale Furchen befinden. Nahe der Lippe trägt der letzte Umgang axiale Rinnen, die die Wülste in Reihen von Knoten aufteilen. Lippe innen gezähnt; Spindel mit etwa fünf Falten; kurzer, offener Siphonalkanal. Dunkelweinrot mit hell orangefarbenen Flecken auf den Wülsten und Knoten; Mündung hellbraun.

M. lugubris, südlicher Indopazifik, 4,0 cm. Spindelförmig mit hohem Gewinde, Spiralwülsten und Axialrinnen. Verkümmerte Kranzbildungen auf Naht und Schulter. Fein gezähnte Lippe, vorn ein wenig ausgebuchtet; Spindel mit etwa fünf Falten. Rotbraun mit einem weißen Band von der Naht bis zur Schulter, weshalb das Gewinde weiß mit etwas brauner Färbung über der Naht erscheint; Mündung weiß; Spindel hinten braun, vorn einschließlich der Falten weiß.

M. mitra, Indopazifik, 14,0 cm. Die größte der *Mitra*-Arten mit hohem Gewinde und angepreßter Naht. Feine, punktierte Spirallinien, die verkümmern und schließlich alle auf den letzten beiden Umgängen verschwinden. Lippe vorn mit kurzen, scharfen Stacheln; Spindel mit etwa vier Falten. Schmaler Spindelschild. Weiß mit Spiralreihen unterschiedlich großer, im allgemeinen ziemlich rechteckiger, roter Flecken; unter der Naht gehen die Flecken in große, unregelmäßige Kleckse über; Mündung cremefarben gelb.

M. eremitarum, Malaysia und Philippinen bis über den Pazifik. Hohes Gewinde; angepreßte grobe Naht. Spiralrillen, auf den ersten Umgängen gepustelt; Axialstreifen. Gezähnte Lippe; Spindel mit etwa fünf Falten. Der Siphonalkanal ist kurz und etwas gedreht. Hell gelb-cremefarben mit unregelmäßigen dunkel- und hellbraunen Axialstreifen.

Vexillum lubens, Indopazifik, 11,0 cm. Schlank mit einem sehr hohen Gewinde; angepreßte Naht mit einem sehr feinen Kronenrand besetzt. Verkümmerte Axialrippen; spiralige, punktierte Rinnen. Fein gezähnte Lippe, manchmal gebogen; Spindel mit etwa fünf Falten; Siphonalkanal kurz und ziemlich gerade, etwas gebogen. Cremefarben oder orange-cremefarben mit dunkelbraunen Axialstreifen und einem hellen Band unten am letzten Umgang; Mündung cremefarben gelbbraun.

Mitra puncticulata, Indopazifik, 5,0 cm. Gedrungen mit mäßig hohem Gewinde. Naht mit kleiner Krone; kleine Axialrippen, die von eingeschnittenen, tief punktierten Spiralrillen geschnitten werden. Fein gezähnte Lippe; Spindel mit etwa vier Falten. Der kurze Siphonalkanal ist leicht gedreht. Weiß mit zwei breiten Bändern, einem unter der Naht und einem hell orange-braunen vorn. Dieses Band trägt dunkelbraune Axialstreifen. Ein rotbrauner Faden in der Mitte des zentralen weißen Bandes; Mündung cremefarben.

Mitra fraga

Mitra lugubris

Mitra eremitarum

Mitra mitra

Mitra puncticulata

Vexillum lubens

227

M. chrysostoma, Indopazifik, 5,0 cm. Ziemlich breit mit mäßig hohem Gewinde. Angepreßte grobe Nähte; Axialrippen und Spiralrinnen auf den ersten Umgängen; Mitte des letzten Umganges fast glatt, Rinnen vorn kräftiger. Verdickte Lippe; etwa fünf Falten auf der Spindel. Weiß mit breitem, unterbrochenem, braunem Band unter der Naht und einem weiteren vorn; einige Flecke der gleichen Farbe über dem mittleren weißen Band und in Form von axialen Streifen auf dem Gewinde; Mündung schmutzig weiß.

M. isabella, Japan, 10,0 cm. Lang und schlank mit einem hohen Gewinde. Die Spiralwülste werden von axialen Fäden geschnitten. Schmale Mündung; fein gezähnte Lippe; Spindel mit etwa fünf Falten. Langer und gebogener Siphonalkanal. Weiß, kräftig wolkig gezeichnet und gestreift in einem hellen gelbbraunen Farbton; Mündung rosacremefarben.

M. floridula, südlicher Indopazifik, 5,0 cm. Mäßig hohes Gewinde. Angedrückte, mit einer Krone versehene Naht; feine, spiralige, punktierte Rillen, die auf der Mitte des letzten Umganges unscheinbar werden. Fein gezähnte Lippe; Spindel mit etwa sechs Falten. Rot oder orangebraun mit weißen Flecken in Form eines Bandes unter der Naht, einer Reihe spärlicher weißer Tupfen in der Mitte des letzten Umganges und weißen Strichen und Tupfen vorn; Mündung weiß.

M. nubila, Pazifik, 7,0 cm. Massiv mit mäßig hohem, leicht konkavem Gewinde. Umgänge etwas aufgebläht; spiralig punktierte Rinnen. Gezähnte Lippe; Spindel mit etwa fünf Falten. Weiß mit rotbraunen Flecken in zwei verwaschenen Bändern; hellere Wolkenzeichnung und kleine, kalkig weiße Flecken, zum Teil mit einem dunkelbraunen Rand; Mündung und Spitze weiß.

M. cucumerina, Indopazifik, 2,5 cm. Gedrungen mit einem mäßig hohen Gewinde. Spiralwülste von Kanälen unterteilt. Verkümmerte, breite, stumpfe Axialrippen. Gezähnte Lippe; Spindel mit etwa vier Falten. Rot mit einem breiten, mittleren, weißen Band, im übrigen weiß gefleckt; Mündung weiß.

Strigatella paupercula, Indopazifik, 3,0 cm. Untersetzt mit kurzem Gewinde, an der Schulter des letzten Umganges aufgebläht. Glatt, mit Ausnahme des vorderen Teils, wo feine Spiralfäden liegen. Lippe hinten leicht konkav; etwa fünf Spindelfalten. Schokoladenbraun bis schwarz mit wellenförmigen weißen Axialstreifen; Lippe und Falten weiß; Inneres tief braun.

S. litterata, Indopazifik, 3,0 cm. Kurz, plump mit niedrigem Gewinde und spiraligen, punktierten Linien. Lippe verdickt und nach innen gedreht, hinten mit einem stumpfen Zahn; Spindel mit etwa fünf Falten. Cremefarben weiß mit braunen, wellenförmigen Axialstreifen und Flecken, gewöhnlich in drei Spiralreihen; Mündung blauweiß.

S. scutulata, Indopazifik, 5,0 cm. Mäßig hohes Gewinde. Spiralige, auf dem letzten Umgang verkümmerte Linien und feine Axialstreifen. Gebuchtete Lippe; Spindel mit etwa vier Falten. Dunkel braun-schwarz; ein schmales gelbes Band unter der Naht, weiße Flecke und kurze Axialstreifen; Mündung blauweiß.

Mitra chrysostoma

Mitra isabella

Mitra floridula

Mitra nubila

Mitra cucumerina

Strigatella litterata

Strigatella paupercula

Strigatella scutulata

Swainsonia variegata, Pazifik, 4,5 cm. Massiv, mit hohem Gewinde. Schwach geschultert mit Axialrippen zwischen Schulter und Naht. Eingeschnittene und punktierte Spirallinien, etwa 14 auf dem letzten Umgang. Gezähnte Lippe; Spindel mit etwa sechs Falten. Cremefarben grau mit weißen Flecken, die auf der Seite der Mündung von wellenförmigen dunkelbraunen Streifen begrenzt werden; zwei undeutliche Bänder in hellem und dunklem Braun; Mündung cremefarben.

Neocancilla granatina, Indopazifik, 6,5 cm. Hohes Gewinde. Skulpturen die gleichen wie bei *N. papilio* (siehe Seite 224). Die Spindel hat fünf Falten. Glänzend weiß mit Flecken und ziemlich spärlichen, fuchsinroten, rosa und orangefarbenen Querstrichen, die an Zahl zunehmen auf zwei Bändern, einem in der Mitte und einem am vorderen Ende des letzten Umgangs; Mündung cremefarben bis hell gelbbraun.

N. antoniae, Indopazifik, 4,0 cm. Leicht aufgebläht mit knotigen Spiralwülsten, Fäden und axial eingeschnittenen Linien. Lippe innen gezähnt; Spindel mit etwa fünf Falten. Weiß mit rotbraunen Strichen auf den Knotenreihen; Mündung rosaweiß.

Cancilla filaris, Indopazifik, 3,0 cm. Spindelförmig mit hohem Gewinde und fein gezähnter Lippe. Spindel mit etwa vier Falten. Oberfläche leicht gegittert; Spirallinien etwa gleichen Abstands werden von vertikalen Streifen geschnitten. Die erste Linie liegt weiter unter der Naht, als der Abstand zwischen den übrigen Linien ausmacht. Weiß; Spirallinien rot; Mündung weiß; die Linien schimmern schwach durch, am Rand jedoch deutlich.

C. praestantissima, Indopazifik, 4,0 cm. Sehr hohes Gewinde. Skulpturen ähnlich denen bei *C. filaris,* doch eher feiner; es fehlt der besonders große Abstand von der Naht bis zur ersten Linie. Farbe ähnlich.

Imbricaria conularis, Indopazifik, 2,5 cm. Form und Aussehen wie bei einer Kegelschnecke, doch mit etwa fünf Spindelfalten. Mäßig hohes Gewinde mit hoher, scharfer Spitze, manchmal mit klein punktierten Spirallinien. Lippe eher uneben als gezähnt. Opak weiß; kalkig weiße Quadrate; braunrote Spirallinien und ein mittleres Purpurband, das auch die weißen Quadrate trägt; Lippe weiß; Inneres purpurbraun; Spindel opak und kalkig weiß; Spitze purpurbraun.

I. olivaeformis, Pazifik, 2,0 cm. Olivenförmig, daher ihr Name. Tief gerundetes Gewinde mit scharfer, zulaufender Spitze; glatt oder mit verkümmerten, spiraligen, punktierten Linien. Glatte Lippe; Spindel mit etwa fünf Falten. Grün-gelb; Spitze und Ende der Spindel purpurfarben.

I. punctata, südlicher Indopazifik, 2,0 cm. Niedriges, fast flaches Gewinde mit scharfer, zulaufender Spitze. Gerundete Schulter, die zur Naht hin schmaler wird, und spiralige, eingeschnittene, punktierte Linien. Lippe mit sehr kleinen, feinen Zähnen; Spindel mit etwa sechs Falten. Hell orange-gelb; auf dem Gewinde und zur Lippe hin heller; Mündung hell creme-farben-weiß.

Swainsonia variegata

Neocancilla granatina

Neocancilla antoniae

Cancilla filaris

Cancilla praestantissima

Imbricaria conularis

Imbricaria olivaeformis

Imbricaria punctata

Pterygia dactylus, Indopazifik, 5,0 cm. Massiv und schwer, mit kurzem Gewinde und angedrückter Naht. An den gerundeten Schultern aufgeschwollen. Eingeschnittene Spirallinien und kegelförmige Lippe. Die Spindel trägt etwa sieben kräftige Falten. Weiß, mit kräftiger brauner Wolkenzeichnung, auf der drei oder vier verwaschene Bänder erkennbar sind. Mündung weiß; Spindel mit spärlichen braunen Zeichnungen.

P. crenulata, Indopazifik, 4,0 cm. Massiv mit kurzem Gewinde. Schmaler als die obige Art. Die Naht trägt eine schmale Leiste; gerundete Schulter; fein netzartig gezeichnet. Lippe innen schwach gezähnt; Spindel mit etwa acht Falten. Weiß mit hellbraunen Flekkenzeichnungen; Inneres weiß.

P. nucea, Indopazifik, 6,0 cm. Massiv, schwer, mit mäßig hohem Gewinde und angedrückter Naht. Feine Axialstreifen und schwache Spiralrinnen. Die Lippe trägt winzige Knötchen; die Spindel hat etwa fünf kräftige Falten. Weiß mit drei Spiralreihen unregelmäßiger dunkelbrauner Striche und Flecke und etwa sechs bis acht Reihen sehr kleiner hellbrauner Tupfen; Knoten auf der Lippe hellbraun; Mündung weiß.

Vexillum taeniatum, Indopazifik, 7,5 cm. Schmal, spindelförmig, mit hohem Gewinde und scharf gerundeten Schultern unter der Naht. Axial gerippt, etwa zehn Rippen auf dem letzten Umgang; die groben Spirallinien sind auf der Mitte des letzten Umganges ziemlich schwach. Innenseite der Lippe gefurcht; Spindel mit etwa fünf Falten; ausgedehnter, offener und gebogener Siphonalkanal. Weiß mit drei orangeroten Bändern, einem unter der Naht, einem in der Mitte des letzten Umganges und einem vorn; alle Bänder sind von kräftigen schwarzen Linien begrenzt; mit einer schmalen roten Linie durch die hintere weiße Zone; die Linie kann auch fehlen; die Bänder zeigen sich auf der Lippe; Mündung cremefarben.

V. formosense, westlicher Pazifik, 5,5 cm. Schmal, spindelförmig, mit hohem Gewinde und leicht eingeschnürter Naht. Axialrippen, etwa 20 auf dem letzten Umgang; sie verkümmern auf der letzten Hälfte des letzten Umganges. Überall Spirallinien, die jedoch in der Mitte des letzten Umganges ziemlich schwach ausgebildet sind. Gefurchte Lippeninnenseite; Spindel mit etwa fünf Falten; offener, leicht gestreckter und gebogener Siphonalkanal. Sehr dunkelbraun mit einem schmalen weißen Spiralband, das manchmal einen roten Faden trägt; Innenseite der Lippe dunkel purpurbraun umrandet; Spindel braun; Spindelfalten cremefarben; Inneres violett.

V. caffrum, Indopazifik, 5,0 cm. Spindelförmig, breiter und schwerer als die beiden vorhergehenden Arten. Hohes Gewinde und angedrückte Naht. Die zahlreichen kleinen Axialrippen verkümmern auf der Mitte des letzten Umganges; vorn auf dem letzten Umgang sind Spirallinien. Die gefurchte Lippe ist leicht konkav und nach innen gedreht; die Spindel trägt etwa vier Falten; der Siphonalkanal ist offen und etwas gebogen. Schokoladenbraun mit zwei schmalen gelbweißen Spiralbändern; Rand der Innenlippe dunkelbraun; Spindel braun; Spindelfalten cremefarben; Inneres cremefarben.

Vexillum taeniatum

Pterygia crenulata

Pterygia dactylus

Pterygia nucea

Vexillum formosense

Vexillum caffrum

Vexillum sanguisugum, Indopazifik, 4,2 cm. Spindelförmig mit hohem Gewinde und etwa sechs Umgängen. Die Axialrippen werden durch feine eingeschnittene Spiralrinnen unterbrochen, so daß Knoten entstehen. Sehr schwach konkave Lippe; schmale Mündung; Spindel mit etwa vier Falten. Weiß; Spiralrinnen purpurfarben; Mündung am Rand purpurbraun; Spindel braun; Inneres weiß.

V. melongena, Singapur bis Fidschi-Inseln, 5,0 cm. Schmal und spindelförmig mit hohem Gewinde und etwa acht Umgängen. Kräftige Axialrippen und schwache Spiralwülste, die die Axialrippen nicht schneiden. Schmale Mündung; gefurchte Lippe; Spindel mit etwa vier Falten; ausgedehnter Siphonalkanal. Grau mit einem breiten weißen Band auf der Schulter, purpurfarben begrenzt und mit scharlachrotem Faden durch die Mitte; vorn zwei schmale braune Bänder; Mündung blauweiß, gerändert von purpurbraunen Zeichnungen; Spindel hellbraun; Spindelfalten weiß.

V. stainforthi, Westpazifik und Chinesische Meere, 5,0 cm. Schmal und spindelförmig mit hohem Gewinde und etwa acht Umgängen. Angedrückte Naht; Axialrippen mit breitem Abstand, etwa zehn auf dem letzten Umgang; feine Spiralstreifen kreuzen die Rippen. Leicht konkave Lippe; Spindel mit etwa vier Falten; ausgedehnter, leicht gebogener Siphonalkanal. Cremefarben; fünf scharlachrote Bänder, die nur auf den Axialrippen auftreten; Innen- und Außenseite der Lippe mit purpurbraunen Zeichnungen an der Stelle, wo die Bänder enden; Spindel vorn braun, übrige Mündung weiß; Spitze und Siphonalkanalende purpurbraun.

V. exasperatum, Indopazifik, 2,5 cm. Hohes Gewinde; etwa sieben Umgänge; letzter Umgang doppelt gewinkelt. Gegittert mit leicht knotigen Axialrippen, die an der Schulter leicht vorstehen. Lippe mit knotigen Streifen; Spindel mit vier Falten. Weiß; ein breites braunes Band zwischen der oberen und unteren Schulter. Mündung weiß.

V. plicarium, östlicher Indischer Ozean und südwestlicher Pazifik, 5,0 cm. Breit spindelförmig mit einem hohen Gewinde, etwa acht Umgängen und angedrückter Naht. Von der Naht bis zur scharfen Schulter konkav. Feine Axialstreifen, vorn Spirallinien. Kräftige Axialrippen, etwa zehn auf dem letzten Umgang; sie enden in stumpfen Knoten auf der Schulter. Spindel mit etwa vier Falten. Weiß, mit einem breiten blaugrauen oder braunen Mittelband, das zwischen den Rippen von rotbraunen oder schwarzen Linien eingefaßt wird, und mit einer ähnlichen Linie vorn und unter der Schulter; die Innenseite der Lippe zeigt die Bänderung; Spindel weiß; Spitze purpurfarben.

V. vulpecula, Pazifik, 5,5 cm. Massiv und spindelförmig mit hohem Gewinde, etwa sieben Umgängen und schmal gerillter Naht. Grobe Axialrippen, die nahe der Mündung verschwinden; schmale Spiralrinnen, vorn Spirallinien; die Rippen sind an der gewinkelten Schulter besonders kräftig. Leicht konkave Lippe, innen gefurcht; Spindel mit etwa vier Falten. Farbe variabel; cremefarben, gelb oder orange mit drei schwarzen oder rotbraunen Bändern, einem auf der Naht, einem in der Mitte und einem vorn; Siphonalkanal von gleicher Farbe; die Lippe zeigt das Farbband; Inneres weiß; Spindel weiß, vorn mit der schwarzen oder roten Färbung.

Pusia microzonias, Indonesien bis Polynesien, 2,5 cm. Spindelförmig mit etwa sechs Umgängen. Grobe, gerundete Axialrippen, vorn ersetzt durch feine knotige Spirallinien. Gefurchte Lippeninnenseite; Spindel mit etwa vier Falten. Dunkel rotbraun mit einer Reihe weißer Flecke auf den Rippen, an die sich eine weiße Linie auf der Mitte des letzten Umgangs anlegt; eine helle Spirallinie unter den Rippen; Mündung und Spindel weiß mit einer braunen Färbung, die durch die Lippe hindurchschimmert.

*Vexillum
sanguisugum*

*Vexillum
melongena*

*Vexillum
stainforthi*

*Vexillum
exasperatum*

Vexillum plicarium

Vexillum vulpecula

Vexillum vulpecula

Pusia microzonias

235

Familie: Volutidae – Walzenschnecken

Etwa 200 Arten gehören zu dieser Familie; sie variieren von groß bis ziemlich klein. Sie sind farbenprächtig und zeigen meist eine recht einfache Skulptur. Die Mehrzahl lebt räuberisch im Sand des flachen wie des tiefen Wassers. Obwohl sie weltweit verbreitet sind, findet man in Australien weit mehr Arten als anderswo.

Ericusa sericata, östliches Australien, 12,5 cm. Massiv und ziemlich schmal. Mäßig hohes Gewinde mit großem gerundeten Embryonalgewinde, von etwa zweieinhalb Umgängen, das die Spitze bildet; folgende Umgänge etwa dreieinhalb. Lippe leicht verdickt und vorn ausgebuchtet. Die Spindel ist hinten etwas ausgedehnt und leicht gebogen; sie trägt vier Falten. Die Siphonalkerbe ist breit und ziemlich flach. Cremefarben bis gelbbraun, überdeckt mit einem Orangebraun, das zeltförmige Zeichnungen von der Grundfarbe freiläßt; kurze orange-braune Axialstreifen unter der Naht; Mündung cremefarben-grau.

Livonia mammilla, südöstliches Australien von Queensland bis Südaustralien und Nordtasmanien, 30,0 cm. Groß und eiförmig. Das kurze Gewinde trägt ein sehr großes, halbkugeliges Embryonalgewinde von einem Umgang; darauf folgen drei konvexe Umgänge. Stark aufgeblähter letzter Umgang; breite Mündung; die einfache Lippe ist hinten bis zu einem Punkt auf dem vorletzten Umgang nahe der Naht ausgedehnt. Gebogene Spindel, die drei Falten aufweist; die Siphonalkerbe ist breit, aber nicht tief. Cremefarben oder hell gelbcremefarben; zwei breite Bänder aus wenigen, dunkel braunroten, im allgemeinen axialen und schrägen Linien, die gesonderte Muster bilden; Innenseite der Lippe, Bereich am hinteren Ende der Lippe und Spindel aprikosenfarben; Inneres fleischfarben.

Fulgoraria mentiens, südliches Japan, 21,5 cm. Spindelförmig; mäßig hohes Embryonalgewinde von etwa zwei Umgängen; etwa fünf folgende Umgänge. Ungefähr 16 Axialrippen auf dem vorletzten Umgang, die auf dem letzten Umgang verkümmern. Dies gilt auch für die Spiralstreifen, die auf den ersten Umgängen kräftig sind. Einfache, leicht gebogene Lippe; ausgedehnte Spindel mit etwa vier Falten, von denen die kräftigste vorn liegt; zwischen ihr und der nächsten Falte liegt ein breiter Einschnitt; sehr flache Siphonalkerbe. Hell fleischfarben mit drei spiraligen Bändern, einem unter der Naht, einem in der Mitte und einem vorn; die Bänder bestehen aus wellenförmigen, im allgemeinen axialen dunkel rotbraunen Linien, von denen zwei auf den ersten Umgängen zu sehen sind; Rand der Lippe weiß; Inneres rosa-fleischfarben.

F. rupestris, Taiwan, 13,0 cm. Spindelförmig und fest, mit mäßig hohem Gewinde. Großes Embryonalgewinde mit etwa zwei Umgängen, ferner etwa dreieinhalb folgende Umgänge. Etwa 14 Axialrippen auf dem vorletzten Umgang, die auf dem letzten Umgang auslaufen. Etwas gewinkelte Schultern und kräftige, spiralige, eingeschnittene Linien. Die äußere Lippe ist ein wenig verdickt, kegelförmig und vorn leicht gekerbt. Die ausgedehnte Spindel ist in der Mitte konvex mit einem Wulst, der etwa neun Falten trägt. Keine Siphonalkerbe. Creme-farben weiß bis sehr hell cremefarben gelbbraun; braune wellenförmige Axiallinien; Mündung weiß; Inneres mit einer hellbraunen Tönung.

F. delicata, südöstliches Japan, 5,5 cm. Klein, schmal und spindelförmig mit verhältnismäßig hohem Gewinde. Das kleine Embryonalgewinde hat etwa zwei Umgänge; vier weitere folgen. Ungefähr 15 Axialrippen auf dem vorletzten Umgang, die auf dem letzten Umgang auslaufen. Eingeschnürte Naht; sehr feine Spiralstreifen; einfache Lippe; die Spindel trägt etwa zwei Falten; keine Siphonalkerbe. Cremefarben weiß.

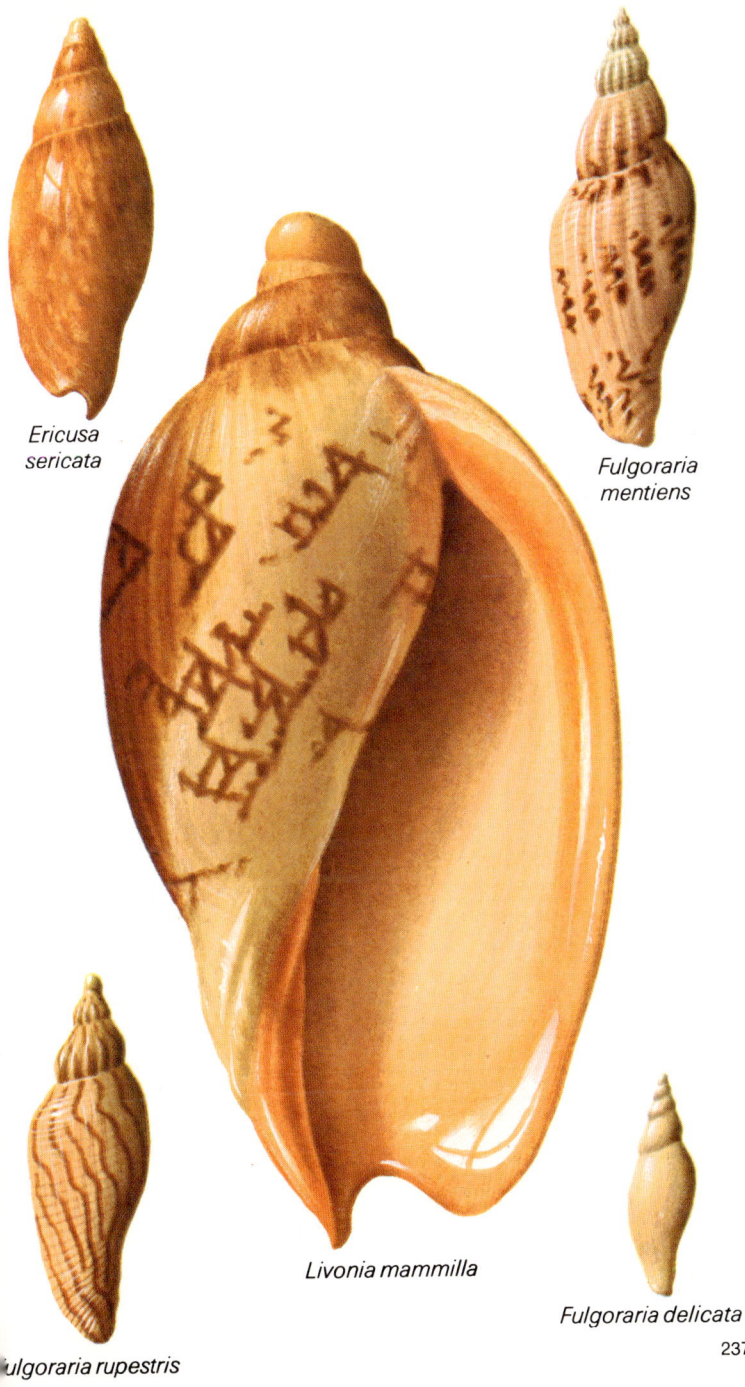

*Ericusa
sericata*

*Fulgoraria
mentiens*

Fulgoraria rupestris

Livonia mammilla

Fulgoraria delicata

Voluta ebraea, nördliches Brasilien, 15,0 cm. Gerundetes Embryonalgewinde; die gewinkelten Schultern tragen kurze Stacheln am Ende niedriger Wülste, die vorn verschwinden. Unregelmäßige Naht; verdickte, scharf gebogene Lippe. Gebogene Spindel mit fünf kräftigen Falten und hinten sehr schwachen Falten. Tiefe, schmale Siphonalkerbe. Cremefarben bis gelbbraun; feine axiale und spiralige rotbraune Linien, hauptsächlich in zwei Bändern; schwache purpurfarbene Zeichnungen auf den Bändern; Lippe mit zwölf purpurbraunen Flecken; Mündung und Spindel hell pfirsichfarben.

V. musica, nordöstliches Südamerika und östliche Karibik, 9,0 cm. Stumpfes Embryonalgewinde; die Schultern tragen deutliche, zugespitzte, seitlich zusammengedrückte Knoten am Ende niedriger, breiter Rippen, die vorn auslaufen. Unregelmäßige Naht; lange Mündung, vorn breiter; verdickte, gebogene Lippe; gerade Spindel, vorn gebogen, fünf kräftige Falten vorn, und hinten deutliche Furchen. Tiefe, schmale Siphonalkerbe. Elfenbein- oder cremefarben; spiralige rotbraune Zeichnungen, besonders in zwei Bändern; Mündung cremefarben. Variabel; Knoten mehr oder weniger deutlich, Farbe mehr oder weniger kräftig.

Lyria mitraeformis, südliches Australien, 5,5 cm. Kleines, aufgeblähtes, stumpfes Embryonalgewinde; eingedrückte Naht. Axialrippen, 16 auf dem letzten Umgang. Die Mündung ist vorn breit. Die konkave Spindel hat drei Falten und einen niedrigen Zahn am Hinterende, dazwischen Furchen. Flache, schmale Siphonalkerbe. Cremefarben und kräftig gefleckt mit graubraunen spiraligen Strichen und rechteckigen Tupfen; Lippe mit rotbraunen Haarlinien; Mündung weiß; Spindel und Kerbe mit gelber Tönung.

L. lyraeformis, Kenia, 14,5 cm. Zwiebelförmiges Embryonalgewinde mit einem Sporn an der Spitze, konvex, eingeschnürt an der Naht und darunter leicht konkav. Axialrippen, 18 auf dem letzten Umgang. Kurze Mündung, vorn breiter; verdickte, kegelförmige Lippe; die Spindel hat vorn drei Falten und ist in der Mitte gefurcht; kleine Siphonalkerbe. Cremefarben gelbbraun; drei unregelmäßig rotbraune Spiralbänder, eingefaßt von dunkelbraunen Linien, die an den Zwischenräumen der Rippen unterbrochen sind; dazwischen dünne rotbraune Linien; Mündung hell orange.

L. delessertiana, Madagaskar, Komoren und Seychellen, 5,5 cm. Kleines, gerundetes Embryonalgewinde; engstehende Axialrippen, 20 auf dem letzten Umgang. Eingedrückte, zusammengeschnürte Naht. Schmale, lange Mündung. Verdickte Lippe mit einem niedrigen Wulst, der drei Rippen trägt. Konkave Spindel mit kleinen Falten; tiefe, schmale Siphonalkerbe. Rosa-weiße Wolkenzeichnung mit Orangerot; zwölf spiralige, dünne, rote, unterbrochene Linien; Mündung weiß.

L. cumingii, westliches Mittelamerika, 3,5 cm. Kleines, gerundetes Embryonalgewinde; niedrige Schulter; stumpfe, seitlich zusammengedrückte Knoten am Ende niedriger Rippen. Zehn Rippen auf dem letzten Umgang, vorn verkümmernd, in der Mitte größer werdend. Unregelmäßige Naht; schmale Mündung; die verdickte Lippe hat einen Axialwulst vor dem kegelförmigen Rand und einen kleinen, stumpfen Zahn in der Mitte am Innenrand. Konkave Spindel, vorn drei Falten, hinten drei oder vier schwächere Falten; tiefe, schmale Siphonalkerbe. Cremefarben; braune Wolkenzeichnung, besonders in zwei spiraligen Bändern; Mündung cremefarben.

Volutocorbis abyssicola, Südafrika, 10,0 cm. Flache, gerillte Naht; feine Rinnen. Verdickte, leicht gebogene Lippe; weiße Spindelfalten, von denen die kräftigste vorn liegt; breite, flache Siphonalkerbe. Hellbraun; lange, schmale, graubraune Mündung.

V. boswellae, Südafrika, 6,0 cm. Gerundetes Gewinde; kräftig geschultert; Naht mit Kanal; engstehende Axialrippen. Eine flache Vertiefung unter der Naht, die zwei Reihen scharfer Knoten bildet, erweckt den Eindruck der Bildung eines Kronenrandes an der Naht. Schmale Mündung; verdickte, schwach gezähnte Lippe; zehn Spindelfalten, die kräftigste vorn; flache Siphonalkerbe. Hellgelb bis gelbbraun; Mündung heller.

Lyria mitraeformis

Volutocorbis abyssicola

Volutocorbis boswellae

Voluta musica

Voluta ebraea

Lyria cumingii

Lyria delessertiana

Lyria lyraeformis

239

Gattung: Cymbium
Die Gattung *Cymbium* findet sich nur in dem Gebiet zwischen Portugal und dem Golf von Guinea in Westafrika.

Cymbium pepo, nordwestliches Afrika, 27,0 cm. Groß und kugelig, oft stärker als auf der Abbildung. Konkaves Gewinde; die hinteren Umgänge erstrecken sich über die Spitze hinaus, die im allgemeinen schwielig ist; ein breiter Kanal trennt die Spitze vom Rand der Schulter; feine Axialstreifen. Breite Mündung; einfache, ausbuchtende Lippe. Gewölbte Spindel mit drei oder vier Falten; Siphonalkerbe breit und tief. Graubraun; Mündung cremefarben-rosa; Lippenrand und Spindel dunkler; Falten weiß.

C. olla, Portugal bis Marokko, 11,5 cm. Die kleinste Art der Gattung. Sehr niedriges Gewinde, Naht mit tiefem Kanal, gerundete Schulter. Breite, ausbuchtende Lippe. Spindel gebogen und mit zwei Falten. Breite, sehr flache Siphonalkerbe; feine axiale Zuwachsstreifen. Rosa-fleischfarben; Mündung heller und glänzend.

C. cymbium, Kanarische Inseln bis Senegal, Westafrika, 15,5 cm. Im Umriß ziemlich rechteckig. Das Gewinde ist flach oder leicht konkav. Die Spitze hat eine kräftige Schwiele und eine breite, flache Plattform, die die Naht von der scharf gewinkelten Schulter trennt; die Schulter trägt einen kleinen, unregelmäßigen, vorstehenden Wulst. Kegelförmige Lippe mit ausgebuchteter vorderer Hälfte. Die gebogene Spindel hat drei Falten; breite, tiefe Siphonalkerbe. Die Oberfläche ist glatt, doch erscheint das ganze Gehäuse einschließlich des Periostracums glasig, so daß Sandkörner und kleine Stückchen anderen Materials von der Glasur bedeckt werden und ihr stellenweise ein gepusteltes Aussehen verleihen. Hellbraun; Mündung und Spindel cremefarben braun.

C. glans, Senegal bis Golf von Guinea, westliches Afrika, 32,5 cm. Die größte Art der Gattung und zugleich die hübscheste. Gewinde eingesenkt und mit einer Schwiele gefüllt, durch die man das Embryonalgewinde als einen niedrigen Knoten sieht. Die scharfe Schulter ist nach oben und außen gebogen. Einfache, ausgebuchtete Lippe; geschwungene Spindel mit vier Falten; breite, ziemlich flache Siphonalkerbe. Die ganze Oberfläche wird von einer dünnen Glasur bedeckt, die oft viele Sandkörner einschließt. Hell cremefarben-gelbbraun mit schokoladenbraunem Rand gegen die Schulter und Streifen auf dem Gewinde.

C. cucumis, Senegal, 16,0 cm. Sehr ähnlich *C. cymbium,* aber nicht so breit von der Schulter bis zum Embryonalgewinde; diese tritt viel stärker hervor und ist lang. Ausbuchtende, einfache Lippe; Spindel mit drei Falten; tiefe Siphonalkerbe. Hell cremefarben-gelbbraun; Inneres dunkler. – Die meisten Gastropoden haben die Gehäusemündung auf der rechten Seite, wenn man die Mündung auf sich selbst richtet mit der Gewindespitze nach oben; man bezeichnet sie als rechtsgewundene Gehäuse. Sehr wenige Gattungen haben die Mündung auf der linken Seite und werden dementsprechend linksgewunden genannt. Selten findet man eine normalerweise rechtswindende Schnecke in einem linksgewundenen Gehäuse. Ich habe in meiner Sammlung eine linksgewundene *C. cucumis* und benutze sie als Abbildung für die Art und als ein Beispiel für diese Abweichung.

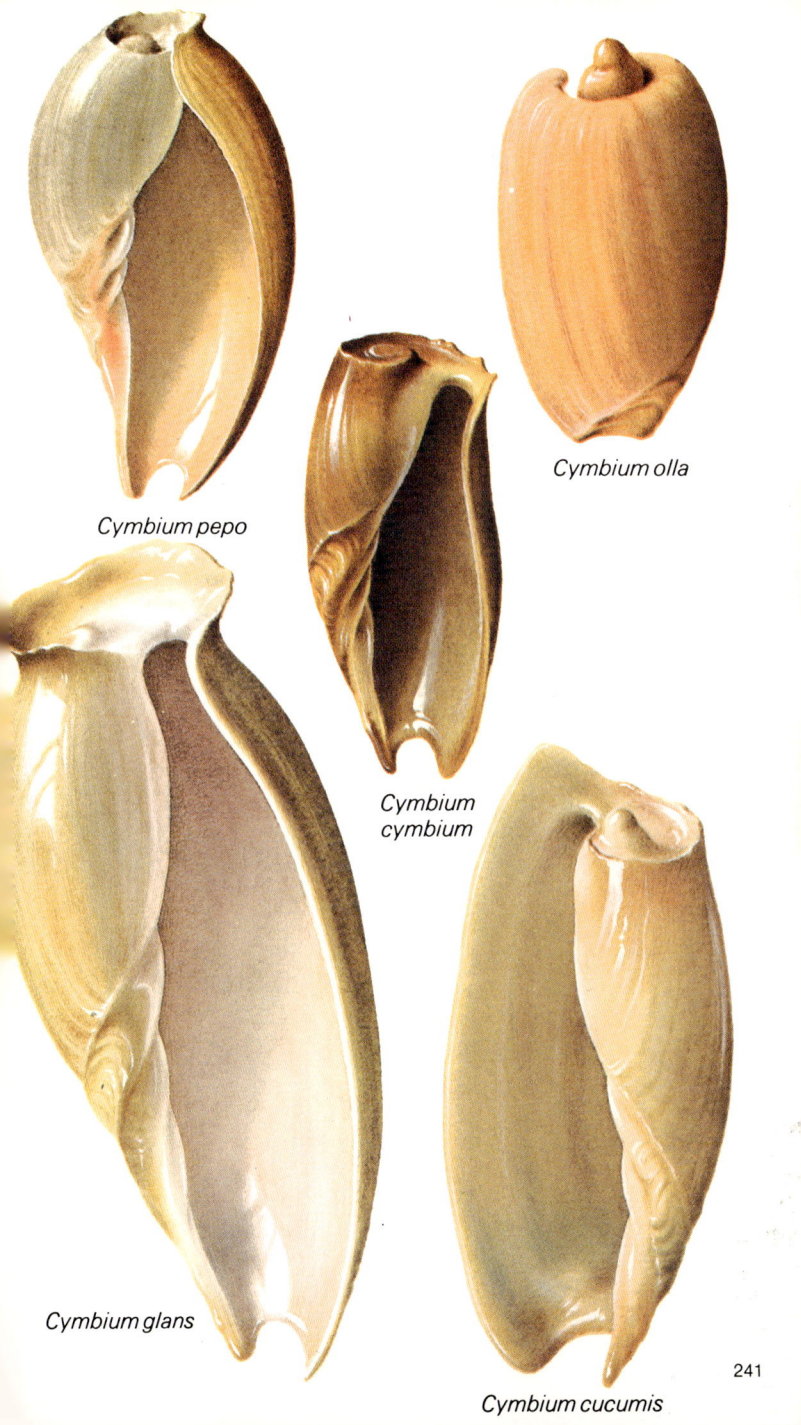

Cymbium pepo

Cymbium olla

Cymbium cymbium

Cymbium glans

Cymbium cucumis

241

Gattung: Melo
Die Gattung *Melo* findet man nur im Gebiet von Malaysia bis Australien.

Melo miltonis, südwestliche und südliche Küsten Australiens, 45,0 cm. Erheblich schmaler, verglichen mit ihrer Länge, als andere der Gattung. Groß, mit gerundetem vorstehendem Embryonalgewinde von etwa drei Umgängen; zweieinhalb folgende Umgänge. Die Schultern tragen scharfe, hohle, regelmäßige Stacheln, die nach innen gebogen sind; ein tiefer Kanal zwischen Schulter und Naht. Einfache, ausgebreitete Lippe; gebogene Spindel mit drei großen Falten und manchmal einer vierten schwachen Falte; der Grund der Spindel ist nach vorn gebogen; breiter, doch flacher Siphonalkanal. Cremefarben weiß, mit purpurbraunen, zickzackförmigen, axialen Zeichnungen; zwei oder drei breite Spiralbänder; Lippeninnenseite mit einigen purpurfarbenen Zeichen und vorn einem purpurfarbenen Rand; Inneres cremefarben braun bis cremefarben; Spindel aprikosenfarben.

M. umbilicatus, nordöstliche und nördliche Küsten Australiens, 40,0 cm. Stark aufgebläht und annähernd kugelig mit sehr weit ausbuchtender Lippe. Eingesenktes Gewinde mit einem großen, gerundeten Embryonalgewinde von etwa drei Umgängen; etwa zwei folgende Umgänge. Schulter mit langen, scharfen, hohlen Stacheln, die nach innen gebogen sind und bei ausgewachsenen Exemplaren fast das Gewinde bedecken. Einfache Lippe; gebogene Spindel mit drei kräftigen Falten; breite, flache Siphonalkerbe. Cremefarben oder braun-gelb mit dunkler braunen, axialen Zickzacklinien und Streifen, die im wesentlichen zwei unterbrochene Spiralbänder bilden; diese sind schmal und dunkel nahe der Spindel, breit, diffus und hell in der Nähe der Lippe; Stacheln dunkelbraun, doch in der Nähe der Lippe heller; Inneres cremefarben gelbbraun; Spindel hell aprikosenfarben. Das abgebildete Exemplar ist nicht ganz ausgewachsen, und die Spitze wird nur zum Teil verdeckt.

M. aethiopica, Indonesien und Malaysia, 25,0 cm. Groß und schwer. Fast flaches Gewinde mit großem, gerundetem Embryonalgewinde von etwa vier Umgängen; etwa zweieinhalb folgende Umgänge. Ziemlich aufgeblähter letzter Umgang; Schultern mit ziemlich engstehenden, kurzen, massiven, offenen Stacheln, die durch eine schmale, flache, lamellierte Zone von der einfachen Naht getrennt werden. Fast halbkreisförmige äußere Lippe. Spindel mit drei kräftigen Falten und einer schwachen Falte, gerader als bei den meisten Arten der Gattung und bis über das Vorderende der Lippe ausgedehnt. Breite, flache Siphonalkerbe. Cremefarben mit zwei ziemlich schwachen, hell gelbbraunen Spiralbändern und einem gelegentlich auftretenden, kleinen dunkelbraunen Streifen; Mündung creme- oder pfirsichfarben; Spindel etwas dunkler.

M. amphora, nördliche Hälfte Australiens und südliches Neuguinea, 45,0 cm. Sehr groß und schwer. Fast flaches Gewinde mit unten gerundetem Embryonalgewinde von etwa vier Umgängen; drei folgende Umgänge. Die Schulterstacheln sind schmaler, länger und weiter auseinanderstehend als bei *M. aethiopica* und verschwinden bei erwachsenen Exemplaren auf dem letzten Umgang. Ausgebuchtete Lippe; leicht gebogene Spindel mit drei Falten; breite, flache Siphonalkerbe. Cremefarben braun mit weißen Tupfen oder Flecken oder dunklen, axialen Zickzacklinien; ziemlich variabel in der Farbe und oft mit zwei dunkler gelbbraunen Spiralbändern; Mündung pfirsichfarben; Spindel dunkler. Ein dünnes mittelbraunes Periostracum verdeckt weithin Farbe und Muster, wie dies die Abbildung zeigt.

M. melo, Straße von Malakka bis Südchinesisches Meer, 27,5 cm. Kugelig, Gewinde und Embryonalgewinde verborgen hinter dem letzten Umgang, dessen Schultern sich an der Spitze treffen; dort gibt es keine Naht, keine Stacheln oder Kronenbildungen. Aufgeblähter letzter Umgang; fast halbkreisförmige, einfache Außenlippe; gebogene Spindel mit vier Falten. Gelb oder manchmal fast weiß, mit spärlichen kleinen braunen Flecken, die in zwei Spiralbändern angeordnet sind; Mündung cremefarben; Periostracum mittelbraun.

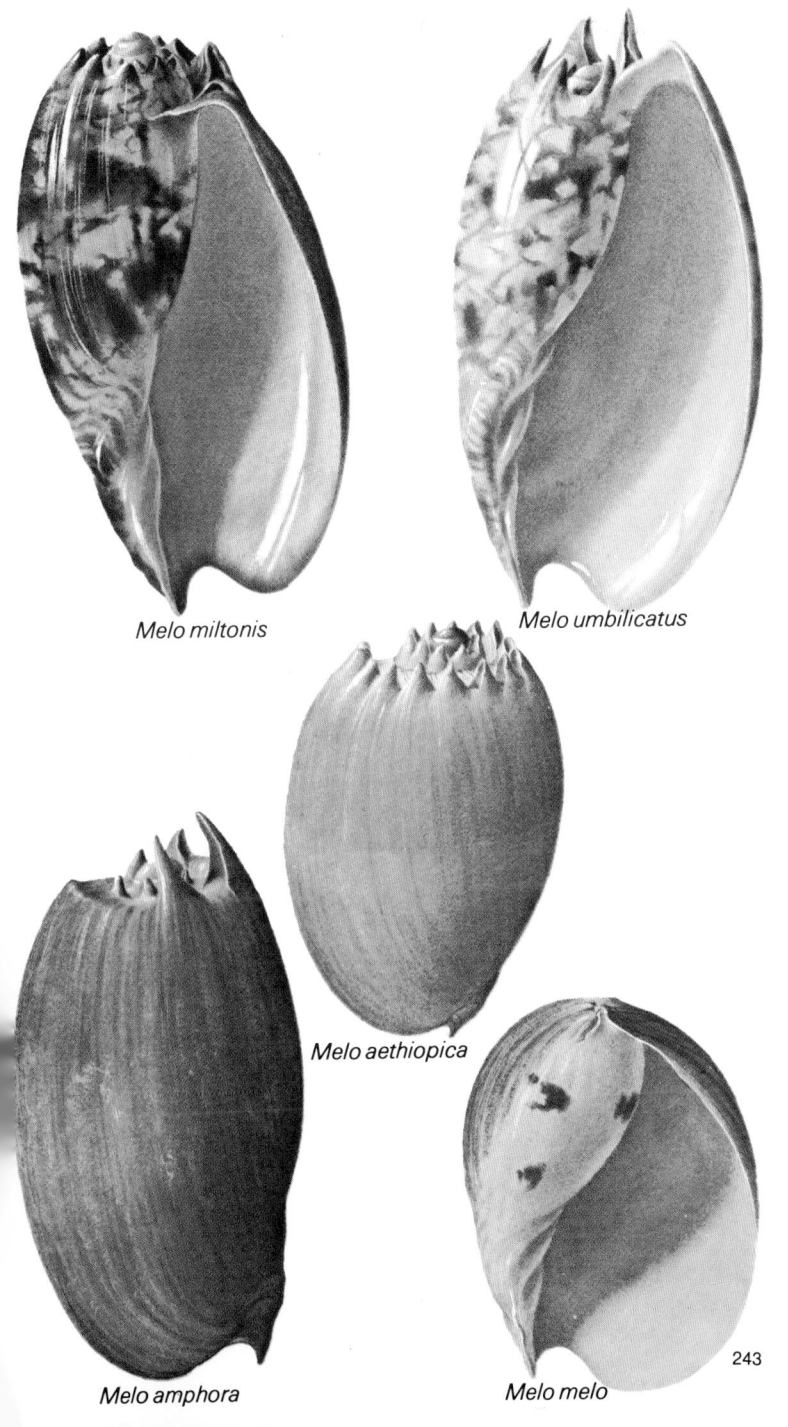

Melo miltonis

Melo umbilicatus

Melo aethiopica

Melo amphora

Melo melo

Cymbiola aulica, südliche Philippinen, 15,0 cm. Massiv mit einem ziemlich kurzen Gewinde. Großes, stumpfes Embryonalgewinde von etwa zweieinhalb glatten Umgängen; etwa drei folgende Umgänge mit leicht gewinkelter Schulter, die kurze, seitlich zusammengedrückte Stacheln auf dem Ende der Rippen trägt; diese verschwinden vorn. Ziemlich grobe Zuwachsstreifen; die lange Mündung endet an der Schulter; einfache, kegelförmige Lippe, vorn ausgedehnt; leicht konkave Spindel, dick schwielig mit vier kräftigen Falten; breite und mäßig tiefe Siphonalkerbe. Rosa-fleischfarben, mit unregelmäßigen, im allgemeinen großen, roten Flecken, im wesentlichen auf zwei breiten Spiralbändern; Mündung rosa-fleischfarben. Dieses Gehäuse ist in Form und Farbe variabel; die Stacheln können Knoten sein oder ganz fehlen, und das Rot kann die Grundfarbe fast verdecken. Eine Varietät mit braunen und weißen Flecken war früher als *C. cathcartiae* bekannt. *C. aulica* ist ziemlich selten und ein Objekt für Sammler.

C. flavicans, nordöstliches Australien und südliches Neuguinea, 10,0 cm. Massiv und schwer. Kurzes Gewinde mit geraden Seiten und einem kleinen, gerundeten Embryonalgewinde von etwa drei Umgängen; etwa viereinhalb folgende Umgänge mit gerundeter Schulter, manchmal mit einigen stumpfen, kräftigen Knoten. Einfache Lippe; fast gerade Spindel mit vier kräftigen Falten; tiefe, schmale Siphonalkerbe. Cremefarben mit blauen und purpurbraunen unregelmäßigen Zeichnungen unter der Naht und unregelmäßigen, wellenförmigen Axiallinien der gleichen Farbe in zwei breiten Bändern auf dem letzten Umgang; Lippeninnenseite cremefarben mit purpurbraunen Zeichen; Spindel cremefarben und Inneres hell blaugrau.

C. imperialis, Philippinen, 25,0 cm. Schwer und etwas variabel, mit niedrigem Gewinde, doch mit einem sehr langen, stumpfen, gerundeten Embryonalgewinde von etwa viereinhalb glatten, glänzenden Umgängen; ungefähr drei folgende Umgänge mit scharf gewinkelter Schulter, die lange, scharfe, hohle Stacheln trägt; diese sind im allgemeinen leicht nach innen gebogen. Die lange Mündung ist vorn breit; die einfache Lippe erscheint ein wenig verdickt; leicht konkave Spindel mit vier kräftigen Falten; tiefe, schmale Siphonalkerbe; glatt, mit Ausnahme der Zuwachsstreifen. Embryonalgewinde rotbraun; Grundfarbe fleischig-rosa, bedeckt mit vielen wellenförmigen purpurbraunen Axiallinien und drei unterbrochenen Spiralbändern der gleichen Farbe, durch die die Grundfarbe in großen und kleinen zeltförmigen Zeichen hindurchschaut; Mündung und Spindel hell aprikosenfarben.

C. imperialis robinsona. Dies ist eine Form der obigen Art, der die Spiralbänder fehlen.

C. nobilis, Südchinesisches Meer, 19,0 cm. Variabel. Massiv und sehr schwer, gewöhnlich mit einem kurzen Gewinde und einem großen, stumpfen, gerundeten Embryonalgewinde von etwa dreieinhalb Umgängen; etwa zweieinhalb folgende Umgänge. Die gewinkelte, gerundete Schulter ist schwach knotig; grob schwielige Naht; breite Mündung; die verdickte, einfache Lippe dehnt sich hinten etwas aus; die leicht konkave Spindel trägt vier Falten; ein deutlicher hinterer Kanal und eine tiefe, schmale Siphonalkerbe. Hell fleischfarben mit axialen, purpurbraunen Zickzacklinien und drei breiten, unterbrochenen Spiralbändern der gleichen Farbe, einem über der Schulter, zwei darunter. Rand der Innenlippe gezeichnet mit dem Purpurbraun der Spiralbänder; Mündung hellrosa. Farbe und Muster sind sehr ähnlich denen von *C. imperialis,* und es gibt eine Form, die *C. imperialis robinsona* ähnlich ist und der die Spiralbänder fehlen. Sie trägt jedoch nicht den Namen einer Unterart.

Cymbiola aulica

Cymbiola flavicans

Cymbiola imperialis

Cymbiola imperialis
form *robinsona*

Cymbiola nobilis

Cymbiolena magnifica, östliches Australien, 30,0 cm. Groß, aber leicht. Mäßig kurzes Gewinde; großes, stumpfes Embryonalgewinde von dreieinhalb Umgängen und eingeschnittene Naht. Etwa dreieinhalb folgende Umgänge; eingedrückte Naht; zwischen Naht und der gerundeten Schulter konkav. Die Schulter des letzten Umganges kann nahe der Mündung stumpfe Knoten tragen. Verdickte Lippe; vier Spindelfalten; tiefe, breite Siphonalkerbe. Rosa-weißer Grund schimmert durch die kräftigen, hellbraunen Zickzackzeichnungen als axial abgeflachte zeltförmige Zeichen hindurch; die braune Oberschicht ist dunkler mit einer purpurfarbenen Tönung unter der Naht, in drei Spiralbändern auf dem letzten Umgang Lippeninnenseite fleischfarben; Spindel gelb-rosa.

Aulicina deshayesi, Neukaledonien, 10,0 cm. Massiv. Ziemlich niedriges Gewinde; großes, stumpfes Embryonalgewinde von dreieinhalb Umgängen; schwach knotig; zweieinhalb folgende Umgänge. Schulter mit zugespitzten Knoten; zwischen Schulter und Naht leicht konkav; feine axiale Zuwachsstreifen. Verdickte, kegelförmige Lippe; gerade Spindel mit vier kräftigen Falten, vorn scharf gebogen; schmale, tiefe Siphonalkerbe. Weiß; rote Streifen bilden ein Spiralband; Mündung aprikosenfarben.

A. sophiae, Nordküste Australiens, 7,5 cm. Zart mit niedrigem Gewinde und stumpfer Spitze. Embryonalgewinde von zweieinhalb axial gerippten Umgängen; zweieinhalb folgende Umgänge. Stark gewinkelte Schulter, mit kurzen, scharfen Stacheln, zehn auf dem letzten Umgang. Lange Mündung; einfache Lippe, in der Mitte ausgedehnt; vier Spindelfalten; tiefe, schmale Siphonalkerbe. Grauweiß, kräftig graubraun gefleckt, besonders auf zwei Bändern des letzten Umganges; jedes Band trägt zwei Reihen dicker schwarzer Axialstriche, eine Reihe an jeder Seite des Bandes; schwarze Linien strahlen von der Naht gegen die Schulter hin aus; Lippe grau-gelbbraun; Inneres grau; Spindel weiß.

A. nivosa, Westaustralien, 8,5 cm. Variabel. Im allgemeinen mäßig hohes bis kurzes Gewinde; stumpfes, gerundetes Embryonalgewinde von drei Umgängen mit verkümmerten Knoten; zweieinhalb folgende Umgänge. Leicht konkav zwischen Naht und Schulter; diese ist gewöhnlich leicht gewinkelt. Glatte, lange Mündung; gerundete Lippe; vier Spindelfalten; tiefe, schmale Siphonalkerbe. Unter der Schulter schimmert die weiße Grundfarbe in Form kleiner, weißer Flecken durch den braungrauen Überzug hindurch; auch sieht man zwei graue Bänder mit axialen, dunkelbraunen Streifen und Strichen; von der Naht bis zur Schulter cremefarben weiß mit braunen Flecken und zahlreichen dunkelbraunen Linien; Lippeninnenseite braun; Inneres braungrau; Spindel rosa-orange.

A. vespertilio, nördliches Australien, Neuguinea, Philippinen und Indonesien, 11,5 cm. Variabel. Im allgemeinen massiv mit kurzem Gewinde. Embryonalgewinde aus drei axial gerippten Umgängen; drei folgende Umgänge mit kurzen, stumpfen Stacheln, die vorn auf einer kurzen Strecke sich als stumpfe Rippen ausbilden (manchmal fehlen die Stacheln auf der Schulter). Glatt; lange, schmale Mündung; leicht verdickte, einfache Lippe; vier Spindelfalten; schmale, tiefe Siphonalkerbe. Hell gelbbraun; braune, rote oder olivfarbene Zickzacklinien, die zeltförmige Zeichen bilden; kann fast schwarz sein.

A. rutila norrisii, östliches Neuguinea bis zu den Salomonen, 8,5 cm. Variabel, im allgemeinen massiv mit kurzem, stumpfem Gewinde. Gerundetes Embryonalgewinde von dreieinhalb Umgängen, verkümmerte Knoten; drei folgende Umgänge mit niedrigen stumpfen Knoten auf der Schulter, zehn auf dem letzten Umgang; auf den ersten Umgängen können sie über der Naht auftreten. Einfache, leicht verdickte, gebogene Lippe; vier Spindelfalten; tiefe, schmale Siphonalkerbe. Cremefarben grau; unregelmäßige, wellenförmige, schwarze Axialstreifen und schwarze Tupfen auf drei Spiralbändern. Die Farbe kann auch cremefarben-rosa mit roter Wolkenzeichnung sein.

Aulicina deshayesi

Aulicina sophiae

Aulicina nivosa

Cymbiolena magnifica

Aulicina vespertilio

Aulicina rutila norrisii

Callipara bullatiana, Südafrika, 7,0 cm. Niedriges Gewinde, eingedrückte Naht und lange, ziemlich schmale Mündung. Einfache, leicht verdickte Lippe. Spindel in der Mitte eingedrückt, vorn mit zwei Falten, manchmal einer dritten. Sehr flache Siphonalkerbe. Hellbraun, dunkler braun gesprenkelt, unter der Naht und vorn kräftigere Fleckung, die fünf verwaschene Spirallinien auf dem letzten Umgang bildet; sehr lange Mündung; Lippeninnenseite weiß; Spindel und Siphonalkerbe gelb-braun. Man kennt kein Exemplar der Art, das man lebend gefangen hätte. Einzige Art der Gattung.

Cymbiolacca wisemani, Queensland, Australien, 8,5 cm. Mäßig großes Gewinde und stumpfes Embryonalgewinde mit drei gerippten Umgängen, Axialrippen, die hinten in scharfen Spitzen auf der gewinkelten Schulter enden. Glatt mit langer, schmaler Mündung. Lippe verdickt mit scharfem Rand; gerade Spindel mit vier oder fünf Falten. Schmale, tiefe Siphonalkerbe. Weiß bis rosa mit unregelmäßigen rosa-braunen Flecken, gewöhnlich in vier Bändern; im übrigen rotbraune Tupfen oder kurze Striche mit hellgelben Umrandungen; Lippe mit hell gelbbrauner Wolkenzeichnung; Inneres und Spindel weiß.

C. cracenta, Queensland, Australien, 8,0 cm. Schmal; mäßig hohes bis kurzes Gewinde; stumpfes Embryonalgewinde von dreieinhalb gerippten Umgängen. Die leicht gewinkelte Schulter trägt kurze, scharfe Stacheln, die in der Nähe der langen, schmalen Mündung verkümmern. Abgeschrägte Lippe; leicht konkave Spindel mit vier Falten; tiefe, schmale Siphonalkerbe. Rosa; heller rosafarbene Streifen und Flecken über den Stacheln und zeltförmige Zeichnungen darunter; vier Bänder dunkler rosafarbener Flecke und dunkelbrauner Tupfen sowie axialer Striche; Lippe rosa; Inneres rosa-grau; Spindel weiß.

C. pulchra, Queensland, Australien, 9,0 cm. Sehr variabel; im typischen Fall mit kurzer Spindel und gerundetem Embryonalgewinde von dreieinhalb gerippten Umgängen; die Rippen enden hinten auf der leicht gewinkelten Schulter in kurzen, scharfen Stacheln. Lange, breite Mündung; abgeschrägte Lippe; leicht konkave Spindel mit vier Falten; tiefe, schmale Siphonalkerbe. Hell rotbraun; weiße zeltförmige Zeichen; vier dunklere Bänder, die spärliche schokoladenbraune Tupfen und Striche tragen. Die Form *woolacottae* (abgebildet) ist viel heller, manchmal weiß mit sehr hellen gelben Bändern, schokoladenbraunen Tupfen und weißer Mündung.

Zidona dufresnei, östliches Südamerika, 20,0 cm. Variabel. Im typischen Fall mit mäßig langem, schmalem Gewinde; Embryonalgewinde mit zugespitztem, klauenähnlichem Schwielenfortsatz, der sie bedeckt. Erste Umgänge konvex, doch haben der letzte Umgang und in geringerem Maße auch der vorletzte Umgang eine sehr breite, gerundete Schulter. Einfache, leicht verdickte Lippe; leicht konkave Spindel mit drei Falten; breite, flache Siphonalkerbe. Cremefarben; axiale, wellenförmige, blaugraue oder braune Linien; Lippe, Spindel aprikosenfarben; Inneres creme-farben. Sandkörner können von der überall aufgelagerten Glasur eingeschlossen sein.

Adelomelon ancilla, südöstliches Südamerika, 18,5 cm. Lang, schmal; hohes Gewinde; zugespitztes Embryonalgewinde von zwei Umgängen; erste Umgänge manchmal gerippt. Lange Mündung; einfache Lippe; leicht konkave Spindel mit drei Falten; breite, tiefe Siphonalkerbe. Cremefarben; spärliche, axiale, braune Zickzacklinien.

A. brasiliana, südöstliches Südamerika, 18,0 cm. Kugelig mit kurzem Gewinde und stumpfem, gerundetem Embryonalgewinde. Letzter Umgang geschultert, gewöhnlich mit zehn stumpfen, axial zusammengedrückten Knoten. Breite Mündung; leicht verdickte, abgeschrägte Lippe; konkave Spindel mit zwei kräftigen und einer verkümmerten Falte; breite, ziemlich flache Siphonalkerbe. Fleischfarben bis grauweiß; braune Wolkenzeichnung auf den Knoten nahe der Lippe; Lippeninnenseite orange-rosa; Inneres heller; Spindel prächtig rosa-braun.

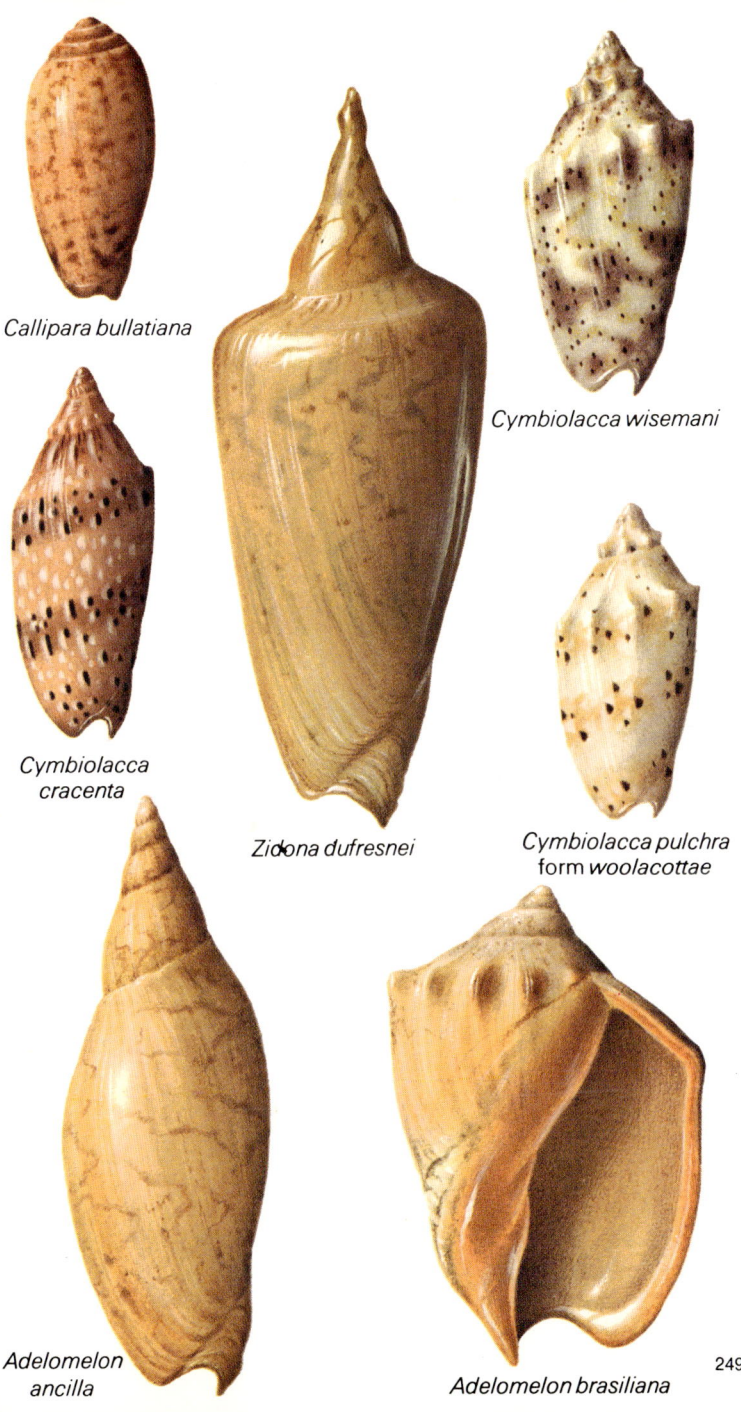

Callipara bullatiana

Cymbiolacca wisemani

*Cymbiolacca
cracenta*

Zidona dufresnei

Cymbiolacca pulchra
form *woolacottae*

*Adelomelon
ancilla*

Adelomelon brasiliana

249

Volutoconus grossi, nordöstliches Australien, 11,0 cm. Massiv, schwer; mäßig hohes, stumpf zulaufendes Gewinde. Embryonalgewinde von dreieinhalb Umgängen; feine scharfe Dornen an der Spitze; drei folgende Umgänge. Leicht konkav unter der Naht; glatt. Lange, schmale Mündung; einfache, abgeschrägte Lippe; vier Spindelfalten, hinter der letzten Falte kräftige Schwiele. Tiefe, schmale Siphonalkerbe. Rosarot; blauweiße zeltförmige Zeichnungen, manchmal vier mehr oder weniger deutliche, dunklere, rote Spiralbänder; Mündung rosa.

V. bednalli, nördliches Australien, 13,0 cm. Massiv; mäßig hohes, gerundetes Gewinde. Embryonalgewinde von dreieinhalb Umgängen; feiner, scharfer Dorn an der Spitze; drei folgende Umgänge. Leicht konkave Spindel unter der Naht; glatt; lange Mündung. Verdickte Lippe; vier Spindelfalten; tiefe, schmale Siphonalkerbe. Elfenbein- oder strohfarben; gegittert mit dunkel purpurbraunen oder schokoladenfarbenen Linien.

Harpulina lapponica, südliches Indien und nördliches Sri Lanka, 10,0 cm. Massiv, eiförmig; niedriges Gewinde. Vorstehendes kugeliges Embryonalgewinde von drei Umgängen; fünf folgende Umgänge. Die niedrigen Axialrippen auf den ersten Umgängen verkümmern auf dem drittletzten Umgang; die etwa zehn niedrigen, axial zusammengedrückten Knoten auf dem letzten Umgang werden nahe der Lippe rudimentär. Unregelmäßige, schwach gerillte Naht; verdickte, abgeschrägte Lippe; fast gerade Spindel, vorn drei kräftige Falten, hinter ihnen vier oder fünf schwache Falten. Schmale, tiefe Siphonalkerbe; schmaler vorderer Kanal. Creme-farben; drei Spiralbänder von hellbraunen Flecken, die manchmal dunkler sein oder ganz fehlen können; mit Ausnahme eines Bandes unter der Naht überall Spiralreihen dunkelbrauner Tupfen und Striche; Mündung weiß mit hellgelbem Rand; Vorderende der Spindel und Schwiele hell gelbbraun. Variabel.

Alcithoe arabica, Neuseeland, 19,5 cm. Sehr variabel. Mäßig hohes, konkaves Gewinde; stumpfes, gerundetes Embryonalgewinde von zweieinhalb Umgängen; fünf folgende Umgänge. Gewöhnlich gewinkelt mit Rippen auf den ersten Umgängen, die sich auf dem letzten Umgang zu stumpf zugespitzten Knoten entwickeln. Verdickte Lippe, manchmal gebogen; vier kräftige Spindelfalten und mitunter hinten eine schwache Falte; schmale, tiefe Siphonalkerbe; Gelbgrau oder rotbraun; feine wellenförmige, axiale, braune Linien und etwa vier unterbrochene Spiralbänder von purpurbrauner Farbe, im allgemeinen axiale Zeichnungen; Lippe und Spindel fleischfarben-rosa; Inneres grau-rosa.

A. swainsoni, Neuseeland, 22,5 cm. Wie die oben genannte *A. arabica* variabel. Es könnte sich um eine Form dieser Art handeln. Gewöhnlich massiv, mit mäßig hohem Gewinde. Gerundetes Embryonalgewinde von zweieinhalb Umgängen; fünfeinhalb folgende Umgänge. Entweder glatt oder mit axial gerippten ersten Umgängen; die Rippen verkümmern und werden auf der leicht gewinkelten Schulter von niedrigen, stumpfen Knoten ersetzt; grobe axiale Zuwachsstreifen. Die verdickte, gebogene Lippe ist hinten etwas vorstehend; fast gerade Spindel mit fünf kräftigen Falten; tiefer, schmaler Siphonalkanal. Hell- oder dunkelbraune, wellenförmige Axiallinien, die am deutlichsten in drei oder vier Spiralbändern hervortreten; Lippe metallisch rosa; die lange Mündung ist rosa-weiß.

Odontocymbiola magellanica, südliches Südamerika und Falkland-Inseln. Massiv, doch ziemlich leicht, mit mäßig kurzem Gewinde. Kleines gerundetes Embryonalgewinde von eineinhalb Umgängen; dreieinhalb folgende Umgänge; schwache Knoten auf der gerundeten Schulter. Der letzte Umgang ist leicht aufgebläht. Einfache Lippe; leicht konkave Spindel mit drei kräftigen Falten; flache, ziemlich schmale Siphonalkerbe. Cremefarben; wellenförmige, braune Axiallinien, die drei Spiralbänder bilden; Mündung hell cremefarben-rosa; Spindel dunkler.

Volutoconus grossi

Alcithoe arabica

Alcithoe swainsoni

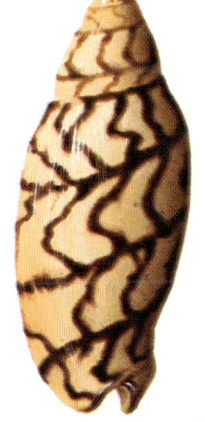

Volutoconus bednalli

Harpulina lapponica

Odontocymbiola magellanica

Amoria grayi, westliches Australien, 10,0 cm. Langes zugespitztes Embryonalgewinde von vier oder fünf Umgängen. Glatt; sehr lange Mündung; abgeschrägte Lippe, die sich vorn ausbuchtet. Vier Spindelfalten; schmale, tiefe Siphonalkerbe. Spitze weiß; Embryonalgewinde grau; folgende Umgänge grau, kastanienbraune Axiallinien an der Naht; Lippe grau-braun; Inneres prächtig braun; manchmal zwei hellbraune Bänder.

A. praetexta, nordwestliches Australien, 7,0 cm. Embryonalgewinde von drei Umgängen. Glatt, mit abgeschrägter Lippe. Drei Spindelfalten; schmale, flache Siphonalkerbe. Embryonalgewinde grauweiß; folgende Umgänge goldbraun, mit feinen, weißen, zeltförmigen Zeichnungen; kastanienbraune Kommazeichnungen unter der Naht, zwei Reihen von Zickzacklinien auf dem letzten Umgang; Mündung weiß; Inneres hellbraun.

A. maculata, östliches Australien, 7,5 cm. Embryonalgewinde von viereinhalb Umgängen. Glatt, mit abgeschrägter Lippe. Vier Spindelfalten; breite, flache Siphonalkerbe. Cremefarben bis braun; vier Bänder rotbrauner Axiallinien; Mündung weiß; Inneres mit brauner Tönung. Die Linien können zusammenhängende Bänder bilden.

A. damonii, nördliches und westliches Australien, 14,0 cm. Variabel. Embryonalgewinde von viereinhalb Umgängen. Leicht geschultert und glatt mit verdickter, scharfrandiger Lippe. Vier Spindelfalten; breite, tiefe Siphonalkerbe. Spitze weiß; Umgänge des Embryonalgewindes an der Naht weiß, darunter opak grau; folgende Umgänge mit engstehenden, blauen Axialstreifen, auf dem vorletzten Umgang ein breites braunrotes Band; letzter Umgang cremefarben-grau mit hell rotbraunen Streifen und mit zwei oder drei Bändern purpurbrauner Zeichen; Lippe braun; Inneres tiefer braun; Spindel weiß mit einem braunen Rand. Das Gehäuse variiert und kann schmal mit hohem Gewinde sein, aber auch aufgebläht und breit mit kurzem Gewinde; die Färbung schwankt von cremefarben mit dünnen rotbraunen Linien bis zu lediglich rotbraunen Zeichnungen.

A. ellioti, westliches Australien, 11,0 cm. Embryonalgewinde von viereinhalb Umgängen. Schwach geschultert, ausgebuchtete, verdickte, abgeschrägte Lippe. Vier Spindelfalten; schmale, mäßig tiefe Siphonalkerbe. Embryonalgewinde opak, sehr hell zitronenfarben; folgende Umgänge kräftig cremefarben; dunkelbraune Flecke an der Naht und dünne braune Axiallinien, die mitunter zwei Spiralbänder bilden; Lippe weiß, auf das Innere zu hellbraun werdend; Spindel weiß.

A. benthalis, östliches Australien, 4,0 cm. Embryonalgewinde von zwei schwach schwieligen Umgängen; Naht mit feinem Kanal. Letzter Umgang an der Schulter aufgebläht und nach vorn zu rasch schmaler werdend. Verdickte, abgeschrägte Lippe; vier Spindelfalten; schmale, tiefe Siphonalkerbe. Kräftig cremefarben; goldgelbe Wolkenzeichnung in vier unterbrochenen Bändern, die von dichtstehenden, goldbraunen Axiallinien überdeckt werden; in jeder Linie zeigen sich zwei Wellen; Mündung weiß, innen mit grauer Tönung.

A. canaliculata, Queensland, Australien, 7,0 cm. Embryonalgewinde von dreieinhalb Umgängen; Naht tief gerillt auf dem letzten Umgang, der an der Schulter aufgebläht ist. Glatt; abgeschrägte, ausgedehnte Lippe; vier Spindelfalten; schmale, tiefe Siphonalkerbe. Die Flachwasserform (abgebildet) ist weiß, mit fünf Spiralbändern hell rotbrauner Axialstriche, die deutlichen Abstand voneinander haben; Embryonalgewinde und Mündung weiß. Die Tiefwasserform ist rosa mit großen roten Flecken und roten Axiallinien.

Scaphella junonia, Florida, Golf von Mexiko, 13,0 cm. Embryonalgewinde von zwei Umgängen; viereinhalb folgende Umgänge; doppelt gewinkelter letzter Umgang. Verkümmerte Axialrippen auf den ersten beiden Umgängen, die letzten beiden sind glatt. Verdickte, abgeschrägte Lippe; vier Spindelfalten. Weiß bis hellgelb; neun Spiralreihen rechteckiger dunkelbrauner Flecke, von denen sich die meisten in der Nähe der Lippe in zwei Flecken teilen; Mündung weiß mit brauner Tönung.

Amoria grayi

Amoria praetexta

Amoria maculata

Amoria damonii

Scaphella junonia

Amoria ellioti

Amoria benthalis

Amoria canaliculata

Amoria zebra, nordöstliches Australien, 5,5 cm. Eiförmig; kurzes Gewinde. Stumpfes, gerundetes Embryonalgewinde von zweieinhalb Umgängen; drei folgende Umgänge. Eingedrückte Naht; letzter Umgang an der Schulter aufgebläht. Verdickte Lippe; Spindel mit vier Falten, gestreckt und an der Basis gebogen; vorderer Kanal; schmaler, tiefer, schräger Siphonalkanal. Embryonalgewinde rot; cremefarben-gelb; wellenförmige, axiale, schokoladenbraune oder orangebraune Linien; Mündung weiß; Inneres hellbraun getönt.

A. undulata, südöstliches und südliches Australien, Tasmanien, 9,0 cm. Variabel. Im typischen Fall oval mit kurzem, leicht konkavem Gewinde. Kleines, schwach zugespitztes Embryonalgewinde von vier Umgängen; drei folgende Umgänge. Glatte Naht; runde Schulter; zwischen Naht und Schulter etwas konkav. Verdickte, grob abgeschrägte Lippe; gerade Spindel; vier kräftige Falten, manchmal dazwischen kleine Falten; vorderer Kanal eine flache Kerbe; tiefer, schmaler Siphonalkanal. Gelb-cremefarben bis weiß; spärliche braune Flecke in vier unterbrochenen Bändern; axiale, wellenförmige, dunkelbraune Linien; Lippeninnenseite weiß; Inneres und Spindel gelb-rosa.

A. molleri, nördliches und südwestliches Australien, 10,0 cm. Langgestreckt; mäßig hohes, leicht konkaves Gewinde. Scharf zugespitztes Embryonalgewinde von vier Umgängen; drei folgende Umgänge. Glatt; schwache Zuwachsstreifen; lange, schmale Mündung; abgeschrägte Lippeninnenseite mit scharfem, weißem Rand, der an den Enden verkümmert; vier kräftige Spindelfalten, manchmal dazwischen schwache Falten, hinter der letzten Falte ein schwieliger Höcker; tiefe, schmale Siphonalkerbe. Glänzend rosabraun; unter der Naht und an der Lippe heller; Lippeninnenseite rosa; Inneres rosabraun; Spindel rosa.

Cymbiolista hunteri, mittleres östliches Australien, 17,5 cm. Leicht; niedriges Gewinde. Vorstehendes, konisches Embryonalgewinde von drei Umgängen; dreieinhalb folgende Umgänge mit gewinkelter Schulter, die kurze, scharfe Stacheln tragen, zwölf auf dem letzten Umgang. Zwischen Schulter und Naht leicht konkav; unter der Schulter etwas aufgebläht; lange, schmale Mündung. Einfache Lippe; vier kräftige Spindelfalten; tiefe, schmale Siphonalkerbe. Üblicherweise hell-fleischfarben; braune Linien, besonders über der Schulter; drei oder vier Spiralbänder blaugrauer Zeichen, die links im allgemeinen braun umrandet sind. Die Tiefwasserform ist pfirsichfarben, und die Zeichen auf den Bändern sind orange-braun. Inneres braun, in größerem Abstand von der Lippe dunkler; Spindel rosa.

Neptuneopsis gilchristi, Südafrika, 20,0 cm. Sehr hohes Gewinde. Embryonalgewinde von zwei Umgängen; der erste groß, konisch und nicht zentral zugespitzt; der zweite schmaler und kleiner; sechs folgende Umgänge. Aufgebläht; eingeschnittene Naht; feine, dichte Spiralstreifen. Breite, halbkreisförmige Mündung; verdickte, abgeschrägte, leicht gebogene Lippe; glatte, gestreckte Spindel, die einen offenen Siphonalkanal bildet. Rosa-weiß; dünnes braunes Periostracum (abgebildet); Embryonalgewinde und Mündung rosa-weiß.

Teramachia tibiaeformis, südliches Japan, 8,0 cm. Leicht; langgestreckt; sehr hohes Gewinde. Kleines Embryonalgewinde von zwei Umgängen; die zehn folgenden Umgänge sind dicht axial gerippt, mit Ausnahme am vorderen Ende; die Rippen verkümmern auf dem vorletzten Umgang. An der Naht eingeschnürt; schmale Mündung. Ausgebuchtete, halbkreisförmige Lippe; abgeschrägter, gebogener Rand. Leicht konkave, glatte, ausgedehnte Spindel. Grau-braun; dunkler braunes Band auf den späteren Umgängen unter der Naht; Mündung rosa-grau, an der Lippe heller.

Ampulla priamus, Portugal, spanische Atlantikküste, 8,0 cm. Leicht; kugelig; mäßig hohes Gewinde. Stumpf gerundetes Embryonalgewinde von zweieinhalb Umgängen; drei folgende Umgänge. Aufgebläht, mit eingedrückter Naht. Große Mündung; ausgebuchtete, unregelmäßig gebogene, einfache Lippe; konkave, glatte Spindel; breite, schwach eingebuchtete Siphonalkerbe. Rosa-braun; sieben Spiralreihen rotbrauner Flecken; Rand der Innenlippe hell-, Inneres mittelbraun; Spindel rosa.

Amoria zebra

Amoria undulata

Cymbiolista hunteri

Neptuneopsis gilchristi

Teramachia tibiaeformis

Amoria molleri

Ampulla priamus

Familie: Marginellidae – Randschnecken

Diese Schnecken bilden eine große Familie, die man weltweit in warmen und tropischen Meeren findet. Es gibt einen großen Vertreter der Familie, *Afrivoluta pringlei,* von etwa 12,0 cm Größe, zwei oder drei von etwa 7,0 cm, zwei oder drei zwischen 4,0 und 5,0 cm, eine Anzahl zwischen 2,0 und 3,0 cm und viele kleinere.

Afrivoluta pringlei, östliches Südafrika in tiefem Wasser, 12,0 cm. Leicht, ziemlich zart, mit kurzem, stumpfem Gewinde und großem, gerundetem Embryonalgewinde. Der letzte Umgang ist lang und doppelt gewinkelt mit feinen Zuwachsstreifen. Grobe Schwiele, die den größten Teil des Gewindes bedeckt, besonders das Gebiet der Naht und einen erheblichen Teil des vorderen Endes des letzten Umgangs. Schmale Mündung; verdickte Lippe mit gebogenem Rand, im mittleren Teil gerade; die Spindel hat vorn vier sehr kräftige Falten, die dem vorderen Ende am nächsten stehende Falte ist kleiner als die anderen drei. Hell gelbbraun, dunkler braunes Periostracum; überall dünne Glasur.

Marginella glabella, nordwestliches Afrika, 4,5 cm. Massiv, mit kurzem, an den Seiten geradem Gewinde und kleinem, gerundetem Embryonalgewinde. Der letzte Umgang ist leicht aufgebläht und schwach, wenn auch merklich geschultert. Mäßig breite Mündung; stark verdickte Lippe, gebogen und schwach gezähnt; die Spindel trägt vier kräftige Falten. Cremefarben mit hell braunrosa Überzug, der in zwei Spiralbändern kräftiger erscheint; die Grundfarbe schimmert in Form kleiner Tupfen durch; unregelmäßige braunrosa Flecken unter der Naht; insgesamt mit dünner Glasur bedeckt; Lippeninnenseite und Spindel weiß; Inneres hell braunrosa.

M. desjardini, Elfenbeinküste, westliches Afrika, 5,0 cm. Massiv, langgestreckt, mit kurzem, leicht konvexem Gewinde. Kleines gerundetes Embryonalgewinde und gerundete Schulter, die zum Ende des Siphonalkanals herunterzieht. Lippe stark verdickt, gebogen und fein gezähnt; die Spindel trägt vier Falten. Hell aprikosenfarben; drei dunklere Bänder; kleine weiße Flecken ziemlich spärlich über die Oberfläche verteilt; kurze weiße Streifen strahlen radiär von der Naht aus; Mündung weiß; Inneres mit rosa Tönung.

M. pseudofaba, Senegal, westliches Afrika, 3,0 cm. Massiv, mit mäßig hohem Gewinde. Die Schulter auf allen Umgängen scharf gewinkelt, mit axial zusammengedrückten Knoten, etwa 14 auf dem letzten Umgang. Die knotige Schulter der ersten Umgänge zeigt sich über der Naht; einige der Knoten erstrecken sich fast bis zum Siphonalkanal, doch die meisten bedecken nur etwa ein Drittel des letzten Umgangs. Schmale Mündung; die Lippe ist verdickt, gebogen und innen gezähnt; die Spindel trägt vier kräftige Falten; flacher Analkanal; der Siphonalkanal ist etwas ausgezogen und gebogen, an der Lippe scharf gebogen. Elfenbeinfarben-weiß; grüngraue Wolkenzeichnung, im allgemeinen auf zwei Spiralbändern; reich gefleckt mit schwarzen Tupfen in Spiralreihen, etwa zehn auf dem letzten Umgang; Flecken sind im allgemeinen auch axial angeordnet; Innenseite der Lippe, Inneres und Falten weiß; Ende des Siphonalkanals grau.

Persicula cingulata, westliches Afrika, 2,0 cm. Flaches Gewinde, glatt, mit einem hinten etwas aufgeblähten letzten Umgang. Schmale Mündung; die verdickte Lippe erstreckt sich knapp über die Spitze hinaus. Die konvexe Spindel trägt ungefähr sieben kleine Falten, die größten vorn und die kleinsten hinten. Kleine schwielige Knoten gegenüber dem hinteren Ende der Lippe. Weiß oder rosa-cremefarben; etwa zwölf rote Spirallinien; Mündung weiß.

Marginella glabella

Afrivoluta pringlei

Persicula cingulata

Marginella desjardini

Marginella pseudofaba

Marginella rosea, östliches Südafrika, 5,0 cm. Glatt, mit mäßig hohem Gewinde und etwa zweieinhalb geschulterten Umgängen. Kleines, gerundetes Embryonalgewinde und verdickte, gebogene Lippe. Die Spindel hat vier Falten. Weiß; hellrosa, im allgemeinen netzartige Muster; eine Reihe dunkler rosa-brauner Flecken zwischen Schulter und Naht; eine hellere Reihe auf dem vorderen Teil des letzten Umgangs; Lippe weiß, dunkel rosa-braune Flecke am äußeren Rand; Inneres und Spindel weiß.

M. mosaica, östliches Südafrika, 3,0 cm. In der Form ähnlich der obigen Art, doch etwas niedrigeres Gewinde, stärker verdickte Lippe und an der Schulter leicht ausgedehnt und gewinkelt. Cremefarben-weiß gefleckt mit hell grau-brauner Farbe; Spiralreihen – etwa zwölf auf dem letzten Umgang – von dunkel graubraunen Flecken und kurzen Strichen; Mündung weiß.

M. piperata, östliches Südafrika, 2,5 cm. In der Form ähnlich *M. rosea,* wenn auch kleiner. Weiß; leicht hellbraune Wolkenzeichnung; reich gefleckt mit winzigen rotbraunen Axialstrichen; längere Striche von rotbrauner Farbe zwischen Schulter und Naht; äußerer Rand der Lippe mit dunkelbraunen, verschmierten Flecken; Mündung weiß. Es gibt eine Anzahl gesondert benannter Formen, die in Färbung und Musterung sich unterscheiden.

M. ventricosa, Indonesien, Malaya, 2,5 cm. Glatt, glänzend, mit niedrigem Gewinde und mäßig breiter Mündung. Die verdickte, gebogene Lippe läuft um den Siphonalkanal herum, um hinten in einer schwieligen Zone auf dem Gewinde zu enden. Die Spindel hat fünf Falten. Das ganze Äußere erscheint kräftig glasiert. Cremefarben grau; Außenrand der Lippe dunkler mit hell braun-grauer Kante; Lippeninnenseite und Falten weiß. Ein bekanntes Synonym ist *M. quinqueplicata.*

M. adansoni, nordwestliches Afrika, 3,0 cm. Ziemlich schlank; Schulter mit axial zusammengedrückten Knoten, etwa 16 auf dem letzten Umgang. Schmale Mündung; verdickte, gebogene Lippe mit gewinkelter Schulter, 13 Zähne an der Innenseite. Spindel mit vier Falten, am vorderen Ende gebogen. Gelbbraun; unregelmäßige dunkler braune Zeichen auf der Schulter und mehr oder weniger deutliche wellenförmige, axiale, braune Linien; Lippe weiß mit dunkelbraunen Flecken; Inneres und Spindelfalten weiß.

Persicula persicula, westliches Afrika, 2,0 cm. Leicht eingesenktes Gewinde, etwas aufgebläht an der Schulter des letzten Umganges. Schmale Mündung; verdickte, gebogene Lippe, die sich hinten über die Spitze hinaus erstreckt. Konvexe Spindel mit etwa neun Falten, die vorn kräftig ausgebildet sind, aber kleiner werden, bis sie gegen das Hinterende zu fast verschwinden. Hell cremefarben; zahlreiche rosa-gelbbraune Flecken, insbesondere in drei Spiralbändern verdichtet; Gewinde rosa oder rot, mit cremefarbener Glasur; Mündung weiß.

P. cornea, nordwestliches Afrika, 3,0 cm. Hübsch, schlank, mit sehr niedrigem, von einer Schwiele bedecktem Gewinde. Schmale Mündung; Lippe verdickt und in der Mitte leicht konkav; sie erstreckt sich hinten etwas über die Spitze hinaus. Die Spindel trägt etwa zehn kleine Falten, die hinten an Größe abnehmen. Cremefarben; drei etwas dunklere Spiralbänder mit einer rosafarbenen Tönung; Mündung weiß; die Bänder schimmern schwach durch die Innenseite der Lippe hindurch.

P. elegans, Malaiische Halbinsel, 2,5 cm. In der Form ähnlich. *M. ventricosa,* doch gedrungener und mit sechs kräftigen Falten. Hellgrau; viele dunkler graue Spiralbänder, ungleichmäßig in Breite und Abstand, alle unterbrochen von vielen feinen Axiallinien in der Grundfarbe; dies erzeugt einen ungleichmäßigen, gitterartigen Farbeffekt; Lippe orange-braun; Inneres und Falten weiß.

Marginella mosaica

Marginella piperata

Marginella rosea

Persicula persicula

Marginella ventricosa

Persicula cornea

Persicula elegans

Marginella adansoni

Marginella bullata, Brasilien, 7,0 cm. Eingesenktes, glasiertes Gewinde, dessen Spitze die Umgebung kaum überragt; Zuwachsstreifen unter der Glasur, sonst glatt. Mündung nach vorn sich verbreiternd; verdickte, gebogene Lippe, in der Mitte leicht konkav, rudimentär gezähnt auf der Innenseite; vier Spindelfalten. Hell aprikosenfarben; schwache, dunklere Spiralbänder; Körner unter der Glasur wirken zum Teil wie Fleckung. Außenrand der Lippe dunkler; innerer Rand und Falten glänzend weiß; Inneres weiß mit hell aprikosen-farbener Tönung.

M. ornata, Südafrika, 2,5 cm. Gedrungen; mäßig hohes Gewinde; herabgezogene Schulter. Breite Mündung; verdickte, gebogene Lippe, an der Schulter leicht gewinkelt; vier Spindelfalten. Rosa-braun; breites, zentrales, helles Band, ein schmales auf jeder Seite, eines auf der Schulter; der mittlere Bereich kann getupft sein; Lippe weiß, dunkel rosa-braune Tupfen und Striche; Inneres lila; Spindel, Siphonalkerbe weiß.

M. marginelloides, Philippinen, 1,2 cm. Gewinkelte Schulter. Kräftige Axialrippen auf allen Umgängen. Fein spiralig gefurcht. Schmale Mündung; verdickte Lippe mit kräftigem, innerem, fein gezähntem Wulst; Spindel von kleinen Wülsten geschnitten. Grauweiß bis hellgrau; hinten in der Mündung ein dunkelbrauner Fleck, der auf der Schulter an der Rückenseite hindurchschimmert, besonders zwischen den Rippen, die in der Nähe der Lippe, doch nicht auf der Lippe liegen.

M. philippinarum, Philippinen, 1,5 cm. Schlank, klein, massiv, mit kurzem Gewinde. Glatt und glänzend. Schmale Mündung, vorn breiter; verdickte, eingedrehte, abgeschrägte Lippe; fast gerade Spindel mit vier Falten. Die leicht konkave Lippe läßt das Gehäuse etwas gekrümmt erscheinen. Hell gelbbraun oder rötlich gelbbraun; drei unterbrochene, dunkler braune Spiralbänder mit grauen Flecken; Naht weiß; Lippe außen cremefarben, am Rand und innen weiß; Inneres rötlich gelb-braun; Spindel und Falten weiß.

M. avena, Karibik, 1,2 cm. In der Form ähnlich der obigen Art. Cremefarben; drei undeutliche, hell gelbbraune Bänder.

M. cleryi, nordwestliches Afrika, 2,0 cm. Spindelförmig; hohes Gewinde. Leicht aufgebläht; rundlich geschultert. Schmale Mündung; verdickte, gebogene, gezähnte Lippe; vier Spindelfalten. Grün-cremefarben; Vorderende des letzten Umganges mit grauer Tönung; auf dem letzten Umgang zwei graue Bänder, von denen sich eines auch auf den Gewindeumgängen zeigt; axiale, leicht wellenförmige, manchmal gegabelte, dunkel schokoladenbraune Linien an der Naht; Lippe, untere Spindel, Falten und Inneres weiß.

M. margarita, Mozambique, 0,5 cm. Glatt, sehr glänzend, mit niedrigem Gewinde. Verdickte Lippe, in der Mitte leicht konkav, etwa 18 kleine Zähne auf dem Innenrand; vier Spindelzähne, von denen die mittleren beiden größer sind. Schön, glänzend, sehr hell rosa-cremefarben; Lippe und Mündung weiß.

M. apicina, Karibik, Florida, 1,0 cm. In der Form ähnlich der obigen Art, aber weniger schlank. Weiß, cremefarben bis rosa oder rosa gebändert; Spitze gelbbraun.

Prunum labiata, Golf von Mexiko, 4,0 cm. Glatt, glänzend; kurzes Gewinde; runde Schulter. Lippe verdickt, gezähnt, erreicht das Gewinde in dicker, schwieliger Zone, die sich fast bis zum Embryonalgewinde erstreckt; vier Spindelfalten. Hell cremefarbenrosa; drei verwaschene, dunklere Bänder; Lippenoberseite und Schwiele nahe dem Gewinde kräftig gelb getönt; Lippeninnenseite, Inneres und Falten weiß.

Persicula lilacina, Brasilien, 2,0–2,5 cm. Eingesenktes Gewinde; leicht aufgeblähter letzter Umgang; schmale Mündung. Die stark verdickte Lippe läuft bis zur eingesenkten Spitze; vier Spindelfalten. Hell rosa-grau; drei breite dunklere Bänder; oberer Rand der Lippe orange; innerer Lippenrand, Inneres und Spindel lila; Inneres in der Tiefe weiß.

Marginella ornata

Marginella marginelloides

arginella avena

Marginella philippinarum

Marginella apicina

Marginella cleryi

Marginella margarita

Marginella bullata

Prunum labiata

Persicula lilacina

261

Überfamilie: Conacea
Familie: Cancellariidae – Gitterschnecken
Diese Schnecken leben im Sand tropischer Zonen, vor allem im westlichen Amerika.

Trigonostoma scalata, Indischer Ozean und Westpazifik, 3,0 cm. Flacher, breiter Kanal von der gewinkelten Schulter bis zur leicht eingeschnürten Naht. Schwache Spirallinien; kräftige Axialrippen über der Schulter. Breite Mündung; einfache Lippe, hinten mit einem Zahn, innen gefurcht; drei kräftige und eine schwache Spindelfalte. Brauncremefarben; manchmal braune Bänderung; Lippe und Spindel weiß; Inneres braun.

T. scalariformis, Indischer Ozean und Westpazifik, 2,5 cm. Ähnlich der obigen Art, doch mit weniger, stärkeren Axialrippen, neun auf dem letzten Umgang. Sie bilden auf der Schulter feine Einkerbungen. Schwache Spiralstreifen über den Rippen. Lippe innen gefurcht; drei Spindelfalten, der Schild verschließt fast den Nabel. Braun, grau oder cremefarben; zwischen Schulter und Naht weiß; weißes Spiralband auf dem letzten Umgang; schmale Mündung, Spindel weiß; Inneres wie das Äußere gefärbt.

T. crenifera, Japan, 3,0 cm. Ähnlich der obigen Art, doch mit etwa 14 Rippen auf dem letzten Umgang. Drei Spindelfalten; hinter der Mündung ein verkümmerter Zahn; der schmale, offene Nabel wird zum Teil durch einen schmalen Spindelschild bedeckt. Elfenbeinfarben-weiß; braune Wolkenzeichnung; helles zentrales Spiralband.

T. breve, tropisches Westamerika, 2,0 cm. Flach oder leicht konkav zwischen der scharf gewinkelten Schulter und der Naht. Die Axialrippen bilden von der Schulter bis zur Naht kronenartige Aufsätze; drei Spiralwülste schneiden die Rippen und bilden Knoten; feine Spiralstreifen zwischen den Wülsten; verkümmerte Axialrippen ergeben eine gegitterte Oberfläche. Gezähnte Lippe; drei Spindelfalten; weiter, tiefer Nabel. Grau-weiß; wenige braune Flecke.

Cancellaria cassidiformis, tropisches Westamerika, 4,0 cm. Kugelig; kurzes Gewinde; scharf gewinkelte Schulter. Die schrägen Axialrippen enden in kurzen Stacheln. Tief eingedrückte Naht. Schwache Spiralwülste schneiden die groben Zuwachsstreifen. Verdickte Lippe, innen gefurcht; drei weiße Spindelfalten. Grauweiß bis gelbbraun; weißes Spiralband vorn auf dem letzten Umgang; gelegentlich spiralige rote Linien; Lippe gelbbraun; Inneres weiß.

C. spengleriana, Westpazifik, 5,5 cm. Hohes Gewinde; geschultert. Spiralwülste; Axialrippen; kurze stumpfe Stacheln. Lippe innen kräftig gefurcht; zwei oder drei Spindelfalten; kein Nabel. Fleischfarben-gelbbraun; rosabraune Flecken auf den Schultern; Mündung cremefarben-weiß

C. reticulata, südöstliche USA, 3,5 cm. Kugelig; aufgebläht; scharfe, schmale Schulter. Netzförmig gezeichnet durch axiale und spiralige Wülste. Fein gezähnte Lippe, innen gefurcht; eine sehr kräftige und eine schwache Falte, hinten Spiralwülste; geschlossener Nabel. Weiß; spärliche braune Axialstreifen; zwei unterbrochene, hellbraune Spiralbänder; Inneres und Falten weiß.

C. asperella, Westpazifik, Indischer Ozean, 4,0 cm. Ähnlich der obigen Art; weniger gedrungen; schmalere Schulter. Grobe spiralige und axiale Fäden; rauhe Zuwachsstreifen. Gefurchte Lippe; drei Spindelfalten. Cremefarben oder hell gelbbraun; zwei oder drei undeutliche, hellbraune Spiralbänder; Mündung weiß.

C. similis, nordwestliches Afrika, 3,5 cm. Massiv; kugelig; leicht eingeschnürte Naht. Gegittert; dünne Spiralwülste; schmale Axialrippen. Ausgezackte Lippe, innen gefurcht; drei geschwungene Spindelfalten, die größte hinten; der Nabelspalt ist gewöhnlich offen; schmalerer Spindelschild. Weiß oder hellgrau; zwei braun-graue Bänder; Mündung weiß.

Trigonostoma scalata

Cancellaria cassidiformis

Cancellaria reticulata

Cancellaria spengleriana

Cancellaria asperella

Cancellaria similis

Trigonostoma scalariformis

Trigonostoma breve

Trigonostoma crenifera

Familie: Conidae – Kegelschnecken
Gattung: Conus
Für viele Gehäusesammler ist dies die von allen bevorzugteste Gattung. Die ungeheuere Variabilität in Farben, Mustern und Formen innerhalb des allgemeinen konischen Bauprinzips fasziniert ungemein. Die Kegelschnecken sind Räuber und leben meist in tropischen Gewässern. Nur einige findet man in den Subtropen, und sie sind klein und weniger farbenprächtig. Sie leben hauptsächlich in der Gezeitenzone zwischen dem Riff und der Küste, in Spalten von Felsen und Korallen sowie in sandigen Gebieten rund um das Riff. Eine weiche ,,Haut'' bedeckt das Periostracum; man kann sie beseitigen, wenn man das Gehäuse für einige Stunden in einem gewöhnlichen Bleichmittel einweicht. Einige haben ein kleines Operculum. Der Stich, mit dem sie ihre Beute töten, kann in manchen Fällen auch dem Menschen gefährlich werden. *Conus geographus* ist in dieser Hinsicht am bemerkenswertesten, doch die *marmoreus*- und *textile*-Gruppen sind ebenfalls gefährlich. Es gibt etwa 1500 Arten von Kegelschnecken mit eigenem Namen. Man teilt sie in etwa 30 Untergattungen.

Untergattung: Conus
Conus marmoreus, Indopazifik, 10,0 cm. Flaches, knotiges Gewinde. Schwarz oder dunkel schokoladenbraun mit weißen Flecken auf der ganzen Oberfläche.

Eng verwandt sind: *C. pseudomarmoreus*, der die Knoten fehlen; in Neukaledonien endemisch; *C. bandanus*, mit zwei undeutlichen Bändern und weniger weißen Zeichnungen, was den Eindruck schwarzer Bänder erweckt; man findet sie auf den Malediven, in Ostindien, auf den Philippinen und Melanesien bis Hawaii; *C. nicobaricus*, auf der die Bänderung deutlicher als bei *C. bandanus* ist; von Ostindien und den Philippinen; *C. nocturnus*, die ein breiteres und deutlicheres schwarzes Band trägt und auf den Philippinen zu finden ist; ferner *C. vidua*, bei der die weißen Zeichnungen ein Band auf der Schulter und dem letzten Umgang bilden; ebenfalls auf den Philippinen endemisch. Es gibt einige weitere, weniger häufige Vertreter der Gruppe mit der schwarzen oder dunkelbraunen Grundfarbe und weißen Zeichnungen; sie alle stammen aus dem gleichen Gebiet im östlichen Indischen und westlichen Pazifischen Ozean.

Untergattung: Rhombus
C. imperialis, Indopazifik, 10,0 cm. Sie hat ein fast flaches, aber knotiges Gewinde. Weiß mit zwei braunen Bändern; der letzte Umgang wird umgeben von schwarzen und braunen Tupfen und Strichen.

Die Untergattung umfaßt außerdem: *C. zonatus* von den Malediven; *C. fuscatus* von Mauritius, die ebenso wie *C. viridulus* aus Ostafrika eine Form von *C. imperialis* ist.

Untergattung: Lithoconus.
C. leopardus, fast überall im Indopazifik, 22,0 cm. Eine der größten und schwersten *Conus*-Arten, mit flachem Gewinde, das jedoch stärker herausgehoben ist als bei der nahe verwandten *C. litteratus*; gerundete Schultern; bei den ersten Umgängen zeigen die Ränder der Schultern sich als Wülste auf dem Gewinde. Weiß mit dichtstehenden blauen und purpurnen Schattenzeichnungen, die Linien bilden, einige aus Tupfen, einige aus kurzen Axiallinien, einige aus verbundenen Doppelflecken, alle leicht verschmiert. Die Spitze ist weiß, die Oberfläche ziemlich matt, und die großen, alten, schweren Exemplare sind oft narbig.

C. litteratus, Indopazifik, 12,0 cm. Sie hat ein flaches Gewinde mit einer gerundeten Schulter und ist leicht tailliert. Weiß mit mehr oder weniger deutlichen gelben Bändern und überall mit eng beieinanderliegenden Bändern von rechteckigen schwarzen oder dunkel schokoladenbraunen Flecken, die auf die Schulter zu axial größer werden und manchmal zusammenlaufen.

Conus leopardus

Conus marmoreus

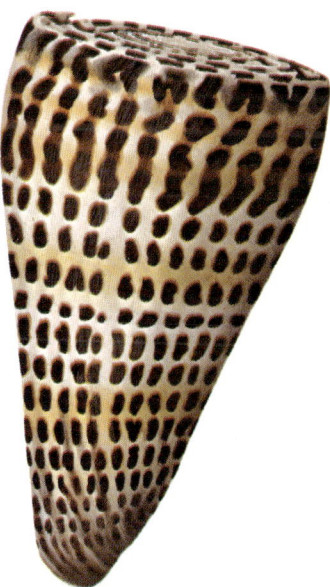

Conus imperialis

Conus litteratus

C. eburneus, überall im Indopazifik, 7,0 cm. Variiert beträchtlich in dem großen Verbreitungsgebiet. Sie hat eine gerundete Schulter und eine abgeflachte Spitze mit einem kleinen, zulaufenden Gewinde. Unter der Naht liegen zwei Streifen, die sich auf der Spitze abzeichnen, wenn sie nicht abgetragen sind. Weiß, manchmal mit hellgelben Bändern und viereckigen schwarzen oder dunkelbraunen Tupfen, die den letzten Umgang und das Gewinde umgeben. Man hat Exemplare ohne die dunklen Zeichnungen gefunden. Eine kleine Form von *C. eburneus, C. crassus,* ist auf den Fidschi-Inseln endemisch, und *C. polyglotta* mit kräftigeren und größeren schwarzen Zeichnungen findet man auf den Philippinen.

C. tessulatus, Indopazifik, 7,0 cm. Variabel in Form und Farbe, manchmal leicht tailliert. Sie hat eine ziemlich stumpfe Spitze und ein kurzes, stark zulaufendes Gewinde mit konkaven Seiten. Der weiße Untergrund ist bedeckt mit Bändern von roten oder orangefarbenen Quadraten und Rechtecken, viel stärker als bei *C. eburneus.* Die Basis ist häufig violett getönt.

C. caracteristicus, Indischer Ozean und Philippinen, 5,0 cm. Ein gedrungenes Gehäuse. Weiß, mit zwei Bändern wellenförmiger, braunroter Linien, einem auf dem oberen Teil des letzten Umgangs und einem nahe der Basis; ähnliche Zeichnungen sind auf der Spitze und an der Basis zu sehen.

Es gibt zwei westafrikanische Vertreter dieser Untergattung: *C. prometheus,* die größer werden kann als jede andere *Conus*-Art; sie ist cremefarben und hat braune und rote Zeichnungen in einem Muster, das dem bei anderen der Untergattung ähnlich ist; ferner *C. papilionaceus,* die kleiner ist, aber in Farbe und Muster ähnlich erscheint.

Untergattung: Virroconus
C. ebraeus, Indopazifik, 5,0 cm. Ein kleines, gedrungenes, ziemlich auffallendes Gehäuse; das Gewinde ist mäßig herausgehoben und mit einem Kronenrand versehen. Der weiße Hintergrund wird bedeckt von drei breiten Bändern aus schwarzen, winkelartigen Zeichnungen, sowie mit schwarzen Zeichnungen an der Basis und auf dem Gewinde.

C. chaldaeus, Verbreitungsgebiet ähnlich wie das von *C. ebraeus,* doch ist die Art weniger häufig, und man findet sie nicht immer an den gleichen Stellen, 2,5 cm. Sie ist kleiner und stärker gewinkelt als *C. ebraeus* und hat dicke, schwarze, wellenförmige Linien, die zwei breite Bänder bilden. Die Linien vereinigen sich oft wie die Schenkel eines Y oder eines umgekehrten Y oder eines W.

C. coronatus, Indopazifik, 3,5 cm. Eine variable Art mit einer Anzahl von Unterarten und sehr eng verwandten Arten. Sie variiert von schmächtig mit einem gut herausgehobenen Gewinde bis zu rund und gedrungen. Die Farbe ist ebenfalls sehr variabel, blau, grau, grün, beige, mit dunklen braunroten oder olivfarbenen Tupfen und Flecken; mit kronenartigen Bildungen auf Schulter und Gewinde. Verwandte Arten sind: *C. abbreviatus* aus Hawai; *C. miliaris,* Indopazifik, und *C. taeniatus,* Rotes Meer.

C. musicus, Indopazifik, 2,0 cm. Sie hat ein ziemlich flaches Gewinde. Weiß, mit einem hellen blaugrauen Band in der Mitte des letzten Umgangs und an der Basis, sowie mit Dunkelblau ganz an der Gehäusebasis. Sie wird umgeben von Linien dunkelbrauner Tupfen und Striche, von denen zwei das mittlere Band begrenzen; größere dunkle Flecke auf der Schulter zeigen sich auf dem Gewinde.

C. lividus, Ostindien und Pazifik, 5,0 cm. Gelbgrün mit einem weißen Band und einem weißen, mit einer Krone versehenen Gewinde und einer purpurfarbenen Basis.

Conus lividus

Conus ebraeus

Conus tessulatus

Conus caracteristicus

Conus eburneus

Conus coronatus

Conus coronatus

Conus chaldaeus

Conus musicus

267

C. piperatus, Indischer Ozean, 3,0 cm. Hell blaugrau mit undeutlicher, hellbrauner Bänderung und einer violetten Basis; dunkelbraune Flecken zwischen einigen der kronenartigen Bildungen auf der Schulter und dem Gewinde.

C. distans, Indopazifik, 10,0 cm. Ein großes Gehäuse für die Untergattung, leicht tailliert. Hellbraun mit einem hellerem Band an der Taille und einer dunkleren Basis; ziemlich deutliche Zuwachsstreifen. Gewinde mit Kronenbildungen.

Weitere nahe verwandte Vertreter der Untergattung: *C. mus* aus Westindien; *C. scitulus* aus Südafrika; *C. sponsalis*, Pazifik und Philippinen; *C. nux*, östlicher Pazifik; *C. ceylanensis,* Indopazifik.

Untergattung: Puncticulis
C. arenatus, Indopazifik, 7,5 cm. Ein massives, schweres Gehäuse, an der Schulter leicht aufgebläht, mit einer Drehung an der Basis der Spindel, die eine Falte bildet. Das Gewinde ist leicht herausgehoben und mit einer Kronenbildung versehen. Die weiße Grundfarbe ist gefleckt mit kleinen braunen Tupfen, die dazu neigen, zwei oder drei dunkle Bänder zu bilden.

C. pulicarius, Pazifik und Ostindien, 7,5 cm. In der Form ähnlich *C. arenatus*. Weiß, mit hellgelben Flecken und gezeichnet mit viereckigen schwarzen oder dunkel schokoladenfarbenen Klecksen.

C. stercusmuscarum, Indopazifik, 5,0 cm. Ein schlankerer Vertreter der Untergattung, auf der Schulter nur sehr kleine Kronenbildungen, die auch fehlen können. Der weiße Untergrund ist mit grauer Wolkenzeichnung bedeckt und erscheint reich gefleckt mit kleinen schwarzen und einigen braunen Tupfen, die stellenweise so dicht stehen, daß sie schwarze Flächen bilden.

C. zeylanicus, Ostafrika und Mauritius, 5,0 cm. In der Form etwas ähnlich *C. arenatus*, doch mit gerundeter Schulter und ohne Kronenbildungen; kleines, zulaufendes Gewinde. Die rosa Grundfarbe ist bedeckt mit rotbraunen Tupfen sowie dunkleren und kleineren Flecken, die zwei Bänder zu bilden suchen. Sie hat kleine weiße Zonen im wesentlichen zwischen den Bändern und auf der Spitze des Gehäuses.

Untergattung: Stephanoconus
C. regius, Florida bis Westindien, 5,0 cm. Ein häufiger Vertreter dieser Untergattung. Gewöhnlich kastanienbraun mit überall verbreiteten blauweißen Zeichnungen (nicht abgebildet), doch gibt es andere Farbvariationen in Weiß und Hellbraun, mitunter gekörnt (wie abgebildet). Eine Varietät *C. citrinus* ist nur gelbbraun.

Conus stercusmuscarum

Conus zeylanicus

Conus piperatus

Conus regius

Conus distans

Conus arenatus

Conus pulicarius

C. brunneus, Pazifikküste Mittelamerikas und Galapagos-Inseln, 5,0 cm. Eine schöne, prächtige mahagonibraune Art mit spärlichen weißen Tupfen und Spritzern, zumeist in einem undeutlichen Band auf dem letzten Umgang. Kräftige Einkerbungen auf der Schulter und dem Gewinde, die ebenfalls weiß sind.

C. princeps, Pazifikküste Mexikos und Panamas, 6,0 cm. Rosarot mit dunkelbraunen Axialstreifen, die die Schulter zwischen den schwach ausgebildeten Kronenbildungen schneiden. Eine Varietät, *C. p. lineolatus*, trägt ihre dunklen Markierungen in Form feiner Linien; *C. apogrammatus* besitzt keine Zeichnungen.

C. varius, Indopazifik, 4,0 cm. Dieses Gehäuse ist von kleinen Körnchen bedeckt, wodurch es sich sehr rauh anfühlt und auch so aussieht. Das feingekerbte Gewinde, das sich von der Schulter erhebt, bildet an der Spitze einen fast rechten Winkel. Die weiße Grundfarbe hat dunkelbraune Flecken und vereinzelte Tupfen. Eine Varietät von Queensland, Australien, *hwassi*, ist abgebildet.
Ferner umfaßt die Untergattung: *C. klemae*, Westaustralien; *C. aurantius*, eine seltene Art aus dem Gebiet Ostindiens und der Philippinen; *C. gladiator*, aus dem Golf von Kalifornien und von Ekuador.

Untergattung: Chelyconus
C. purpurascens, Pazifikküste Mexikos und Panamas, 5,0 cm. Sehr variabel, doch im allgemeinen schwer und ziemlich gedrungen. Blauschwarze Grundfarbe, doch mit weißblauen wolkenartigen Zeichnungen und einigen braunen Zeichnungen.

C. achatinus, Indien und östlicher Pazifik, 5,5 cm. Im Verbreitungsgebiet variabel, doch immer hübsch. Das Gehäuse hat konvexe Seiten, ist leicht gestreift, hat gerundete Schulter und ein mäßig hohes Gewinde. Die hellblaue Grundfarbe zeigt dunkelbraune Wolkenzeichnung, und die Streifungen sind dunkler braun.

C. catus, Rotes Meer, über den Indischen und Pazifischen Ozean hinweg bis Hawaii, 4,0 cm. Ein häufiges Gehäuse und natürlich sehr variabel. Gedrungen mit wolkenartigen braunen oder olivfarben-gelben Zeichnungen auf einem hellen oder weißen Hintergrund. Zwei Exemplare sind abgebildet, das eine deutlich granuliert vom Tuamotu-Archipel im südlichen Pazifik, das andere fast glatt aus dem östlichen Afrika.

Andere Vertreter der Untergattung sind: *C. ranunculus* aus Westindien, *C. fulmen* aus Japan, *C. monachus* aus dem Pazifik, *C. nigropunctatus* ebenfalls aus dem Pazifik. Sie alle ähneln *C. achatinus*. Ferner sind zu nennen: *C. orion* und *C. vittatus*, beide aus dem westlichen Mittelamerika und beide mit einem zentralen weißen Band und dunkleren Zeichnungen auf einem variablen weißen, orangefarbenen und lila bis braunen Untergrund; dunkle Zeichnungen auf dem Gewinde.

Untergattung: Leptoconus
C. sculletti, 4,0 cm. Diese Art aus dem tiefen Wasser vor dem Kap Moreton, Queensland, wurde erst vor kurzem entdeckt. Obwohl sie selten ist, kann sie als Beispiel für die Tatsache gelten, daß man auch heute noch neue Arten finden kann. Die Art ist auch wegen ihrer ungewöhnlichen und bemerkenswerten Form bekannt. Das Gehäuse ist für seine Länge schmal, scharf geschultert und nahe der Spitze leicht tailliert. Es hat einen cremefarben-weißen Untergrund, bedeckt mit gelbbraunen Bändern, Tupfen und flammenartigen Zeichnungen.

Conus varius
form *hwassi*

Conus brunneus

Conus princeps

Conus catus

Conus catus

Conus achatinus

Conus sculletti

Conus purpurascens

C. thalassiarchus, Philippinen und nördliches Borneo, 9,0 cm. Ein sehr hübsches Gehäuse, wie das bei dieser Untergattung häufig der Fall ist. Ziemlich stumpfes, kleines Gewinde. Die cremefarben-weiße Grundfarbe ist dicht gemustert mit wellenförmigen Axiallinien, die im allgemeinen hellbraun, manchmal aber auch dunkelbraun sind. Gewöhnlich mit cremefarbenen Bändern auf der Schulter und der Taille, mit einer blauschwarzen Basis und dunklen Zeichnungen am Ende.

C. ammiralis, östliches Indien und westlicher Pazifik, 6,0 cm. Meines Erachtens die schönste *Conus*-Art, obwohl sie etwas variabel ist. Das Gehäuse hat gerade Seiten mit einem hohen, konkaven Gewinde. Der letzte Umgang ist prächtig rot von unterschiedlicher Farbtiefe und trägt drei hellgelbe Bänder, eines auf der Schulter, eines in der Mitte und eines an der Basis; insgesamt bedeckt mit fahlweißen zeltähnlichen Zeichnungen, die fünf Millimeter groß, aber auch sehr winzig sein können; die Schulter ist weiß mit rotbraunen Zeichnungen, und die Spitze zeigt hell rotbraune Zonen, die von dunklen Axiallinien überzogen werden.

C. generalis, Indopazifik, 9,0 cm. Eine häufige Art, sehr variabel. Das ziemlich flache konkave Gewinde hat eine herausragende Spitze. Dunkler oder heller braun mit weißen Zeichnungen, die im wesentlichen mehr oder weniger ein Band an der Taille und auch an Schulter und Basis bilden; manchmal mit dunkelbraunen Axiallinien; die Spitze ist weiß. Nahe verwandt sind *C. spirogloxus* und *C. maldivus* aus dem westlichen Indischen Ozean, die beide im allgemeinen mehr weiße Zeichnungen zeigen; die letztgenannte Art hat ein viel flacheres Gewinde.

C. regularis, pazifisches Mittelamerika, 5,0 cm. Ein häufiger Vertreter der Untergattung. Der blauweiße Untergrund ist bedeckt von purpurgrauen Zeichnungen, die an arabische Schriftzeichen erinnern, eingefaßt von Reihen kleiner roter Tupfen.

C. sozoni, Florida, 7,5 cm. Ein hohes, spitz zulaufendes Gewinde, gerade Seiten und eine verschmälerte Basis geben diesem hübschen Gehäuse ein ungewöhnliches Aussehen. Die Lippe ist auffällig konvex. Die weiße Grundfarbe ist bedeckt von hell gelbbraunen Bändern und vielen Reihen dunkler brauner Tupfen, die auf dem Gewinde flammenähnliche Zeichnungen bilden.

C. recurvus, pazifisches Mittelamerika in tiefem Wasser, 6,0 cm. In der Form wie *C. sozoni,* doch mit einem flacheren Gewinde. Weiße Grundfarbe mit großen, dunkelbraunen, flammenähnlichen Zeichnungen.

C. floridanus, Florida, 4,0 cm. In der Form den beiden vorhergehenden Arten ähnlich, wenn auch kleiner. Weiß mit gelben bis hellbraunen wolkigen Zeichnungen und einem undeutlichen weißen Band mit einer Reihe von Tupfen über dem Mittelteil.

C. jaspideus, südöstliche Küste Amerikas und Westindien, 2,5 cm. Hohes Gewinde. Im allgemeinen wie *C. sozoni,* doch mit kräftigen Spiralrinnen. Cremefarben mit unregelmäßigen dunkel- oder hellbraunen Zeichnungen. Abgebildet ist eine kleine Form von *C. j.,* f. *pigmaeus,* etwa 1,2 cm, aus der gleichen Gegend.

Conus regularis

Conus ammiralis

Conus thalassiarchus

Conus jaspideus
form *pigmaeus*

Conus generalis

Conus sozoni

Conus recurvus

Conus floridanus

273

C. floridensis, Florida, 4,0 cm. Dies ist eine Farbform von *C. floridanus* (siehe Seite 272) mit Spiralreihen von Tupfen und Strichen, gewöhnlich mit viel dunklerer Wolkenzeichnung als bei dem abgebildeten Exemplar. Die Grundfarbe ist ebenfalls im allgemeinen dunkler.

C. spurius, Florida und Karibik, 7,0 cm. Ziemlich stumpfes, mäßig hohes Gewinde. Der weiße Untergrund ist bedeckt von Reihen roter Striche, die manchmal vertikal und horizontal zusammenlaufen. In *C. s.* f. *atlanticus* vereinigen sich die Striche nicht miteinander, und einige der Flecken sind manchmal blau-purpurn.

Andere Vertreter der Untergattung sind: *C. amadis*, Indischer Ozean; *C. clarus*, westliches Australien; *C. monile*, Indischer Ozean; *C. acuminatus*, Ostafrika; *C. nobilis* Philippinen; *C. virgatus*, Mittelamerika; *C. clerii*, Brasilien.

Untergattung: Dauciconus
C. augur, östliches Afrika, 7,0 cm. Massiv, schwer, ziemlich unähnlich jedem anderen Vertreter dieser Untergattung. Flaches Gewinde. Hellbeigefarben, reich gebändert mit Reihen sehr kleiner dunkel purpurbrauner Flecken und zwei Bändern unregelmäßiger Flecken der gleichen Farbe.

C. daucus, Karibik, 5,0 cm. Normalerweise insgesamt rotgelb, doch ist die Varietät *C. luteus* viel stärker gelb und zeigt ein schwaches helles Band. Das abgebildete Exemplar ist eine seltene rote Form.

C. planorbis, Pazifik, 7,5 cm. Wie andere Vertreter der Untergattung variiert das Gehäuse beträchtlich in Farbmuster und Form. Man findet Ausbildungen von einem Braungelb über Bänder von dunkleren oder helleren Schattierungen der gleichen Farbe (siehe Abbildung) bis zu Exemplaren mit weit auffälligerer Bänderung und dunklen Zeichnungen, die *C. striatellus* nicht unähnlich sind. Die Basis ist purpurfarben.

C. striatellus, Indischer Ozean, 7,5 cm. Ein Synonym ist *C. pulchrelineatus*. Der Name *C. lineatus* wird ebenfalls häufig gebraucht, was jedoch nicht korrekt ist, da er schon einer anderen Art zugehört. Sehr variabel, doch oft recht hübsch. Im allgemeinen weiß mit brauner Bänderung und dunklen Flammenzeichnungen auf der Schulter und dem Gewinde.

C. circumactus, Pazifik, 4,0 cm. Variabel. Hellbraun, Schulter und Bänderung weiß oder mit einer hellen lila Tönung; braune Flammenzeichnungen auf oder quer über der Rückenseite und den Schultern bis hin zu dem ziemlich flachen Gewinde.

Conus floridensis

Conus augur

Conus planorbis

Conus daucus

Conus striatellus

Conus striatellus

Conus circumactus

Conus spurius

275

C. lithoglyphus, Indopazifik, 6,5 cm. Eine der auffälligsten Arten der Untergattung und weniger variabel als die meisten übrigen. Der rotgoldene Untergrund trägt ein unregelmäßiges rein weißes Mittelband und ein weiteres weißes Band auf der Schulter, das in der Farbe des Untergrunds gestreift ist und auch das Gewinde erreicht; der letzte Umgang trägt vorn etwa fünf Körnchenreihen; die Basis ist purpurfarben. Das abgebildete Exemplar ist klein.

In der Untergattung findet man außerdem: *C. fulmineus*, nordöstliches Australien; *C. furvus*, Philippinen; *C. vitulinus*, Indopazifik.

Untergattung: Pionoconus
Im wesentlichen schmale Gehäuse, die vorn gestreift sind.

C. magus, 8,0 cm. Der „Alptraum" des Sammlers. Die Art findet man in weiten Gebieten des Indopazifiks mit einem Zentrum auf den Philippinen, doch variiert sie sehr stark in Form, Farbe und Musterung. Einigen hat man einen besonderen Rand eingeräumt, während andere nur Varietäten sind. Unter ihnen: *C. ustulatus, C. rephanus, C. circae.*

C. suturatus, Pazifik von Ostindien bis Hawaii, 3,0 cm. Ein gedrungenes, kleines Gehäuse mit einer ziemlich flachen Spitze und einem scharfen Gewinde. Hellrosa mit drei breiten, schwachen, gelbbraunen Bändern und einer violetten Basis.

Die Untergattung umfaßt: *C. mercator*, westliches Afrika; *C. ximenes*, und *C. perplexus*, westliches Mittelamerika; *C. erythraeensis*, Rotes Meer; *C. pertusus*, Pazifik; *C. consors*, Singapur; *C. mozambicus* und *C. simplex*, Südafrika.

Untergattung: Phasmoconus
Eine kleine Gruppe aus dem mittleren und südwestlichen Pazifik sowie eine aus dem Indischen Ozean und eine aus Südafrika. Sie haben ein herausgehobenes gestreiftes Gewinde, einen letzten Umgang, der gewöhnlich einfarbig ist, und sie tragen vorn tiefe Rillen.

C. carinatus, Philippinen, 8,0 cm. Eine Art innerhalb des *C.-magus*-Komplexes, trotz der Einordnung in diese Untergattung. Braun-gelb mit einem verwaschenen weißen Band und weißen Flecken unter der Schulter.

Die Untergattung umfaßt: *C. radiatus*, Philippinen, Neuguinea; *C. infrenatus*, Südafrika; *C. keatii*, Rotes Meer, Seychellen.

Untergattung: Rhizoconus
Große Gehäuse mit breiten Schultern, mitunter scharf gewinkelt, manchmal gerundet; oft nahezu ebenso breit wie lang.

C. vexillum, Indischer Ozean und mittlerer und südlicher Pazifik, 18,0 cm. Eine der großen *Conus*-Formen, etwas variabel in Gestalt und Zeichnungen. Die Schultern können gerundet oder scharf gewinkelt sein. Grundfarbe braun mit weißen Bändern auf dem letzten Umgang und den Schultern, gewöhnlich zu weißen Flecken aufgelöst; manchmal axial schwarz gestreift.

C. capitaneus, Indopazifik, 6,5 cm. Braun, häufig mit gelber oder grüner Tönung; weißes Band auf dem letzten Umgang und der Schulter; eine schwarze und weiße karierte Zeichnung auf dem Gewinde verliert sich über den Schultern; Linien von schwarzen Flecken umfassen den letzten Umgang und begrenzen das mittlere weiße Band, verschwinden aber gegen die purpurfarbene Basis hin.

C. rattus, im größten Teil des Indopazifiks, 4,0 cm. Variabel. Die Schultern sind gerundet oder gewinkelt. Letzter Umgang braun oder grünbraun mit einem blauweißen, mehr oder weniger deutlichen Band, horizontalen Flecken und einem blauweißen Schulterband, das von Flecken in der Farbe des letzten Umganges unterbrochen wird. Gewinde in beiden Farben kariert.

Conus rattus

Conus vexillum

Conus capitaneus

Conus magus

Conus carinatus

Conus suturatus

Conus lithoglyphus

C. miles, Indopazifik, 9,0 cm. Viel weniger variabel als andere Arten der Untergattung. Die weiße Grundfarbe wird bedeckt von feinen, axialen, wellenförmigen, hellbraunen Linien, die von der Spitze zur Basis laufen. Ein ziemlich schmales dunkles Band verläuft auf dem letzten Umgang innerhalb eines breiteren, sehr hellen braunen Bandes. Das vordere Viertel oder Fünftel des letzten Umganges ist fast schwarz, begrenzt von fortschreitend helleren Bändern bis hin zu einem Drittel der Länge.

Andere Arten der Untergattung: *C. mustelinus*, Indopazifik; *C. capitanellus*, Japan; *C. namocanus* und *C. laevigatus*, Indischer Ozean; *C. trigonus*, nordwestliches Australien.

Untergattung: Virgiconus
Ziemlich schmale Gehäuse. Letzter Umgang schwach gestreift, besonders vorn. Einfarbig, mit purpurfarbener Tönung an der Basis.

Conus virgo, Indopazifik, 15,0 cm. Ein schweres Gehäuse mit geraden Seiten und einer stumpfen Oberfläche. Hellgelb mit einer purpurfarbenen Basis. Sandbewohner.

C. emaciatus, Indopazifik, 5,0 cm. Sie hat konkave Seiten, und der letzte Umgang ist auf der ganzen Oberfläche fein gewulstet. Hellgelb mit einer purpurfarbenen Basis. Riffbewohner.

C. flavidus, Indopazifik, 6,5 cm. Gewöhnlich gelbbraun mit einem schmalen weißen Band und heller Spitze und hellen Schultern. Basis und Inneres purpurfarben.

Untergattung: Gastridium
Dünne, leichte Gehäuse mit schwachen Streifen und einem Gewinde mit kronenartigen Bildungen. Die untere Hälfte der Spindel ist konkav, wodurch vorn eine sehr breite Mündung entsteht.

C. geographus, Indopazifik, 15,0 cm. Die braune Grundfarbe ist wolkig gezeichnet mit einigen weißen zeltartigen Markierungen und Flecken; dunkle braune Flecke, von denen einige zwei unterbrochene Bänder auf dem letzten Umgang bilden. Ihr Stich ist giftig, und man weiß, daß er dem Menschen gefährlich geworden ist.

C. obscurus, Indopazifik, 6,5 cm. In der Form wie eine kleine *C. geographus*, doch hat die Schulter häufig kleine kronenartige Bildungen. Die Form ist rotbraun mit sehr hellen purpurfarbenen Zeichnungen, die ungefähr zwei Bänder bilden. Die Varietät von Hawaii ist *C. halitropus*.

Untergattung: Regiconus
Große Gehäuse, zylindrisch, mit gerundeten Schultern und einem kegelförmigen Gewinde. Die braune Grundfarbe wird von weißen zeltförmigen Zeichnungen bedeckt.

C. aulicus, Indopazifik, 12,5 cm. Ein sehr hübsches Gehäuse, massiv und etwas aufgebläht. Die dunkel- oder hellbraune Grundfarbe wird bedeckt von kleinen und/oder großen weißen zeltartigen Zeichnungen.

Andere Vertreter der Untergattung sind: *C. auratus* aus Polynesien und *C. aureus* aus dem östlichen Pazifik und dem Indischen Ozean.

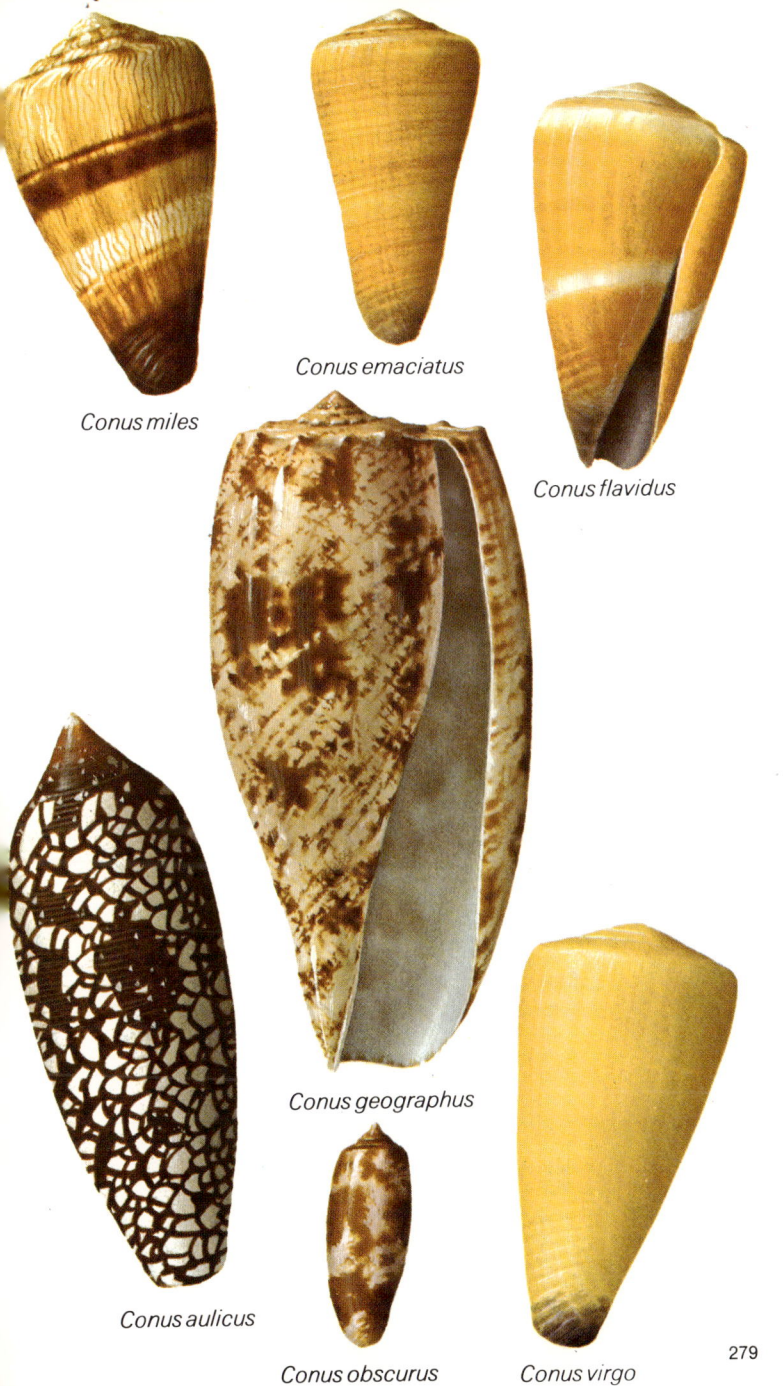

Conus miles

Conus emaciatus

Conus flavidus

Conus geographus

Conus aulicus

Conus obscurus

Conus virgo

279

Untergattung: Darioconus
Die Seiten des Gewindes sind mehr oder weniger konkav, und die Spitze ist sehr klein und scharf. Die Zeichnungen sind denen von *Regiconus* ähnlich.

C. omaria, Pazifik und Ostindien, 8,0 cm. Innerhalb der allgemeinen Beschreibung der Untergattung variabel, und zwar sowohl in der Gestalt des Gewindes als auch in Farbe, Größe und Anzahl der zeltähnlichen Zeichnungen.

C. episcopus ist eine lange und schmale Form von *C. omaria*, 9,0 cm. Ein weiteres Synonym von *C. omaria* für Formen mit einem hohen Gewinde und rot getönten zeltartigen Zeichnungen ist *C.magnificus*.

C. pennaceus, Indopazifik, vom Roten Meer bis Hawaii, 5,0 cm. Variabel in Form, Farbe und Zeltzeichnungen. Das abgebildete Gehäuse zeigt ein viel helleres Braun, als es üblich ist.

Andere Vertreter der Untergattung sind: *C. stellatus, C. elisae* und *C. praelatus* aus Ostafrika.

Untergattung: Cylinder
Zylindrisch mit einem spitz zulaufenden, scharfen Gewinde. Grundfarbe goldgelb bis rotbraun mit dunklen wellenförmigen Axiallinien und weißen Zeltzeichnungen auf der ganzen Oberfläche.

C. textile, Indopazifik, 8,0 cm. Neigt zu ziemlicher Aufblähung unter der Schulter und wird auf die Basis zu immer schmaler. Die beiden Abbildungen zeigen die breite Variabilität in Farbe und Größe der Zeltzeichnungen. Nahe verwandt sind: *C. cholmondelyi,* Ostafrika; *C. archiepiscopus,* östliches Australien und westwärts über den Indischen Ozean hinweg bis Ostafrika; *C. verriculum,* Indischer Ozean; *C. scriptus,* Ostafrika; *C. natalis,* Südafrika.

C. victoriae, Westaustralien bis Ostindien, 4,0 cm. Ein leichtes, kleines Gehäuse mit sehr feinen weißen Zeltzeichnungen, die zwei Bänder von der rotbraunen Grundfarbe frei lassen; Axiallinien. Nahe verwandt sind: *C. abbas,* Indischer Ozean; *C. complanatus,* Westaustralien; *C. panniculus,* Ostindien; *C. dalli,* westliches Zentralamerika. Sie sind im allgemeinen kleiner als die vorhergehenden Vertreter, doch im übrigen ähnlich.

C. tigrinus, Australasien und Melanesien, 5,0 cm. Ein schweres, glänzendes Gehäuse mit kleinen Zeltzeichnungen und fehlenden Axiallinien. Andere Vertreter der Untergattung, die mit *C. tigrinus* eng verwandt sind: *C. pyramidalis,* östliches Afrika; *C. legatus* von den Admiralitätsinseln. Beide sind massiv und haben einen prächtigen Glanz.

Conus textile

Conus tigrinus

Conus omaria

Conus pennaceus

Conus victoriae

Conus episcopus

Conus textile

281

C. retifer, Japan, nördlicher Pazifik bis Ostafrika, 4,5 cm. Massiv und ziemlich birnenförmig. Die gelbbraune Grundfarbe ist überzogen mit kräftigen, dunklen Axiallinien und ziemlich spärlichen kleinen Zeltzeichnungen sowie mit einem undeutlichen dunkleren Band.

In der Untergattung findet man auch *C. lucidus* von der westlichen mittelamerikanischen Küste.

Untergattung: Cleobula
Schwere, birnenförmige Gehäuse, einfarbig oder mit Linien von Tupfen oder Strichen. Die Zuwachsstreifen werden auf dem letzten Umgang deutlich.

C. suratensis, Philippinen, 8,5 cm. Fleischfarben, bedeckt mit vielen Linien feiner, dunkler, purpurfarbener Tupfen und Striche.

C. genuanus, Westafrika, 7,0 cm. Im Verhältnis zu ihrer Länge an der Schulter weniger breit als die meisten Arten der Untergattung. Ein hübsches Gehäuse mit einer wolkigen rosa-lila Grundfarbe und zwei hellbraunen Bändern. Die Linien werden abwechselnd von kleinen Tupfen und Strichen und größeren Strichen, Tupfen und Flecken in Schwarz mit weißen Zwischenräumen gebildet. Unter dem unteren braunen Band bestehen die Linien nur aus kleinen Tupfen und Strichen.

C. glaucus, Philippinen und Neuguinea, 4,5 cm. Ein kleiner Vertreter der Untergattung. Hellgrau mit vielen umlaufenden Linien aus dunkelbraunen Strichen.

C. figulinus, Indopazifik, 8,0 cm. In der Form typisch. Braun; auf dem Gewinde dunkler; viele umlaufende, unterbrochene, dunkler braune Linien.

C. betulinus, Rotes Meer, Indischer und Pazifischer Ozean, 15,0 cm. Die größte Art der Untergattung. Die braungelbe Grundfarbe wird überdeckt von Linien spärlicher purpurbrauner Tupfen.

Conus suratensis

Conus genuanus

Conus glaucus

Conus retifer

Conus figulinus

Conus betulinus

C. quercinus, Indopazifik, 7,5 cm. Ein schweres, massives und häufig vorkommendes Gehäuse. Glänzend hellgelb bis hell gelbbraun, wobei die Farbe oft auf dem gleichen Gehäuse axial und horizontal variiert.

In der Untergattung sind ferner: *C. patricius* und *C. fergusoni* aus dem westlichen Mittelamerika; *C. loroisii* aus Ostindien und Sri Lanka.

Untergattung: Strioconus
Vertreter dieser Gruppe haben gerillte Umgänge auf dem Gewinde und eine abfallende Schulter, gestreifte letzte Umgänge, und sie sind farbenprächtig und schön gemustert.

C. striatus, Indopazifik, 12,0 cm. Häufig und innerhalb der Ausbildung der Untergattung variabel. Rosaweiß mit purpurgrauen oder braunen Flecken.

Andere Vertreter der Untergattung sind: *C. gubernator* aus Ostafrika; *C. terminus* aus dem Roten Meer; *C. flocatus* aus dem mittleren Pazifik; *C. epistomium* aus Mauritius.

Untergattung: Textilia
Aufgeschwollene, glatte Gehäuse; Streifen auf dem ziemlich flachen Gewinde. Meist nicht häufig.

Conus spectrum, Ostindien, östliches, nördliches und westliches Australien, 6,5 cm. Synonym *C. pica.* Weiß mit braunen oder purpurbraunen Zeichnungen, die das Gehäuse bedecken. Sie sind manchmal als Flecke ausgebildet, wie es die Abbildung bei der kleinen Form *pica* zeigt. Mitunter kommen auch wellenförmige Axiallinien vor.

Andere Vertreter der Untergattung sind: *C. adamsonii* (vielleicht besser bekannt als *C. rhododendron*), lange Zeit eine der *Conus*-Arten, die von Sammlern am meisten begehrt waren, von den Phoenix-Inseln; *C. bullatus* vom mittleren Pazifik bis zum Indischen Ozean; *C. nimbosus* vom nördlichen Indischen Ozean; *C. conspersus* von den Philippinen und Australien; *C. peronianus* von Neusüdwales.

Untergattung: Floraconus
Kurze, untersetzte Gehäuse aus dem südöstlichen, südlichen und südwestlichen Australien und Südafrika.

Conus anemone, Victoria, südliches und westliches Australien, 5,0 cm. In der gebänderten Form oft bekannt als *C. novaehollandiae* aus Westaustralien. In Form und Farbmuster variabel, doch grundsätzlich dunkelbraun und hellblau, stark vermischt.

Conus rosaceus, südöstliches Afrika, 4,0 cm. Eine schöne rote Form von *C. tinianus* mit einem Band weißer und dunkler roter Flecken.

Andere Vertreter der Untergattung sind: *C. singletoni* und *C. segravei* von Victoria bis Westaustralien; *C. aplustre, C. wallangra* und *C. papilliferus* von Neusüdwales; *C. compressus* aus dem südlichen Australien; *C. cyanostoma* und *C. coxeni* aus Queensland; und aus Südafrika *C. tinianus,* wovon *C. rosaceus, C. inflatus, C. aurora* und *C. caffer* jeweils Farbformen darstellen.

Untergattung: Hermes
Schmale, oft spindelförmige Gehäuse mit spitzen Gewinden und gefurchten letzten Umgängen, wobei die Furchen fein gekörnt erscheinen.

Conus nussatella, Indopazifik, 7,0 cm. Schwer für ihre Größe, kurz, doch mit spitz zulaufendem Gewinde. Weißbraune Flecken und viele Reihen feiner rotbrauner Tupfen und senkrechter Striche, die in senkrechten und waagerechten Reihen angeordnet sind.

Conus spectrum
form *pica*

Conus nussatella

Conus striatus

Conus rosaceus

Conus anemone

Conus quercinus

285

C. terebra, Indischer Ozean, westlicher und mittlerer Pazifik, 10,0 cm. Synonym *C. clavus.* Ein großes, schweres Gehäuse, das sich zu einer schmalen Basis verjüngt; mit groben horizontalen Wülsten. Weiß mit zwei purpurfarbenen oder hellgelben Bändern, einer purpurfarbenen Basis und purpurfarbenen Linien unter den Nähten.

Andere Vertreter der Untergattung sind: *C. tentineus,* Südafrika mit seinen Inseln; *C. lautus,* Südafrika; *C. luteus,* nördliche Hälfte Australiens; *C. auricomus* aus dem Indischen Ozean – der einzige Vertreter der Untergattung mit zeltförmigen Zeichnungen; *C. granulatus* aus der Karibik; *C. circumcisus* aus Ostindien; *C. aurisiacus,* ein sehr hübsches Gehäuse, ebenfalls aus Ostindien.

Untergattung: Tuliparia
Der Untergattung *Gastridium* etwas ähnlich. Das Gehäuse ist dünn, aufgeschwollen und glatt, mit einem Gewinde, das eine schwache Krone trägt. Die hintere Hälfte der Spindel ist konkav, wodurch die untere Hälfte der Mündung breit wird.

Conus tulipa, mittlerer Pazifik bis Australien, 6,0 cm. Himmelblau mit dunkelbrauner Wolkenzeichnung und Linien winziger brauner Tupfen.

Der einzige weitere Vertreter der Untergattung ist *C. borbonicus* von Mauritius bis zu den französischen Inseln von Polynesien.

Untergattung: Lautoconus
Conus mediterraneus, Mittelmeer, östlicher Atlantik und Rotes Meer, 4,0 cm. Ein sehr variables Gehäuse mit vielen Synonymen. Die einzige *Conus*-Art, die man im Mittelmeer findet. Gedrungen, gewöhnlich ziemlich schmutzig gefärbt mit braunen Zeichnungen über einer hellen Grundfarbe.

In der Untergattung findet sich auch *C. californicus* aus den Gebieten vor der kalifornischen Küste. Diese beiden Arten kommen in für *Conus*-Arten verhältnismäßig kalten Gewässern vor.

Untergattung: Leporiconus
Etwas ähnlich der Untergattung *Hermes,* doch stärker birnenförmig. Der letzte Umgang trägt grobe, gekörnte Furchen.

Conus mitratus, Indischer Ozean bis Queensland, 3,0 cm. Spindelförmig und mit zutreffendem Namen, da das Gehäuse bei oberflächlicher Betrachtung für ein *Mitra*-Gehäuse gehalten werden kann. Die Art hat ein sehr hohes Gewinde, gelbbraun, bedeckt mit drei Bändern verschmierter, dunkelbrauner, quadratischer Flecken, die sich auf den Umgängen des Gewindes zeigen.

C. glans, Indonesien und westlicher Pazifik, 5,0 cm. Ziemlich variabel, doch im allgemeinen gedrungen und massiv. Purpurfarbene Basis und Streifen über einem weißen Untergrund, manchmal mit cremefarben-brauner Bänderung.

Andere Vertreter in der Untergattung sind: *C. tenuistriatus* aus Ostindien; *C. coccineus,* ein schönes, orangerotes Gehäuse aus dem südwestlichen Pazifik; *C. cylindraceus,* Indopazifik, aber selten; *C. scrabriusculus,* südwestlicher Pazifik.

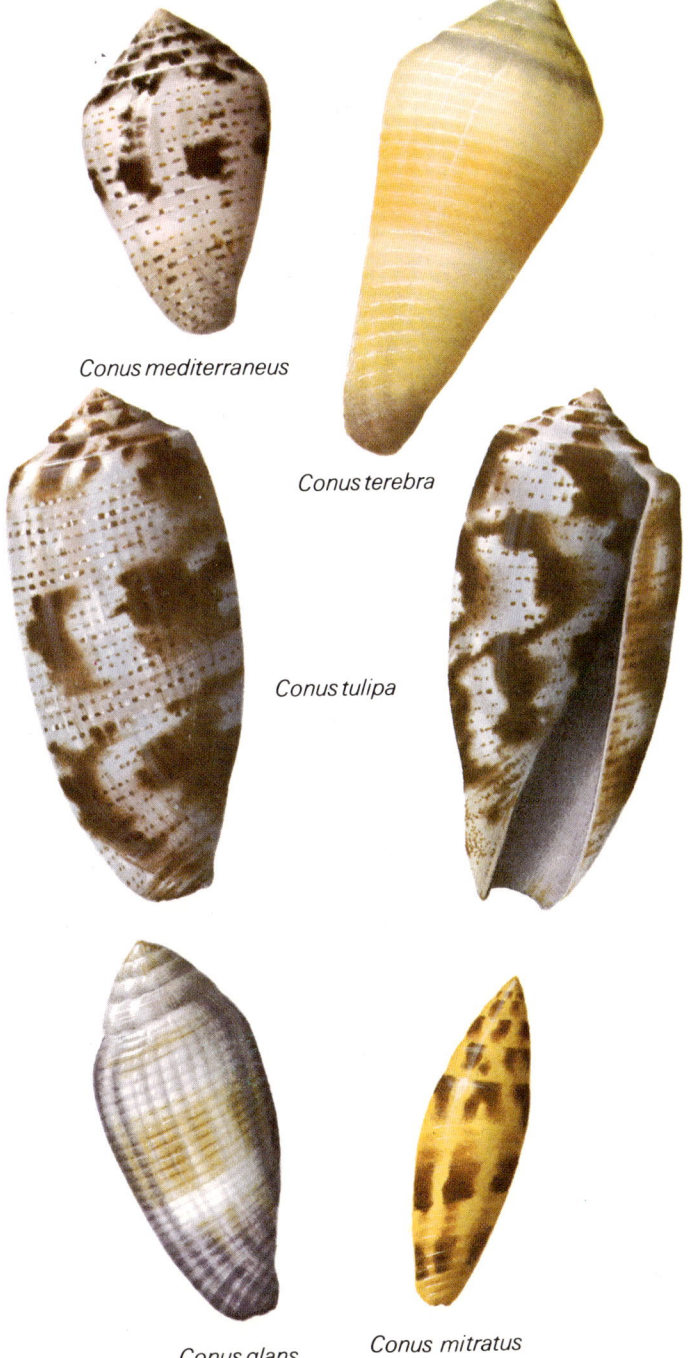

Conus mediterraneus

Conus terebra

Conus tulipa

Conus glans

Conus mitratus

Untergattung: Endemeconus
Spitzes Gewinde mit einem herausgehobenen Wulst auf der scharf gewinkelten Schulter, einen Spiralwulst auf dem Gewinde bildend. Verjüngt sich zu der schmalen Basis hin.

Conus ione, Japan, 6,5 cm. Weiß, umgeben von Reihen orange-brauner Tupfen und zwei Bändern orange-brauner Flecken. Die Tupfen werden über der Schulter und auf dem Gewinde zu Linien.

Conus sieboldi, Japan, 8,0 cm. Größer als *C. ione* und im Verhältnis zur Schulterbreite viel länger. Sie hat das charakteristische Gewinde der Untergattung und ist rein weiß mit einigen braunen Flecken, die im wesentlichen ein mittleres Band auf dem letzten Umgang und ein undeutlicheres Band unter der Schulter bilden.

Andere Vertreter der Untergattung sind: *C. howelli* aus Neusüdwales; *C. villepinii* aus dem Golf von Mexiko.

Untergattung: Conasprella
Ein hohes, zugespitztes Gewinde und eine scharf gewinkelte Schulter, die sich zu einer schmalen Basis hin verjüngt. Der letzte Umgang wird umgeben von Rillen und feinen Axialstreifungen.

Conus cancellatus, Japan, 4,5 cm. Leicht angeschwollen unter der Schulter, letzter Umgang weiß. Alle vorhergehenden Umgänge auf dem Gewinde sind konkav. Auf diese Weise bildet sich eine spiralige Rinne bis zur Spitze hinauf. Die Rinne trägt braune Flecken.

C. acutangulus, Philippinen bis Hawaii, 2,5 cm. Ein massives, kleines Gehäuse, an beiden Enden spitz zulaufend. Das Gewinde macht etwa ein Drittel der Länge des Gehäuses aus. Weiß, gefleckt mit Braun, wobei sich spiralige unterbrochene Bänder bilden.

C. sowerbii, Philippinen, 3,0 cm. Gewinde fast so lang wie der letzte Umgang. Braun, umgeben von Reihen weißer Tupfen und Striche.

Die Untergattung umfaßt ferner: *C. austini* aus dem östlichen Mittelamerika; *C. kieneri*; *C. verrucosus* aus der Karibik.

Untergattung: Asprella
Sehr hohes Gewinde; Ränder der Umgänge gewulstet; scharf gewinkelte Schultern. Letzter Umgang läuft zu einer Spitze aus und wird von Rillen umgeben.

Conus orbignyi, Japan, 7,0 cm. Der Schulterwinkel trägt kleine Knötchen, die sich auf dem Gewinde auf den ersten Umgängen zeigen. Das Gehäuse ist mit tiefen Rillen versehen und mittelbraun mit einer dunkelbraunen Bänderung.

Andere Vertreter der Untergattung sind: *C. sulatus* aus dem südöstlichen Asien; *C. australis* aus der Nordchinesischen See; *C. laterculatus* aus Australien und Ostindien.

Untergattung: Dyraspis
Sie umfaßt nur eine Art.

Conus dorreensis, Westaustralien, 2,5 cm. Besser bekannt unter dem Synonym *C. pontificalis*. Sie ist keiner anderen *Conus*-Art ähnlich, kurz, gedrungen und schwer für ihre Größe. Schulter und Gewinde tragen kräftige Kronenbildungen. Die Basis und die Kronenbildungen sind schmutzig weiß; im übrigen grün.

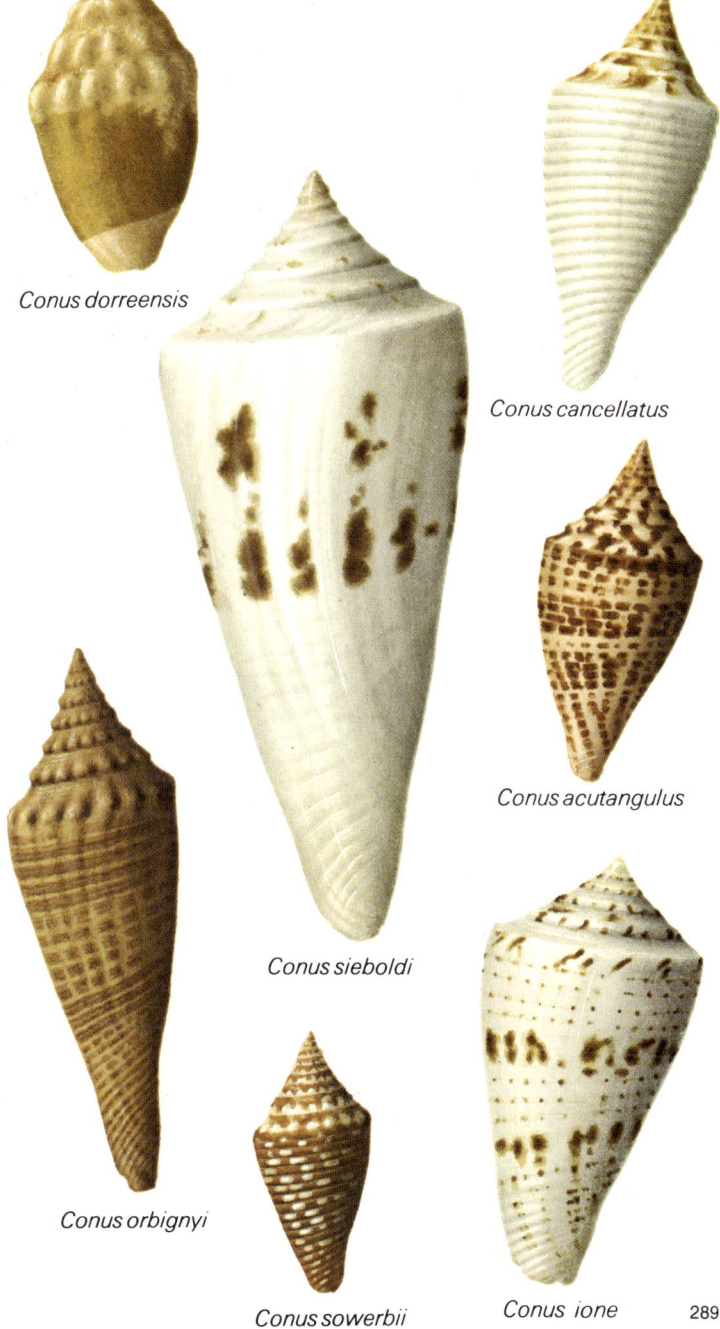

Conus dorreensis

Conus cancellatus

Conus acutangulus

Conus sieboldi

Conus orbignyi

Conus sowerbii

Conus ione

289

Familie: Terebridae – Schraubenschnecken

Die Gehäuse dieser Schnecken, von denen es etwa 150 Arten gibt, sind alle lang und schmal, mit einem hohen, spitz zulaufenden Gewinde und vielen Umgängen. Sie haben ziemlich kleine Mündungen mit einer einfachen Lippe und gewöhnlich einer Falte auf der Spindel. Die Skulptur ist variabel, zwischen glatt und gerippt, geschwungen oder knotig. Sie besitzen dünne, hornige Opercula. Die Tiere leben im Sand und sind Räuber; sie bewohnen tropische und subtropische Meere. Häufig bewegen sie sich in geringem Abstand unter der Oberfläche des Sandes, wobei sie gut ausgebildete Spuren hinterlassen. Ein Sandhäufchen, das am Ende einer solchen Spur aufgeworfen wurde, kann dem Sammler gewöhnlich einen Hinweis geben. Ein Periostracum fehlt. Bei ihrer Wanderung durch den Sand bleiben sie sauber und sind glänzend, wenn man sie lebend fängt.

Terebra crenulata, Indopazifik, 12,0 cm. Massiv. Schulter mit kleinen Knoten, etwa 15 auf dem letzten Umgang; eine leichte Einschnürung unter den Knoten, die auf den letzten Umgängen undeutlich wird; erste Umgänge mit Axialfalten, die vorn feinen Zuwachsstreifen weichen. Fast glatte Spindel. Ungleichmäßige gelbweiße Färbung; Knoten weiß; drei oder vier Spiralreihen rotbrauner Tupfen auf dem letzten Umgang, von denen sich zwei auf anderen Umgängen zeigen; zwischen den Knoten kleine feine Streifen der gleichen Farbe.

T. subulata, Indopazifik, 15,0 cm. Schlank, mit etwa 25 Umgängen; zwei Reihen kleiner Knoten, die auf den ersten Umgängen unmittelbar unter der Naht durch eine feine Rille getrennt werden; die Reihen werden auf den letzten Umgängen undeutlich. Im übrigen glatt und glänzend, abgesehen von feinen Zuwachsstreifen. Gedrehte Spindel. Cremefarben mit drei Spiralreihen viereckiger, dunkelbrauner Flecken auf dem letzten Umgang. Zwei der Spiralreihen zeigen sich auch auf den übrigen Umgängen.

T. areolata, Indopazifik, 12,0 cm. Weniger schlank als die vorhergehende Art. Etwa 20 Umgänge, die ersten axial gefaltet, die späteren mit schwachen Zuwachsstreifen. Eine leichte Einschnürung unter der Naht bildet eine zweite „Schulter" auf jedem Umgang und teilt die Umgänge annähernd in ein Drittel über und zwei Drittel unter der Einschnürung. Mündung weniger „quadratisch" als die von *T. subulata*. Cremefarben, mit vier Spiralreihen quadratischer, mittelbrauner Flecke auf dem letzten Umgang, von denen drei auf den übrigen Umgängen zu sehen sind; die Quadrate in der vorderen Reihe sind etwa viermal so groß wie die übrigen.

T. dimidiata, Indopazifik, 12,0 cm. Recht massiv, glatt und glänzend. Etwa 20 Umgänge, die ersten Umgänge axial gefaltet, die späteren mit feinen Zuwachsstreifen. Eine Rille unter der Naht wie bei *T. areolata*. Ziemlich langgestreckte Mündung, Lippe vorn etwas ausgebuchtet. Spindel mit einer schwachen Falte, ziemlich gerade. Orangerot, mit wellenförmigen weißen Streifen, hinten oft gegabelt.

T. guttata, Indopazifik, 14,0 cm. Massiv, mit etwa 21 Umgängen. Ein Wulst und eine feine Rille, die ihn unter der Naht auf den ersten Umgängen begrenzt. Auf den späteren Umgängen stehen an deren Stelle stumpfe, sehr niedrige Knoten. Am vorderen Ende des letzten Umganges befindet sich eine ähnliche Reihe. Rechteckige Mündung. Cremefarben braun; Anfang des Wulstes und hintere Knoten weiß.

Terebra crenulata

Terebra subulata

Terebra areolata

Terebra guttata

Terebra dimidiata

Terebra commaculata, nördlicher und östlicher Indischer Ozean und Westpazifik, 8,0 cm. Lang und schmal, mit 25 oder mehr Umgängen. Zwei Bänder von Knoten unter der Naht, getrennt von einer schmalen Rinne; darunter befinden sich kleinere Spiralwülste – etwa 18 auf dem vorletzten Umgang – und kleinere, ziemlich gebogene Axialrippen, die der Oberfläche ein gegittertes Aussehen verleihen. Rechteckige Mündung. Weiß, mit axialen, ziemlich rechteckigen, braunen Flammenzeichnungen, etwa sechs vorn auf jedem Umgang; ihre Zahl verringert sich bei etwa einem Dutzend Umgängen auf drei; darüber hinaus werden sie undeutlich.

T. variegata, tropisches Westamerika, 8,5 cm. Ein recht gedrungenes, kräftiges Gehäuse, erscheint auf der ganzen Oberfläche gehämmert. Unter der Naht ein Band unregelmäßiger, ziemlich grober Knoten, unter denen sich schwache, unregelmäßige Axialrippen befinden; mit oder ohne Spiralrinnen. Die Mündung ist säbelartig gekrümmt, die Spindel gebogen und mit zwei Falten versehen. Blaugrau, mit axialen braunen Strichen, die von einem weißen Band gespalten werden, das sich auf den ersten Umgängen oberhalb der Naht zeigen kann; das Band unter der Naht ist weiß, mit quadratischen braunen Flecken.

T. maculata, Indopazifik, 25,0 cm. Die größte Art der Gattung, kräftig und schwer. Etwa 18 Umgänge, die ersten axial gefaltet, die späteren glatt, mit Ausnahme der Zuwachsstreifen. Ziemlich breite Mündung; Spindel mit schwacher Falte. Weiß, mit hell gelbbraunen Spiralbändern – etwa fünf auf dem letzten Umgang –, axial aufgereihte, rechteckige Flecke und zwei Spiralbänder unregelmäßiger, purpurbrauner Flecke auf der hinteren Hälfte jedes Umgangs, jenes Teils nämlich, der über die Naht hinausschaut.

T. robusta, Niederkalifornien, Panama und Galapagos, 14,0 cm. Mehr oder weniger schmal. Erste Umgänge mit knotigem Band unter der Naht und axialen Falten, die auf den späteren Umgängen alle undeutlich werden und an deren Stelle schwache Spiralstreifen und axiale Zuwachsstreifen treten. Annähernd rechteckige Mündung; gedrehte, gebogene Spindel. Weiß, mit cremefarbener Wolkenzeichnung; etwa vier Spiralreihen von axial angeordneten, dunkelbraunen, rechteckigen Flecken, die auf den Gewindeumgängen in zwei Reihen oder auch nur eine Reihe übergehen können.

T. strigata, Golf von Kalifornien und Galapagos, 12,0 cm. Die größte der westamerikanischen Schraubenschnecken, massiv und schwer. Der Winkel an der Spitze ist weit, doch nicht so groß bei bei *T. maculata.* Erste Umgänge mit leicht wellenförmigen, axialen Faltungen und einer Rinne unter der Naht; die Faltungen verschwinden kurz vor dem letzten Umgang, und die Rinne wird undeutlich. Grobe Zuwachsstreifen; letzter Umgang ebenso wie die Mündung ziemlich lang; Spindel glatt. Cremefarben weiß mit dunkel kastanienbraunen axialen Flammenzeichnungen.

Duplicaria duplicata, Indischer Ozean und Westpazifik, 9,0 cm. Mäßig schmal, mit vielen Umgängen; die axialen Falten auf den ersten Umgängen werden auf den späteren Umgängen zu abgeplatteten Rippen; die späteren Umgänge können auch leicht aufgebläht erscheinen. Gut ausgebildete Rinne unter der Naht. Breite Mündung mit einer tiefen, schmalen Kerbe; leicht gebogene Spindel. Variabel in der Farbe; sie kann (wie bei der abgebildeten Form) blaugrau sein, mit rostbrauner Wolkenzeichnung und schwachen, kurzen, dunkler grauen Axialstreifen, oder aber auch einfarbig, dunkelbraun, orangerosa, cremefarben oder weiß. Es treten jedoch auch Varietäten mit anderen Zeichnungen auf, doch gewöhnlich mit einem ziemlich opaken Glanz.

*Terebra
commaculata*

Terebra variegata

Duplicaria duplicata

Terebra maculata

Terebra robusta

Terebra strigata

Terebra monilis, Westpazifik, 5,0 cm. Eine unter der Naht befindliche Knotenreihe wird begrenzt von einer scharf eingeschnittenen Linie; die übrige Oberfläche ist glatt, doch uneben; rechteckige Mündung. Hell orange-gelbbraun; Knoten weiß.

T. nebulosa, Indopazifik, 7,5 cm. Rinne unter der Naht; Leicht wellenförmige, dichtstehende Axialrinnen; viel kleinere Spiralrinnen; rechteckige Mündung. Weiß; unregelmäßige, annähernd quadratische, orangerote Flecken; ein Band der gleichen Farbe am vorderen Ende des letzten Umgangs; an der Mündung ebenfalls.

T. ornata, Golf von Kalifornien und Galapagos, 8,0 cm. Rinne unter der Naht; die ersten Umgänge sind über der Naht knotig; Spindel gedreht mit zwei Falten. Braun-cremefarben; Spiralreihen annähernd quadratischer dunkelbrauner Flecken auf dem letzten Umgang; zwei oder manchmal drei zeigen sich auf den ersten Umgängen; obere Reihe zwischen Rinne und Naht.

T. felina, Indopazifik, 9,0 cm. Rinne unter der Naht, auf den letzten Umgängen undeutlich werdend; das gleiche gilt für die feine, axiale Rippenbildung. Cremefarben oder weiß; eine Reihe deutlich voneinander getrennter, kleiner, brauner Flecken über der Naht; vorn auf dem letzten Umgang eine Reihe kleiner Flecken.

T. succincta, Pazifik und Indonesien, 3,0 cm. Eine Rinne unter der Naht, dazwischen Knoten; axial gerippt. Dunkelbraun; die glänzenden Knoten etwas heller.

T. pertusa, Indopazifik, 7,5 cm. Knotiges Band unter der Naht; erste Umgänge axial gerippt; auf den letzten Umgängen werden die Rippen undeutlich. Hellgelb bis orange; Nahtband weiß; kurze purpurfarbene Streifen zwischen vielen der Knoten; ein helles Band vorn auf dem letzten Umgang.

T. anilis, Philippinen bis Samoa, 7,5 cm. Eine Reihe kräftiger, schräger Knoten; eine zweite Reihe kleiner Knoten unter der Naht; die schwache Axialrippung wird von Spiralrinnen geschnitten, von denen etwa sieben auf dem vorletzten Umgang liegen. Gelbbraun; Knotenreihen heller.

Duplicaria bernardi, östliches Australien, 4,0 cm. Tief eingedrückte Naht und Rinne unter der Naht; überall Axialrippen. Rotbraun; ein blauweißes Band auf der Mitte des letzten Umgangs zeigt sich bei den ersten Umgängen über den Nähten; die Rippen auf dem Nahtband sind blauweiß, besonders nahe der Naht.

Hastula lanceata, Indopazifik, 6,0 cm. Schlank, hübsch; die Axialrippen auf den ersten Umgängen verkümmern vorn. Schmale Mündung; Spindel hinten konkav, vorn gebogen. Glänzend weiß; dünne, wellenartige, rotbraune Axiallinien, auf dem letzten Umgang von einem weißen Band unterbrochen.

H. diversa, Pazifik, 3,0 cm. Axialrippen. Purpurbraun bis orange mit weißem Band unter der Schulter, auf dem sich dunkelbraune Flecke befinden, etwa acht auf dem letzten Umgang; schmales weißes Band am hinteren Ende des letzten Umgangs.

Impages hectica, Indopazifik, 8,0 cm. Glatt; nahe der Naht schwielig; glatte Spindel. Weiß oder cremefarben; leicht unterbrochenes Purpurband unter der Naht; Spindel braun.

Impages confusa, nordwestlicher Pazifik, 2,0 cm. Zuwachsstreifen und schwache Rippen unter der Naht. Eine Kombination von purpurn und wachsweiß, von nahezu ganz purpurn bis nahezu ganz weiß; wenn purpurn, dann findet sich eine kleine weiße Zone mit winzigen purpurfarbenen Flecken unter der Naht.

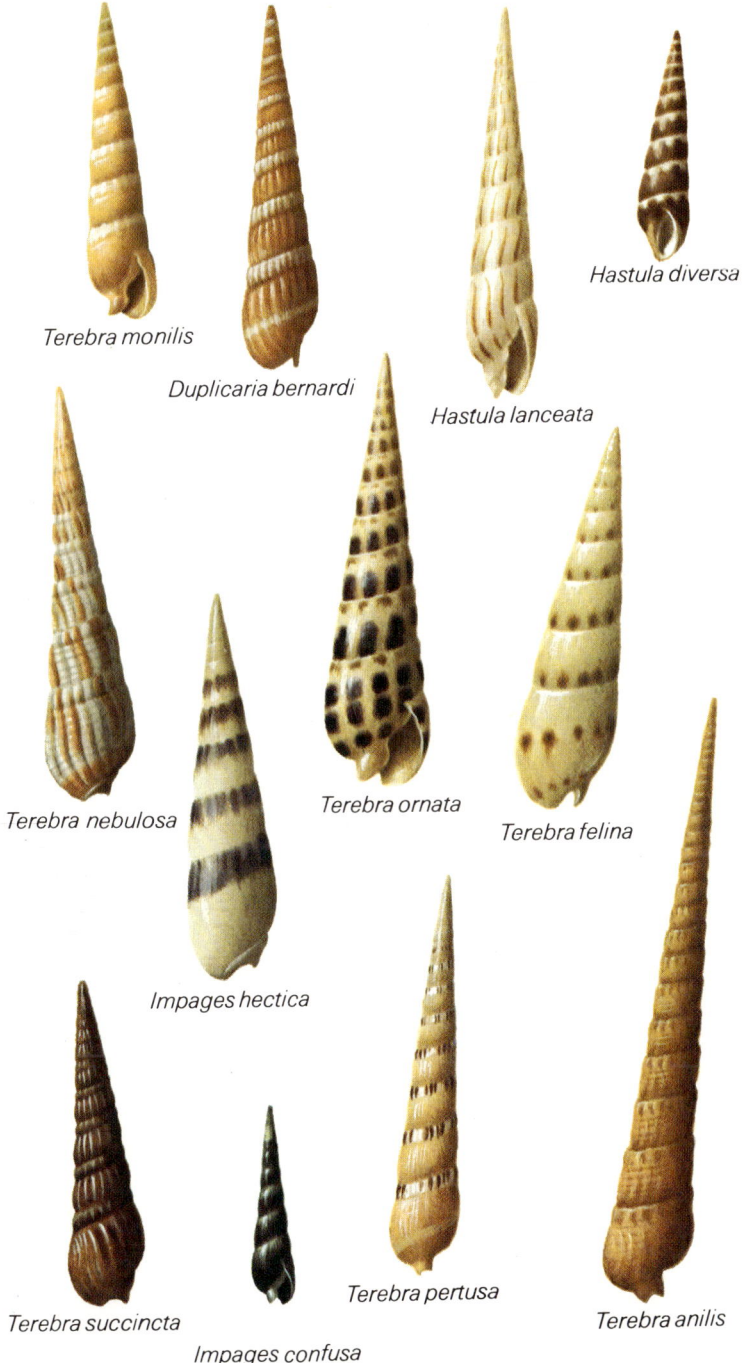

Terebra monilis

Duplicaria bernardi

Hastula lanceata

Hastula diversa

Terebra nebulosa

Impages hectica

Terebra ornata

Terebra felina

Terebra succincta

Impages confusa

Terebra pertusa

Terebra anilis

Familie: Turridae – Schlitz-Turmschnecken

Diese Schnecken bilden eine der größten Familien der Mollusken; man kennt etwa 1200 Arten. Man findet sie in allen Meeren im tiefen und flachen Wasser. Viele sind sehr klein. Sie haben im allgemeinen ein turmförmiges Gewinde, einen ausgezogenen Siphonalkanal sowie eine Kerbe, einen Schlitz oder eine Einbuchtung auf der hinteren Hälfte der Lippe. Wie die Coniden und Terebriden benutzen sie einen stachelähnlichen Zahn, um ihre Beute zu vergiften.

Micantapex lühdorfi, Japan, 4,0 cm. Mäßig hohes Gewinde; kurzer, weiter Siphonalkanal. Schulter mit abgerundeten Knoten, unter der Naht eine Reihe kleinerer Knoten; etwa drei feine Spiralwülste im konkaven Bereich zwischen den Knotenreihen. Ungefähr acht größere Spiralwülste von der Schulter bis zur Basis und von dort zwölf kleine Wülste bis zur Spitze des Siphonalkanals; Einbuchtung am Ende des Schulterwulstes; dünne Lippe. Hellbraun; Inneres und Spindel weiß.

Turris crispa, Madagaskar bis Fidschi-Inseln, einschließlich Indien, Japan, Indonesien, Philippinen, nördliches Australien, 15,0 cm. Hohes Gewinde; langer Siphonalkanal. Hinteres Ende der Mündung am Rand dem vorderen Ende des Gewindes näher als der Spitze. Spiralwülste unterschiedlicher Höhe und Breite enden teils in der Einbuchtung teils flach, teils spitz auslaufend; dazwischen feine lamellierte Spiralfäden. Weiß oder cremefarben, reichbedeckt mit axialen, matt schokoladenbraunen Strichen, die sich besonders auf dem letzten Umgang und dem Siphonalkanal oft aufreihen; bei älteren Exemplaren bilden die Axialstriche häufig breitere Flecken und reihen sich nicht mehr axial auf; Mündung weiß. Gehäuse variabel; mehrere Unterarten: *T. c.,* f. *variegata,* Indien; *T. c.,* f. *yeddoensia,* Japan; *T. c.,* f. *intricata.*

Lophiotoma acuta, Indopazifik, 6,5 cm. Synonym *tigrina.* Variabel, im typischen Fall mit hohem Gewinde und langem, geradem Kanal – im Verhältnis kürzer als *T. crispa.* Spiralig gewulstet; zwei kräftige Wülste mit schmalem Kanal dazwischen treten auf der Schulter deutlich hervor; mäßig große Wülste finden sich zu beiden Seiten der tiefen Naht; weitere Wülste und Fäden sind im allgemeinen klein und mit feinen Perlen besetzt. Einbuchtung am Ende des kräftigen Schulterwulstes. Weiß gesprenkelt mit kleinen dunkelbraunen Tupfen, am deutlichsten auf dem Hauptwülsten, doch auch in Form kleinerer Tupfen auf den kleineren Wülsten und Fäden; Mündung cremefarben weiß.

Thatcheria mirabilis, Japan, 10,0 cm. Eines der faszinierendsten Gehäuse überhaupt. Etwa acht Umgänge mit stark gewinkelten Schultern und kleinem Kiel. Die breite Zone von der Schulter bis zur Naht ist leicht konkav, und der Winkel an der Naht liegt bei etwa 90 Grad; diese Zone in der Nähe der Naht läuft an dem Gehäuse wie eine Rampe hinauf. Der letzte Umgang wird gegen den breiten, offenen Siphonalkanal hin sehr schmal. Breite Mündung; einfache, dünne Lippe; leicht konkave und ausgezogene Spindel. Glatt, doch mit sehr feinen Spiralfäden und schwachen Zuwachsstreifen. Rosa-gelbbraun bis gelbbraun; Inneres weiß.

Polystira albida, Golf von Mexiko und Westindien, 10,0 cm. Hohes Gewinde, langer Siphonalkanal. Kräftige Spiralwülste und Spiralfäden; der größte Wulst, an der Schulter gelegen, endet an der kurzen Einbuchtung. Weiß; dünnes, braunes Periostracum.

Turricola javana, nördlicher Indischer Ozean und Südchinesisches Meer, 7,5 cm. Hohes Gewinde und mäßig lang. Gelegentlich ziemlich gedrehter Siphonalkanal. Die Schulter trägt schiefgestellte Knoten, die länger als breit sind. Zwei kleine Spiralwülste unter der Naht. Kräftige Spiralfäden von der Schulter bis zum Ende des Siphonalkanals. Breite Einbuchtung von der Schulter bis zur Naht. Hell gelbbraun bis dunkel purpurbraun; Knoten heller.

Drillia suturalis, südöstliches Asien, 3,5 cm. Hohes Gewinde, kurzer Siphonalkanal. Schultern mit etwas schiefgestellten Knoten, länger als breit. Kleiner Wulst unter der Naht; kräftige Spiralfäden auf der ganzen Oberfläche. Braun; Knoten und Fäden weiß.

Micantapex lühdorfi

Turris crispa

Lophiotoma acuta

Thatcheria mirabilis

Polystira albida

Drillia suturalis

Turricola javana

Ordnung: Cephalaspidea – Kopfschildschnecken
Überfamilie: Acteonacea
Familie: Hydatinidae
Dünn, zerbrechlich, mit eingesenkter Spitze. Großer, aufgeblähter letzter Umgang. Sandbewohner.

Hydatina velum, Südafrika und Mauritius, 5,0 cm. Sehr zerbrechlich, mit flachem Gewinde. Die Naht ist eine tiefe Rille; feine Zuwachsstreifen; breite Mündung; dünne Lippe; glatte, leicht schwielige Spindel. Wachsweiß; zwei sehr breite Spiralbänder von schrägen, axialen, dichtstehenden, braunen Linien, beide auf jeder Seite begrenzt von einer ununterbrochenen, dunkler braunen Linie; der Abstand zwischen den beiden Bändern ist gering.

H. albocincta, Indischer Ozean und westlicher Pazifik, 6,0 cm. Sehr dünn, zerbrechlich; eingesenktes Gewinde. Sehr große Mündung; die Mündung erstreckt sich über die Spitze hinaus; glatte, mit einer dünnen Schwiele versehene Spindel. Weiß oder sehr hellbraun; vier breite Spiralbänder von geschwungenen, axialen, braunen Linien; die Bänder können begrenzt sein von dünnen Linien, die braun gefärbt sind; Mündung weiß; die äußere Farbe schimmert durch.

Überfamilie: Philinacea
Familie: Scaphandridae – Kanuschnecken
Scaphander lignarius, Mittelmeer, 7,0 cm. Dünn, mäßig kräftig; eingesenkte Spitze. Der letzte Umgang zieht sich gegen die Spitze hin zusammen und dehnt sich vorn aus; eingeschnittene Spirallinien; feine Zuwachsstreifen. Dünne Lippe, vorn ausgebuchtet; glatte, mit dünner Schwiele versehene Spindel. Hell gelbbraun; dunkleres Periostracum.

Überfamilie: Bullacea
Familie: Atyidae
Dünne Gehäuse mit tief eingesenktem Gewinde. Sandbewohner.

Atys cylindricus, Indopazifik, 3,0 cm. Dünn, zerbrechlich, subzylindrisch mit eingesenktem Gewinde. Die Mündung erstreckt sich über die Spitze des Gehäuses hinaus. Letzter Umgang mit eingeschnittenen Spirallinien an jedem Ende, in der Mitte glatt; keine Zuwachsstreifen. Mündung hinten schmal, vorn breit; dünne Lippe; glatte Spindel. Weiß oder sehr hellbraun; einige axiale braune Haarlinien können auftreten.

Familie: Bullidae – Blasenschnecken
Diese Schnecken, die mit den Atyiden verwandt sind, haben einen tiefen, schmalen Nabel an der Spitze.

Bulla ampulla, Indopazifik, 6,0 cm. Dünn, mäßig massiv, kugelig; ausgedehnter letzter Umgang. Einfache Lippe, hinten über die Spitze hinaus ausgedehnt, in der Mitte leicht eingeschnürt und vorn ausgebuchtet. Die Spindel ist umgekehrt S-förmig, glatt und mit einer dünnen Schwiele versehen. Cremefarben; dunkel purpurbraune Flecken; überall hellbraune Wolkenzeichnung, selten mit zwei Spiralbändern; Mündung und Spindelschwiele weiß.

B. striata, Mittelmeer, 3,0 cm. Dünn, zart, ziemlich schmal. Mündung hinten schmal, vorn breit. Eingeschnittene Spirallinien an den Enden des letzten Umgangs; in der Mitte glatt, mit Ausnahme von feinen Zuwachsstreifen. Dünne Lippe, in der Mitte leicht eingeschnürt, über die Spitze hinaus verlängert. Braungrau; dunklere, verschmierte Tupfen und Striche; die Mündung und die glatte, dünne Spindelschwiele sind weiß.

B. punctulata, Pazifik, 3,0 cm. Form wie bei *B. ampulla,* doch kleiner und mehr zylindrisch. Cremefarben; braune oder graue Wolkenzeichnung in zwei bis vier Spiralbändern, im allgemeinen gefleckt mit quadratischen, schokoladenbraunen Tupfen, die nach links hin verschmiert sind und nach rechts hin von weißen Flecken begrenzt werden; Mündung und Spindelschwiele weiß.

Atys cylindricus

Hydatina velum

Bulla ampulla

Bulla striata

*Hydatina
albocincta*

Scaphander lignarius

Bulla punctulata

Klasse: Bivalvia, Lamellibranchia oder Pelecypoda – Muscheln

Von den Vertretern dieser Klasse stellen wir nur einige Beispiele vor, um an ihnen die Variabilität ihrer Größe, Form und Färbung aufzuzeigen. Die Muscheln besitzen eine zweiklappige Schale.

Familie: Pinnidae – Steckmuscheln

Große, zerbrechliche Schalen. Die Tiere leben in Sand oder schlammigem Sand. Die Spitze verankert sich im Grund durch eine Reihe von haarartigen Bildungen, die man Byssusfäden nennt. Die meisten sind im Verhältnis zu ihrer Breite lang, wie es die Abbildungen zeigen, doch sind andere mehr rundlich.

Pinna incurva, nordöstlicher Indischer Ozean und Südchinesisches Meer bis Nordaustralien, 30,0 cm. Dünn, zerbrechlich und durchscheinend. Die innere Schicht der Schale ist zum Teil perlmuttartig.

Familie: Isognomonidae – Seefedermuscheln

Abgeplattete Schalen. Die Schlösser tragen Reihen von Vertiefungen, in die die entsprechenden Schloßbänder hineinpassen. Man findet sie im Indopazifik und im Atlantischen Ozean.

Isognomon isognomum, Indopazifik, 12,0 cm. Beide Schalenklappen sehr flach. Form sehr variabel. Blaugrau, gewöhnlich mit dicker Kruste; Inneres perlfarben weiß. Durch Byssusfäden fest an Mangrovewurzeln, Korallen und dergleichen angeheftet.

Familie: Pteriidae – Flügelmuscheln

Abgeplattet und zerbrechlich, mit einem in beiden Richtungen vorstehenden Schloß. Inneres perlartig. Sie sind eßbar und erzeugen in seltenen Fällen Perlen. Sie leben in tropischen und gemäßigten Zonen und verankern sich am Grund.

Pteria levanti, Indopazifik, 8,0 cm. Auf der Unterseite ziemlich aufgebläht. Rand sehr zerbrechlich. Im Umriß einem Vogel ähnlich. Hellbraun mit einem feinen Periostracum.

Familie: Arcidae – Archenmuscheln

Diese Muscheln sind gewöhnlich ziemlich rechteckig mit einem langen, geraden Schloß, auf dem sich sehr viele kleine, ungleiche, feine Zähne befinden. Die Schalenwirbel sind hakenförmig und voneinander getrennt. Die meisten heften sich durch Byssusfäden an. Sie kommen weltweit vor und sind eßbar.

Trisidos tortuosa, Indopazifik, 12,0 cm. Diese Schale ist ungewöhnlich und interessant dadurch, daß sie gedreht erscheint und die Enden auf diese Weise in einem Winkel von 90 Grad zueinander stehen. Viele feine Radialfäden. Weiß.

Anadara maculosa, Indopazifik, 6,0 cm. Eine der typischen Archenmuscheln. Kräftig gerippt und massiv, mit einem dicken Periostracum, wie es die Abbildung zeigt.

Familie: Glycymeridae – Samtmuscheln

Massiv, mit gleichen Schalenklappen und im Umriß ziemlich kreisförmig, mit porzellanartigem Inneren. Stets viele Zähne auf dem gebogenen Schloß, die größeren an der Seite. Sie haben ein dickes Periostracum und sind nicht durch Byssusfäden angeheftet. Man findet sie weltweit, und sie sind im allgemeinen eßbar.

Glycymeris glycymeris, britische und europäische Gewässer, bis zu 6,0 cm. Undeutliche radiale Oberflächenbildungen. Cremefarben, mit dunklen Flecken von rotbrauner Farbe, oft in Zickzackmuster; variabel.

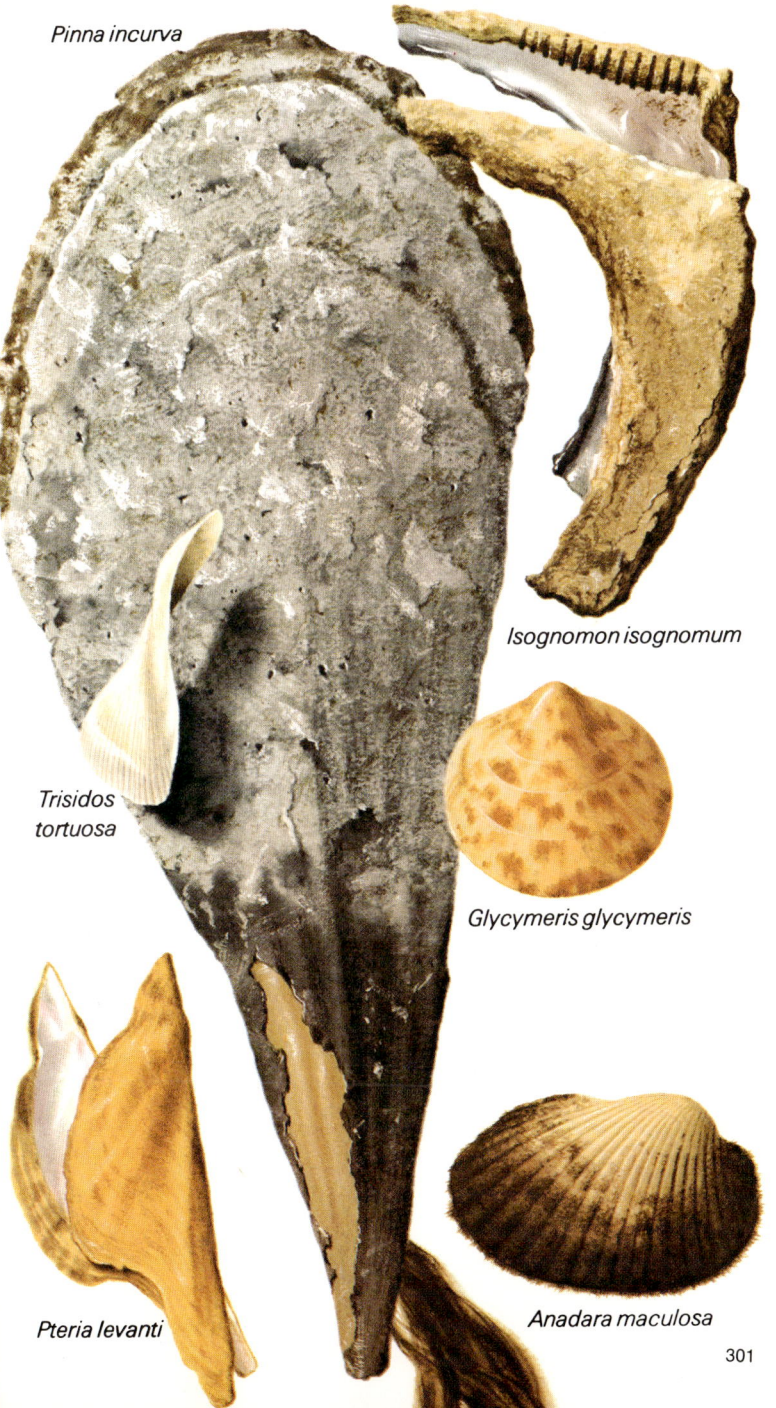

Pinna incurva

Isognomon isognomum

Trisidos tortuosa

Glycymeris glycymeris

Pteria levanti

Anadara maculosa

301

Familie: Pectinidae – Kammuscheln

Diese Muscheln umfassen viele, oft sehr farbenprächtige Arten. Meist regelmäßig gebaut, besitzen sie eine konvexe rechte und eine flache bis leicht konkave linke Schalenklappe oder aber zwei mehr oder weniger gleiche. Ihre Oberfläche weist im allgemeinen radiäre Rippen auf, manchmal mit kleinen Stacheln besetzt. Der Schalenwirbel hat normalerweise ein „Ohr", auf jeder Seite eines – das vordere ist größer. Sie sind weltweit verbreitet und einige Arten als Nahrungsmittel hoch geschätzt. Die Muscheln, eine der bekanntesten Molluskengruppen, dienen in der Kunst als Vorbild für Ornamente; weltweit bekannt ist das Pecten-Symbol der Shell-Gruppe. Die Muscheln schwimmen durch Öffnen und schnelles Schließen ihrer Schalen, vor allem, wenn sie ihren Hauptfeinden, den Seesternen, zu entkommen suchen.

Decatopecten striatus, Indopazifik, 2,5 cm. Massiv, aufgebläht und annähernd dreieckkig, mit etwa fünf ziemlich großen Rippen und vielen feinen Radiallinien. Ungleiche Ohren. Weiß, gewöhnlich rosa-braun gezeichnet.

Pecten tranquebaricus, Südchinesisches Meer, 4,0 cm. Ungefähr 20 Radialrippen; nicht sehr aufgebläht; ungleiche Ohren. Weiß, manchmal mit roter Wolkenzeichnung und unregelmäßiger, im allgemeinen horizontaler, schwarzer Bänderung.

Chlamys swifti, nördlicher Pazifik, 10,0 cm. Groß und massiv, mit fünf breiten Rippen, die knotig sind, wo sie die kräftigen konzentrischen Wülste und feine Radialrippen schneiden. Leicht aufgebläht, mit sehr ungleichen Ohren. Mit Hilfe von Byssusfäden an Felsen angeheftet. Die linke Schalenklappe ist gewöhnlich purpurrot schattiert und an den Knoten dunkler; die rechte ist viel heller oder weiß mit rosa Bändern.

Aequipecten opercularis, Europa, 8,0 cm. Sehr rundlich mit etwa 20 Rippen. Ohren fast gleich. Farbe variabel, gelb, orange, braun, rot, rosa oder purpurn, häufig gefleckt oder gesprenkelt.

Familie: Limidae – Feilenmuscheln

Diese Muscheln sind meist eiförmig und leicht zusammengedrückt. Vorderseite gerader, Ohr kleiner. Hinterseite stärker gerundet, Schalenklappen meist auseinanderklaffend. Im allgemeinen radial gerippt; weiß. Die Limiden schwimmen recht schnell.

Lima sowerbyi, Indopazifik, 4,0 cm. Sie hat etwa 20 radiale, schuppige Rippen. Weiß.

Familie: Mytilidae – Miesmuscheln

Diese Muscheln sind im allgemeinen ziemlich langgestreckt, oval oder rundlich dreieckig, sowie ziemlich dünnschalig. Die Schalenklappen sind gleichartig, aufgebläht und zeigen ein dickes Periostracum. Das Innere ist perlmuttartig. Man findet sie weltweit, im allgemeinen durch Byssusfäden an Felsen oder anderer Unterlage angeheftet, häufig in dicken Belägen. Einige bohren sich in weiche Felsen oder Korallen hinein, einige sogar in recht harte Materialien, wie zum Beispiel Kalk. Einige Arten werden gegessen, besonders im Mittelmeergebiet.

Lithophaga teres, Indopazifik, 6,0 cm. Obwohl sie in Felsen und Korallen bohrt, ist ihre Schale sehr dünn und zerbrechlich. Ziemlich zylindrisch, Schalenwirbel nahe dem vorderen Ende. Weiß, mit einem dunkelbraunen Periostracum, wie es die Abbildung zeigt.

Perna viridis, Südchinesisches Meer, 5,0 cm. Massive Schale, mit einem prächtigen tiefgrünen Periostracum, etwas heller in der Nähe des Schalenwirbels, wo das darunterliegende Weiß der Schale hindurchschimmert.

Mytilus perna, östliche Küste von Südafrika, 7,0 cm. Die verbreitetste südafrikanische Muschel. Schalenwirbel zugespitzt und leicht nach unten gewendet. Purpurbraun; Inneres blau oder gelb.

Decatopecten striatus

Pecten tranquebaricus

Lima sowerbyi

Chlamys swifti

Lithophaga teres

Aequipecten
opercularis

Mytilus perna

Perna viridis

303

Familie: Cardiidae – Herzmuscheln

Diese Muscheln sind meist eiförmig und annähernd kugelig mit Radialrippen, die manchmal Lamellen oder kurze Stacheln tragen. Schloß mit zwei mittleren Zähnen; im allgemeinen einen oder zwei laterale Zähne zu beiden Seiten des Schlosses. Sehr aktive Muscheln, die mit ihrem langen, kräftigen Fuß umherwandern. Weltweit verbreitet. Gleich anderen im Verborgenen lebenden Arten dienen sie vielen Räubern als Nahrung.

Discors lyratum, Indopazifik, 5,0 cm. Massiv, aufgeschwollen, seltsame Oberflächenbildungen mit radialen, hinten kräftigeren Rippen, auf der vorderen Hälfte schräg verlaufende Wülste. Färbung ungewöhnlich, prächtiges, leicht purpurrotes Periostracum; weiße Flecken oft in der Nähe des weißen Schalenwirbels; Inneres weiß und gelb; rosa im Wirbelbereich.

Cardium costatum, westliches Afrika, 10,0 cm. Die Schale hat etwa zehn kräftige, hohle, vorstehende, recht scharfe, radiäre Rippen, die unvermittelt am Rand der Schalen enden. Das Hinterende der Schale ist ziemlich abgeplattet, hat kleinere, sehr rauhe Rippen und schließt nicht, sondern steht offen. Weiß oder schmutzigweiß; zwischen den Rippen nahe dem Schalenwirbel braun oder orange.

Cerastoderma edule, die Europäische Herzmuschel, Europa, 6,0 cm. Gleichklappig mit 25 Rippen und kräftigen Zuwachsstreifen. Gelbweiß bis orangebraun; manchmal mit dunkleren Ringen. Nahrung für Mensch, Vogel und Fisch.

Familie: Glossidae (siehe auch Seite 308) Großherzmuscheln

Sie sind sogar noch stärker herzförmig als die Cardiiden, wenn man sie von vorn sieht. Die Schalenwirbel drehen sich in einer Spirale ein und wenden sich nach vorn.

Meiocardia moltkiana, Pazifik, 4,0 cm. Zart und hübsch, mit einem kräftigen Wulst oder einem Kiel, der vom Schalenwirbel zum hinteren Rand der Schale läuft; kleine, konzentrische, eingeschnittene Linien vor dem Kiel, dahinter glatt. Cremefarben-weiß.

Familie: Spondylidae – Klappermuscheln

Diese Muscheln sind bei Sammlern vielleicht am beliebtesten. Anziehend in Oberflächenbeschaffenheit und Farbe. Die Oberfläche ist gezeichnet mit radiären Rippen, die im allgemeinen mehr oder weniger lange spatelförmige oder zugespitzte Stacheln tragen. Sie kleben sich an Felsen oder Korallen mit der rechten Schalenklappe fest, die stark konvex ist; die linke Hälfte ist gewöhnlich flacher. Die „Ohren" sind klein oder verkümmert, und sie haben keine Byssusfäden. Einige hundert Arten.

Spondylus regius, Japan und südöstliches Asien, 20,0 cm. Eine der prächtigsten Klappermuscheln. Fast gleichklappig, mit sieben kräftigen, hervortretenden, radialen Rippen, die lange, aufrechtstehende, kräftige Stacheln tragen. Zwischen den großen Rippen liegen kleine, stachelige Radialrippen. Rötlich-rosa, Stacheln heller.

S. barbatus, Japan und südöstliches Asien, 7,0 cm. Die Radialrippen tragen einige breite, ziemlich spatelförmige Stacheln. Die rechte Schalenklappe ist flach oder leicht konkav. Die Farbe variiert, im allgemeinen purpurrot gefleckt mit einer rosa und tiefroten Färbung in der Nähe der Schalenwirbel oder rosafarben-lila, wie es die Abbildung zeigt.

Familie: Ostreidae – Austern

Die Austern, von denen es viele Arten gibt und die meist eßbar sind, findet man weltweit. Sie sind im allgemeinen ziemlich matt gefärbt. Eine der interessantesten ist:

Lopha cristagalli, Indopazifik, 7,0 cm. Der Rand der Schale verläuft zickzackförmig; die Oberfläche ist rauh wie ein Stück grobes Leder. Matt purpurfarben. Wie die Abbildung zeigt, klebt sie sich fest an Felsen oder Korallen.

Discors lyratum

Cardium costatum

Spondylus regius

Spondylus barbatus

Meiocardia moltkiana

Cerastoderma edule

Lopha cristagalli

Familie: Veneridae – Venusmuscheln

Die Venusmuscheln sind eine große Familie, die man weltweit findet. Sie haben im allgemeinen eine kräftige Schale und sind oft farbenprächtig. Gleichklappig, mit mehr oder weniger zentral gelegenen Schalenwirbeln, die nach vorn und einwärts gerichtet sind. Sie leben gewöhnlich dicht unter der Sedimentoberfläche. Viele Arten dienen als Nahrungsmittel.

Hysteroconcha lupanaria, tropisches Westamerika, 8,0 cm. Sie ist eine der auffälligsten Arten der Familie. Eine Reihe kräftiger Stacheln läuft vom Schalenwirbel zum Hinterende der Schale, und zwar auf beiden Schalenklappen. Die Stacheln nehmen mit der Entfernung vom Schalenwirbel an Größe zu. Vor den Stacheln liegen scharfe, konzentrische Wülste. Grau mit purpurfarbenen Flecken am Grund der Stacheln; purpurfarbene Radialstreifen nahe dem hinteren Rand.

Chione paphia, Karibik, 4,0 cm. Sie hat zehn kräftige, grobe, schwere, konzentrische Wülste, dazwischen kräftige Rinnen. Auf dem hinteren Viertel der Schale enden die Wülste unvermittelt und setzen sich als dünne Kanten fort. Schmutzigweiß oder cremefarben mit rotbraunen Zickzacklinien.

Paphia amabilis, Indopazifik, 7,5 cm. Ziemlich langgestreckt; engstehende konzentrische Wülste. Cremefarben, mit feinen, zickzackförmigen, hellbraunen Linien und vier dunkler braunen radialen Strahlen.

Lioconcha castrensis, Indopazifik, 4,0 cm. Massiv und aufgebläht, mit rundem Umriß. Glatt, mit Ausnahme feiner Zuwachsstreifen. Cremefarben mit einigen grauen Schattierungen und dunkelbraun-schwarzen Zickzacklinien.

Anomalodiscus squamosus, Indopazifik, 3,0 cm. Aufgebläht und hinten schnabelartig verlängert. Radiär gerippt; kräftige konzentrische Wülste; Ränder kräftig gekerbt. Weiß, mit geringer gelber oder gelbbrauner Wolkenzeichnung.

Familie: Tridacnidae – Riesenmuscheln

Die Familie umfaßt sechs Arten, alle aus dem Indopazifik.

Tridacna gigas (nicht abgebildet) ist das größte lebende schalentragende Mollusk. Die Art kann auf 135,0 cm heranwachsen und über 260 kg schwer werden. Oft eingebettet in Felsen oder Korallen. Die prächtig blauen, grünen oder gelben Mantelränder der Tiere sind sehr auffällig.

Hippopus hippopus, 30,0 cm. Gleichklappig, mit kräftigem Kiel vom Schalenwirbel zum vorderen Rand. Ziemlich dreieckig, mit mehreren breiten, niedrigen, kräftigen Radialwülsten und dazwischenliegenden, dichtstehenden Rippen; die Rippen tragen einige kurze Schuppen. Die gerippte Zone vor dem Kiel ist breit. Der untere Rand ist kräftig gewellt. Cremefarben weiß, mit purpurbraunen und weißen Flecken.

Tridacna squamosa, 30,0 cm. Gleichklappig und langgestreckt, mit etwa fünf kräftigen, niedrigen, gerundeten Radialwülsten, von denen jeder gebogene, geriffelte Schuppen trägt. Weiß, gegen den Rand zu zitronengelb werdend.

Chione paphia

Hysteroconcha lupanaria

Lioconcha castrensis

Paphia amabilis

Tridacna squamosa

Hippopus hippopus

Anomalodiscus squamosus

Familie: Glossidae (Siehe Seite 304)

Glossus humanus, nordöstlicher Atlantik und Mittelmeer, 10,0 cm. Gleichklappig und massiv, aber nicht schwer; stark aufgebläht. Die Schalenwirbel, die einander nicht berühren, sind nach vorn, außen und unten wie ein Paar Hörner aufgewunden. Schmutzigweiß; dickes braunes oder dunkelgrünes Periostracum.

Familie: Mactridae – Trogmuscheln

Im allgemeinen dünne, glatte, leichte Schalen, meist mit einer dreieckigen Vertiefung im Schloß, in der das Schloßband angeheftet ist. Die meisten leben gut versteckt im Sand. Einige werden gegessen, doch schmecken sie nicht so gut wie die meisten der eßbaren Muscheln.

Spisula elliptica, nordöstlicher Atlantik, 3,0 cm. Gleichklappig, oval und ziemlich massiv. Glatt, mit Ausnahme der Zuwachsstreifen. Schmutzig weiß, doch manchmal mit blauen, grünen oder gelben konzentrischen Ringen gefleckt (siehe Abbildung). Lebt in schlammigem Sand oder Kies.

Familie: Lucinidae – Mondmuscheln

Die Familie ist weltweit verbreitet, und die Vertreter sind im allgemeinen kreisrund, oft dünnschalig. Weiß herrscht als Farbe vor.

Codakia orbicularis, südöstliche USA und Westindien, 9,0 cm. Fast rund. In der Nähe der Schalenwirbel glatt, im übrigen mit feinen konzentrischen Wülsten und Radialrippen, was zu einem gitterartigen Aussehen führt. Weiß; Inneres mit einer hellgelben Tönung, oft mit einer rosa Tönung auf dem Schloß.

Familie: Tellinidae – Plattmuscheln

Diese Muscheln haben im allgemeinen ziemlich flache, dünne Schalen. Das Hinterende ist auf der rechten Seite oft etwas eingedreht. Sie graben sich schnell und tief ein und sind häufig sehr prächtig gefärbt.

Tellina radiata, südöstliche USA und Westindien, 10,0 cm. Langgestreckt, glatt und glänzend, mit schwachen Zuwachsstreifen. Weiß oder weiß mit rosaroten oder gelben Strahlen und/oder konzentrischen Bändern; Schalenwirbel gewöhnlich mit roten Spitzen; das Innere kann eine hellgelbe Wolkenzeichnung tragen.

T. rostrata, Malaysia, 8,0 cm. Langgestreckt und abgeplattet; hinten stark gedreht. Vorn zugespitzt. Konzentrische feine Wülste verlaufen hinten zunehmend schräg. Jede Klappe trägt zwei niedrige, mit Stacheln besetzte Wülste, die von dem Schalenwirbel zu jedem Ende laufen. Unter jedem hinteren Wulst liegt eine abgeflachte Furche. Weiß.

Familie: Donacidae – Dreiecksmuscheln

Diese Muscheln sind im allgemeinen dreieckig, mittelgroß bis klein und ziemlich massiv, recht ähnlich den Telliniden. Man findet sie überall auf der Welt.

Donax vittatus, Europa von Norwegen bis zum Mittelmeer, 4,0 cm. Keilförmig, glatt und glänzend mit sehr feinen Zuwachsstreifen. Leicht aufgebläht. Innenrand kräftig, doch fein gezähnt. Braun, purpurbraun oder gelb, gewöhnlich mit weißen Strahlen; Inneres meist purpurfarben.

D. serra, Südafrika, 6,5 cm. Hinteres Ende gestutzt mit wellenförmigen, konzentrischen Wülsten. Im übrigen glatt, mit feinen Zuwachsstreifen und sehr schwachen radialen Rillen. Innenrand der Schale gesägt. Purpurbraun, gelbbraun oder weiß mit schmalen, dunkleren, konzentrischen Bändern; Inneres purpurfarben, weiß oder beides.

Glossus humanus

Spisula
elliptica

Tellina radiata

Codakia orbicularis

Tellina rostrata

Donax vittatus

Donax serra

Familie: Solecurtidae – Kurzscheidenmuscheln

Langgestreckt und rechteckig, an beiden Enden offenstehend. Den Telliniden ziemlich ähnlich.

Solecurtus strigillatus, Portugal bis Senegal und Mittelmeer, 15,0 cm. Aufgebläht, mit kräftigen, etwas groben Zuwachsstreifen und feinen Schrägstreifen. Hell gelbbraun mit einer rosa Tönung und einigen hellen Strahlen; Inneres weiß mit rosa Tönung an den Rändern.

Familie: Solenidae – Scheidenmuscheln

Diese Muscheln sind lang, schmal und an beiden Enden offen. Sie graben sich 30 cm oder tiefer in den Sand ein. Man findet sie in der ganzen Welt, und viele Arten werden als Nahrungsmittel verwendet.

Solen marginatus, nördliches Europa bis Marokko, 13,0 cm. Gerade und mit rechtwinkligen Enden, vorn und hinten weit offenstehend. Ziemlich zart, mit Zuwachsstreifen, die hinten grob werden. Schalenwirbel am vorderen Ende mit einer Furche, die in den vorderen Rand einmündet. Die Abbildung zeigt einen Teil des Periostracums, das noch der Schale anliegt. Farbe hell gelbbraun.

Familie: Pholadidae – Bohrmuscheln

Diese Muscheln sind bohrende Mollusken. Sie haben dünne, zerbrechliche Schalen, die an beiden Enden offenstehen, vorn mit feilenähnlichen Wülsten versehen; diese Wülste befähigen sie dazu, in Felsen oder Lehm zu bohren. Die Schalenwirbel werden vom zurückgebogenen Schalenrand verdeckt. In jeder Klappe befindet sich unter dem Schalenwirbel ein ruten- oder löffelartiger Fortsatz.

Cyrtopleura costata, östliches Nordamerika und Westindien, 20,0 cm. Die größte Art der Familie. Langgestreckt und ziemlich zerbrechlich, mit kräftigen radiären Rippen, die kurze Stacheln tragen, die kräftigsten vorn; die Rippen zeigen sich innen als Rillen. Die Abbildung gibt den löffelähnlichen Fortsatz und eine zusätzliche Platte wieder.

Familie: Clavagellidae – Gießkannenmuscheln

Diese Muscheln sind anfangs kleine, charakteristisch aussehende Muscheln, entwickeln sich aber zu einer dünnen Röhre. Die Abbildung zeigt die originellen Muscheln. Das Unterteil der Röhre ist im Sand oder im Schlamm vergraben. Die Grundfläche der Röhre trägt viele winzige Löcher, woraus sich der Name Gießkanne ableitet.

Penicillus penis, Indopazifik, 20,0 cm. Röhre von der Basis aus schmaler werdend. Glatt, mit undeutlichen Zuwachsstreifen. Ohne angeheftetes Fremdmaterial. Die kuppelförmige Basis wird umgeben von einer flachen, dünnen Krause aus vielen feinen radiären Röhrchen; Kuppel mit schmalem mittlerem Schlitz und feinen hervorstehenden Rillen. Langgestreckte Schalenklappen, kurz oberhalb der Krause gelegen, nicht auffällig eingesenkt. Weiß bis hellgrau.

P. cumingianum, Australien, 12,0 cm. Röhre etwas uneben, nicht schmaler werdend, an der Spitze leicht ausgebuchtet. Das obere Drittel trägt auffällige Zuwachsstreifen und plattenförmige Falten. Auf den unteren zwei Dritteln der Röhre sind kleine Körnchen von fremdem Material aufgeklebt; größere Stücke finden sich an der Basis. Basis rauh, von Fremdmaterial verdeckt; sie besteht aus verstreut liegenden, verhältnismäßig breiten, herausgehobenen Röhren, die ebenfalls eine rauhe Krause bilden. Die Klappen sind nahe dem Grund der Röhre eingesenkt (siehe Abbildung) und fast gleich in der Größe, an der Spitze breit. Krausen weiß; Basis der Röhren orange-braun; Schalen weiß.

Solecurtus strigillatus

Penicillus penis

Penicillus cumingianum

Solen marginatus

Cyrtopleura costata

Klasse: Cephalopoda – Kopffüßer

Sie umfaßt Kraken, Tintenfische, das Posthörnchen, Kalmare und Nautilus. Aktive Fleischfresser.

Nautilus pompilius, Indopazifik, 20,0 cm. Schale in flachen Spiralen aufgewunden, beide Nabel bedeckt. Große Mündung, innen perlmuttartig. Glatt, abgesehen von deutlichen Zuwachsstreifen. Cremefarben oder weiß, mit rotbraunen radialen Bändern, die auf die Nabelzone zu schmaler werden. Andere Arten, die aber viel seltener sind, erscheinen sehr ähnlich, haben jedoch einen mehr oder weniger tiefen Nabel. Das Innere all dieser Schalen enthält Kammern, die für den Auftrieb wichtig sind und es dem Tier gestatten, die Wassertiefe zu wechseln.

Argonauta hians, in allen warmen Meeren, 7,5 cm. Sehr dünn und zerbrechlich. In einer Ebene aufgewunden, Nabel fehlend. Radiale Wülste und gewinkelte Schultern mit zwei Reihen von Knoten an jeder Seite einer glatten, flachen Peripherie. Braun; Knoten dunkler, gegen die Mündung zu heller werdend.
Die Weibchen der Argonautiden bilden eine ähnlich zarte ungekammerte Schale, in die sie ihre Eier ablegen. Diese Bildung ist also den Molluskenschalen nicht vergleichbar, sondern eine Spezialeinrichtung. Andere Arten sind *A. argo*, 30,0 cm, und *A. nodosa*, 12,5 cm. Beide weiß.

Spirula spirula, in allen warmen Meeren, 3,5 cm. Die einzige Art in der Überfamilie Spirulacea. Die Schale stellt ein freies Gewinde dar und enthält Kammern wie der Nautilus. Sie ist fast völlig in das Tier eingebettet, ähnlich wie beim Kalmar. Die Schale ist sehr fein netzartig gezeichnet. Weiß; Inneres perlmuttartig.

Klasse: Scaphopoda – Kahnfüßer

Die „Zahnschnecken" haben hohle, stoßzahnförmige Gehäuse, die jedoch an beiden Enden offen sind. Häufig tragen sie eine Kerbe oder einen Schlitz am schmalen Ende. Einige sind sehr klein, und die meisten sind weiß. Man findet sie in fast allen Meeren; sie ernähren sich von Einzellern.

Dentalium elephantinum, Indopazifik, 8,0 cm. Diese Art ist kräftig in Längsrichtung gewulstet – etwa neun Wülste – und gebändert mit grünen Schattierungen, am breiteren Ende dunkler; weiß an der Lippe.

D. vernedei, Japan, 12,0 cm. Feine, dichtstehende Längsstreifen. Weiß, unregelmäßig gebändert, gewöhnlich mit hellgelb oder braun.

Klasse: Polyplacophora – Käferschnecken

Die Käferschnecken sind nahezu alle von der Form einer Assel. Sie tragen acht Platten, die sich überlappen und von einer Art Gurt zusammengehalten werden. Sie leben auf Felsen und anderen harten Unterlagen und sind Pflanzenfresser. Es gibt etwa 550 Arten in einer Reihe von Familien und zahlreichen Gattungen. Abgebildet ist ein typisches Beispiel (*Chiton*), ferner auch die acht getrennten Platten. Die größte Art, *Amicula stelleri*, aus dem westlichen Nordamerika, wächst auf die Größe von 25,0 cm heran.

Klasse: Monoplacophora – Urschnecken

Dies sind die primitivsten Mollusken. Sie haben weder Augen noch Tentakel, und ihr Körper ist im Gegensatz zu dem aller anderen Mollusken segmentiert (siehe Abbildung). Ihre zerbrechlichen Schalen sehen aus wie die von Napfschnecken, haben jedoch eine Reihe paariger Muskelansätze auf der Innenseite. Die Spitze liegt nahe dem Vorderende, und die Schale trägt feine, konzentrische, unregelmäßige Wülste. Bis um 1950 waren sie nur fossil bekannt, und man hat sie nur in sehr tiefem Wasser gefunden. Die Abbildung zeigt die Innenseite der Schale mit dem Tier, *Neopilina adenensis*.

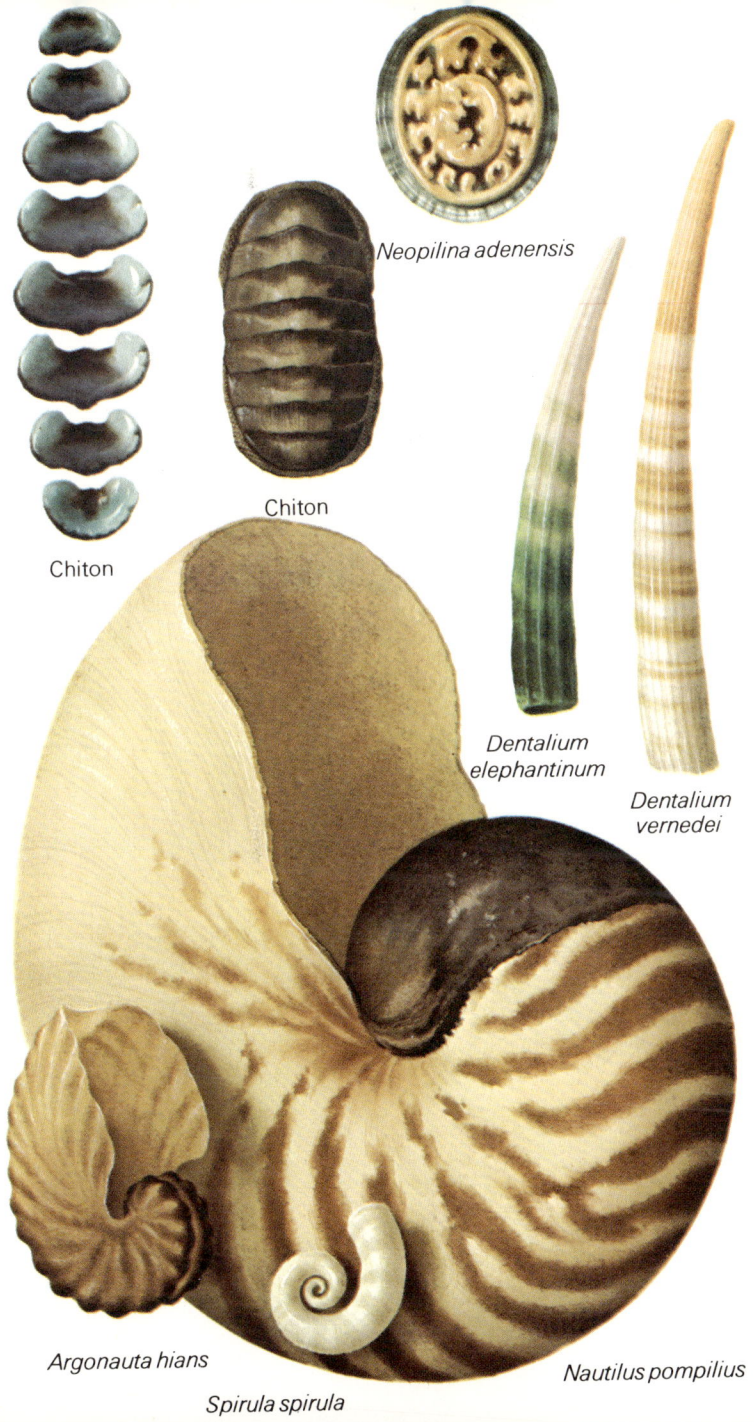

Chiton

Chiton

Neopilina adenensis

Dentalium elephantinum

Dentalium vernedei

Argonauta hians

Spirula spirula

Nautilus pompilius

Register

314